高职高专公共基础课规划教材

应用文写作

【第3版】

李振辉 主编

清华大学出版社
北京

内 容 简 介

本书介绍了公务文书、工作文书、经济文书、日常文书和科技文书5个类别、60余个应用文文种。在各文种内部的体例安排上，本书遵从由感性认识上升到理性认识、再从理性认识回到实践的认识规律，采取“例文点评-文种指要-写作训练”的顺序编排，利于学习掌握。侧重于格式写法与写作训练，突出实用，学练结合，强调能力为本书的基本特色。

本书适于作各类工科高职院校及中职学校的教材，也可供工程技术人员及一般读者自学使用。

图书在版编目（CIP）数据

应用文写作/李振辉主编．--3版．--北京：清华大学出版社，2015（2020.8重印）
高职高专公共基础课规划教材
ISBN 978-7-302-40486-6

Ⅰ．①应…　Ⅱ．①李…　Ⅲ．①汉语－应用文－写作－高等职业教育－教材　Ⅳ．①H152.3

中国版本图书馆CIP数据核字(2015)第129984号

责任编辑：田　梅
封面设计：傅瑞学
责任校对：刘　静
责任印制：宋　林

出版发行：清华大学出版社
　　网　　址：http://www.tup.com.cn，http://www.wqbook.com
　　地　　址：北京清华大学学研大厦A座　　**邮　　编**：100084
　　社 总 机：010-62770175　　**邮　　购**：010-62786544
　　投稿与读者服务：010-62776969，c-service@tup.tsinghua.edu.cn
　　质量反馈：010-62772015，zhiliang@tup.tsinghua.edu.cn
　　课件下载：http://www.tup.com.cn，010-62795764
印 装 者：三河市铭诚印务有限公司
经　　销：全国新华书店
开　　本：185mm×260mm　　**印　张**：21　　**字　数**：475千字
版　　次：2005年2月第1版　　2015年9月第3版　　**印　次**：2020年8月第6次印刷
定　　价：59.00元

产品编号：060301-03

第3版前言

本书第1版出版于2005年2月，2009年2月进行修订编写出版了第2版。因其独特的“例文先行”编排体例，“实践—理论—实践”的编排顺序，符合人的认识规律，具有很强的可操作性、针对性与实用性，得到了广大读者特别是教师及同学的认可、欢迎与好评，至今印数已逾9万册。但随着时间的推移，部分例文、观念已显陈旧、老化，国家对部分文种也有了新的要求。为此，结合教学中反映出的问题和读者的意见，我们组织有关人员对本书进行了修订。

本次修订，在保持原书的体例、框架与风格的基础上，主要作了如下修订：一是依据党和国家的有关文件，对第1章“公务文书”部分进行了大幅度的调整；二是将“文种指要”中有关文种性质的内容提前至“例文点评”之前，使学生在学习该文种之初即对其有初步了解，以利于对例文的分析、理解、学习；三是替换了书中的大部分例文，新选例文侧重于公司、企业等基层单位典型实用的材料，使教材更加贴近现实、更加具有时代性；四是将《党政机关公文处理工作条例》(中共中央办公厅、国务院办公厅2012年4月16日发布、2012年7月1日起施行)和《党政机关公文格式》(中华人民共和国国家质量监督检验检疫总局、中国国家标准化管理委员会2012年6月29日发布、2012年7月1日起实施)列于附录，使公文的学习、写作有法可依。

本次再版修订工作的分工如下：第1章、第2章由辽宁省本溪市机电工程学校李振辉编写；第3章由辽宁大学国际教育学院汤晓林、沈阳市外事服务学校车秀华编写；第4章由辽宁省本溪市图书馆张虹编写；第5章由辽宁省本溪市机电工程学校张福宏编写；全书由李振辉主持修订并统稿。

自2005年2月至今，本书面世已十载有余，在此期间，广大读者特别是使用此教材的教师提出了许多建设性的意见与建议，这些宝贵、有益的建议对本次修订起到了极其积极的帮助。在编写过程中，本书引用了许多资料、参考了许多书籍，限于篇幅未能一一列出，在此一并致以诚挚的谢意！由于编者水平有限，书中的不足与缺憾在所难免，真诚希望读者特别是使用此教材的师生不吝指正。

编　者

2015年7月

第2版前言

本书自2005年2月出版以来，至今已重印十余次。因其采取了独特的“例文先行”编排体例，按照“实践—理论—实践”的顺序编排，符合人的认识规律，具有很强的可操作性、针对性与实用性，受到了广大读者、学生和老师的认可与欢迎。为了更进一步贴近学生的学习、工作与生活实际，突出就业为导向的思想，更新教学内容，体现实用性的特点，我们组织有关教师对本书进行了修订。

本次修订，在保持原书的体例、框架与风格的基础上，主要作了如下工作：一是根据新形势的需要，在第4章中增加了“情况说明”、“电子邮件”和“短信”3个目前使用较多的文种；二是在各章的“文种指要”中增加了“适用范围”部分，以解决学生在实际写作中无从选择文种的难题；三是为增强时效性，替换了书中的大部分例文，更换了部分习题；四是在附录中增加了《中国共产党机关公文处理条例》的有关内容，以利于学生在学习、写作中明确党务系统与政务系统公文的差异，避免二者混淆。

参加本次再版修订工作的有辽宁省城市建设学校的罗爽、辽宁省城市建设学校的穆晓娇、沈阳市化学工业学校的杨维满、沈阳市化学工业学校的周菊、青岛女子职业中专的张艳香、本溪市机电工程学校的李春丽、本溪市商贸服务学校的施忠富。由李振辉主持修订，王文先审稿，全书由李振辉统稿。

在四年的使用过程中，许多读者特别是使用此教材的教师提出了许多建设性的意见与建议，河北农业大学的钟秀芬老师还热情地写了书面意见，这些宝贵、有益的建议对本次修订起到了积极帮助。在本次修订中，本溪市图书馆张虹同志为本书的编写提供了大量的资料帮助。本书在编写过程中，引用了许多资料、参考了许多书籍，限于篇幅未能一一列出，在此一并致以诚挚的谢意！

希望通过本次修订能使本书日臻完善，为学生的学习、就业提供更多帮助。由于水平有限，书中的不足与缺憾在所难免，真诚希望读者特别是使用此教材的师生批评指正。

编　者

2008年10月

第1版前言

“应用文写作”是目前高职学校的一门必修课。无论是在校的学习期间，还是毕业后的工作、生活中，每个人都必须会写，而且能够写好应用文，这样才能适应社会的要求。

本书侧重选取学生在学习、工作、生活中使用频率较高的40余种常用文种，如近年来毕业生使用较多，但大多数应用文教材未加说明的“自荐书”、工科毕业生使用较多的“技术文件”等。对那些目前使用频率较低的，如“决心书”、“电报”等文种未予以收录。全书分5章编排，分别是公务文书、工作文书、经济文书、日常文书和科技文书。

本书采取了“例文先行”的编排体例，对每个文种的教学，都是由“例文点评”、“文种指要”和“写作训练”三个步骤来实现的。即先安排导语和例文点评，使学生从导语中懂得该文种在何种情况下使用，在对例文的点评中了解其具体特点，获得感性认识；再从文种指要中，学习该文种的性质、格式和写作注意事项，获得理性认识；最后在写作训练中将这些认识化为写作能力，写出符合要求的应用文来。按照“实践—理论—实践”的顺序编排，符合人的认识规律。

例文的选择力求贴近现实生活，文种指要的重点放在格式写法上，写作训练以写为主。学练结合，以实现“会写”、“写好”为教学要求，以提高写作能力为教学目的。从而使实用性成为本书的最大特色。

本书由辽宁本溪市电子工业学校李振辉主编，天津轻工职业技术学院王文先审稿。参加本书编写的有贵州电子信息职业技术学院韩争鸣、沈阳师范大学文学院金伟、辽宁省城市建设学校罗爽、铁岭市卫生学校赵欣、辽宁科技学院刘宝和辽宁本溪市电子工业学校于芳。

由于水平有限，书中不足之处，真诚希望读者特别是使用此教材的师生批评指正。崔丹日对全书提出了许多宝贵意见，本溪市图书馆张虹在资料上为本书的编写提供了大量帮助。本书在编写过程中，还引用了许多资料，参考了许多书籍，限于篇幅未能一一列出，在此致以诚挚的谢意！

编　者

2005年2月

目录

第1章　公务文书

公务文书(以下简称公文)是党政机关实施领导、履行职能、处理公务的具有特定效力和规范体式的文书,是传达贯彻党和国家方针政策,公布法规和规章,指导、布置和商洽工作,请示和答复问题,报告、通报和交流情况等的重要工具。根据中共中央办公厅、国务院办公厅 2012 年 4 月 16 日发布的《党政机关公文处理工作条例》规定,党政机关公文共有十五种,本章主要学习通知等八种常用的公文。

1.1 通　知

通知是机关、社会团体、企事业单位,在批转下级机关的公文、转发上级机关和不相隶属机关的公文,发布、传达要求下级机关和有关单位周知或者执行的事项,任免人员时,使用的公文种类。

1.1.1 例文点评

1. 指示性通知

根据《中华人民共和国劳动法》规定,结合本市实际,××市人力资源和社会保障局调整了本市最低工资标准。将这一标准下发给有关单位和部门,要求有关单位和部门遵照执行。

例文 1	点评
××市人力资源和社会保障局文件	**发文机关标志**　由发文机关全称加"文件"二字组成。
×人社综发〔2014〕6 号	**发文字号**　由发文机关代字、年份、发文顺序号组成。
××市人力资源和社会保障局 关于调整本市最低工资标准的通知	**标题**　由发文机关名称、事由和文种组成,居中排列。
各委、办、局,各控股(集团)公司、企业(集团)公司,各区、县人力资源和社会保障局,各有关用人单位:	**主送机关**　公文的主要受理机关,表明发文对象、范围。顶格写起,后加冒号。
经市政府同意,从 2014 年 4 月 1 日起,本市调整	

例文	点评
最低工资标准。现就有关问题通知如下： 一、月最低工资标准从 1 620 元调整为 1 820 元。下列项目不作为月最低工资的组成部分：(一)延长法定工作时间的工资。(二)中班、夜班、高温、低温、有毒有害等特殊工作环境、条件下的津贴。(三)个人依法缴纳的社会保险费和住房公积金。(四)伙食补贴(饭贴)、上下班交通费补贴、住房补贴。 二、小时最低工资标准从 14 元调整为 17 元。小时最低工资不包括个人和单位依法缴纳的社会保险费。 三、月最低工资标准适用于全日制就业劳动者，小时最低工资标准适用于非全日制就业劳动者。	**正文** 开头，简洁写明制发本通知的根据、主要内容和执行时间，是指示性通知的习惯写法。主体，写本通知的具体内容。采取条文式结构，详细、具体写清本市最低工资标准及适用范围，条理清晰，层次分明。特别强调了不属于最低工资范围的项目，便于下级机关理解、执行。
××市人力资源和社会保障局 2014 年 3 月 28 日(公章)	**发文机关署名** **印发日期**(并加盖发文机关印章)

2. 转发性通知

××县人民政府在接到××市人民政府办公厅下发的“关于印发全市重大火灾隐患集中整治专项行动方案的通知”后，由县人民政府办公室用通知的形式将该文转发给下级机关。要求下级机关按照要求组织实施。

例文 2	点评
××县人民政府办公室文件	**发文机关标志** 由发文机关全称加“文件”二字组成。
××政办发〔2014〕22 号	**发文字号** 由发文机关代字、年份、发文顺序号组成。
××县人民政府办公室 关于转发××市人民政府办公厅印发 全市重大火灾隐患集中整治专项行动方案的通知	**标题** 由发文机关名称、事由和文种组成，居中排列。
各乡(镇)人民政府，县政府各部门，各有关单位：	**主送机关**
经县政府同意，现将《××市人民政府办公厅关于印发全市重大火灾隐患集中整治专项行动方案的通知》(×政办发〔2014〕58 号)转发给你们，请认真组织实施。	**正文** 采取一段式形式。简洁写清转发依据和文件名称，并提出了明确的执行意见——“认真组织实施”。

附件：××市人民政府办公厅关于印发全市重大火灾隐患集中整治专项行动方案的通知（×政办发〔2014〕58号）	**附件说明** 所转发文件的名称（后加发文字号），在正文下空一行空两格写起。这是转发性通知重要的、必不可少的组成部分。
××县人民政府办公室	**发文机关署名**
2014年7月9日（公章）	**印发日期**（并加盖印章）
（此件公开发布）	**附注** 写明本文件印发传达的范围。

3. 颁布性通知

××××有限责任公司制订了《××××-2014标准》企业产品标准（草案）。为使公司各部门了解并遵照执行此标准，该公司下发了本通知，将这一"标准"在企业内予以颁布。

例 文 3	点 评
××××有限责任公司文件	**发文机关标志**
××发〔2014〕15号	**发文字号**
关于批准发布《××××-2014标准》企业产品标准（草案）的通知	**标题** 由事由和文种组成，居中排列。有发文机关标志，公司内部发布，故省略发文机关名称。
公司各部门、生产车间：	**主送机关**
由我公司技术部起草的《××××-2014标准》企业产品标准（草案），已经专家评审组审查通过，现予以发布，从2015年1月1日开始实施，望认真贯彻执行。在执行中如果出现问题，要及时反馈。	**正文** 一段式形式。简洁明了写清发布依据和文件名称，并提出了明确的执行意见。并要求"在执行中如果出现问题，要及时反馈。"
附件：《××××-2014标准》	**附件说明** 发布文件的名称。这是发布性通知重要的、必不可少的组成部分。
××××有限责任公司	**发文机关署名**
2014年12月9日（公章）	**印发日期**（并加盖印章）

4. 一般事务告知性通知

××市商务局决定召开全市市场运行监测系统使用培训会议。为此,该局用通知的形式将这一决定告知各相关部门。

例 文 4

××市商务局文件

×商发〔2014〕148号

（点评：发文机关标志）

（点评：发文字号）

××市商务局关于召开
2014年市场运行监测培训会议的通知

（点评：标题 由发文机关名称、事由和文种组成。）

各县(市)经济商务局:

（点评：主送机关）

为进一步提高我市商务市场运行监测和商务预报工作质量和效果,使各样本监测人员和各县(市)商务预报维护人员进一步熟悉系统及使用、维护方法,并对2015年市场运行监测工作进行安排部署。市商务局决定召开全市市场运行监测系统使用培训会议。现将有关事项通知如下。

（点评：正文 开头,简洁写明制发本通知的根据、主要内容,用“现将有关事项通知如下”过渡到主体。）

一、培训时间、地点

（点评：主体,采用条文式写法,分条列项,将通知的具体内容,包括会议的时间、地点、参加人员、会议内容和要求,以及联系方式等一一写清,具体、明确,便于受文单位理解。）

时间:2014年12月31日中午12点前报到。下午15:00开始培训。

地点:报到地点为××北路市商务局侧对面××商务酒店,培训地点在市商务局七楼会议室。

二、参训人员

各县(市)经济商务局分管副局长、商务股股长、市场监测工作管理员、各监测企业负责信息上报的工作人员。

三、培训内容

1. 对2013年市场监测工作进行分析总结。

2. 讲解生活必需品、重点流通企业、重要生产资料、应急商品、酒类流通、药品流通上报制度及系统维护。

3. 商务预报维护工作讲解。

4. 疑难解答。

四、会议要求

请各县(市)局高度重视,接文后及时通知参会人员按时参会,并于2014年12月29日前将会议回执报市商务局市场秩序科。各县(市)商务股股长要负责做好本县(市)样本监测企业参会人员联系工作。此次培训会议食宿费用由市局承担,途中费用各单位自理。

五、联系方式

联系人:×××、××

联系电话:××××××××　××××××××

附件:1. ××市商务局市场运行监测参加培训企业名单

2. ××市市场运行监测系统使用培训会议回执

附件说明 按照顺序排列两个附件的顺序号和名称。

××市商务局

2014年12月22日(公章)

发文机关署名

印发日期(并加盖印章)

(注:各县(市)样本监测企业由各县(市)经济商务局负责通知。)

附注

××市商务局办公室　2014年12月22日印发

印发机关和印发日期

××公司决定对本公司部分部门进行调整。为此,该公司下发了一份通知,向公司各部室、车间告知这一情况。

例　文　5　　　　**点　　评**

××有限责任公司文件

发文机关标志

××公司字〔2014〕22号

发文字号

关于成立技改办、合并质检车间和包装车间的通知

标题 由事由和文种组成,居中排列有发文机关标志,公司内部发布,故省略发文机关名称。

各部室、车间:

主送机关

鉴于公司目前生产管理状况,根据实际工作需要,经公司党政领导班子联席会议研究决定,对部分部门进行调整。从2015年1月1日起:

一、原技术科和设备科合并，组成技术改造办公室（简称技改办）。负责公司设备采购、管理和技术改造。	**正文** 开头，写明制发本通知的原因与事由。主体，论述通知的具体内容。采取条文式结构，分三条写清合并的部门及新部门名称。由于新部门负责人、编制尚未确定，所以需要"近日另行通知"。结尾，以"特此通知"作为结束语，是通知的常见写法。
二、原包装车间和质检车间合并，统称质检车间。实行质检、包装统管。	
三、新部门负责人、编制近日另行通知。	
特此通知。	
××有限责任公司	**发文机关署名**
2014年12月15日（公章）	**印发日期**（并加盖印章）

5. 任免通知

××集团公司决定对有关部门经理进行任免。为此下发通知，告知公司各部门。

例文6	点评
××集团公司文件	**发文机关标志**
××公司字〔2014〕50号	**发文字号**
××集团公司关于胡可同志的任免通知	**标题** 由发文机关名称、事由和文种组成。
各部门、处室，各分公司：	**主送机关**
经公司总经理提名、公司董事会讨论通过，决定： 任命胡可为公司新产品开发部经理，免去其担任的××分公司经理职务。 特此通知。	**正文** 直接写任免事项，精练简洁。以"特此通知"作结束语。
××集团公司	**发文机关署名**
2014年7月6日（公章）	**印发日期**（并加盖印章）

1.1.2 文种指要

1. 通知的适用范围

通知适用于发布、传达要求下级机关执行和有关单位周知或者执行的事项，批转、转发公文。

① 发布行政法规、行政措施等有关文件。

② 批转下级机关的公文，转发上级或不相隶属机关的公文。

③ 对下级进行指示，要求下级机关办理或者执行有关要求、事项，告知有关单位需要周知的事项。

④ 发布对有关人员职务的任免决定。

2. 通知的格式写法

(1) 标题

标题也称题目，标题位置首行居中。

本书各章节例文的标题如无特殊说明，格式要求均与此相同，不再一一赘述。通知的标题一般有以下三种形式。

① 三要素式

由发文机关、事由和文种（“文种”即文章的种类，此处的文种就是“通知”）组成，如例文1、2、4、6。

② 两要素式

由事由和文种组成，如例文3、5。

③ 省略式

如果通知内容简单，只是通知本单位内部，不以正式公文发文，可以只写“通知”“会议通知”（这种情况一般不用发文字号）。

(2) 发文字号

(3) 主送机关

(4) 正文

正文一般分三部分。

① 开头，写明制发通知的根据、目的和原因等内容。

② 主体，写通知的事项、措施、态度、要求和希望等内容。

③ 结尾，常用“特此通知”一类的话作为结束语。还可以再次明确通知的主题或作必要的说明，如“××的具体办法另行通知”等。此内容也可不写，事项写完，正文即可结束。各种通知的写作要点详见例文点评。

(5) 署名

(6) 抄送机关

(7) 附件

注：(2)(3)(5)(6)(7)各项详见1.8节：公务文书的相关知识。

3. 通知写作的注意事项

(1) 主题集中，一事一文

每份通知只告知一件事情，布置一项工作。不要试图在一份通知中表明许多事情或多种目的。即一事一文，一文一主题。

(2) 重点突出，措施具体

通知的写作要点在于将通知的事项、要求、措施等交代清楚，要明确具体、切实可行，使受文单位能正确理解并准确执行。例如，批转、转发式的通知，批语如果过于简略，没有对被批转、转发的文件进行评价，提出的要求也不具体，目的也不清楚，就会使受文单位弄不清应当如何处理文件的要求，执行到何种程度。

(3) 结构合理，详略得当

内容不复杂的可采用短文式，一段或几段不等。内容繁多的，可采用分条列项的条文式结构形式，并在条目前加上序号，如例文1、4、5。

(4) 讲求时效，快捷及时

通知的写作、传递要求及时、快捷，以免贻误时机。

1.1.3 写作训练

(1) 下面这份通知在格式、语言表达等方面都有毛病，请指出并在此基础上重新拟写一份通知。

××机械厂关于在全厂进行一次法制道德教育的通知

厂内各单位：

自今年6月29日工厂发出《坚决刹住打架斗殴歪风的紧急通知》以后，各单位认真地进行了传达贯彻。一个多月来，我厂的劳动纪律和治安秩序经过领导和广大职工的努力，有了明显的好转。但问题仍然存在，隐患仍有不少。最近厂里处理了李××、杨×等斗殴打人违纪的几起事件。从这些案例中我们可以看出，有些青年根本不懂得什么是法律，什么是厂规厂法。有的随意行凶打人，有的无故旷工，有的知法犯法，流氓偷盗。甚至有的老职工也在这些方面犯了错误。这就证明了当前在全厂进行一次法制教育尤为重要。为配合各单位的宣传教育，现将李××、杨×等人斗殴打人违纪的处理决定发给你们，望组织职工进行传达，并结合国家《治安管理处罚条例》和工厂《职工守则》《工厂劳动管理制度》《职工奖罚条例》的学习，发动群众讨论，进行具体的法制道德教育。使广大职工特别是青年职工，增强法制观念，树立共产主义道德风尚，提高遵纪守法的自觉性。

2013年8月12日

(2) 根据下面的材料，拟写相应的通知，要求格式正确，语言规范，发文字号、日期等相关内容可自拟。

① 2015年春节即将来临，为做好春节期间的各项工作，确保广大师生员工过一个欢乐、祥和、平安的节日，××高职院办公室将《××省教育厅关于做好2015年元旦春节期间有关工作的通知》转发给该院的各个部门。要求各部门遵照执行。

② 经个人申请、群众测评，报请上级有关部门同意，××高职院院长办公会研究决定，任命于××同志为科研处处长，免去其教务处副处长的职务；王××为行政处处长，免去其行政办公室副主任职务。××高职院办公室给学院各个部门发通知知照此事。

③ 为保护农民利益，防止"谷贱伤农"，2015年国家继续在稻谷主产区实行最低收购价政策。综合考虑生产成本、市场供求、比较效益、国际市场价格和产业发展等各方面因素，2015年生产的早籼稻（三等，下同）、中晚籼稻和粳稻最低收购价格分别为每50千克135元、138元和155元，保持2014年水平不变，该政策是经过国务院批准的。国家发展改革委、财政部、农业部、国家粮食局、中国农业发展银行联合发文，将这一政策行文告知各

省、自治区、直辖市发展改革委、物价局、财政厅(局)、农业厅(局、委、办)、粮食局、农业发展银行分行。同时强调,当前正值春耕备耕期,要求各地认真做好粮食最低收购价政策的宣传工作,引导农民合理种植,促进粮食生产稳定发展。

1.2 通　　报

通报,是上级机关向下级机关传达重要情况与事项、沟通情况、表彰先进、批评错误时使用的一种告知性公文。

1.2.1 例文点评

1. 表彰性通报

2013年度,在××市水利局机关党建工作中,涌现出一大批优秀党员。为树立典型,鼓励先进,局党组发出通报,对有关人员予以表彰。

例　文　1	点　　评
中共××市水利局党组文件	**发文机关标志**
×水党〔2014〕3号	**发文字号**
中共××市水利局党组 关于表彰2013年度优秀共产党员的通报	**标题**　三要素式,由发文机关、事由和文种组成,居中排列。
局直属各党(总)支部:	**主送机关**
2013年度,市水利局机关党建工作在市直机关工委和局党组的正确领导下,以"五型"和文明机关创建为载体,坚持以党的十八大、十八届三中全会精神和中国梦的学习为引领,在水利工作中充分发挥党员先锋模范作用,涌现出一批优秀党员。为了树立典型,鼓励先进,经局机关党委审核同意、局党组批准,决定对陈××等24名局系统优秀共产党员予以通报表彰。 希望受表彰的优秀共产党员珍惜荣誉,发扬成绩,再接再厉。广大党员要以先进为榜样,进一步发挥共产党员的先锋模范作用,为我市水利事业跨越赶超发展作出新的贡献。	**正文**　首先,用简洁的语言高度赞扬被表彰者的精神风貌、高尚品质,这是表彰的事实依据。其次,写发文机关的具体决定。最后,对表彰对象提出要求,对其他人发出号召。"为了……××决定:给予××通报表彰"和"希望……以……为榜样,学习……"都是表彰性通报的习惯用语。

附件：2013年度优秀共产党员名单	附件说明
中共××市水利局党组 2014年1月27日（公章）	发文机关署名 印发日期（并加盖印章）

2. 批评性通报

××市供电公司对××县供电公司××供电所工作人员严重违反公司有关规定的事件进行了处理后，将有关情况通报给本公司各单位，并提出了具体要求。

例　文　2	点　　评
××供电公司文件	发文机关标志
×供电〔2014〕35号	发文字号
关于××供电所 擅自对客户停电事件的通报	标题　二要素式，由事由和文种组成，居中排列。
各县供电公司、公司各部门：	主送机关
11月2日（周日），××县供电公司××供电所所长杨××、员工王××等6人，在个人消费时，与用电客户发生纠纷，擅自给用电客户停电，严重违反了《国家电网公司员工服务"十个不准"》的有关规定。根据相关规定，经研究决定，对相关人员处理如下： 1. 对××县供电公司党委书记张××、总经理王××、纪委书记李××通报批评，每人处罚款5 000元。 2. 对责任单位××供电所上级管理部门×××县供电公司乡镇供电所管理部主任、乡镇供电所管理党支部书记赵××警告处分，通报批评并扣发绩效奖金2个月。 3. 对责任单位××供电所所长、事件参与者杨××予以党内严重警告、撤销行政职务、行政记大过处分，并扣发绩效奖金6个月。 4. 对主要责任人王××予以待岗、留用查看2年处分，扣发绩效奖金6个月。	正文　首先，用简洁的语言，概述被通报对象所犯的错误，这是批评的事实依据。其次，写发文机关的具体处理决定。如果没有党纪、政纪处罚，一般采用"为了……××决定：给予××通报批评"的习惯用语。最后，指出被通报对象不当行为的性质、后果，要求其他人从中汲取教训，引以为戒。

5. 对次要责任人赵××、王××、赵××、闫×予以行政记大过处分，扣发绩效奖金6个月。

王××等人服务意识缺失，特权思想、电霸作风严重，是导致这一事件的主要根源。他们的不当行为，给客户的正常用电造成了不应有的影响，此行为也在社会上给公司造成了极坏的影响。各部门要认真汲取此次事件的深刻教训，举一反三，立即开展服务质量自查及整改提升工作。广大员工要引以为戒，强化服务意识，在今后的工作中继续秉承"你用电，我用心"的服务理念，竭诚为广大客户提供更加优质的服务。

××供电公司

2014年11月3日(公章)

发文机关署名

印发日期(并加盖印章)

抄报：××市电力公司、××市电力公司党委、××市电力公司纪委

抄送机关

3. 情况通报

××县人民政府办公室将全县2012年度信息报送及采用情况进行了统计、分析，并将这一情况通报给全县各部门，以引起有关部门对信息报送工作的重视，推动2013年全县信息工作再上新台阶。

例　文　3　　**点　　评**

××县人民政府办公室文件

发文机关标志

×政办发〔2013〕5号

发文字号

××县人民政府办公室
关于2012年度信息报送及采用情况的通报

标题　三要素式，由发文机关、事由和文种组成。

各433乡镇人民政府、县政府各办事处、委办局，各企事业单位，市直驻××县各单位：

主送机关

2012年，县政府办公室共收到各类信息12 433条，其中：乡镇(办事处)上报7 635条，县直单位上报4 798条。共采用6 926条，编入纸质《政务信息》161条，县

正文　首先，用具体、翔实的数字，通报全县报送、采用信息的情况。用数字说话，有说服力。

委、县政府门户网站采用 6 709 条，市政府信息处采用 52 条，省政府信息处采用 4 条。

从上报情况看，各乡镇、各部门、各单位信息工作开展情况总体良好，大部分乡镇、部门和单位都能按要求及时报送信息，信息数量和质量都有大幅提高。同时，部分乡镇、部门和单位在信息报送方面还存在一些不容忽视的问题，如撰写质量不高，动态信息多，缺少有分析、有建议的调研类信息，个别单位未向县政府办公室报送信息等。

其次，肯定在信息报送方面总体情况良好，同时指出部分乡镇、部门和单位存在的问题。表扬先进，指出存在问题，利于下级机关今后开展工作。

在 2013 年信息报送工作中，各乡镇（办事处）、各部门、各单位要进一步提高对政务信息工作重要性的认识，按照《××县人民政府办公室关于进一步做好信息报送工作的通知》（×政办发〔2012〕55 号）文件要求，结合信息报送要点，紧紧围绕县委、县政府的中心工作，在做好工作动态类信息报送的同时，多撰写一些有情况、有分析、有建议、有措施的调研类信息，力求有深度、有新意，充分发挥信息辅助领导决策的作用。各单位信息工作人员要多关注社会、关注民生，及时撰写、上报发生在身边的各类信息，提高信息质量，推动全县信息工作再上新台阶。

最后，对新的一年信息报送工作提出明确要求和原则性指导意见。

附件：2012 年度信息报送及采用情况统计表

附件说明

××县人民政府办公室

2013 年 2 月 10 日（公章）

发文机关署名

印发日期（并加盖印章）

1.2.2 文种指要

1. 通报的适用范围

通报适用于表彰先进、批评错误、传达重要精神和告知重要情况。

① 表扬有突出先进事迹、优秀业绩的团体或个人。

② 对重大事故或失误、错误倾向、不良风气提出批评。

③ 将当前的重要工作、主要工作或专题工作、专项治理工作的进展情况、落实情况、评比检查结果等传达给下级机关。

2. 通报的格式写法

（1）标题

通报的标题有两种形式，一是三要素式，即发文机关、事由、文种；二是二要素式，即事由和文种。

(2) 正文

不同种类的通报,因内容的不同导致正文的写法略有不同。

表彰通报的内容是肯定、表扬先进,一般是先简明扼要地将事迹、经验写清楚,重点是表明发文机关对先进的态度,赞成什么,学习什么,条理清晰,观点鲜明。其结构一般是采取"概述事实—表彰决定—提出要求"的顺序,如例文1。

批评通报是对重大事故或失误、错误倾向、不良风气提出批评。其基本要点是事实清楚,定性准确,特别是要指出需要从中汲取的教训。要入情入理,观点鲜明,切中时弊,对改正措施还应有原则性的指导意见。批评通报一般是先简明扼要地将重大事故或失误、错误倾向、不良风气写清楚,重点是表明发文机关对通报内容的态度,批评什么、反对什么、什么性质、汲取什么教训,都要条理清晰,观点鲜明,使下级机关有所借鉴。其结构一般是采取"概述事实—表明态度及处理意见—分析错误或事故产生的原因—提出要求"的顺序,如例文2。

情况通报的内容主要有工作进展情况、落实情况、评比检查结果等。一般是有问题、有分析、有结果,目的是激励先进、督促后进,推动工作开展。其结构根据具体情况而定,如例文3,既有对先进的表扬,也有对后进的批评,并有原则性的指导意见。

其他部分的格式内容要求同一般公文。

3. 通报写作的注意事项

(1) 事例典型

通报的内容必须典型,即应选取择新颖的具有代表性的典型事例,选择与推进当前中心工作密切相关的重要事项或重大情况,以便通报一点带动一处,使读者从中受到教育与启示,引起广泛的重视,进而对工作起到引导与促进作用。

(2) 内容真实

通报的内容必须真实,情况真实是通报的生命。通报中涉及的时间、地点、人员姓名、事实情节、数据、背景、群众的反映等均不得有半点虚假或错漏,对其原因、影响、经验教训的揭示要客观、科学,使人们从中得到教益。

(3) 要求具体

要对下级提出明确的要求或改进措施。要求、措施要有针对性,要切实可行。

(4) 清楚准确

表扬性通报和批评性通报的"决定"部分是上级机关对通报对象的表彰或处理决定,要写得具体、准确,言简意明。

(5) 讲求时效

通报具有指导现实的作用,时间性要求很强,时效性很强。尤其是对具有重大借鉴作用的典型事例,通报发得越及时,对现实工作的指导作用就越大。

(6) 篇幅适中

通报的篇幅一般不宜过长,表彰先进事迹、授予荣誉称号的通报,数百字即可;推广典型经验的也以不超过两千字为宜。不描写、不抒情,对有关情况概述清楚即可。

1.2.3 写作训练

（1）下面一则批评性通报在写作格式、内容选择、语言等方面都存在不当之处，请指出并以此材料为基础重写一份批评性通报。

煤气厂关于发生煤气爆炸的通报

各街道、各工厂、企业单位：

今年2月10日，煤气厂检修工擅离值守，在煤气管发生漏气的时刻，不在值班室，因此，未能及时处理漏气问题，以至造成爆炸，不幸造成伤4人，直接经济损失500万元的特大事故。

这次严重事故，尽管责任在检修工，但与厂领导管理不严有关，为严肃纪律，教育本人，给予厂长撤销职务处分，给予党委书记撤销书记职务处分。

××区人民政府

2014年3月1日

（2）根据下面的报道，为××理工大学写一篇表扬性的通报。

2014年4月17日晚21:00左右，两小偷在建干路盗窃电瓶被发现。热心群众奋力追击，将其中一人擒下。小黄是参与抓贼的热心群众之一，他是××理工大学大三的学生，平时在学校附近的舞蹈室里教舞。事后，他向记者讲述了当时的情况。

当天晚上，两名学员急匆匆地跑进舞蹈室找小黄，说楼下有两名男子，在一排停着的电单车处鬼鬼祟祟地捅咕，像是在偷电瓶。小黄听了，立即与同事、学员一行七人跑下楼，发现楼下确实有电单车的电瓶被偷了，可小偷已不见了踪影。根据群众提醒，小黄等人沿着建干路往七星景区方向追赶，追了100米左右，他们发现一胖一瘦两个男子有些可疑。小黄描述当时的情况说："这两个人一个背着黑色旅行包、手提购物袋，另一个抱着个电瓶。我们跟在他们后面观察了一阵，他们发现身后一直有人，就突然将身上的东西一丢，往马路对面跑去。"见此情景，小黄等人迅速追赶小偷，"我追的是那个胖小偷。追他时，他突然拿出一根七八十厘米长的伸缩棍打我。"在打斗中，小黄虽然右手前臂和左腿都受了伤，但他还是在大家的帮助下将胖小偷制服了。可惜，那个瘦小偷趁机跑掉了。而小偷扔掉的物品也被找了回来，里面有4个电瓶和作案工具。就在小黄等人制服小偷的过程中，一起追小偷的两名女生报了警。民警迅速赶来将胖小偷带走，在审讯中，胖小偷承认了自己的盗窃行为。通过胖小偷的供述，警方顺藤摸瓜，当晚就将躲藏在亲戚家的瘦小偷抓获。

1.3 报　　告

报告，是向上级机关汇报工作、反映情况、提出意见或建议、答复上级机关的询问、报送物品、材料等使用的一个公文种类。

1.3.1 例文点评

1. 工作报告

遵照上级指示精神,××乡在全乡范围内组织开展了安全生产大检查自查自纠活动。活动结束后,他们将活动的有关情况向上级进行了报告。

例 文 1	点 评
××乡人民政府文件	**发文机关标志**
××发〔2013〕33 号	**发文字号**
××乡人民政府 关于安全生产大检查自查自纠情况报告	**标题** 由发文机关名称、事由和文种组成,居中排列。
县人民政府办公室:	**主送机关**
为认真贯彻落实《××县人民政府办公室关于开展全县安全生产大检查的通知》(×政办发〔2013〕58 号)文件精神,切实抓好全乡安全生产,有效减少、避免各类事故发生,确保人民生命财产安全,维护全乡安全生产形势的稳定,××乡于 8 月 10 日起在全乡范围内组织开展了为期一周的安全生产大检查自查自纠活动。现报告如下: 1. 两个矿山企业情况。通过××公司和××铁矿两个矿山企业自查自纠和乡政府检查,查出一般隐患 7 条。已下达整改通知书,限期整改。未发现有重大安全生产隐患存在。 2. 三家采石场情况。通过××采石场、××采石场、××采石场三家企业自查自纠和乡政府检查,发现存在 3 条安全生产隐患。已下达整改通知书,限期整改。未发现有重大安全生产隐患存在。 3. 五家焙烧厂企业情况。通过××锌焙烧厂等五家焙烧企业自查自纠和乡政府检查,共发现有 3 条安全生产隐患存在。已下达整改通知书,限期整改。未发现有重大安全生产隐患存在。 4. 道路交通安全工作。通过交通协管中队上路对超载、超限、超速和酒后、疲劳驾驶等违法违规行为进行大检查,共查处超载 2 起。对驾驶员进行批评教	**正文** 开头,简洁写明所报告工作的依据、目的和主要内容,然后用"现报告如下"过渡到对工作情况的具体报告。主体采取条文式结构,分 5 个方面对本乡安全生产大检查自查自纠活动进行了全面的报告,包括存在的问题、处理办法与解决措施。条理清晰,便于上级机关了解所报告的工作情况。

育,责令改正。 5. 按照省、地、县及县打非办的部署要求,继续开展严厉打击非法违法生产经营建设行为。对二季度以来"打非"专项行动开展"回头望",未发现有反弹迹象。 此次检查工作注重检查与整改相结合,对存在的所有隐患,均限期整改,切实实行安全生产检查责任制。并建立安全生产检查档案,责任落实到人。 特此报告。 ××乡人民政府 2013年8月15日(公章)	结尾,"特此报告"是工作报告的习惯性结尾用语。 **发文机关署名** **印发日期**(并加盖印章)

2. 答复报告

××市人民政府收到关于××学校"乱收费用"的情况反映,特向该校发函询问此事。该校接到市政府的函件后进行了认真核实,将核实所得的情况写成报告,回复××市人民政府。

例 文 2	点 评
××××学校 **关于学生收费情况的报告**	**标题** 三要素式,由发文机关、事由和文种构成。
×校字〔2014〕××号	**发文字号** 没有发文机关标志,发文字号排在标题之下。
市人民政府:	**主送机关**
前接"×政办字〔2014〕××号"函,询问我校对学生收费的情况,现报告如下: 我校对学生收费的标准是根据省人民政府"×政发〔2012〕××号"文件精神,同时又针对我校所设专业的不同而制订,并报市物价局核准后执行的,不存在乱收费、多收费的情况。另一方面,我校对部分特困生实行减免部分学费和不定期补助的做法,使部分特困生得以顺利完成学业。 今后,我校在收费方面将继续严格按上级有关文件精神和当地物价部门核准的收费标准执行,绝不做违规之事。	**正文** 首先,写行文的缘由。引述上级来函文号及询问的问题,然后用"现报告如下"过渡。其次,对上级的询问作具体的回答。同时还简要说明本校不仅没有多收费,还对特困学生在费用问题上给予照顾。最后,表明态度。
以上报告妥否,请指示。	用答复报告习惯性的结尾用语结尾。

附件：1.《××××学校收费标准》 2.《××市物价局关于××××学校收费标准的批复》	**附件说明** 有关文件是制订收费标准的政策依据，以此证明本校的收费并未违规。
××××学校 2014年×月×日（公章）	**发文机关署名** **印发日期**（并加盖印章）

3. 报送文件、资料的报告

按照上级机关要求，××市××区人民政府制订了2012年度绩效管理工作方案。将该方案报送上级机关，请上级机关审阅。

例 文 3	点 评
××市××区人民政府文件	**发文机关标志**
××政〔2012〕197号	**发文字号**
××市××区人民政府 关于报送2012年度绩效管理工作方案的报告	**标题**
市绩效评估办：	**主送机关**
按照市委办、市府办《关于印发2012年度绩效管理工作方案的通知》（××办〔2012〕53号）文件的要求，结合我区实际，制订了《××市××区人民政府2012年度绩效管理工作方案》，现予呈上，请审阅。	**正文** 一段式，简要说明报送文件的名称，用“请审阅”结尾。此类报告常用的结尾语句还有“随文上报”“请……批准”“请予备案”等。
附件：××市××区人民政府2012年度绩效管理工作方案	**附件说明** 这是此类报告重要的、必不可少的组成部分。
××市××区人民政府 2012年10月22日（公章）	**发文机关署名** **印发日期**（并加盖印章）

1.3.2 文种指要

1. 报告的适用范围

适用于向上级机关汇报工作、反映情况，回复上级机关的询问。

① 一定时期或一个阶段的全面工作或单项工作的进展情况、结果要向上级书面汇报。

② 社会、政治、经济等方面出现值得注意的新情况，重大方针政策出台以后干部群众的思想反映及贯彻情况需要向上级反映。

③ 就某项工作，某方面的工作向上级机关提出意见和建议。

④ 答复上级机关对某问题、某项工作、某个事件的询问。

⑤ 向上级报送资料、物件。

⑥ 根据组织原则、法规程序或有关规定，将有关事项材料或文件向上级主管机关报告存案以备查考。

2. 报告的格式写法

(1) 标题

作为上行文，报告的标题通常是采用三要素式，即由发文机关名称、事由和文种组成。

(2) 正文

不同种类的报告，其写法和要求均有不同。

工作报告主要是向上级机关汇报情况，供上级机关掌握了解。其结构一般是由工作情况（包括工作或成绩、措施或经验）、存在的问题和今后工作的意见三部分构成，重点放在工作情况部分。一般用“特此报告”（不必加句号）或“以上报告如有不妥，请指示”做结尾。

情况报告一般是把正常工作运转中出现的新情况、新问题，特别是突发事件、特殊情况、意外事故、个别问题的处理情况，向上级机关报告。其结构往往是某个情况发生的全过程、原因分析、直接或者间接后果、处理过程及处理意见等，使上级机关清楚地了解事情的全貌。如果是出现的新问题，处理起来没有政策依据，还要请求上级机关给予指示。

意见、建议性的报告一般是下级机关对属于本部门的职能范围而与其他机关交叉的事项、需要上级机关批准、认可的事项提出意见或建议，请求以上级机关的名义予以批转或转发的报告。它的重点应放在对今后工作的意见、建议或下一步采取的措施方面。属于本机关职权范围能自行决定自己处理的事项不应写入报告。

答复上级机关询问的报告要针对上级机关征询的问题写，一般要求就事论事、中心集中、重点突出、条理清晰、一目了然，不可答非所问。

报送文件、资料的报告正文内容较少，一般只要简单写清报送文件、资料的名称、依据、原因即可，“附件说明”是此类报告不可缺少的组成部分。

其他部分的格式内容要求同一般公文。

3. 报告写作的注意事项

(1) 正确使用文种

报告一般制发于工作任务完成或问题解决之后，不要求批复。不要“报告”“请示”不分；也不可报告与请示结合使用，写成“请示报告”。除极个别的情况报告外，在报告中不得夹带请示事项。

(2) 实事求是，力戒片面

对工作中的成绩和问题都要如实反映，不要报喜不报忧。同时，讲成绩要留有余地，写问题要把握好分寸，评价一个单位要实事求是。

(3) 突出重点，详略得当，不要面面俱到

(4) 以叙述为主要表达方式

概括地叙述工作的进程、成绩、有关动态与经验教训及建议。即使是需要阐明观点和论证道理时，也必须在叙述事实的基础上，做到叙议结合。

(5) 结束语的使用要注意分寸，要与内容相适合

如关于方针、政策方面的报告，结束语多用“请审查”；关于财经、物质方面的报告，结束语多用“请审核”；情况报告，结束语多用“特此报告”；呈转性报告，结束语多用“请予批转”“如无不妥，请批转”。

1.3.3 写作训练

(1) 指出下面这份报告存在的问题，并予以修改，所缺资料可以自己补充。

关于××高速公路塌方事故的报告

××市建设委员会：

2012年9月5日，××高速公路××路段发生塌方事故，造成一定的伤亡后果。事故发生前，桥面上分散有二三十名工人，已经浇注了200m^3的混凝土，而且违章施工。按照施工程序应分两次浇注的混凝土却一次浇注，估计事故原因是桥面负荷过大。事故发生后，近200名消防队员、工地工人、公安干警赶到现场紧张抢救，抢救时间持续近28小时。据查，该工程承建商是××市市政总公司第一分公司。

特此报告

市政总公司第一分公司

2012年9月6日

(2) 根据下面材料，为××市审计局写一报告，主送机关为市廉政办。

根据“中共××市纪委办公室关于开展政府机构改革和职能转变情况监督检查的通知”(×纪办〔2013〕73号)要求，××市审计局及时组织有关人员对五个方面的检查内容进行了认真的自查自纠。自查结果为：中央八项规定出台后，该局及时利用各种会议进行宣传学习，做到家喻户晓、人人皆知。局党组要求班子成员带头执行，一级抓一级、层层抓落实，并结合学习贯彻省委市委、省审计厅的相关规定和细则，以及审计工作实际，制订了“十二条规定”，要求全体审计人员认真执行。该局能严格按八项规定和财经纪律要求办事，依法依规处置经费资产，不存在借机构改革和职能转变之机隐瞒、挪用资金或虚报、冒领资金等行为；不存在突击花钱、巧立名目发放和私存私放钱物行为；不存在挥霍公款相互宴请、收送纪念品或礼品等行为；不存在违规更换公务车、办公设备，漏报、瞒报、隐匿和违规处理国有资产等行为。同时，根据该局肩负的审计职能，加强了对被审计单位落实“八项规定”和“三公经费”等方面的审计监督。

1.4 请示与批复

请示是向上级机关请求指示或批准的一种上行公文。它的主要目的是把自己职权范围内无权解决、无法解决而又必须解决的事项向上级机关反映或提出建议,请求上级指示或批准,具有呈批性的特点。

批复是收到下级机关请示有关事项的公文后,给予答复的下行公文。具有针对性和指示性特点。无请示则无批复,有请示必有批复,二者之间密不可分,故将其放在一节中学习。

1.4.1 例文点评

1. 请示

××中学就餐学生多,学生食堂面积不足,严重影响了学生生活。解决问题所需的资金学校自身无力解决,要由上级主管机关——市教育局调拨。为此,该校将有关情况、建议拟写成一份请示,报送该市教育局,请求给予解决。

例 文 1	点 评
××中学文件	发文机关标志
××校〔2013〕25号	发文字号
××中学关于改扩建学生食堂的请示	标题 由发文机关、事由和文种组成。
市教育局:	主送机关
我校现有20个教学班,学生1 158名(其中寄宿制学生1 052人),教师57名,每天约有2 000人次就餐。但学生食堂仅有298m²,就餐时食堂显得非常拥挤,学生排队等待很长时间也得不到就餐,就餐秩序也很难维持。 食堂面积不足的现状严重影响学生生活,亟须解决。	正文 首先,用具体数字说明本校就餐学生多,学生食堂面积不足,进而得出“严重影响到学生生活,亟须解决”的结论。
经过分析论证,有两种解决方案:一是建造一个900m² 的新食堂。这一方案的优点是新食堂设施先进完善,比原来的食堂整洁卫生,但是成本过高,约需人民币155万元。二是在原食堂上面采取框架结构方式扩建两层,每层298m²,共596m²。经过论证,原食堂	其次,提出请示事项,给出了两个处理方案供上级参考,并且表明了自己的倾向性意见。

的地基基础完全可以承受。建筑成本预计为 1 500 元/m^2，需人民币 89.4 万元。这一方案的优点是利用现有条件，成本低，比较实用。我们建议采取第二种方案。	
妥否，请批复。	结语，提出请求，是请示常用的结语。
××中学	发文机关署名
2013 年 12 月 1 日(公章)	印发日期(并加盖印章)

××有限公司准备召开公司第六届董事会第二次会议，召开董事会需要得到上级公司的批准。为此，他们将这一打算向上级部门进行了请示。

例 文 2	点 评
××有限公司文件	发文机关标志
××公司字〔2013〕27 号	发文字号
关于召开××公司第六届董事会第二次会议的请示	标题 二要素式，由事由和文种组成。
集团公司：	主送机关
根据《公司法》和××有限公司章程的规定，现请示召开××有限公司第六届董事会第二次会议。会议时间拟定于 2014 年 2 月 27 日，会议主要议题有四项： 一、报告××有限公司 2013 年度生产经营情况。 二、报告××有限公司 2013 年度财务决算及 2014 年度财务预算。 三、提请讨论董事会成员职务调整。 四、报告××区域动迁补偿款使用的情况。	正文 说明请示的事由、依据及请求的具体事项。
妥否，请批示。	结语，使用请示中常用的结语。
××有限公司	发文机关署名
2014 年 2 月 20 日(公章)	印发日期(并加盖印章)

2. 批复

在收到××银行《关于筹建××银行股份有限公司××分行的请示》后,××省银监局对请示的问题回文作了答复。

例　文　3

××省银监局文件

×银监复〔2013〕342 号

××省银监局关于同意
筹建××银行××分行的批复

××银行:

你行《关于筹建××银行股份有限公司××分行的请示》(×行〔2013〕112 号)收悉。经审核,批复如下。

一、同意筹建××银行股份有限公司××分行。地址为:××省××市××区××街 99 号。

二、你行应自批复之日起 6 个月内完成筹建,未能按期筹建,应在筹建期限届满前 1 个月向我局提交筹建延期报告,筹建延期不得超过一次,筹建延期的最长期限为 3 个月。

三、筹建工作完成后,你行应按照有关规定和程序向我局提出开业申请,同时提交具备开业条件的证明材料。未在规定期限内提交开业申请及证明材料,且未按要求提交筹建延期报告,本批复失效,由我局办理筹建许可注销手续。

此复。

××省银监局
2013 年 12 月 31 日(公章)

点　评

发文机关标志

发文字号

标题　三要素式,由发文机关、事由和文种组成。

主送机关

正文　开头,引述来文的标题、发文字号,用"批复如下"转入批复的主体,引起下文。

主体,条文式结构。第一条写批复意见——同意,意见明确,简洁明了。然后提出具体的指示要求,这是批复常用的写法。

结尾,用"此复"做结束语,是批复习惯性的用法。

发文机关署名

印发日期(并加盖印章)

1.4.2　文种指要

1. 请示的写作要求

(1) 请示的适用范围

请示适用于向上级机关请求指示、批准。

① 对现行方针政策、法律法令、规章制度了解不足，工作中遇到疑难问题，需要上级机关作出答复才能办理。

② 出现本单位无权决定，按照规定必须请示上级主管部门审核、批准后才能办理的事项。

③ 工作中出现了新情况、新问题，而又无章可循，有待上级机关明确指示或提出解决的办法。

④ 因为情况特殊，难以执行现行规定，请求上级机关批准本机关在执行制度时可根据具体情况变通处理问题。或对上级的某项决定、措施有不同的看法，请求上级机关予以重新考虑。

⑤ 工作中遇到了人、财、物等方面的困难，需要上级帮助解决。

⑥ 由于意见分歧，难以统一，无法工作，需要上级裁决。

⑦ 出现涉及面很广，而职能部门无法独立解决、协调的事项，必须请求上级领导机关出面协调、统筹安排。

⑧ 本单位虽可以开展工作，但因事关重大，为防止工作中出现失误，需要请上级审核把关。

(2) 请示的格式写法

① 标题。作为上行文，请示的标题一般采用三要素式，由发文机关、事由和文种组成。

表述事由时，一般只宜使用一个动词，且不能与文种词语重复。如《××研究所关于请求批准给我调拨基建资金的请示》中，“请求批准”两个动词多余，且与文种“请示”语义重复，应删除。

② 正文。正文一般包括以下内容。

● 请示问题或事项的原因、背景、理由。要事实清楚，理由充足，为上级机关的批准提供充分的依据。如××光机所在给其上级主管部门——中国科学院物资局的请示中，开头写道：“最近，地区电网负荷太大，市郊线路经常停电，给我所科研、生产带来许多困难和损失。”

● 请求事项。要写得明确、具体。如××光机所的请求事项是：“为确保科研、生产的正常进行，在市郊线路停电时，我所应自行发电。根据历年我所用电情况，急需一台××千瓦的柴油发电机组。”

● 提出处理意见、建议和看法。一般情况下，请示中都要提出自己的处理意见、建议和看法，以供领导参考。如××光机所的处理意见是：“在去年年底院物资调剂会议上，院属长春科仪厂处理积压物资的清单上有6250型柴油发电机两台，江南科仪进出口公司有××型柴油发电机组供应。我们希望能从长春科仪厂调拨给我所一台6250型柴油发电机，若此处两台均已处理，请拨专款从江南公司购进一台，以解燃眉之急。”提出了两个处理方案，并且表明自己的倾向性意见，供领导参考。处理意见也可以是一个或几个方案，个别请示这部分可以不写。

● 请求。这是请示的结语部分，明确提出请示要求。格式上，一般另起一段，用诸如“以上当否，请批示”“特此请示”“请指示”“请审批”“当否，请批复”等一些常用的规范用语作结束语。

请求审批的请示，正文一般由事由、事由的必要性和可行性组成。要翔实有据、充分可行。这类请示的主送机关是直接的主管机关，而不是谁有最后审批权就主送谁。

请求解决问题的请示，正文的结构一般分事由和请求解决事项两部分。事由要条理清晰，理由充分，哪些问题需要上级机关协助解决要写清楚。请示解决事项部分中，要有明确的、合情合理的解决意见、设想。

请求指示、答复性的请示重点是把问题焦点、难点、矛盾点表述清楚，同时还要把自己的理解、意见一并汇报，以便于上级机关答复。

其他部分的格式内容要求同一般公文。

(3) 请示写作的注意事项

① 不能多头请示。一个请示事项，一般不要同时请示两个以上的领导机关或主管部门，以免出现"公文旅行"、单位之间互相推诿的情况，延误了请示的批复。受双重领导的单位，应根据具体情况，主送一个上级机关，抄送另一个上级机关；有些特殊的事项涉及几个部门，亦应分别向几个不同部门的上级机关请示。

② 不能越级请示。除极特殊情况外不得越级请示。因特殊情况，必须越级行文时，一般应抄送越过的上级机关。不论什么内容的请示，需要同时送其他机关的，应当用抄送形式，但不得抄送其下级机关。

③ 不能横向请示。请求平行职能部门或不相隶属的上级机关审批其管辖范围内的事项，不可使用"请示"，而是用本章将要学习的"函"。

④ 不能事后请示。请示必须事前行文，绝不能"先斩后奏"，或边请示边办理。

⑤ 不能向领导个人请示。请示除领导直接交办的事项外，一般不得直接送领导者个人。

⑥ 不能一文多事。一份请示只能写一个问题，不要把几个性质不同的问题或事项同时写在一份请示中，以免上级机关不好批复而贻误工作。

⑦ 不能请示、报告混用。不得在报告等非请示性公文中夹带请示事项，把"……的请示"写成"……的请示报告"或"……的报告"都是不对的(请示与报告的区别见下文)。

⑧ 不得用要挟、命令或催促式的口吻。语言要谦恭，要尊重上级。

⑨ 下级机关的请示事项，如需以本机关名义向上级机关请示，应当提出倾向性意见后上报，不得原文转报上级机关。

(4) 请示与报告的区别

① 写作目的、结果不同。请示是就某一个问题请求上级机关指示、批准，并需上级批复；报告是向上级汇报工作、反映情况、提出建议，不一定需要上级答复。

② 写作的时间不同。请示必须事前行文，不能"先斩后奏"；报告一般在事后或工作进行过程中行文，即"事前请示，事后报告"。

③ 写作事项要求不同。请示一般应一文一事；报告则可一文一事或数事。

④ 主送机关的多少不同。请示只写一个主送机关；报告则可写一个或多个主送机关。

2. 批复的写作要求

(1) 批复的适用范围

批复适用于答复下级机关的请示事项。

(2) 批复的格式写法

① 标题。批复的标题可以由发文机关名称、事由和文种三要素组成，也可以省略发文机关名称。在标题批复中，可以表明发文机关对下级的请示内容同意或不同意的态度，如例文的标题。

② 正文。正文一般包括以下内容。

- 引言。首先引述下级机关来文的标题或文号，必要时还可引述来文的要点，以使受文单位明确批复的事项。如中国科学院物资局给××光机所做的批复，开头就写道："你所《关于调拨柴油机的请示》一文收悉。经研究，现批复如下。"
- 主体。根据有关政策、法令、规章制度和实际情况，对请示中所提出的问题做出恰当明确的答复。如中国科学院物资局同意了××光机所请示中的部分事项，分别写明理由："1. 我局业务经费紧张，不能给你所下拨购买柴油机的专项款。2. 根据你所请示中所提出的建议，经与长春科仪厂协商，该厂同意调拨××型柴油机支援你所，请你所速派人前往该厂物资处联系，商议办理具体事宜。"如果全部同意，就写上肯定的意见，不复述理由；如果不予批准，在否定意见后面简明扼要地阐述一下原因、理由。如果请示的内容只有简单的一个，直接表明态度即可，如例文。
- 结尾。一般用"此复""特此批复"等做结束语，结束语独自成段。

其他部分的格式内容要求同一般公文。

(3) 批复写作的注意事项

① 批复是指示性文件，具有明确的针对性和指示性。写批复时必须经过详细调查，周密思考，认真研究，务求在批复的内容上明确、具体、恰当，以便下级机关有章可循，遵照办理。

② 凡是引用政策、法令或规章制度，都要写明出处，必要时要引述原文。

③ 批复原则上是一文一事，一个批复针对一件请示。有时几个下级机关上报请示同一件事，经研究同意后，应分别行文批复，而不应是一件批复回复数个请示。

④ 篇幅不宜过长，要文字精练，言简意赅。

⑤ 如果下级机关有请示，无论是否同意，都必须批复，即"有请示必有批复"。

1.4.3 写作训练

(1) 下面是××学校写的一则请示，在内容、语言、格式上都有不妥之处，请指出并据此材料重写一份请示。

请　示

市人民政府、市教育局：

我校今年由于住校生急剧增加，现有的学生宿舍已经无法容纳，现在住校生基本上是一铺二人住宿，严重影响了学生的身心健康。为解决这一困难，我校需要再建一栋学生宿舍。另外，我校的图书馆也尚未达到省两基标准，望上级部门给予适当支持。

特此请示，请回复。

××市××工业学校

2014 年 10 月 20 日

(2) 根据"文种指要"中的相关材料，为××光机所写一请示，为中国科学院物资局写一批复。

(3) ××厂地处城乡接合部，治安情况较差，为保障国家和全厂职工的财产及职工的生命安全，××厂欲加强厂内警卫力量，成立一支护厂队，负责厂内及厂外所属地段的治安。护厂队人员由厂保卫处招收的保安人员组成。××厂不知此举是否合法，因此向××市公安局写了一份公文，请求公安局给予政策上的答复。××市公安局收到××厂的公文后，根据国发〔2014〕310号文件和×市政办发〔2014〕7号文件精神给××厂答复。表示可以成立护厂队，并提出一些具体的要求。请代××厂和××市公安局分别拟写相应的公文。

1.5 决　定

决定，是对重要事项做出决策和部署、奖惩有关单位和人员、变更或撤销下级机关不适当的决定事项所使用的公文文种。决定具有较高的权威性与极强的约束力，下级必须坚决贯彻执行，认真遵守，不得违反。如果违反了，就要受到批评、处分乃至惩办。

1.5.1 例文点评

为进一步推动“三百企业工程”，落实市政府规定的相关奖励政策，××市政府决定对经营业绩突出的企业和个人予以表彰，行文将此决定告知有关部门。

例文1	点评
××市人民政府文件	发文机关标志
×政发〔2014〕19号	发文字号
××市人民政府关于表彰 2013年度三百企业工程先进单位的决定	标题　三要素式，由发文机关、事由和文种组成。
各县（市）、区人民政府，各经济区管委会，市政府各部门：	主送机关
为进一步推动“三百企业工程”，落实市政府《关于促进工业企业快速发展若干政策的实施意见》（××政发〔2012〕21号）规定的相关奖励政策，经过对纳入2013年“三百企业工程”企业相关经济指标测算确认，市政府决定对经营业绩突出的企业进行表彰。	正文　开头，写作出决定的原因。
一、对××内燃机配件有限公司等10户“百户重点”企业按当年上缴税金（增值税、所得税）增长部分地方留成的30%给予奖励。	主体，写决定事项，决定对有关单位和个人进行奖励，并予以表彰。

二、奖励××铝塑建材有限公司等12户"百户亿元"企业法定代表人10万元。	
三、奖励××建材工业有限公司等14户"百户小微"企业法定代表人5万元。	
希望受到表彰的企业能够积极应对复杂的经济形势,大力推进企业技术改造,促进产业升级,加快技术创新,为促进全市工业产业结构的优化升级,扩大工业经济总量,实现工业经济的健康持续发展做出新的贡献。	结尾,对被表彰者提出希望与要求。全文语言简洁,不枝不蔓,结构流畅。
附件:1."百户重点"企业奖励名单 2."百户亿元"企业奖励名单 3."百户小微"企业奖励名单	**附件说明**
××市人民政府 2014年4月24日(公章)	**发文机关署名** **印发日期**(并加盖印章)

因下级机关的决定不当,××市人民政府决定对下级机关的决定予以撤销,并对下级机关作出明确的要求。为此,行文告知下级机关。

例　文　2	**点　　评**
××市人民政府文件	**发文机关标志**
×政发〔2013〕68号	**发文字号**
××市人民政府关于撤销 ×政复决字〔2012〕9号文件的决定	**标题**　三要素式,由发文机关、事由和文种组成。
××县人民政府:	**主送机关**
经查,×政复决字〔2012〕9号《行政复议决定书》与事实不符,现予以撤销。由××县人民政府组织有关部门查清事实,对该争议房地产的权属尽快依法作出确权处理。	**正文**　一段式,写决定的事项,作出决定的原因,并对下级机关作出明确要求。简洁明了,清楚明白。
××市人民政府 2013年3月18日(公章)	**发文机关署名** **印发日期**(并加盖印章)

1.5.2 文种指要

1. 决定的适用范围

适用于对重要事项作出决策和部署、奖惩有关单位和人员、变更或者撤销下级机关不适当的决定事项。

① 对重要事项作出决策。

② 对重大行动作出安排。

③ 对重大问题作出定论。

④ 对重要工作作出部署。

⑤ 宣布对有重大贡献的单位或个人的表彰奖励。

⑥ 宣布对犯有较大错误的单位或个人的处理意见。

⑦ 变更或撤销下级机关不适当的决定事项。

2. 决定的格式写法

(1) 标题

一般是由发文机关、事由、文种三要素组成，如果是由会议通过的“决定”，还要在标题下标注“决定”通过的时间、会议名称。

(2) 正文

正文一般包括开头、主体、结尾。

① 开头。写明作出决定的目的、意义及依据。依据包括理论依据和事实依据，既可以是有关的政策、法规、议案，也可以是有关的人和事，或某个方面、某项工作的具体情况。

这部分要求文字简洁，说明透彻，使领受者能充分认识到作出这一决定的意义。

② 主体。这部分写决定的事项，层次要清楚，政策界限要明确，措施、要求要具体。

这部分常见的写法有以下几种。

- 篇段合一式。这种写法是将决定的事项与决定依据合为一个自然段，不再分段表达。这种结构式适用于一般的人事安排、设置或撤销下级机关不适当的决定事项，或者是内容比较单一、文字不多的决定，如例文 2。
- 分条列项式。这种方式是把所要解决的有关问题，按先后次序、主次轻重列出条项，用数码逐一标出，有时还加上小标题。这种结构方式适用于牵涉具体事项较多或有必要作出明确解释的决定，如例文 1。
- 分段叙述式(又称分类式)。这种方式是由几个自然段组成，每段表达一个独立的意思。这种结构方式一般用于观点明确、内容相对集中的奖惩决定。
- 条类结合式。这种方式常见的是把决定采取类别和条款相结合的方式来写。先将整个决定的事项划分为若干类别，然后再将每一类别分为若干条款，并将所有条款排好序目。这种结构方式采纳了条款式和分段式两者的长处，使决定事项表达集中突出，又条目清晰。如《中共中央、国务院关于保护森林发展林业若干问题的决定》就采用了这种写法。该写法共分 8 类 25 条，层次清晰地表达了决定的全部事项。

③ 结尾。通常是专设一自然段，发出号召或提出希望。有些决定也可不写结尾，决定事项说完全文即结束；有的结尾内容与主体内容合为一段，这样安排显得结构简洁，不枝不蔓。

(3) 时间

时间的写法有两种：第一种是用圆括号写于标题下面；第二种写在文末，时间一定要写全称。

其他部分的格式、内容要求同一般公文。

3. 决定写作的注意事项

① 要注意避免把应当使用“决议”或“通知”发布的文件错用为“决定”。

② 普发性决定不写主送机关。

③ 决定的主题必须鲜明、集中，任务要求必须具体、明确，措施办法必须清楚、有力，体现出鲜明的针对性和可操作性。

4. 决定与通报的异同

奖惩性决定与表扬批评性通报都是上级机关用来将对先进单位或个人给予表彰奖励、对犯错误的单位或个人给予处理的有关内容，告知下级机关的公文。二者的根本区别在于其侧重点、阐述问题的角度不同。

(1) 出发点与侧重点不同

奖惩性决定重在处置，它的着眼点在于奖惩有关单位或个人。奖功罚过是其首要目的，教育或警示他人是其次要目的。通报重在教育宣传与比照，它的主要目的是使受文单位了解相关内容，通过表扬先进或批评错误达到示范、警示的目的。

(2) 正文的组成不同

奖惩性决定一般先简述先进事迹或错误事实(只叙述，不分析)，然后写明组织的处理决定，最后对奖惩对象提出要求；表扬性通报与批评性通报的正文部分则是在概述先进事迹或错误事实经过的基础上，进一步分析事件的意义或错误、事故产生的原因与危害性，表明发文机关对通报事项的态度或对错误的处理意见。最后下级机关提出要求和希望，号召大家学习先进，或警示后进。

(3) 内容、语气不同

“决定”是对重要事项、重大问题处理结果的告知，语气比较强硬。相比之下，“通报”是上级机关对先进事迹、错误现象态度意见的告知，语气则相应地委婉一点 。

1.5.3 写作训练

(1) 下面是一则决定的草稿，在格式、内容取舍上都有毛病，请指出并修改为一份规范的决定。

中共××县委 ××县人民政府关于向××同志学习的决定(2013年×月×日)

2013年×月×日凌晨2时25分，共产党员、县供销社仓库主任××同志值班巡逻到县供销社5号仓库时，发现一伙歹徒正在作案。歹徒见他来了，转身就跑。他大喝一声：“站住!”歹徒怔了一下，见只是××一个人，便向××求饶：“你放了我们，哥儿日后一定给你好处。""别啰嗦,跟我上派出所,争取宽大处理。"××同志义正词严地说。歹徒见软的不行,就凶相毕露,从腰间拔出匕首,向××围了上来,恶狠狠地说:"你识相些,否则别怪我们不客气。"××同志毫无惧色地说:"你们这是罪上加罪,放下凶器,跟我上派出所!"罪犯一拥而上,拿着匕首向××同志刺去。××同志一面高喊:"抓强盗!抓强盗……"一面与歹徒展开搏斗。终因寡不敌众,倒在血泊中。职工、群众闻讯赶到把他送进医院,医院立即组成抢救小组抢救。但××同志因失血过多,抢救无效,光荣牺牲,年仅30岁。

为此,县委、县人民政府决定,在全县开展向××同志学习的活动。号召全县广大党员、职工、群众向××同志学习。

(2) 根据下面的材料,以某厂办公室的名义写一则决定。

某厂青年工人刘某,目无纪律,旷工达八个月之久;参与聚众斗殴,致使一人双目失明、两人住院治疗。刘某已经被公安局拘留。为严肃厂纪,教育全厂职工,根据该厂《职工考勤管理暂行办法》中关于"连续旷工十五天或一年内累计旷工30天者,给予除名处分"的制度,决定将刘某除名。

1.6 函

函,是平行机关、不相隶属机关、单位之间相互商洽工作,通报情况,询问和答复问题,征询意见,向有关主管部门请求批准事项时使用的公文。

本节的"函"指的是公函,从格式上看,有正式公函和便函两种。其区别在于:正式公函是《党政机关公文处理工作条例》规定的公文种类之一;便函不使用发文机关标志,不加公文编号,也可以没有标题,结束语可用一般书信常用的表示尊敬的祝颂语。内容上,公函用于处理比较郑重的事项或问题,一些公函在业务上具有指导意义;便函则用于进行一般事务的沟通,不具备指导意义。

1.6.1 例文点评

1. 请求批准的函

因工程在施工中需要穿越公路路面,施工单位××县县城供水改扩建工程筹建处特向公路管理部门发函,请求批准施工。

例文1	点评
关于县城供水干管工程施工 申请穿越公路的函	**标题**　二要素式,由事由和文种构成。
××函〔2013〕5号	**发文字号**　没有发文机关标志,发文字号排在标题之下。
县农村公路管理站:	**主送机关**

××县供水改扩建工程是我县2013年重点基础设施建设工程，也是县委、县政府承诺必须实施的惠民工程。承担着改善县城区供水保证率和提高水质的重要责任。我处在施工中需穿越贵站所管理的沥青路一次，地理位置位于××镇××村和××村交界处，交叉点位于S6+600处，现提出穿越施工申请。	**正文** 首先阐明工程的重要性，说明穿越的原因，表明穿越的必要性。标示穿越的准确地理位置，另附附件为对方研究此施工是否可行提供参考依据，便于对方回复。
妥否，请函复。	**结语**
附件：××县城供水改扩建干管穿越××公路施工方案	**附件说明**
××县县城供水改扩建工程筹建处	**发文机关署名**
2013年9月24日（公章）	**印发日期**（并加盖印章）

2. 复函

××建设工程造价管理总站在收到××县财政局的咨询函后，给对方回函，对其咨询的内容给予答复。

例 文 2	点 评
关于建筑节能检测费用问题的复函	**标题** 二要素式，由事由和文种构成。
×造价函〔2013〕62号	**发文字号** 没有发文机关标志，发文字号排在标题之下。
××县财政局：	**主送机关**
你局《关于建筑节能检测费用问题的函》（×财局函〔2013〕30号）收悉。经研究，现答复如下： 按×建标〔2009〕7号文件《关于调整建设工程检验试验费和检验试验配合费计取方式的通知》的规定，来函所提的四项节能检测费用应包括在检验试验费用内。但如合同文件另有约定的除外。	**正文** 首先，先引用来函的题目和发文字号。用“经研究，现答复如下”过渡。其次，依据有关规定，对对方的询问作明确答复。同时指出，“但如合同文件另有约定的除外”，缜密严谨。
此复。	**结语**
××建设工程造价管理总站	**发文机关署名**
2013年11月15日（公章）	**印发日期**（并加盖印章）

3. 商洽函

××市人事局拟开办培训班，但因培训人员较多，场地不够，所以想向××中学借用教室。因二者没有隶属关系，人事局给该中学写了一份便函，商洽此事。

例 文 3	点 评
关于商借教室的函	**标题** 由事由和文种组成，无发文字号。作为便函也可以没有标题。
××中学：	**主送机关**
为贯彻国家公务员制度，我市拟对全市事业单位在职干部进行不脱产培训。因培训人员较多，场地不够，所以想向你校借用教室。时间是今年9、10两个月的所有双休日，每天上午8时至下午6时；教室数目是8间，每次上完课，我局会派人打扫卫生；消耗水电等费用我局将如数支付。这次培训，关系到我市在职干部的素质，希望能得到你们的支持。是否同意，请研究后及时答复我们。	**正文** 这份函的内容是与不相隶属的机关商量工作。一方面说明这件工作的重要性，一方面表示尽量不给对方增加麻烦，又希望得到对方的支持。内容交代清楚，语言又十分得体。
此致 敬礼	**结语** 使用一般书信中表示尊敬的祝颂语，在便函中是可以的，也是常用的。
市人事局 2014年8月15日（公章）	**发文机关署名** **印发日期**（并加盖印章）

1.6.2 文种指要

1. 函的适用范围

适用于不相隶属机关之间商洽工作、询问和答复问题、请求批准和答复审批事项。

2. 函的格式写法

（1）标题

标题一般由发文机关、事由、文种三要素组成，有时省略发文机关。便函可不用标题，以示行文简便，突出“便”的特点。

（2）正文

不同内容的函，写作内容及要求均有不同。

① 商洽函。商量和接洽工作用的函。先写发函的根据或理由，然后陈述商洽的事项。要求观点明确，内容具体，用语得体、谦恭、清楚，便于对方理解与解答，如例文3。

② 询问函。询问事项、问题时使用的函。要求内容集中，表达清楚，一般只询问一个问题，以便对方尽快答复。如果问题较多，要分条写明。应注意的是所询问的应是对方了

解且能回答的事项、问题。

③ 请求批准的函。一般用于向不相隶属的主管机关请求批准有关经费、人员调配、营业执照、物资调拨等有关事项。在内容上，这种函首先要说明请求批准的理由、原委，然后写请示批准的事项。写作时，理由要充分，请示的事项要明确、具体、合理。用语要简明得体，语气要诚恳，力求征得对方的同意，如例文1。

④ 答复函。指答复来函所提出的问题、回复来函商洽的事宜、回答来函请求批准事项的函。一般先引用来函的题目或发文字号，也可同时引用来函的题目和发文字号(写法是先写题目，后用括号标明发文字号)，如例文2。然后针对来函所提的问题、请求的事项或商洽的内容作出明确的答复。要注意的是，如果不同意或否定对方来函请求或商量的事项问题，一定要说明理由，让对方明白你不是故意刁难他或不配合。

(3) 结语

即结束语，函的结语可根据情况不同而有所区别，但都是独自成段。

如果去函仅是告知对方机关有关事项、情况，可用“特此函告”；商洽函的结尾处一般是提出予以复函的请求或予以尽快办理的具体要求，可用“请(谨请)复函”“妥否，请函复”“特此函告，请复”，或根据情况用“请予支持”“请研究函复”等；询问函的结尾一般用“(妥否)请函复”，而不能用“请审批”；如果是复函，可用“特此函复”“此复”等。

其他部分的格式内容要求同一般公文。

3. 函写作的注意事项

(1) 文种正确

向平行或不相隶属机关行文请求或回复需要批准的事项，要使用“函”，而不用“请示”或“批复”。如例文1，虽然是请求对方批准，但仍然用“申请”而非“请示”。

(2) 一事一函

避免一函中夹杂需要几个部门办理的事情，这样不仅行文不规范，而且常由于辗转传递而耽误时间，欲速则不达。

(3) 内容简洁

写函要开门见山，简短明快，并要主动把问题症结和自己的处理意见告诉对方，不要兜圈子、讲套话，也不必寒暄，更不要借题发挥，大发议论或抒情。

(4) 用语得体

公函的语言讲究规范、明了，不能用指示、命令式语言，也不必用普通信件中“不胜感激”“永将图报”“此致”“敬礼”之类的谦词，但行文用语要注意礼貌和尊重对方。

(5) 态度严谨

虽然有些函以陈述情况，告晓询问为主，不具有领导和指导作用，但有凭证作用，所以写作时必须慎重。如例文2，在依据有关规定，给予对方明确答复后，补充说明“但如合同文件另有约定的除外”，内容十分严谨。

1.6.3 写作训练

(1) 下面一则公函在格式、内容上都有不妥之处，请指出并予以修改。

××市政府办公厅：

据悉，贵市化肥富足，我市目前化肥短缺，已严重影响我市农业春耕生产。为此，特去此函，请贵市支援我市尿素××吨。望能照此办理，并请及时复函。

×××市人民政府办公厅

2014年×月×日

(2) 请依据以下材料，为东风机械厂和省发改委办公室各写一份函。发文字号等内容自拟。

东风机械厂缺乏得力的企业管理干部，拟从现有的技术人员中挑选四人送出去进行培训。听说省发改委举办了一个短期企业管理干部培训班，于是该厂给省经委办公室写了一则询问是否同意为本厂代培管理干部的公函。省发改委办公室收到函后，即给东风机械厂回了函，同意该厂派四人参加为期3个月的短期企业管理干部培训班，为该厂代培管理干部。培训时间是2013年9月15日至2013年12月30日，报到时间是2013年9月13日，地点在省干部管理学院，联系电话是0××-28286699。

1.7 纪　要

纪要，也称会议纪要，是根据会议的宗旨、议程、有关会议文件、会议纪录及到会人员提供的材料进行整理，用准确而精炼的语言概括并综合反映会议概况和会议精神的一种公文。会议纪要有两个目的，一是为了向上级汇报会议情况，以便及时地得到上级的指导；二是为了向下级传达会议精神，以便下级及时贯彻执行。

1.7.1 例文点评

××市国土资源局召开了由局长主持、有关部门负责人参加的局务会议。为了向上级汇报会议情况、向下级传达会议精神，局办公室在会后将会议概况和会议精神进行整理，形成一篇纪要。

例　文	点　评
××市国土资源局局务会议纪要	**标题**　由主持会议的领导机关名称、会议名称和文种三要素组成。
〔2014〕2号	**期号**
2014年3月6日下午，张××局长在局会议室主持召开局务会议，局领导周××、李××、万××、樊××、包××和局机关各处（室、局）、事业单位负责人参加会议。现将有关议定事项纪要如下： 一、会议听取了办公室关于1、2月份工作完成情况和3月份重点工作安排的汇报。	**正文**　导语部分交代会议主持人、时间、地点和参会人员等，简要地说明会议概况。如果参会人员较多，参会人员一般是单独作为一项写在正文之后（如果有缺席人员、缺席原因、列席人员，要分项列出）。用“现将有关议定事项纪要如下”过渡到主体。主

二、会议充分肯定了各处(室、局)、事业单位,在1、2月份市国土资源局群众路线教育实践活动总结暨全市国土资源党风廉政建设和年度工作表彰大会与全市国土资源工作会议筹备召开、双保双服务工作、阳光国土基层基础年工作、党务政务和干部队伍建设等方面取得的成绩。

三、会议强调了今年部分重点工作。会议要求,要稳妥有序地推进今年各项重点工作,要抓紧分解落实各项工作任务,明确进度和时间安排,有机结合"岗位对责、绩效对账",加大考核和绩效评估力度。

会议强调,要大力推进信息化建设。(略　编者)

会议强调,要切实加强信访工作。(略　编者)

会议强调,要强化执法监察工作。(略　编者)

会议强调,要深入推进土地储备工作。(略　编者)

四、会议明确了三月份工作重点:

(一)做好双保双服务工作。(略　编者)

(二)做好执法监察和信访维稳工作。(略　编者)

(三)做好矿产开发和地质环境管理工作。(略　编者)

(四)做好党建和内部管理工作。(略　编者)

五、会议还部署了低效用地再开发、不动产统一登记、市区基准地价调整、荒滩低丘缓坡试点等工作。

出席:(略　编者)

请假:(略　编者)

列席:(略　编者)

分送:万××副市长,局领导

发送:参会各单位,各县(市)、区国土资源局(分局)

××市国土资源局办公室　　2014年3月6日印发

体部分具体写明会议的主要内容:听取工作汇报,肯定前期工作,安排部署后期工作。将会议内容归纳为五个方面,用"会议听取""会议肯定""会议强调""会议明确""会议部署"等会议纪要固定的惯用词语,具体写出会议的各项议题(限于篇幅,引文从略)。五条写完,自然结尾,整洁干脆。

出席人员名单　限于篇幅,引文从略

发送范围

印发机关和印发日期

1.7.2 文种指要

1. 纪要的适用范围

纪要适用于记载会议主要情况和议定事项。

① 用于记载需要向上级汇报的比较重要的会议情况和议定事项。

② 用于记载需要向下级传达的比较重要的会议情况和议定事项。

2. 纪要的格式写法

纪要的结构可以分为标题、期号、正文、出席人员名单、发送范围、印发机关与时间六个部分。

（1）标题

常见的标题形式有三种。

① 由会议名称加上“纪要”二字，如《××会议纪要》。

② 在前一种标题的基础上，加上主持会议的领导机关名称，如《中共××市委常委扩大会议纪要》。

③ 复式标题，即有正、副标题，正标题表明纪要主旨，副标题表明会议纪要名称，如《一切围绕经济转，一切围绕效益干——安徽沿江四市负责同志座谈会纪要》。

（2）期号

在标题下标明期号（有的还有总期号）。会议纪要不需要写发文字号。有的会议纪要甚至连期号也不写，标题写完后就进入正文。

（3）正文

正文包括开头、主体、结尾三个部分。

① 开头。写会议概况，内容包括开会的根据（有的还写上开会的背景）、必要性和重要性、目的、时间、地点、参加会议的单位和人员、主要议程（包括提出的问题、讨论的事项等）、对会议总的评价等。以上内容，有的可省略不写，有的可放在主体里写，有的可以单独作为一项写在正文之后。可根据实际情况灵活处理。

以上内容的安排，通常有两种写法，一种是叙述式，即将各项内容一气呵成，（或至多分为两段）；另一种是条目式，就是分条列项地写各项内容。

② 主体。这部分是有关单位贯彻执行会议精神的依据，内容包括会议所讨论的工作或问题的意义；对过去工作的回顾、评价；会议研究的问题、讨论的主要意见、取得的结果；对会后工作的指导思想、要求和措施等。

主体的常用写法有以下几种。

● 分类归纳式。即把会议讨论、研究的内容分类归纳成几个问题来写的方式。常见的有三种：第一种是将主体分为几个小自然段，每一自然段写一个问题。这种写法比较适合内容不复杂的会议；第二种是将会议精神归纳为几个大问题，每个大问题之下，又分为几个自然段，这种写法比较适合内容复杂的会议；第三种是将会议精神归纳为若干具体问题，分为若干条款来写。这种写法适合内容广泛，涉及许多方面，每一方面又都有一些相对独立内容的会议。分类归纳式能够把比较复杂的事项写得条理清楚，层次分明，重点突出。

● 概述式。即根据会议进程，将会议议题、主要讨论意见、决定事项加以综合、提炼，概括地表述的方式。这种写法多用于小型会议、例会，讨论的问题比较集中，意见又比较一致。

● 发言记录式。即按照在会上发言的顺序，把每个发言人的主要观点和意见摘要出来。这种写法的好处是，能如实地反映会议进程和各种观点，便于如实反映发言人的不同看法和会议原貌。多用于座谈会议纪要和高层领导会议。发言记录式要写发言者的名字，有的还要在名字后面的括号内写明其工作单位和职务。

③ 结尾。主要写会议的希望或要求，这部分有时可以省略。

(4) 出席人员名单

标注出席、请假和列席人员名单。在正文下空一行标注出席人单位、姓名，回行时与冒号后的首字对齐。“请假”或“列席”人员名单，除依次另起一行并将“出席”二字改为“请假”或“列席”外，编排方法同出席人员名单。

(5) 发送范围

纪要印发送达的范围，根据送发对象，可以用“送发”“分送”“主送”“抄送”等词，后加冒号，单位之间用逗号隔开。

(6) 印发机关与时间

写印发文机关的全称与印发时间，此项也可以标在期号之下。《党政机关公文格式》规定，“纪要格式可以根据实际制订”。

纪要不需加盖公章。

3. 纪要写作的注意事项

(1) 突出会议的中心和重点

“纪要”顾名思义，即综合、归纳、整理要点。“会议纪要”就是要反映会议的中心和要点，因而要根据会议材料，综合、归纳、整理出会议的精神、会议研究的主要问题或事项，不要面面俱到，也不可记流水账。

(2) 实事求是地反映会议的各项内容

会议的各项内容，特别是与会者的发言，绝不能按编者的主观意图随意增添，甚至歪曲或篡改。对会议中出现的重大分歧，应如实记载与反映。

(3) 层次分明，条理清楚

会议纪要除可用小标题、序号表示外，还可以使用“会议决定”“会议同意”“会议听取了……”等惯用词语表示层次，以使纪要条理清楚，层次分明，内容集中、明确。

(4) 使用固定的惯用词语

会议纪要通常用“会议认为”“会议指出”“会议决定”“会议要求”“会议号召”等词语写出会议的主要内容。意见有分歧的，可用“部分代表认为”“一些代表认为”等。要注意用词的准确、简明。

4. 会议纪要与会议记录的异同

会议纪要与会议记录的相同点是都反映会议的基本情况和全过程；都必须尊重事实，以会议实际情况作为写稿的依据。但二者也有明显的不同。

（1）形成的过程不同

会议纪要是在会议结束后，根据会议中心议题，对所有的会议材料进行综合整理后形成的；会议记录是随着会议的进程进行的，会议一结束，记录随之完毕，一般不需再进行综合整理。

（2）写法不同

会议纪要按公文的格式写作，内容上要求概括、精炼地反映会议的主要内容、基本精神和决定事项；会议记录不需要按公文的格式写，内容上只要如实地记录会议的进程及与会人员发言的情况即可。如果存在意见分歧，会议纪要可用“部分代表认为”“一些代表认为”等表述，会议记录则必须写清发言人的姓名。

（3）作用不同

会议纪要是公文的一种，对下级的工作具有指导作用。会议记录不是公文，不具指导功能，只是作为凭证或资料保存，以备查考。

（4）使用范围不同

会议纪要一般用于比较重要或大型的会议，会议记录使用的范围较广，各种会议都可以用。

5. 会议记录的有关知识

会议记录是在会议期间由专门人员当场把会议的基本情况、研究和讨论的问题，报告和发言的内容及形成的决议和各方面的意见如实地记载下来的书面材料。它既可以为起草会议纪要、会议简报及正式文件提供可靠的原始素材，也可为日后查考提供可靠的依据和凭证，是重要的历史档案。

会议记录由会议的组织情况和会议内容两部分组成。

会议组织情况包括会议名称、会议时间（年、月、日、时，起止时间）、具体地点、主持人（姓名、职务）、出席人（人数较多的要写主要出席人姓名、职务，其他人可以用泛称）、出席人数（包括应出席人数、实出席人数、缺席人数，一般性会议此项可无）、缺席人（要标明缺席原因，若无缺席人，此项填“无”）、列席人（一般是会议的特邀人员。若无此类人员，此项则不设）、记录人。以上各项，应在主持人宣布会议开始前填好（会议结束时间须在结束时填写）。

会议内容，即会议中有关情况的记录，要求写明会议主持人的发言、主讲人的报告或传达的事情、交流的情况、讨论的问题、作出的决议、会议涉及的其他主要内容，这是会议记录的主体。记录会议内容的方式有详细记录和摘要记录两种。

详细记录多用于比较重要的会议（如党政机关、企事业单位、社会团体领导班子的会议）和重要的发言。要尽量做到有言必录、尽可能记下发言人的原话。

摘要记录用于一般性会议记录。只记录会议要点和中心内容，记清楚讨论的问题、发言要点、通过的决议、决定等即可。

会议结束，记录完毕，另起一行写“散会”二字。如果中途休会，要写明“休会”字样（标明休会、重新开始的时间）。会议记录完成、经主持人审核无误后，主持人、记录人签名。

1.7.3 写作训练

(1) 指出下面这篇会议纪要存在的问题并予以修改。

××市税务局市场征收工作经验交流大会纪要

2013年5月29日,××市税务局召开了"市场征收工作经验交流大会",×××副局长对去年6月1日农贸市场实行征税以来的工作进行了回顾总结,部署了今后的工作。

×副局长在总结中指出,在各级党政领导重视支持和有关部门的密切配合下,经过广大税务专管员的努力,一年来征收税款×××万余元,市场物价基本稳定,摊位、品种并未减少。"管而不死"的方针得到了贯彻,在税收工作上取得了不少成绩。

一、运用税收经济杠杆,加强税收管理。在保护合法经营、打击和限制投机违法活动方面发挥了积极的作用,如××区税务分局第×税务所,从宣传着手,提高商贩的遵纪守法观念;从检查着手,促使商贩正确申报;从管理着手,做到收足收齐。

二、初步摸索、积累了一些行之有效的征收管理办法。如××区税务分局与工商局密切配合,思想上统一认识,管理上统一步调,处理上统一行动,通过一年实践,证明这样做法有利于加强市场征收工作。

三、在培养、锻炼新生力量方面迈出了可喜的一步。据统计,一年来拒腐蚀的事例共有289起,不少分局摸索、总结了一些培养干部的经验,××区税务分局第三税务所在大会上介绍了他们"晓之以理、导之以行、抓紧队伍"的做法,就是这些经验的代表。

×副局长还号召市场税务专管员向一年来立功受奖的同志学习,拒腐蚀,永不沾,只有思想上筑起一道防线,方能在种种糖弹面前立于不败之地。

最后,×副局长要求各单位进一步加强市场专管员的队伍建设,在政治思想、业务水平、工作经验上都有一个新提高:认真贯彻市委18号文件,密切与其他部门的配合,把整顿市场秩序的工作做好。

(2) 根据下文提供的会议记录的内容,写一篇会议纪要。

×× 学校学生会2014年第五次会议记录

时间:2014年3月28日下午4时

地点:校学生会办公室

出席人:吴双(学生会主席)、关键(学习部长)、路鸣(宣传部长)、刘小菲(文娱部长)、钱为民(生活部长)、周翔(体育部长)

缺席人:李想(副主席,因病)

列席人:韩昕茹(老师)

主持人:吴双

记录人:郑晓梅(学生会干事)

会议内容:研究纪念"五四运动"九十五周年的活动。

(一) 主持人讲话

今年5月4日是"五四运动"九十五周年纪念日,如何开展纪念活动,请各位充分发表意见。

(二)发言

关键:我们学习部准备举行有关“五四运动”的知识竞赛。

路鸣:围绕纪念“五四运动”九十五周年,我们将举行《发扬五四精神,迎接新世纪挑战》演讲比赛。

刘小菲:文娱部准备在5月4日召开的纪念会上献上一台文艺节目。

周翔:为纪念“五四运动”,体育部在一年级举行篮球比赛,二年级举行排球比赛。

钱为民:为搞好这次纪念活动,我们生活部在做好后勤服务工作的同时,还要搞好全校的卫生工作,干干净净迎“五四”。

(三)决议

由学生会主席草拟一份纪念活动计划,报学生工作处审批。

召开班长会议,布置纪念活动的内容,提出要求。

演讲比赛于4月30日举行。

知识竞赛由学习部组织各班学习委员去搞,5月2日前完成。

文艺节目由文娱部组织各班文娱委员筹备,在5月4日的纪念会上演出。

篮、排球预赛由体育部统一安排时间、场地,决赛安排在5月3日下午举行。

为使各项活动、竞赛有序进行,各部长拟一份详细计划报主席处。各项竞赛的成绩于5月3日下午6时前交主席,以便5月4日下午纪念会上宣布、颁奖。

下午5时30分散会。

主持人:吴双(签名)

记录人:郑晓梅(签名)

1.8 公务文书的相关知识

1. 公文的特点

(1) 具有法定的作者

这里所指的法定作者是指依法成立并能以自己的名义行使权力、承担义务的组织(单位)或组织(单位)的负责人以个人名义制发公文,并非以私人的身份行事,而是以他所在单位法定领导者的身份行使职权。

(2) 具有法定权威性和行政约束力

公文是法定机关制发的,具有法定的权威性和行政的约束力,对于下行文来说尤其如此。公文的这一特点是其他文书所不具备的。

(3) 具有规范的格式和制发程序

制发公文是一件严肃的事情,必须按照规定进行,不得随心所欲,独出心裁,另搞一套。必须严格按照《党政机关公文处理工作条例》《党政机关公文格式》(具体见本书附录1、附录2)的要求进行。

(4) 具有很强的时效性

首先,公文要在规定的时间内及时办理。如果不在相应的时间内办理,就会影响工作。

如请示、批复、通知、公告等，如果不及时送达、办理、答复或公示，将导致工作无法进行。行政公文极其讲究工作效率，时效性极强。其次，公文的效力都有一定的期限，有关工作完成后，该效力也随之消失。

(5) 大多具有保密性

公文一般都有特定的读者。很多文件都涉及党和国家的秘密，“绝密”“机密”级的还标有份数、序号，只允许特定的少数人阅读，保密性很强。

(6) 语言的规范性

公文属于事务文书，使用机关事务语体。较多地采用说明、议论、叙述等写作方法，一般不抒情、不描写。公文有特定的习惯用语(具体见下文)。

2. 公文的习惯用语

公文用语有比较特殊、规范的要求，主要有以下几个方面。

(1) 使用规范的书面语，不用口语、方言或俗语。

(2) 使用某些特定的文言文词语。在公文中适当运用一些文言词语，可使公文庄重精炼。如“为荷”“悉”“业(经)”“兹”等文言词语，都是公文中常见的。

(3) 广泛使用公文专用语。公文专用语是指那些在公文中使用频率比较高、用法比较固定的词语。常用的公文专用语有以下几种。

① 标题用语：“关于”是标题中最常见的词语，主要用于引起发文事由。

② 开头用语：“根据”“据查”“遵照”“按照”“为了”“关于”“由于”“兹”等，主要用来表达行文的目的、依据、范围，或用来表示时间，或用作发语词。

③ 引述用语：“接”“前接”“近接”“现接”“收悉”“敬悉”“悉”等，用来引起本文。

④ 经办用语：“经”“业经”“兹经”“交由”等，用于说明工作处理过程及处理时间。

⑤ 综合过渡用语：“为此”“对此”“据此”“鉴此”等。综合过渡用语用于总括上文内容，连接下文，起承上启下的作用。

⑥ 祈请用语：“希”“请”“拟请”“务请”“贯彻执行”“遵照执行”“参照执行”等。“希”“请”等上下级可通用；“遵照执行”等用于上级对下级机关的文尾。

⑦ 表态用语：“同意”“不同意”“照办”“可行”“不可”“准予”等。一般为下行公文用语。

⑧ 询问用语：“妥否”“是否妥当”“是否可行”“请批示”“请回复”“请指示”等。常用于请示、报告的结尾。

⑨ 结尾用语：“特此报告”“现予公布”“为妥”“为盼”“为荷”等。结尾用语多用于一般公函和部分通知、通报、布告、通告、报告、批复等。“为荷”“为盼”“为要”一般用于平行文，“为要”有加强期望语气的作用；“为盼”常有盼望之意；“为荷”有感谢的意味；“为盼”“为荷”表示客气，“为妥”则不表客气。

以上几种专用语在本章各节的各类公文中均有体现。

3. 公文的分类

根据行文方向，公文可分为上行公文、下行公文和平行公文三种。上行公文是下级机关向其归属的上级机关所发的公文；下行公文是上级机关向其所属的下级机关发的公文；平行公文是给平级或不相隶属机关所发的公文。由于行文方向不同，所使用的文种、语言也有不同的要求。

4. 公文的格式(亦称公文的体式)

公文的书面格式包括以下几个部分。

(1) 发文机关

发文机关是文件的法定作者,要写全称或规范的简称;几个机关联合行文,应将主办机关排列在前。发文机关一般都在标题中出现。若使用印有版头(版头的文字由份号、密级和保密期限、紧急程度、发文机关标志、发文字号与签发人一起组成)的文件首页,在标题中可以不写发文机关。如果为了表示郑重,也可以写。例如国务院下发的文件均有版头,但大多数文件的标题中都有发文机关。

(2) 份号

公文印制份数的顺序号。涉密公文应当标注份号,如需标注份号,“份号”的位置在版头的左上角第一行,用6位阿拉伯数字标注。

(3) 密级和保密期限

涉及国家秘密的公文应当标明密级和保密期限。秘密公文应按其秘级的程度分别标明“绝密”“机密”“秘密”,“绝密”“机密”公文应当标明份数序号。“密级”的位置在“份号”的正下方。保密期限中的数字用阿拉伯数字标注。

(4) 紧急程度

公文送达和办理的时限要求。紧急公文应当分别标注“特急”“加急”,电报应当分别标注“特提”“特急”“加急”“平急”。“份号”“紧急程度”和“密级”的位置自上而下,三项上下对齐标注。

(5) 发文机关标志

由发文机关全称或者规范化简称加“文件”二字组成,也可以使用发文机关全称或者规范化简称。联合行文时,发文机关标志可以并用联合发文机关名称,也可以单独用主办机关名称。

(6) 发文字号

发文字号,由机关代字、年份和发文顺序号组成。机关代字表明发文的机关、部门;年份表明发文的时间,应标全称(四位阿拉伯数字),用六角括号“〔〕”括入,编排在发文机关标志下、反红线上,居中排布。发文顺序号表示该机关该年发文的顺序,不加“第”字,不编虚位(即1不编为01),在阿拉伯数字后加“号”字。年份、发文顺序号用阿拉伯数字标注。如“辽教高字〔2014〕10号”,其中“辽教高字”是辽宁省教育厅高教处的代字,“〔2014〕”是年份,“10号”是该年发文的顺序号。有些公文的发文字号中以“发”字代替“字”,如“国办发”(国务院办公厅)。几个机关联合行文,只标明主办机关的发文字号。一份公文只有一个发文字号。没有发文机关标志的公文,发文字号排在标题之下、正文之上的正中。

(7) 签发人

上报的公文,应当注明签发人姓名。签名的位置在公文首页“发文字号”的右侧。其中,“请示”应当在附注处注明联系人的姓名和电话。

(8) 标题

公文标题,应当准确简要地概括公文的主要内容,标明发文机关,并准确标明公文种类

（文种）。编排在反红线下。公文标题中除法规、规章名称或批转法规性文件加书名号外，一般不加标点符号。

具体来说，公文的标题构成有以下几种类型。

① 完整的标题，由“发文机关”“事由”“文种”三要素组成，这是标题的规范形式。

② 由“事由”和“文种”两要素组成。这种标题只能用于有发文机关标志的公文样式，无发文机关标志的公文特别是上行公文不能采用这种类型的标题。

③ 由“发文机关”“文种”两要素组成，如《人民代表大会公告》，这种标题多用于公之于众的周知性公文。

④ 转发或批转几个机关联合办理的公文，可以只写主办机关的名称；层层转发的公文，可省略重复的介词“关于”和文种，如《××省人民政府转发国务院关于深化企业职工养老保险制度改革的通知》。

⑤ 只标明文种，如《布告》《通知》。这类标题用于公之于众的周知性公文。

(9) 主送机关

主送机关是主要受理、承办公文的机关。在标题的下一行顶格写起，后面用冒号以提示下文。主送机关名称要用全称或者规范简称，如果主送机关较多，也可用同类型机关的统称，如“市直各委办局”。

(10) 正文

正文是公文表述事项的主体部分，是公文的核心。具体情况可参见本章各节例文。

(11) 附件说明

附件说明由公文附件的顺序号和名称组成。常见的附件有两种：一种是起主要作用的附件。这种附件是公文的主体组成部分，附件的名称一般在公文标题中已反映出来，一般用于发布性或批转、转发性文件。另一种是用于补充说明或证实正文的文字、图表、统计数字等，这类附件在公文标题中不作反映。附件是与“主件”(一般指正文)相对而言的部分，并不是所有的公文都有附件。如果有附件，在正文下空一行，左空二字编排“附件”二字，后标全角冒号和附件名称，附件名称后不加标点符号。有关附件列于主件之后。

写附件说明时要注意：

① 如有多个附件，为了便于对方收文时点收，应使用阿拉伯数字逐一标注附件顺序号，各个顺序号上下对齐。

② 有的公文，附件只发给主送机关，不发给抄送机关；如果部分抄送机关需要发附件，应分别注明。

③ 若附件名称较长需要回行时，第二行的开头要与上一行附件名称的首字对齐，如1.3.1例文2。

(12) 署名、印章

公文的署名要署发文机关全称或者规范化简称，并加盖发文机关印章。除有特定发文机关标志的普发性公文和电报可以不加盖印章外，公文一律要加盖印章。联合上报的公文，由主办机关加盖印章；联合下发的公文，发文机关都应加盖印章。

印章是公文生效的标识。单一机关行文时，一般在成文日期之上、以成文日期为准居中编排发文机关署名，印章端正、居中下压发文机关署名和成文日期，使发文机关署名和成文日期居印章中心偏下位置，印章顶端应当上距正文(或附件说明)一行之内。

联合行文时，要分别用全称或规范简称署名。一般将各发文机关署名按照发文机关顺序整齐排列在相应位置，并将印章一一对应、端正、居中下压发文机关署名，最后一个印章端正、居中下压发文机关署名和成文日期，印章之间排列整齐、互不相交或相切，首排印章顶端应当上距正文(或附件说明)一行之内。

(13) 成文日期

成文日期要用阿拉伯数字将年、月、日标全，年份应标全称，月、日不编虚位(即1不编为01)。

成文日期以负责人签发的日期为准；联合行文以最后签发机关负责人签发日期为准。会议通过的文件，应在标题之下，正文之前注明会议名称和通过日期。决议、决定、条例、规定等不标明主送机关的公文，成文日期加括号标注于标题下方居中位置。

(14) 附注

附注用于说明其他项目不便说明的事项，例如某些公文限定发送范围、规定阅读或执行要求等的说明，加圆括号标注，如“(此件发至县、团级)”“(此件口头传达到群众)”等。

附注编排在发文日期下一行。

(15) 附件

公文正文的说明，补充或者参考资料。按照“附件说明”标明的顺序，将有关资料、文件一一附于公文之后。

(16) 抄送机关

抄送机关是指除主送机关之外，需要执行或知晓，但不负责处理公文内容的其他机关。将公文送给相关的机关，目的是使其了解有关事情或协助处理有关问题。

抄送机关要使用机关全称、规范化简称或者同类型机关统称。标于成文时间之下，用横线成文时间隔开；在“抄送”后加冒号；抄送机关之间用逗号隔开，回行时与冒号后的第一个字对齐；在最后一个抄送机关后标句号。

(17) 印发机关和时间

印发机关指印制文件的机关，一般是发文机关的办公室或秘书处。“时间”，是指印制时间，与“成文时间”有区别。其位置在“抄送”下的两横线之间。如需要注明印发份数，可标注在印发时间或报送机关之下。

(18) 页码

公文页数顺序号，一般编排在公文版心下边缘之下。公文的版记页前有空白页的，空白页和版记页均不编排页码。公文的附件与正文一起装订时，页码应当连续编排。

上述各项中，发文机关、发文字号、标题、主送机关、正文、印章、成文日期和页码等八个部分是各种公文都必须具备的(“纪要”可以不加盖印章)，其余各部分则根据具体情况而定。如果不需要，可以不写。

公文中必须加冒号之处有：签发人、主送机关、附件、抄送(报)诸项紧随其后加冒号。

公文中必须留空格处为：

紧急程度(如“紧　急”)，两字之间空一格；

正文每自然段开头空两格；

"附件"左端空两格；

"附注"左端空两格；

公文的相关知识、要求，详见本书附录1《党政机关公文处理工作条例》、附录2《党政机关公文格式》，公文处理的一切工作均以这两个文件为准。具体案例可参见本章各节的例文。

1.9 综合练习

1. 判断在下列各种情况下，适用何种公文。

(1) 某中学欲购买教学设备，向市教育局申请拨款。

(2) 某高职院要求各系，除节假日外，未经申请不得在校园范围内举办舞会。

(3) 国务院告之黑龙江人民政府，同意将哈尔滨海关驻大庆办事处调整为大庆海关。

(4) 西安市人民政府对在2014年工作中取得突出成绩的市电信局予以表彰。

(5) ××省财政厅对国务院颁发的有关规定不甚了解，有不同的看法，请求财政部予以答复。

2. 某校学生违反学校纪律，学院给予他警告处分，需要将这一情况告之全院。是用"决定"还是"通报"行文？请作说明。

3. 根据以下材料，分别为教育局、市体委拟写相应的公文。

××市教育局打算借用市运动场及体育馆以作为场地，于2014年9月27日至29日期间举办全市中学生运动会。为此，该局于3月3日发文给市体委商议借用场地一事，3月6日市体委回文表示同意。3月10日，教育局发文给各全市中学，要求各校组织好运动队，做好训练准备工作，并通过选拔运动员，带动学校体育运动的开展。

4. 根据以下材料，为前进轮胎厂写一份公文。

2014年5月13日中午，前进轮胎厂职工何×在单身职工宿舍使用电炉烧水，水未开时突然停电，后何×未将插头拔出便离开宿舍去上班了。下午4时来电，电炉烘烤旁边的写字台达两个小时之久，致使写字台着火，蔓延至窗户，烧毁三开窗户一扇，写字台一张，幸亏厂里工人及时发现，才避免造成更大的损失。为此，厂里决定给何×记行政大过处分一次，扣发第二季度奖金，并责令按价赔偿火灾造成的损失。并将这一决定告之全厂，希望全厂引以为戒，加强安全意识。

5. 2013年6月20日晚突降暴雨，于子夜一点左右山洪暴发，冲垮了×县××乡××粮站宿舍平房八间，冲毁仓库两座，冲走稻麦等粮食×××千克。事前，未得到气象站的准确预报，所以事情刚发生时全站职工措手不及，公私财产损失严重。目前大雨仍时断时续，粮站职工正在全力抢救国家财产。已有×××公斤粮食转移到安全处。为××乡××粮站拟写一份公文，将上述情况汇报给××县粮食局。

6. 根据以下材料，分别代××高等职业技术学院和省计委计财处各写一份公文。

××无线电工业学校经过几年的发展已升格为高等职业技术学院，在校生人数已超过五千人。但是学校的一些必要教学设施却一时跟不上其发展规模的需要，特别是缺乏一座独立的图书馆,这既影响了学生的学习,也制约了学校的发展。为解决这一问题,学校决定建造一座独立的图书馆。为此,学校向省计委计财处写了一份请示,请求拨款480万元修建一座4 000平方米的图书馆,并抄报省教委计财处,省财政厅计财处。省计委计财处接到请示后,给该校回文,批准其所提出的要求。

7. 根据下面材料写相关的公文。

(1) ××信息职业技术学院2011级机要专业学生按教学计划要到××省各地、市、县机要局进行为期一个月的毕业实习。实习内容为机要知识;实习时间为2014年5月25日至6月25日;实习人数为30人;食宿无须对方安排;实习费用按有关文件规定付给对方。为此,××信息职业技术学院给××省机要局发文请求对方予以支持。省机要局接到××信息职业技术学院的公文后,经研究决定同意对方的要求。根据上述内容,请代××信息职业技术学院和××市机要局拟写相应的公文。

(2) ××省机要局办公室根据5月10日局长办公会议精神给各地、市、县机要局下发一份公文,要求其做好接收××电子信息职业技术学院为本系统代培的2011级机要专业毕业生回各地、市、县机要局实习的工作。据此内容,请代××省机要局办公室写一份布置事项的公文。

(3) ××县机要局由于接收本单位委培学生实习而发生了经费困难,请以××县机要局之名向上级主管部门(××市机要局)写一份公文,请求上级主管部门增拨学生实习经费。

第2章　工 作 文 书

工作文书，是指党政机关、群团组织、企事业单位及相关的工作人员，在处理工作事务中使用的文书，它包括总结类、信息类、调研类等多个类别。本章侧重学习计划、规章制度等十一种在工作中经常使用的文种。

2.1　计　　划

计划是机关、团体、企事业单位或个人，对未来将要完成的工作或学习任务提出预想目标，制订具体实施办法时使用的应用文体。

2.1.1　例文点评

为贯彻落实国家关于进一步加强学校体育工作的指示精神和市政府提出的体育工作目标，切实加强和改进本市学校体育工作，促进学校体育工作健康发展，××市人民政府办公厅制订了《××市学校体育三年行动计划(2014—2016)》。

例　文　1	点　　评
××市学校体育 三年行动计划(2014—2016)	**标题**　三要素式，由内容、时限和文种组成。
为贯彻落实《国务院办公厅转发教育部等部门关于进一步加强学校体育工作若干意见的通知》(国办发〔2012〕53号)精神和《××市教育发展“十二五”规划》提出的工作目标，切实加强和改进我市学校体育工作，促进学校体育工作健康发展，特制订本计划。	**正文**　前言，简要写明制订本计划的目的和主要依据，解决“为什么做”的问题。用“特制订本计划”过渡到主体。
一、指导思想 以党的十八届三中全会精神为指导，全面贯彻党的教育方针，牢固树立“健康第一”的理念，深入推进素质教育的实施，广泛开展形式多样、生动活泼、健康向	主体，第一部分阐明本计划的指导思想，这是确定计划目标的依据。

上的体育活动，发展学生个性特长，培养体育锻炼习惯，形成热爱体育、崇尚运动、健康向上的良好风气，努力增强学生体质，促进中小学生全面发展和健康成长，推动我市学校体育工作科学发展。

二、发展目标

（一）总体目标

全面加强学校体育工作，深入推进学校体育改革与发展，使“健康第一”的理念深入人心，关心学生健康成长，促进学生全面发展成为全社会的共识；体育课程计划得到全面落实，中小学生每天1小时校园体育活动时间得到切实保证，全市学校体育场地设施总体达到国家标准，基本配齐体育教师，形成学校体育持续健康发展的保障体系；学生体质健康监测制度更加完善，基本形成科学规范的学校体育评价机制；各方责任更加明确，基本形成政府主导、部门协调、社会参与、学校主责的学校体育推进机制。

其次，写要达到的目标，包括“总体目标”和“具体目标”两方面。“具体目标”分6点，详细说明“发展目标”所包含的内容，使计划的执行者在工作中，既有指导思想在宏观上作指引，又有具体工作作为切入点来实现总体目标。与“指导思想”相互配合，从宏观到微观两个层面上解决“做什么”的问题。

（二）具体目标

1. 体育课程计划得到全面落实，切实保证小学一、二年级每周4节，三年级至初中每周3节，高中每周2节体育课。没有体育课的当天应安排1小时课外体育锻炼时间，大课间体育活动列入课表并得到切实落实。

2. 全面实施《国家学生体质健康标准》，实施面达100%；85%以上的学生达到《国家学生体质健康标准》及格等级以上，25%以上的学生达优秀等级。

3. 广泛开展学生体育兴趣及特长培养，80%以上学校建有符合学校条件的体育运动队，开展课余体育训练，发现、培养体育后备人才。学生掌握2项以上体育锻炼技能。

4. 基本配齐体育教师，满足学校体育课及开展体育活动的需要。

5. 完成全市规划、保留学校的运动场地改造及运动设施更新工作，确保达到《国家学校体育卫生条件试行基本标准》。

6. 全市中心小学以上学校体育场地建设基本实现塑胶化。

三、主要任务与措施

（一）实施阳光体育运动推进工程

1. 抓好体育课堂教学。（略　编者）

第三部分，分十大方面，结合“主要任务”来写保证各项任务目标得以实现的

2. 抓好体育课外活动。(略 编者)

3. 开展创建"阳光体育运动示范学校"活动。(略 编者)

(二)全面实施《国家学生体质健康标准》

1. 充分发挥《国家学生体质健康标准》的导向作用,积极组织学生参加体育锻炼,鼓励学生努力"达标争优"。

2. 各学校要认真组织开展《国家学生体质健康标准》的测试,并将测试结果经区教育部门审核后,再上报至国家学生体质健康标准数据管理系统,同时,要按学生年级、班级、性别等不同类别,在学校内公布学生体质健康测试总体结果。

3. 各学校要把学生体质健康水平作为学生综合素质评价的重要指标,将学生日常参加体育活动情况、体育运动能力及体质健康状况等作为重要评价内容。

(三)致力于培养学生体育技能及特长

1. 市教育、体育部门每年举办全市性青少年学生系列体育竞赛活动和不定期举办阳光体育展示活动。

2. 各区每年相应组织举办学生系列体育竞赛活动和运动会。

3. 各学校每年至少举办一次运动会或体育节;大力改革学校体育竞赛的传统模式,创编群体性、趣味性竞赛项目,以小型多样、丰富多彩、学生喜闻乐见的项目为主,开展以班级为单位的学校体育竞赛活动;鼓励成立有助于学生提高体育技能的体育兴趣小组、体育俱乐部或体育代表队,组织开展系统体育训练,积极培养优秀体育后备人才。

(四)不断加强学生视力保护

1. 广泛开展学生近视眼防控工作综合干预,不断扩大干预面,推进实施《武汉市青少年视力低下综合防治实施方案》。

2. 采取切实有效措施,在减轻学生过重课业负担,控制学生近距离用眼时间,保证学生参加体育锻炼及睡眠时间等方面,为保护广大学生的视力提供保障。

措施与办法。每项任务,均有相应的措施与办法(限于篇幅,引文时删减了部分具体内容)。具体可行,便于操作,科学性强,解决"怎么做"的问题。本计划为全市学校的体育工作而订,涉及面广,因而将"主要任务"放在本部分中与"措施方法"穿插而写,易于在实际工作中操作。由于本计划涉及时间为3年,时间跨度较大,只提出最后要实现的目标,分段目标及完成时间未写。措施与办法写完,自然结尾。不枝不蔓,干脆利落。

3. 加大学生视力保护工作的宣传力度，动员学校、教师、家长都来关心学生视力健康，形成保护学生视力健康的良好氛围，使学生视力不良状况得到有效遏制。

（五）实施体育教师队伍提升工程

1. 科学合理配备体育教师。（略　编者）

2. 加强体育教师培养培训。（略　编者）

3. 依法保障体育教师的地位和待遇。（略　编者）

4. 加强体育教师学习交流。（略　编者）

（六）实施学校体育条件改善工程

1. 市、区要加大对学校体育经费的投入力度，将该项经费列入本级财政预算，用于学校体育场地建设、学校体育器材室建设，满足学校体育教学和开展体育活动的需要。

2. 设立市、区两级学校体育专项经费，鼓励支持学校开展课余体育训练及竞赛活动，对市、区布局的培养体育后备人才试点学校、体育传统项目学校、校园足球布局学校，分别由市、区给予专项经费补贴。

3. 各学校要根据开展学校体育工作的需要，对用于开展体育教育教学活动的经费从公用经费中予以全额保障。

（七）建立健全学校体育风险管控体系

加强学校体育安全管理，控制和防范学校体育安全事故的发生，建立健全政府主导、社会参与的学校体育风险管理体制，形成包括安全教育培训，活动过程管理，保险赔付的学校体育风险管理制度，依法妥善处理学校体育意外伤害事故。各学校要制订和实施体育安全管理工作方案，明确管理责任人，落实安全责任。加强对体育设施的维护和使用管理，切实保证安全。

（八）开展督导评估，强化责任落实

1. 市、区教育督导部门要以学校体育工作为主要内容，联合有关部门开展学校体育工作专项督导，并将督导评估结果向社会公布。

2. 在学校体育专项督导评估中，重点对体育课程计划落实、阳光体育运动开展、每天1小时校园体育活动时间保证、学生体质健康水平等情况进行检查。健全学校体育工作奖惩机制，实行学校体育工作绩效评估和行政问责。对学生体质健康水平连续3年下降的区和学校，在教育工作评估和评优评先中实行“一票否决”。

（九）加强组织领导，提供组织保障

1. 健全完善学校体育工作组织管理体制。（略编者）

2. 建立健全教育部门牵头、有关部门分工负责，社会参与和学校具体落实的学校体育工作机制。（略编者）

（十）加大宣传力度，营造良好氛围

大力开展学校体育工作宣传，引导学校、教师、家长及社会提高对学校体育的认识，重视和关心学生体质健康，支持学校体育活动的开展和鼓励青少年学生参与体育锻炼，形成人人关心、支持学校体育工作的良好氛围。

××市人民政府办公厅

2014年2月11日

落款 由制订者和制订时间组成。本计划是以通知的附件形式下发的，故未加盖印章。

距离高考只有10个月的时间，为使自己的复习有条不紊，确保高考目标的顺利实现，栾金明同学制订了一份学习计划，来指导自己的学习。

例 文 2 **点 评**

应考复习计划

标题 二要素式，由计划内容与文种构成。个人的学习计划，无制订单位。

一、学习现状

经过分析，我认为自己的学习情况是这样的：大部分考试科目的基础知识掌握还欠准确和牢固，尤其是数学、英语和历史较差，其他几科尚好。在解答习题上，单独运用某项知识解题能力不错，但综合运用知识解题的能力不强。

正文 第一、第二两个部分相当于前言，对自己的现状进行了分析，具体明确地提出了计划的目标内容。说明了“为什么做”——“要力争今年高考成绩达到重点大学的录取分数线。”

二、应考目标

苦读巧读10个月，力争今年高考成绩达到重点大学的录取分数线。

三、复习重点

全面复习考试所要求的六门课程，掌握考试要求的基础知识，提高解题技能。

第三部分，交代具体任务，解决了“做什么”的问题。

数学、英语、历史是重点，数学是重中之重。

四、复习步骤

将现在到考试前的10个月，分为三个复习阶段。

第四部分，分段写清三个实施步骤。

第一阶段：8月至明年2月，完成基础知识和解题基本技巧的掌握。

第二阶段：明年3月至5月，依据对考试情况的掌握以及模拟考试的分析，弥补上个阶段的不足，针对某些具体问题进行复习，并进行应试技巧的训练。

第三阶段：考试前15天左右，为迎接考试做准备。

五、各阶段时间安排

第一阶段（8月至明年2月）

具体安排见表2-1

第二阶段（明年3月至5月19日）

……（安排表略　编者）

第三阶段（明年5月20日至6月5日）

……（安排表略　编者）

第五部分，运用表格式，具体说明了进度和时间安排，一目了然，便于实施。二者共同解决了“何时完成”的问题。

六、具体措施

1. 严格自觉按计划复习，接受家长、老师及同学的督促。

2. 全身心投入，脚踏实地，稳扎稳打。

3. 讲究方法，注重效率。

4. 坚持体育锻炼，保持最佳状态。

第六部分，则采用条文式拟定实施的措施，解决“怎么做”的问题。

整体采取分条列项、列小标题的结构方式，条理清晰，简洁明快。

栾金明

2014年8月30日

落款　署名和制订日期

表 2-1 第一阶段安排表(8月至明年2月)

时间 \ 星期	一	二	三	四	五	六	日
6:00—6:20	锻炼	锻炼	锻炼	锻炼	锻炼	锻炼	锻炼
6:20—7:00	英文朗读背诵	中文朗读背诵	中文朗读背诵	英文朗读背诵	英文朗读背诵	中文朗读背诵	英文朗读背诵
8:00—11:30	上课	上课	上课	上课	上课	上课	灵活安排
14:30—16:00	数学	英语	数学	英语	语文	英语	灵活安排
16:15—17:30	语文	政治	语文	数学	英语	数学	灵活安排
17:30—18:30	户外锻炼						
19:30—21:00	英语	数学	英语	数学	语文	数学	语文
21:15—22:30	历史	地理	历史	政治	地理	政治	英语
23:00	睡觉						

为了在发生火灾事故时能够迅速、科学、有序应对,避免现场混乱,贻误救灾时机,造成重大的人员伤亡和财产损失,明确各职能部门在火灾发生时的职责和分工,××公司制订了火灾应急预案。

例 文 3

××公司火灾应急预案

为了发生火灾事故时能够迅速、科学、有序应对,避免现场混乱,贻误救灾时机,造成重大的人员伤亡和财产损失;明确各职能部门在火灾发生时的职责和分工,结合本公司实际,特制订应急预案如下:

一、火灾应急的组织架构

1. 安保处处长为火灾总指挥,负责火灾应急全盘指挥工作。如果火灾发生时安保处处长不在厂内,总指挥由副处长担任;节假日期间由公司安排的值班负责人担任。

2. 安保处副处长为火灾副指挥。在总指挥的领导下负责现场具体的灭火抢救工作;各部门负责人任现场指挥。

3. 总指挥、副指挥和现场指挥应在接到火警后的第一时间内赶到火灾现场。

点 评

标题 三要素式,由制订计划单位名称、内容与文种构成。

正文 前言,简明扼要地说明制订目的。以“特制订应急预案如下”过渡到主体部分。

主体,第一部分是组织构架,这是扑救火灾工作的中枢。然后按照“初起”“蔓延”“善后”的时间顺序安排内容。首先,是火灾初起时的应急响应;其次,是如果火灾蔓延、难以控制,有关人员的职责;再次,是火灾扑灭后的善后处理工作。最后,是个人应对可能或者已经发生的火灾的方法,属于消防常识。

4. 为配合火灾抢救工作，成立消防突击队，由各车间骨干组成，在总指挥和现场指挥的领导下进行抢救的具体工作或协助消防队参与灭火抢救工作。

5. 在火灾发生时，各部门或车间应随时听从总指挥的调度，参与灭火抢救工作。

二、火灾发生初期的应急响应工作

1. 本部门（车间）发生火灾时，在岗员工应立即对初起火灾进行扑救，采取就近原则，运用现有灭火器材（如灭火器、消防栓等）扑灭火源；使用灭火器要注意以下要点：操作者站在上风位置，侧身作业，手按压柄，距火点两米位置，胶管对准火源扫射。

2. 当火势未能得到控制时，要立即通知安全负责人。联系方式见附件。

3. 当班安全员接到火警后，立即通知全厂警戒并通知总指挥、副指挥，做好火灾现场人员秩序维护和无关人员的疏散撤离工作。

4. 当火灾蔓延到非本厂力量所能控制的程度时，在岗员工应立即敲破火灾按钮外的玻璃按响火灾按钮，使用消防栓，并安排报警（火警报警电话119）。报警人员应向消防部门详细报告火灾的现场情况，包括火场的单位名称和具体位置、燃烧物质、人员被围困情况、联系电话和姓名等信息。并安排人员到路口接消防车，以使消防队员把握火灾情况和尽快抵达，采取相应的灭火措施，抓住救灾时机。

5. 火灾应急总指挥和现场指挥在接到火警后应在第一时间内赶赴火灾现场指挥扑救工作，切断生产区的电源，同时保证消防设施的正常运转。

6. 火灾警报拉响后各部门应立即切断电源，并组织本部门（车间）人员撤离到安全区域待命。

三、火灾的灭火扑救工作

1. 火灾应急总指挥根据现场的情况对消防突击队进行初步分工，分别成立灭火组、供水组、抢救组、后勤组等各个小组，做好消防队到来之前的辅助性工作，如初步估计人员受困情况、调整好消防设备、保证救灾道路的畅通等，并随时与消防队保持联系、汇报情况。

主体部分采用条文式写法，分别从“组织架构”“应急响应”“火灾扑救”“事故处理”“疏散自救”五个方面着手，清晰明了地表达出应急预案应表述的内容。五个方面均采用分条列项的写法，使表述内容一目了然，有充分的可执行性。主体内容陈述完毕后，自然收结，干脆利落。

2. 消防队赶到时，应急总指挥和现场指挥应立即向消防队详细汇报灾情情况，协助消防队制订灭火扑救方案。

3. 消防突击队应以“救人重于救火”，“先控制后消灭”的原则，全力协助消防队员参与灭火任务。

4. 各部门（车间）的主管人员随时为消防队员和消防突击队提供火灾现场的具体情况，为灭火扑救工作提供有效建议，并随时听从应急总指挥的调度，积极配合医疗救护人员参与人员的急救护理工作，尽量减少人员伤亡。

四、火灾事故的处理工作

1. 火灾扑灭后，各部门（车间）应立即清点本部门（车间）的人员和受损物资，尽快确定人员伤亡和物品损失情况，将情况汇报上级，做好记录并存档。

2. 人力资源部应尽快协调各部做好医疗救护工作，包括医疗经费的提供、受伤人员的住院安排与护理，以及意外伤害保险的理赔工作等。

3. 设备维修组配合相关部门（车间）人员对受损设备尽快安排修复并投入生产。

4. 以安保处处长为主，各安委会成员联合成立事故调查小组，调查火灾发生原因并按相关条例进行事故处理。

5. 安委会作出事故调查报告，同时总结本次火灾事件的教训，在全体员工中实行安全事故的教育培训，杜绝类似事件的再次发生。

五、疏散自救方法

1. 熟悉环境，临危不乱。对生活、工作的居住建筑结构及逃生出口了然于胸。当身处陌生环境时，也应当养成留意通道及出口方位等习惯，以便关键时刻逃离现场。

2. 保持镇定，明辨方向。火灾突发时应保持镇定，不要盲目地跟从人流相互拥挤，尽量往空旷、明亮的地方和楼层下方跑。若通道被阻，则应背向烟火方向，通过阳台，气窗等逃往室外。

3. 不入险地，不贪财物。不可因害羞或顾及贵重物品浪费宝贵时间，切记生命最重要。

4. 简易防护,掩鼻匍匐撤离。

5. 火已近身,切勿惊跑。如果身上着火,切勿惊跑和用手拍打,惊跑和拍打只会形成风势,加速氧气补充,加大火势。正确的做法是:立即脱掉衣服就地打滚,压住火苗,能及时跳入水中或让人向身上浇水更有效。

××公司

2014 年 3 月 20 日

附件:《××公司安全负责人联系方式一览表》

(略　编者)

落款　署名和制订日期

附件　联系方式内容较多,用"附件"的形式附于文后。

2.1.2　文种指要

1. 计划的适用范围

① 新的工作将要开始,需要为此提出预想目标,制订具体实施办法。

② 工作已经进行了一个阶段,下一阶段的工作将要开始,需要针对下一阶段提出预想目标,制订具体实施办法。

2. 计划的分类

计划只是一个统称,常见的规划、设想、打算、意见、要点、方案等,都属于计划。在使用时,常根据内容等方面的需要,来确定具体的名称。大体上说,它们之间的差别如表 2-2 所示。

表 2-2　计划的形式分类

名称	时　间	内　容	范　围
规划	时间跨度大	涉及面广,内容概括,只提远景目标,是大阶段的全面性的战略部署	本单位,本部门
设想	长期或近期	对工作任务作粗线条、非正式的安排	本单位,本部门
打算	近期内	提出任务,但其中的指标、措施较具体	本单位,本部门
安排	短期内	任务明确,内容较单一,措施较具体	本单位,本部门
意见	一个阶段内	布置任务,交代政策,提出要求,制订措施	上级对下级
要点	一定时期内	布置主要任务,交代政策,提出原则性要求	上级对下级,本单位、本部门
方案	近期或短期内	就某项任务、课题的具体实施,从目的、要求到方式、方法都作出全面的安排	本单位,本部门
预案	一定时期内	就可能发生的影响公众安全的意外突发事件,预先做出具体的应对方法、措施与安排	上级对下级,本单位、本部门

在各类计划中，预案属于比较特殊的一种，它具有方案的专一性、专业性、周密性、时限集中性等特点。预案的种类很多，有应急预案、分配预案、活动预案、编制预案等多个种类。目前使用频率最高的是应急预案，根据本单位的具体情况，各机关、企事业单位几乎均需要制订火灾应急预案、停电应急预案、地震应急预案等预案。本节所说的预案，专指应急预案。

应急预案是针对自然灾害、事故灾难、突发公共卫生事件和突发社会安全事件，以及在大型活动、集会中，可能发生的影响公众安全的意外突发事件，预先做出的应对方案。制订预案，要针对具体设备、设施、场所和环境，在安全评价的基础上，为降低事故造成的人身、财产与环境损失，就事故发生后的应急救援机构和人员，应急救援设备、设施、条件和环境，行动的步骤和纲领，控制事故发展的方法和程序，负责的组织、机构、人员等，预先做出科学而有效的计划安排。

应急预案的相关工作，要依据国务院办公厅2013年10月25日发布的《突发事件应急预案管理办法》(见2.3.1例文点评)进行。

应急预案的主体内容一般要写清楚以下四个方面。

(1) 指导思想

强调制订且执行此预案的重要性、必要性和总的原则与理念。这是不可或缺的重要内容，只有认识上提高、统一了，才能保证相关人员在行动上的重视和统一，确保预案实施的力度和效果。

(2) 组织架构

将有限的人力合理分工配置，包括领导班子、一线的机构与成员、后勤人员、办公室值班人员等，只有组织架构清晰，才能确保分工明确，责任到人。同时要注意分工中亦有合作，齐心协力，达到要求。

(3) 信息网络

包括与各部门横向联系的方式与责任人，也包括单位内部紧急状态下的联系方式。如内容较多，可只在正文部分简述，将具体的人员名单、电话号码、单位、地址等作为附件列后。

(4) 具体任务、措施和步骤

这部分是预案的实质性核心部分，通常是将相关单位划分成若干责任区，每一责任区形成一个章节，围绕各自任务、措施、步骤分别阐述。

3. 计划的格式写法

常见的计划的格式有条文式、表格式和条文表格相结合式3种形式。大多数计划采取的是条文式格式，如例文1。

表格式计划常用在一些内容单一、数字使用较多的计划中，如生产计划、财务计划、购销计划等；科研计划需要罗列项目、成果类别，学习计划中需要在不同的时间段安排相应的内容时也经常使用表格式计划。当表格反映不充分或不清楚时，可辅以简单的文字进行补充说明。说明要分条陈述，语言简明。

条文加表格的形式多用在内容较为复杂，既需要用文字说明计划的事项，又有较多的数据、资料、安排需要用表格表述的计划上。在这种计划的正文里，条文、表格兼而有之，互相补充。如例文 2 就加入了表格。

无论采取哪种形式，计划在结构上都是由标题、正文和落款三部分组成。

（1）标题

标题的形式与公文标题相似，一般有以下 3 种形式。

① 四要素式。由制订计划单位名称、时限、内容和文种组成，如例文 1 的标题就可以写成“××市人民政府关于××市学校体育三年行动计划(2014—2016)”。

② 三要素式。由单位名称、内容、文种或者时限、内容、文种组成。前者如《××集团公司“创优”工作安排》，后者如例文 1。

③ 二要素式。由内容和文种组成，如《职业技术教育发展纲要学习计划》。

这三种形式都是单位制订计划时使用的，如果是个人为自己制订的学习、工作计划，一般不加制订单位名称，只有内容和文种，如例文 2。

如果计划还未成熟，就应在标题的后面或下面用括号注明“初稿”“讨论稿”或“征求意见稿”等字样。

（2）正文

正文一般包括前言、主体两部分。表格式计划，表格就是该计划正文的内容，通过填报数据来反映计划的有关事项。

① 前言。前言要写清楚“为什么做”，即制订计划的根据和理由。包括制订本计划的指导思想和主要依据，工作的总目标或总任务。有的还概述本单位的实际情况，包括当前的形势特点和分析得出的有利因素与不利因素。

前言的文字表达要简明扼要，通常写成一段式，个别的也可写成二段或三段式。简要计划、表格式计划可不写前言。是否写前言、写成一段还是两段，要根据具体情况灵活掌握。

前言常常用“为此，特制订计划如下”或“为此，要抓好以下几方面的工作”等作结束语，以过渡到主体部分。

② 主体。主体内容一般要写清楚以下三个方面。

- 任务要求。写出一定时间内要完成的工作任务，要达到的指标。如果任务不止一个，常常标明序号。要重点突出，主次分明，明确、具体，使人知道“做什么”。
- 措施办法。写采取何种办法，利用哪些条件，由什么单位或部门负责，如何协调配合以完成计划。要具体可行，便于操作，有科学性，使人明白“怎么做”。
- 步骤和程序。写明实现计划分哪几个步骤、计划的进展程度及完成期限等内容，使人明确“何时完成”。也有一些计划，把步骤和程序、措施和办法穿插起来放在一起写。一些长期规划，因时间跨度大，只能提出终极目标，分段目标及完成时间可以不写，如例文 1。

如果是较大的计划，还应有简明的可行性论证。

主体常常采取标序列述的方法进行表述，以求做到条理分明，结构清楚。

综上，正文内容一般包括：

① 目的要求（为什么做）。

② 任务和目标（做什么）。

③ 实施的步骤和措施(怎么做)。

④ 进度和时间安排(何时完成)。

它们又称为计划内容的四要素。在表格式计划中,“目的要求”项可以省略。

(3) 落款

在右下方写明制订计划的日期。如标题中没有单位名称,应将单位名称写在日期前。上报或下达的计划,还应在日期上加盖单位印章。

有些不便在正文里表述的内容,可以以“附件”“附表”“附图”的形式,附在计划后面,如例文(三)。

4. 计划写作的注意事项

(1) 注重依据

制订计划有要有依据。一是依据党和国家在一定时期内的方针政策、法令法规,以及上级部门、领导同志的指示、意见和要求,这是必须遵循的。如果违背,制订出的计划就可能会失去正确的方向。二是要针对本地区、本部门、本单位的实际情况,确定计划内容。

(2) 立足全局

制订计划要有全局观念。要从全局出发,正确处理好全局和局部、长远和目前的关系,处理好国家、集体和个人三者利益,使计划发挥积极作用。

(3) 量力而行

制订计划要坚持实事求是的原则,量力而行,使其具有可行性。要在深入细致地调查研究的基础上进行,不能只凭主观愿望、热情、意气办事。既不应盲目,也不要保守。确定的目标,应该是经过努力能够达到的最高目标。这个目标既不是可望而不可及,也不是唾手可得的。

(4) 留有余地

计划是事先考虑安排的,难免有预料不到的地方。在执行的过程中,要根据遇到的新情况、新问题及时进行修正、补充、调整。所以计划必须要留有余地,保持一定的弹性。

(5) 具体明确

计划的整体设想要具体明确,文字表达要简明扼要,任务措施要分项列出,使人一目了然,以利于实施检查。

(6) 说明为主

计划的表达方式以说明为主,行文中不要夹杂不必要的叙述、议论,更不要抒情。

2.1.3 写作训练

(1) 下面是一位同学制订的学习计划,里面有多处问题,请指出并加以修改。

××同学今后两个月的学习计划

学习是学生的首要任务,不好好学习的学生不是好学生。所以我必须好好学习,为了学好各科知识,在期末取得好成绩,我计划在今后两个月内做好以下几方面工作:

(一) 端正学习态度,晚睡早起,抓紧时间。

(二) 采取有效措施,保证学习的自觉性。

（三）争取英语考试成绩优良，其他各科的成绩也要有明显的进步。

（四）注意动手能力的培养，使自己能适应以后的工作。

王一凌

（2）下面是一份表格式的计划，试把它改写成条文式计划。

××工业学校 2014 年度优秀课例评选日程安排表

日 期	星期	节次	姓名	科目	班级	教室	备注
3.29	一	3	林 影	单片机	数控 131	206	
3.31	三	1	吴 迪	传感器	电子 125	301	
3.31	三	3	郑玉国	局域网	网络 1311	413	
4.1	四	3	胡明禹	网络基础	计应 125	210	
4.1	四	5	周爱国	机械基础	数控 135	207	
4.2	五	1	马振东	CAD	机电 424	C302	电教课（新实验楼）
4.2	五	2	尉迟德	电子线路	电子 123	C301	电教课（新实验楼）
4.3	六	1	李 云	C 语言	计应 141	418	
4.3	六	2	霍 达	电工电子	电子 133	401	

2014 年 3 月 24 日

（3）请指出下面这份火灾应急预案在内容和格式上存在的错误，并予以修改，拟写一份正确的火灾应急预案。

××学院火灾应急预案

为了切实保障师生的身心健康，积极预防火灾事故的发生，保障全校师生员工健康地学习、工作、生活，保障学校各项工作的有序、顺利开展，结合学校实际情况，特制订火灾应急预案。

发生火灾事故时，应采取如下措施。

（1）在向 119 消防指挥中心报警时，立即报告区教育局。

（2）迅速切断有关电源。

（3）抢险救灾组等人员迅速疏散师生，撤离到安全区域。

（4）积极配合消防人员灭火。

（5）在进行灭火的同时，应采取有效的隔离措施，防止火势蔓延。

火灾发生时要及早进行自救，尤其是在楼房中的火场逃生，具体要做到“三要三不要”：

1. 要镇静分析，不要盲目行动

明确自己的楼层，回忆楼梯和楼门的位置走向，分析周围的火情，不要盲目开门开窗，可用手先摸一摸房门，如果很热，千万不要开门，不然会助长火势或“引火入室”；也不要盲目乱跑、跳楼，这样有可能造成不应有的伤亡，在火势未蔓延前，可朝逆风方向快速离开。

2. 要选好逃生办法，不要惊慌失措

如必须从烟火中冲出楼房，要用湿毛巾、衣服等包住头脸，尤其是口鼻部，低姿行进，以免受呛窒息。如楼梯虽已有火，但火势不大，就从楼梯冲出；如果楼梯火势太猛，被迫从窗口逃生，要利用落水管、竹竿、绳子（可用衣服和床单撕开并打湿系成绳索）系在牢固的固定物上下滑逃生；如住在二、三楼，被迫跳楼时，也要向地面抛些棉被等物增加缓冲，然后手扶窗台往下跳以缩小高度，并保证双脚落地，失火楼房不得使用电梯。

3. 火场人员要尽量有序迅速撤离火场

不要大声喊叫，避免烟雾进入口腔，造成窒息中毒。如火场逃生之路均被大火切断，应退居室内关闭门窗，有条件的可向门窗上浇水，延缓火势蔓延，同时向窗外扔小的物品或打手电求救。

2.2 总 结

总结是单位、部门或个人对某个方面的工作进行回顾、检查和分析研究，从中找出经验和教训，获得规律性的认识，以便指导今后工作的一种应用文体。

2.2.1 例文点评

按照上级的有关要求，××公司纪检组写了一份年度工作总结，对其2014年度纪检监察工作开展情况作了专题回顾，并对今后工作的改进作了简要设想。

例 文 1	点 评
××公司2014年纪检工作总结	**标题** 四要素式，由单位名称、时限、内容和文种组成。
2014年，在总厂机关党委的正确领导下，××公司坚持以党的十八届三中全会会议精神为行动指南，认真贯彻落实十八届中央纪委三次、四次会议精神，按照公司党风廉政建设工作会议部署，以落实党风廉政建设责任制为抓手，紧紧围绕“降本增效，控亏增盈”推动企业改革、发展、稳定这一中心工作，全面贯彻落实党风廉政建设责任制，从源头上预防腐败行为的发生，使公司纪检监察工作呈现了良好的发展势头，为全面完成今年各项工作任务提供了强有力的政治保证。现将公司2014年度纪检监察工作开展情况回顾如下。	**正文** 前言，开门见山，回顾2014年纪检监察工作的指导思想、基本原则，概述工作成绩，简明扼要。用“现将公司2014年纪检监察工作开展情况回顾如下”过渡，引入对主体的阐述。

一、思想重视

根据总厂党委书记郑××同志在总厂党委四届三次党代会上所作的党委工作报告、厂纪委书记张××同志所作的纪委工作报告精神，按照两个《报告》中布置的2014年主要工作任务，拟定了本公司《2014年党风廉政建设工作计划》。在全年的工作中，始终依据这个计划，做到把党风廉政建设与生产经营工作“四个结合”，即：一是安排生产经营计划与安排党风廉政建设工作相结合；二是分解经济指标与党风廉政建设责任制相结合；三是平时检查生产经营责任制情况与检查党风廉政责任制落实情况相结合；四是总结生产经营情况与总结党风廉政建设相结合。

主体，第一部分陈述将党风廉政建设与生产经营工作的“四个结合”，这是做好工作的前提和原因，也是做好纪检监察工作的成功经验。

二、工作开展情况

1. “一岗双责”执行情况（略　编者）

2. 制度建立健全情况（略　编者）

3. 民主管理，厂务公开情况（略　编者）

4. 党风廉政建设宣传教育情况（略　编者）

5. 信访工作（略　编者）

6. 推进党风廉政建设工作情况（略　编者）

7. 专项检查（略　编者）

第二部分，分七个方面具体总结工作，每个部分都是从具体情况、经验和体会三个方面展开，限于篇幅，引文从略。

三、存在的问题

1. 员工政治理论学习不能定期坚持一月学习两次，客观原因是本公司人员少，业务工作繁重。

2. 纪检工作薄弱，对群众提出的问题检查力度不够。

3. 效能监察工作没有开展，此项工作有待加强。

4. 没有专职党务、纪检、监察、工会管理人员，所有党群工作均为一名兼职管理人员承担，工作难度相当大。

第三部分，写工作中存在的四个方面的问题与不足。看问题要一分为二，既要总结经验，也要反思不足。发扬成绩，改进不足，才能为做好今后的工作奠定扎实的基础。

四、今后工作改进计划

1. 认真贯彻执行党的基本路线和各项方针政策，自觉同党中央保持一致，不折不扣地贯彻执行总厂党委、纪委的工作部署、决策、指令，自觉维护总厂党委、纪委的权威。

第四部分，对下一步工作的设想，提出今后工作的打算。针对工作中的实际情况，分五个方面提出改进措施、努力方向。

2. 坚持民主集中制，加强制度建设，充分发挥班子的整体功能。坚持党支部集体讨论和决定的原则。班子的每个成员要自觉维护集体领导的权威，加强团结，充分发挥每个党员的积极带头作用。

3. 坚持以党的事业为重，以党和群众利益为先，深入实际，深入群众，调查研究，及时解决生产经营和其他工作中存在的问题，求真务实，真抓实干，讲实话、知实情、求实。在“落实”上狠下功夫，不摆花架子，不做表面文章，不搞形式主义，努力做到总厂倡导的二十字作风。

4. 坚持实行“大事集中、小事分散、层次管理、分级负责、各司其职、团结协作、办事有决、不离原则”的工作方法。领导干部要自重、自省、自警、自励。在管理上要严字当头，认真履行职责，严格要求，严格管理，严格监督，切实负起领导责任，做到想管理，愿管理，敢管理，会管理，一抓到底，抓出成效。为实现企业快速健康和谐发展提供有力的纪律保证。

5. 围绕挖潜降本，以增强责任意识为目标，认真开展效能监察工作，通过在实践中找途径，在摸索中找方法，在创新中求发展的工作理念，使监察作用得到充分发挥。

××公司纪检组

2014年12月20日（公章）

主体采用分部式结构，用四个小标题，分领四个部分。在“二、三、四”三个部分的内部又使用序号标明层次，条理十分清楚。内容上，四个小标题清楚明白地体现出总结所应具备的三项主要内容。结构规范，内容客观，语言平实。

落款 包括署名和日期。

为了总结成绩，找出经验，以便进一步做好下半年的工作，××县商务局对2014年上半年的安全生产“打非治违”专项活动进行了全面的回顾、检查和分析研究，写出了工作总结。

例 文 2

“打非治违”显奇效，安全生产零事故

——××县商务局上半年“打非治违”工作总结

为进一步深化2014年安全生产“打非治违”工作，根据×安发〔2014〕4号文件精神，今年上半年我局在

点 评

标题 正副标题式，正标题概括工作成果，副标题由单位名称、时限、内容和文种组成。

商务系统集中开展了安全生产“打非治违”专项活动。现将工作开展情况总结如下。

正文　前言，概述工作依据和主要内容。用“现将工作开展情况总结如下”过渡到主体部分。

一、领导重视，责任明确

2月18日，局党组召开会议，成立了县商务局“打非治违”专项行动工作领导小组，负责专项行动的组织实施。起草了《××县商务局2014年度安全生产“打非治违”集中行动工作方案》，明确本次行动以消防安全、食品安全为重点工作内容，以成品油经营、屠宰场肉食品经营、各大商场（超市）经营企业为重点工作对象。同时印发给各股室和商务系统重点企业，要求他们严格服从专项行动的统一部署。本次行动做到了统一协调、统一调度、统筹安排，确保了行动有效，打击有力。进一步增强了企业经营者和广大群众对安全生产和“打非治违”工作重要性的认识，从而为专项行动创造了一个良好的工作氛围。

主体，分三个大方面具体阐述其工作内容。三个大方面均采用列小标题的方式，每个内容均用八个字的小标题概括，句式整齐。在总结各个方面的具体内容时，二、三两个方面均引用多个案例（限于篇幅，引文从略），多组数字，富有说服力。

二、加强宣传，营造氛围

为教育和引导群众提高对“打非治违”的认识，调动起广大群众积极配合乃至主动参与的积极性，也为了营造“打非治违”的强大声势。我局到定点屠宰场、商场、超市散发，宣传安全知识和我县开展“打非治违”工作意义目的，让“打非治违”家喻户晓，深入人心。……（具体案例略　编者）这些活动不仅宣传了商务领域安全生产的重要性，弘扬了安全文化，震慑了违法经营者，也营造了“安全发展，国泰民安”的良好环境。

三、排查隐患，不留死角

为彻底排查商务系统安全隐患，我局成立了“打非治违”工作领导小组，相关股室按照职责分工，深入一线、深入企业，自上而下，开展安全隐患大排查，截止6月25日，共排查安全隐患23处，整改23处。发现无证经营成品油零售点20个，全部责令停业。

此次集中行动工作分为四大块。一是定点屠宰场，由定点办负责，主要任务是负责生猪屠宰场的安全生产工作，排查生产设施隐患，加强安全用电管理，及时更换老化电路，及时冲洗场地、清除苔藓，及时维修屠凳，确保设备完好率100%。坚决杜绝病死猪、母猪等不合格肉品入栏，严厉打击私屠滥宰和出售病死猪肉等不法行为，坚决杜绝病死猪肉、白板肉流入市场。

二是万家福超市，主要任务是对商场和超市消防设施配备和使用及消防通道是否畅通等情况进行摸底排查。三是农贸市场，由市场服务中心负责，主要任务是对全县贸市场的安全隐患进行排查。(具体案例略 编者)。四是全县各加油站点(具体案例略 编者)，半年来我局共责令停业20个无证加油点，对××、××、××等处的加油站每月一巡查，确保安全生产零事故。

××县商务局
2014年6月26日

落款 包括署名和日期

2.2.2 文种指要

1. 总结的适用范围

(1) 某个方面的工作已经结束或者告一段落，需要进行回顾、检查和分析研究，以期从中找出经验和教训，获得规律性的认识，从而指导今后工作。

(2) 推广、介绍典型经验，进行专题性报告。

2. 总结的分类

依据不同的标准，总结可以分成不同的类别。通常把总结划分为综合性工作总结和专题性工作总结两大类。

综合性总结又称全面总结，着重于对本部门、本单位一定时期内全面工作做综合性的回顾。内容涉及各个方面，侧重于工作情况的概括，使用的材料多是任务完成情况、数据和做法，表达方式多以概括为主，如例文1。

专题性工作总结又称专项总结，是对某项工作、某一问题、某件事情或某一生产任务所进行的专门总结。它着重于典型经验介绍，其内容侧重于介绍事实、做法，并从中找出经验教训，深入展开分析，总结出规律性的东西。使用的材料多为展开的具体事例，多采用夹叙夹议的表达方式，如例文2。

3. 总结的格式写法

总结的格式写法比较灵活，不十分固定。它要针对不同的对象，根据不同的内容和目的，确定相应的写作格式和写作重点。常见的大多由以下三个部分构成。

(1) 标题

① 公文式标题。与计划的公文式标题格式相同，也由单位、事由和文种构成，只是文种为“总结”，如例文1。

② 双标题。由正副标题组成，正标题用结论性的语言概括总结的内容，副标题由单位名称、时限、内容和文种组成，如例文2。也可以省略单位名称或时限。

③ 新闻式标题。新闻式标题与一般文章的标题基本相同，它是对总结内容的高度概括。这类标题大多用于专题经验总结，如《谈我们是怎样加强素质教育的》或《××××学

校加强素质教育的经验介绍》。

(2) 正文

正文一般包括两部分。

① 前言。一般是基本情况概述，介绍总结所涉及的时间、背景（当时的形势和实践基础）、主要成绩或效果等。要写出所总结的工作或任务是在什么形势下，遵循什么方针完成的，有哪些主要成绩，存在哪些主要问题。介绍时有所侧重，或重在概述情况（单位基本情况或工作基本情况），或重在指出成绩。不论哪一种形式，前言都要开门见山，简明扼要，紧扣中心，统领全文，有吸引力。

② 主体。主体一般有以下三方面的内容。

● 基本做法、成绩和经验，多数总结把这部分内容作为重点。写明在什么思想指导下，做了哪些工作，采取了哪些措施，取得了哪些成绩，其主客观原因是什么，有哪些经验和体会等。成绩、做法是基础材料，经验体会是重点，它决定材料的详略取舍。要点面结合，重点突出，数据具体，使之具有较强的说服力。切忌面面俱到，不分主次，写成流水账。

为了使归纳出的经验眉目清楚，常用下面的方法来安排层次：一是恰当地运用小标题，每条经验用一个小标题表示；二是采取"段旨撮要法"，即把内容归纳成几个观点，把观点置于每一段的开头，并在前面加上序号。

● 问题与教训。要坚持一分为二的观点，写出工作中存在的问题与不足，并分析其主观原因，由此得出的教训等。不同的总结，可以有不同的侧重。如果是着重反映问题的总结就要把这部分作为重点来写；如果是典型经验总结，或者工作中确无大的失误，这部分就不必写。也可以合并到"努力方向"中去写。如果是常规工作总结，就要抓主要的问题，概括来写。

● 今后的工作和努力的方向。这部分内容是在总结经验教训的基础上，针对工作中的实际情况，提出改进措施、今后打算、努力方向，或者说明工作发展的趋势，提出新的目标。这部分内容要写得简单明了，这部分有时也可以不写。

总结的主体写法比较灵活，常用的有以下几种结构形式：

● 分部式结构。按"情况—成绩—经验—问题—意见"或者"主旨—做法—效果—体会"的顺序，分成几个大部分来写。每部分可用序号列出，也可以用小标题。这是总结中最常见的写法，有人称为传统式、程序式，也叫块式。这种形式适应于内容比较单一的单位总结、个人小结或体会。

● 纵式结构。把工作的整个过程，按时间顺序，划分为几个阶段来写。每个阶段写成一个部分，在各个部分中再以块式结构来安排内容，各个阶段之间要有一定的连贯性，最后给以整体的认识。这种形式适用于写时限较长而又有明显阶段性的工作总结，也称为阶段式。

● 横式结构。根据内容归纳出几个观点，每一个观点就是一个大层次，常使用"一、二、三……"序号排列，逐条叙述，条文之间形成比较严密的逻辑关系。这种结构形式，能提出总结的理论性，适用于专题经验总结。

● 总分式结构。它不同于纵式结构的按工作阶段划分，也不同于横式结构的以思想观点为依据的划分，而是以工作的各个方面来界分大层次，大层次中再用块式结构来组织材料。常用于全面的工作总结。

● 贯通式结构。也称漫谈式。不分部分，也不分序号、标题，而是围绕总结的中心谈体会、经验，全文融为一体，主要靠清晰的思路串联材料。这种结构较难驾驭，只适用于篇幅较短、内容较少的总结。

(3) 落款

在右下方署单位名称，名称下面标明时间，单位名称也可以署在标题的下一行中间。上报的总结，还应在日期上加盖单位印章。

4. 总结写作的注意事项

(1) 指导思想正确

我们做任何工作都是在党和国家的方针政策指导下进行的。总结经验、评价工作的标准，只能是党和国家的方针政策。只有这样，才能正确地总结成绩和失误、经验和教训，分清现象和本质、主流和支流，才能真正发挥总结的积极作用。

(2) 坚持实事求是

总结经验是对实践的再认识，又是对实践的本质概括，实事求是是写好总结的基础，也是总结写作时应有的态度。要做到从客观实际出发，恰如其分地反映实践活动的本来面目。既不应言过其实，虚报成绩；也不可文过饰非，掩饰问题；更不可任意拔高，自我吹捧，任何的主观臆造都是总结写作的大忌。

(3) 观点、材料统一

总结要求有正确的观点、典型的材料。观点来自材料，但观点形成之后，又必须要用材料来说明，以观点统帅材料，这就需要对材料进行分析选择、合理安排，努力做到观点与材料的和谐统一。

(4) 注意点面结合

写总结时，注意要既有面上的材料，又有点上的材料，做到点面结合。面上的材料具有概括性，反映的是事物的全貌；点上的材料要具体，用来充实、印证面上的情况，增强说服力。

(5) 善于发现新经验

写总结要善于发现新事物，揭示新规律，总结新经验。要运用典型的事例、典型的数据，抓住最能反映总结对象的具有本质特点的事实来写，抓住其特殊点、闪光点，揭示出具有普遍规律性的内容。

(6) 进行恰当的分析

总结写作最容易犯的毛病是只做回顾，只得结论，不做分析。如果不对材料进行适当的分析，就难以得出规律性的经验来，即使是得出了，也易给人以油水分离、牵强附会之感。

(7) 坚持平实的文风

语言要朴实准确，不必追求辞藻华丽，生动形象；也不必引经据典，反复论证。对于事例，用平实的语言，概括地把“做了什么”“做得怎样”简述出来，以供分析使用即可。

2.2.3 写作训练

(1) 刘红在××小学担任一年级(2)班班主任已有一年时间，在期末的教师座谈会上，她进行了发言。请根据她的发言内容，整理思路，采用条文式结构，用正确的格式写法，为她拟写一份工作总结。

我已经担任了一年的班主任，相比起一年前，总觉得自己懂得了许多，明白了如何进行班级工作。虽然班级的工作做得不是很好，但是我总结了自己的想法。我知道班级作为学校教学活动的基础单位，其管理水平的高低，对学生健康全面的发展，对完成教育和教学的各项任务起着举足轻重的作用。一年级的小朋友还很小，所以很多事情都需要老师的指导、管理、调配、服务，这样学生才可以学到东西，学生才可以在学校生活中健康快乐地学习。做到“勤”。勤观察即每天陪学生早读，眼保健操、课间操、搞清洁卫生时间，集合时间，我总在学生身边，看看他们的行为、表情，听听他们的讲话，从中了解一些学生的思想动态、了解学生的个性、了解班级中的种种问题。对于学生的表现、寒暖病痛、意外受伤，甚至家庭冲突等看在眼里，记在心中。勤交谈即对于学生的点滴变化都记在心里，当学生有进步、有缺点错误、行为有偏差、家庭有变故时，都及时和他们谈心，给以鼓励或指出错误，予以纠正。勤与家长联系即家访是维系学校教育、家庭教育、社会教育的纽带，是提高教学质量的润滑剂，也是推进教育事业全面发展的催化剂。它能密切学校与家长的联系，有利于形成家、校协调一致的教育合力，有利于沟通和消除家长、学校、老师、学生彼此之间的某些误会，推进教学工作的顺利开展。所以老师要做好和家长的联系工作，取得家长协助，才能把学生教好。在家长来接送孩子时，我都会和他们谈谈，可以让他们了解孩子在学校的表现，也可以让我了解孩子在家里的表现。那些顽皮的同学更要家长共同管教。班里有几位同学在校外毁坏别人的东西，在校内也时常与同学争吵，在课堂上不认真听讲，这种情况需要老师和家长一起努力。在家长的配合下，他们有了很大的改变，基本能遵守学校的学生规范了。处理好管与放的关系。虽然一年级的小学生很小，但是老师也应该处理好“管”和“放”的关系。老师要管很多事情，小到学生的坐立行走，穿着打扮，大到学生的思想动态，学习状况，品德情况及班级的建设和发展。如果老师事必躬亲，早晚跟班，无所不管，甚至充当“管家”“警察”或“保姆”的角色，这种管理虽然有利，但弊大于利，管得过多过死，容易造成学生依赖性强，创造性弱，独立性差，缺乏自我教育与自我管理能力，也容易使班主任陷于杂务，疲惫不堪，不利于自身的完善与发展。具体而言，班主任要管的方面主要包括：制订班级的长期目标，把握班级工作的整体思路，培养一支强而得力的干部队伍，并加以指导监督；做好个别学生及全体学生的思想工作，增强班级凝聚力、向心力，协调多方面关系，形成教育合力。学生能干的，班主任坚决不要做。在做好以上工作的同时，班主任要大胆放手，把一些具体事务派下去，要相信学生的能力，放手让他们去做，如果学生做错了，老师要记得及时和他们总结经验，防止下次再出现这样的情况。班主任要充分调动学生的积极主动性，分工授权，引导学生参与管理，逐步锻炼和培养学生的自我教育和自我管理能力。要做到“真”。真老师即学生的眼睛就像摄像机，耳朵就像录音机，大脑像计算机。老师的一言一行，学生看在眼里，记在心中，所以我们老师要谨言慎行，因为我们是学生的榜样。有句话说：有什么样的老师有什么样的学生。所以，老师必须站得直，坐得正，衣服要整洁，扣子要扣齐。老师以身作则去做，尽管他们嘴巴硬，但心中不得不服。真榜样即榜样的力量是巨大的。每一阶段学生的思想发展不同，根据具体情况，提供学习的榜样。除了自己要成为学生模仿的榜样外，还要在班中为同学们寻找榜样，学习上的、纪律上的，使他们学习有“真榜样”，行动有方向。真学生即学生毕竟是学生，对一些知识接受快，丢得也快，学习、行为存在反复的现象，所以老师要记得从旁协助他们，让他们记住他们应该记住的知识、行为等。老师要记得在晨间谈话、主题班会、午休或课间等时间向学生重复述说，以增加他们的印象，从而使他们记住。以上就是我这一学年所做的工作，虽然班级并没有取得很好的成绩，但是学生还是有点滴的进步。在以后的教学工作中，我会不断总结经验，努力向其他老师学习，把自己的班级工作做得更好！谢谢大家，特别是领导一年来给予我的支持、关怀与帮助！

(2) 按照如下要求，联系自己的实际情况，拟写一份个人学期总结。

① 正文前言部分要开门见山，简明扼要。

② 正文主体采用条文式，从学习方面、生活方面、体育锻炼三个方面表述内容，最后还要说明自身存在的不足及改进措施。

③ 结尾视具体情况而定，可以自然收结。

④ 注意总结写作格式。

2.3 规章制度

规章制度是国家机关、社会团体、企事业单位，为了建立正常的工作、生活、学习秩序，依照法律、法令、政策而制订的，具有法规性或指导性与约束力的应用文。是各种行政法规、章程、制度、公约的总称。

2.3.1 例文点评

为规范突发事件应急预案的管理，增强应急预案的针对性、实用性和可操作性，国务院办公厅制订、发布了《突发事件应急预案管理办法》。

例 文 1	点 评
突发事件应急预案管理办法	**标题** 二项式标题，规章主题加文种形式。
（中华人民共和国国务院办公厅 2013年10月25日）	**发布单位和日期** 标明发布单位和日期，体现出制度的严肃性与严谨性。
第一章 总 则 第一条 为规范突发事件应急预案（以下简称应急预案）管理，增强应急预案的针对性、实用性和可操作性，依据《中华人民共和国突发事件应对法》等法律、行政法规，制订本办法。 第二条 本办法所称应急预案，是指各级人民政府及其部门、基层组织、企事业单位、社会团体等为依法、迅速、科学、有序应对突发事件，最大程度减少突发	**正文** 采用“繁”式结构。第一章是总则，是整个管理办法的总纲。分五条对发布本办法的目的（第一条）、应急预案的内涵（第二条）、适用范围（第三条）和管理原则（第四条），以及编制应急预案的基本要求（第五条）等进行说明。阐述清楚，定位准确，语言简练，概括性强。

事件及其造成的损害而预先制订的工作方案。

第三条　应急预案的规划、编制、审批、发布、备案、演练、修订、培训、宣传教育等工作,适用本办法。

第四条　应急预案管理遵循统一规划、分类指导、分级负责、动态管理的原则。

第五条　应急预案编制要依据有关法律、行政法规和制度,紧密结合实际,合理确定内容,切实提高针对性、实用性和可操作性。

第二章　分类和内容

第六条　应急预案按照制订主体划分,分为政府及其部门应急预案、单位和基层组织应急预案两大类。

第七条　政府及其部门应急预案由各级人民政府及其部门制订,包括总体应急预案、专项应急预案、部门应急预案等。

总体应急预案是应急预案体系的总纲,是政府组织应对突发事件的总体制度安排,由县级以上各级人民政府制订。

专项应急预案是政府为应对某一类型或某几种类型突发事件,或者针对重要目标物保护、重大活动保障、应急资源保障等重要专项工作而预先制订的涉及多个部门职责的工作方案,由有关部门牵头制订,报本级人民政府批准后印发实施。

部门应急预案是政府有关部门根据总体应急预案、专项应急预案和部门职责,为应对本部门(行业、领域)突发事件,或者针对重要目标物保护、重大活动保障、应急资源保障等涉及部门工作而预先制订的工作方案,由各级政府有关部门制订。

鼓励相邻、相近的地方人民政府及其有关部门联合制订应对区域性、流域性突发事件的联合应急预案。

第八条　总体应急预案主要规定突发事件应对的基本原则、组织体系、运行机制,以及应急保障的总体安排等,明确相关各方的职责和任务。

针对突发事件应对的专项和部门应急预案,不同层级的预案内容各有所侧重。国家层面专项和部门应急预案侧重明确突发事件的应对原则、组织指挥机制、预警分级和事件分级标准、信息报告要求、分级响应及

第二章至第八章是分则,这是规章制度的主体部分。第二章阐明了应急预案的分类和内容。第六、七、八、十条具体解释各种应急预案的内容、制订者和侧重点。第十一条为应急预案操作手册的内容。第十二条是关于应急响应确定的有关问题,这两条也属于应急预案的内容部分。

响应行动、应急保障措施等，重点规范国家层面应对行动，同时体现政策性和指导性；省级专项和部门应急预案侧重明确突发事件的组织指挥机制、信息报告要求、分级响应及响应行动、队伍物资保障及调动程序、市县级政府职责等，重点规范省级层面应对行动，同时体现指导性；市县级专项和部门应急预案侧重明确突发事件的组织指挥机制、风险评估、监测预警、信息报告、应急处置措施、队伍物资保障及调动程序等内容，重点规范市(地)级和县级层面应对行动，体现应急处置的主体职能；乡镇街道专项和部门应急预案侧重明确突发事件的预警信息传播、组织先期处置和自救互救、信息收集报告、人员临时安置等内容，重点规范乡镇层面应对行动，体现先期处置特点。

针对重要基础设施、生命线工程等重要目标物保护的专项和部门应急预案，侧重明确风险隐患及防范措施、监测预警、信息报告、应急处置和紧急恢复等内容。

针对重大活动保障制订的专项和部门应急预案，侧重明确活动安全风险隐患及防范措施、监测预警、信息报告、应急处置、人员疏散撤离组织和路线等内容。

针对为突发事件应对工作提供队伍、物资、装备、资金等资源保障的专项和部门应急预案，侧重明确组织指挥机制、资源布局、不同种类和级别突发事件发生后的资源调用程序等内容。

联合应急预案侧重明确相邻、相近地方人民政府及其部门间信息通报、处置措施衔接、应急资源共享等应急联动机制。

第九条　单位和基层组织应急预案由机关、企业、事业单位、社会团体和居委会、村委会等法人和基层组织制订，侧重明确应急响应责任人、风险隐患监测、信息报告、预警响应、应急处置、人员疏散撤离组织和路线、可调用或可请求援助的应急资源情况及如何实施等，体现自救互救、信息报告和先期处置特点。

大型企业集团可根据相关标准规范和实际工作需要，参照国际惯例，建立本集团应急预案体系。

第十条　政府及其部门、有关单位和基层组织可根据应急预案，并针对突发事件现场处置工作灵活制订现场工作方案，侧重明确现场组织指挥机制、应急队伍分工、不同情况下的应对措施、应急装备保障和自我保障等内容。

第十一条 政府及其部门、有关单位和基层组织可结合本地区、本部门和本单位具体情况，编制应急预案操作手册，内容一般包括风险隐患分析、处置工作程序、响应措施、应急队伍和装备物资情况，以及相关单位联络人员和电话等。

第十二条 对预案应急响应是否分级、如何分级、如何界定分级响应措施等，由预案制订单位根据本地区、本部门和本单位的实际情况确定。

第三章 预案编制

第十三条 各级人民政府应当针对本行政区域多发、易发、突发事件，主要风险等，制订本级政府及其部门应急预案编制规划，并根据实际情况变化适时修订完善。

单位和基层组织可根据应对突发事件需要，制订本单位、本基层组织应急预案编制计划。

第十四条 应急预案编制部门和单位应组成预案编制工作小组，吸收预案涉及主要部门和单位业务相关人员、有关专家及有现场处置经验的人员参加。编制工作小组组长由应急预案编制部门或单位有关负责人担任。

第十五条 编制应急预案应当在开展风险评估和应急资源调查的基础上进行。

（一）风险评估。针对突发事件特点，识别事件的危害因素，分析事件可能产生的直接后果及次生、衍生后果，评估各种后果的危害程度，提出控制风险、治理隐患的措施。

（二）应急资源调查。全面调查本地区、本单位第一时间可调用的应急队伍、装备、物资、场所等应急资源状况和合作区域内可请求援助的应急资源状况，必要时对本地居民应急资源情况进行调查，为制订应急响应措施提供依据。

第十六条 政府及其部门应急预案编制过程中应当广泛听取有关部门、单位和专家的意见，与相关的预案做好衔接。涉及其他单位职责的，应当书面征求相

第三章，预案编制的相关问题。包括编制、修订应急预案需要考虑的内容（第十三条）、预案编制小组的人员构成（第十四条）、编制预案的基础（第十五条），并且强调编制预案中需要注意的问题是不可闭门造车，要广泛征求意见（第十六条）。

关单位意见。必要时,向社会公开征求意见。

单位和基层组织应急预案编制过程中,应根据法律、行政法规要求或实际需要,征求相关公民、法人或其他组织的意见。

第四章 审批、备案和公布

第十七条 预案编制工作小组或牵头单位应当将预案送审稿及各有关单位复函和意见采纳情况说明、编制工作说明等有关材料报送应急预案审批单位。因保密等原因需要发布应急预案简本的,应当将应急预案简本一起报送审批。

第四章共五条,分别阐述应急预案审批、备案和公布的有关规定。对于特殊情况,也予以考虑,如"行政法规另有规定的从其规定""对确需保密的应急预案,按有关规定执行。"

第十八条 应急预案审核内容主要包括预案是否符合有关法律、行政法规,是否与有关应急预案进行了衔接,各方面意见是否一致,主体内容是否完备,责任分工是否合理明确,应急响应级别设计是否合理,应对措施是否具体简明、管用可行等。必要时,应急预案审批单位可组织有关专家对应急预案进行评审。

第十九条 国家总体应急预案报国务院审批,以国务院名义印发;专项应急预案报国务院审批,以国务院办公厅名义印发;部门应急预案由部门有关会议审议决定,以部门名义印发,必要时,可以由国务院办公厅转发。

地方各级人民政府总体应急预案应当经本级人民政府常务会议审议,以本级人民政府名义印发;专项应急预案应当经本级人民政府审批,必要时经本级人民政府常务会议或专题会议审议,以本级人民政府办公厅(室)名义印发;部门应急预案应当经部门有关会议审议,以部门名义印发,必要时,可以由本级人民政府办公厅(室)转发。

单位和基层组织应急预案须经本单位或基层组织主要负责人或分管负责人签发,审批方式根据实际情况确定。

第二十条 应急预案审批单位应当在应急预案印发后的20个工作日内依照下列规定向有关单位备案:

(一)地方人民政府总体应急预案报送上一级人民政府备案。

（二）地方人民政府专项应急预案抄送上一级人民政府有关主管部门备案。

（三）部门应急预案报送本级人民政府备案。

（四）涉及需要与所在地政府联合应急处置的中央单位应急预案，应当向所在地县级人民政府备案。

法律、行政法规另有规定的从其规定。

第二十一条　自然灾害、事故灾难、公共卫生类政府及其部门应急预案，应向社会公布。对确需保密的应急预案，按有关规定执行。

第五章　应急演练

第二十二条　应急预案编制单位应当建立应急演练制度，根据实际情况采取实战演练、桌面推演等方式，组织开展人员广泛参与、处置联动性强、形式多样、节约高效的应急演练。

第五章用两条阐述了应急预案的有关规定。如果不进行演练，应急预案的针对性、合理性与可操作性难以得到验证，突发事件发生时有关人员也难以熟练应对。

专项应急预案、部门应急预案至少每 3 年进行一次应急演练。

地震、台风、洪涝、滑坡、山洪泥石流等自然灾害易发区域所在地政府，重要基础设施和城市供水、供电、供气、供热等生命线工程经营管理单位，矿山、建筑施工单位和易燃易爆物品、危险化学品、放射性物品等危险物品生产、经营、储运、使用单位，公共交通工具、公共场所和医院、学校等人员密集场所的经营单位或者管理单位等，应当有针对性地经常组织开展应急演练。

第二十三条　应急演练组织单位应当组织演练评估。评估的主要内容包括：演练的执行情况，预案的合理性与可操作性，指挥协调和应急联动情况，应急人员的处置情况，演练所用设备装备的适用性，对完善预案、应急准备、应急机制、应急措施等方面的意见和建议等。

鼓励委托第三方进行演练评估。

第六章　评估和修订

第二十四条　应急预案编制单位应当建立定期评估制度，分析评价预案内容的针对性、实用性和可操作性，实现应急预案的动态优化和科学规范管理。

第六章共四条，阐述应急预案评估和修订的有关规定，包括评估的内容、修订的条件、修订程序、可以提出修订建议的对象。

第二十五条　有下列情形之一的，应当及时修订应急预案：

（一）有关法律、行政法规、规章、标准、上位预案中的有关规定发生变化的；

（二）应急指挥机构及其职责发生重大调整的；

（三）面临的风险发生重大变化的；

（四）重要应急资源发生重大变化的；

（五）预案中的其他重要信息发生变化的；

（六）在突发事件实际应对和应急演练中发现问题需要作出重大调整的；

（七）应急预案制订单位认为应当修订的其他情况。

第二十六条　应急预案修订涉及组织指挥体系与职责、应急处置程序、主要处置措施、突发事件分级标准等重要内容的，修订工作应参照本办法规定的预案编制、审批、备案、公布程序组织进行。仅涉及其他内容的，修订程序可根据情况适当简化。

第二十七条　各级政府及其部门、企事业单位、社会团体、公民等，可以向有关预案编制单位提出修订建议。

第七章　培训和宣传教育

第二十八条　应急预案编制单位应当通过编发培训材料、举办培训班、开展工作研讨等方式，对与应急预案实施密切相关的管理人员和专业救援人员等组织开展应急预案培训。

各级政府及其有关部门应将应急预案培训作为应急管理培训的重要内容，纳入领导干部培训、公务员培训、应急管理干部日常培训内容。

第二十九条　对需要公众广泛参与的非涉密的应急预案，编制单位应当充分利用互联网、广播、电视、报刊等多种媒体广泛宣传，制作通俗易懂、好记管用的宣传普及材料，向公众免费发放。

第八章　组织保障

第三十条　各级政府及其有关部门应对本行政区域、本行业（领域）应急预案管理工作加强指导和监督。国务院有关部门可根据需要编写应急预案编制指南，指导本行业（领域）应急预案编制工作。

第三十一条　各级政府及其有关部门、各有关单位要指定专门机构和人员负责相关具体工作，将应急预案规划、编制、审批、发布、演练、修订、培训、宣传教育等工作所需经费纳入预算统筹安排。

第七章阐述应急预案的培训和宣传教育工作，第八章写应急预案的组织保障。这两章的内容是应急预案及其编制工作得以实施的有力保障。

主体部分的整体按照由主及次的逻辑顺序进行编排，局部的第三、四、五、六章按照时间顺序安排，条理井然，利于有关部门对本法的理解、执行。

第九章　附　　则

第三十二条　国务院有关部门、地方各级人民政府及其有关部门、大型企业集团等可根据实际情况，制订相关实施办法。

第三十三条　本办法由国务院办公厅负责解释。

第三十四条　本办法自印发之日起施行。

附则，是对中心内容的补充说明，包括允许有关部门根据实际情况制订相关的实施办法、对本办法有解释权的单位和本办法开始施行的时间。

为了进一步严肃考勤纪律，完善管理制度，使公司的管理规范化、制度化、科学化，××公司制订了《××公司考勤制度》。

例　文　2　　　　**点　　评**

××公司考勤制度

标题　由适用对象、规章内容和文种组成。

为加强公司的规范化管理，完善各项工作制度，促进公司发展壮大，提高经济效益，根据国家有关法律、法规及公司章程的规定，特制订本公司考勤制度。

正文　采用简式结构，前言简要写明制订本制度的依据、目的。

1. 按照国家规定，公司工作时间为双休制。假日和夜间值班由办公室统一安排。

2. 公司员工必须自觉遵守劳动纪律，按时上下班，不迟到，不早退，工作时间不得擅自离开工作岗位，外出办理业务前，须经本部门负责人同意。

第1、2条，员工工作时间与纪律要求，这是考勤的依据。

3. 严格请、销假制度。员工因私事请假1天以内的（含1天），由部门负责人批准；3天以内的（含3天），由副总经理批准；3天（不含3天）以上的，报总经理批准。副总经理和部门负责人请假，一律由总经理批准。请假员工事毕向批准人销假。未经批准而擅离工作岗位的按旷工处理。员工病假期间只发给基本工资。

第3条，请、销假制度，明确准假的权限，利于管理。

4. 上班时间开始后5分钟至30分钟内到班者，按迟到论处；超过30分钟以上者，按旷工半天论处。提前30分钟以内下班者，按早退论处；超过30分钟者，按旷工半天论处。

5. 一个月内迟到、早退累计达3次者，扣发5天的基本工资；累计达3次以上5次（含5次）以下者，扣发10天的基本工资；累计达5次（不含5次）以上10次以下者，扣发当月15天的基本工资；累计达10次（不含10次）以上者，扣发当月的基本工资。

第4、5、6条是迟到、早退、旷工等现象的处理办法。对不同程度的违纪，给以不同的处罚，做了明确的量的规定，便于操作。第1、2、3条是本制度允许做的内容；第4、5、6条是本制度不允许做的内容，违反了就要受到相应的处罚。

6. 旷工半天者，扣发当天的基本工资、效益工资和奖金；每月累计旷工1天者，扣发5天的基本工资、效益工资和奖金，并给予一次警告处分；每月累计旷工2天者，扣发10天的基本工资、效益工资和奖金，并给予记过1次处分；每月累计旷工3天者，扣发当月基本工资、效益工资和奖金，并给予1次记大过处分；每月累计旷工3天以上、6天以下者，扣发当月基本工资、效益工资和奖金，第二个月起留用察看，发放基本工资；每月累计旷工6天以上者(含6天)，予以辞退。

7. 工作时间禁止做与工作无关的事情(如打牌、下棋、串岗聊天)。如有违反者当天按旷工1天处理；当月累计2次的，按旷工2天处理；当月累计3次的，按旷工3天处理。

8. 参加公司组织的会议、培训、学习、考试或其他团队活动，如有事请假的，须提前向组织者或带队者请假。在规定时间内未到或早退的，按照本制度相关条款处理；未经批准擅自不参加的，视为旷工。

9. 员工按规定享受探亲假、丧假、婚假、产育假、节育手术假休假时，必须凭有关证明资料报总经理批准；未经批准者按旷工处理。

10. 员工的考勤情况，由各部门负责人进行监督、检查，部门负责人对本部门的考勤要秉公办事，认真负责。如有弄虚作假、包庇袒护迟到、早退、旷工员工的，一经查实，对部门负责人按处罚员工的双倍予以处罚。

第7、8条，需要按照考勤制度处理的有关事项以及处理办法。第9条，员工享受法定休假情况的规定。这些休假是员工的权利，但是必须履行规定的程序，第10条是对考勤负责人的相关要求及违规处理办法。

本规定在公司内实施，省略落款。

风景如画的青岛，是我国北方一座重要的对外开放城市。维护好公共秩序，提高市民的文明素质，意义十分重大。为此，青岛市制订了《青岛市人民公约》。

例　文　3

青岛市人民文明公约

为倡导社会主义的道德风尚，提高全市人民的文明素质，特制订本公约，望自觉遵守。

一、热爱祖国，热爱人民，热爱社会主义，热爱青岛。

点　　评

标题　由适用对象、规章内容和文种三要素构成。

正文　“简”式结构。引言部分简要说明制订的缘由、目的和要求，然后分条写具体内容。其中，第一、二、三、五条明确所提倡的，第四、六、七、

二、礼貌待人，热情好客，敬老爱幼，诚实守信，见义勇为。

三、努力学习科学文化，积极做好本职工作，为建设青岛多做贡献。

四、遵纪守法，维护公共秩序，爱护公共设施，不酗酒。不赌博，不打架斗殴。

五、家庭和睦，邻里团结，赡养老人，教育子女，积极参加社会主义公益活动。

六、移风易俗，计划生育，勤俭节约，婚丧事简办，不搞封建迷信活动，抵制淫秽书画、录音录像。

七、讲究卫生，保持楼院、街道和公共场所的环境整洁，不随地吐痰，不乱扔杂物。

八、植树栽花，保护鸟类，美化环境，不乱贴广告，不乱设摊点。

八既明确提倡什么，又指出反对什么，态度明朗，对比鲜明。全文条理清楚，可操作性强。

公共图书馆是面向社会开放，为经济建设、科学研究、提高全民思想道德素质和文化科学水平服务的国家文化教育机构。为了倡导读者遵守社会公德，遵从文明守则，维护好图书馆的秩序，使读者有一个良好的阅读环境，××市图书馆制订了《读者须知》。

例 文 4

读者须知

1. 请注意仪表，勿着汗背心或穿拖鞋入馆。

2. 请将随身携带物品存放存包处，贵重物品请自行保管。幼儿请在成年人带领下进馆。

3. 请勿在馆内吸烟和使用明火，勿携带易燃、易爆等物品入馆。

4. 请勿在馆区大声喧哗，入室请将手机置于静音或震动状态。

5. 请勿在馆区随地吐痰、乱扔纸屑和果壳等污物。

6. 请勿在馆区乱贴乱画。

7. 爱护馆内一切公共设施，损坏公物按原价赔偿。

8. 不得任意触摸、按动消防设施。如消防设施遭到人为损坏，对责任人送公安部门处理。

点　评

标题　二项式标题，由适用范围和文种组成。

正文　内容比较简单，故省略引言部分，直接进入主体部分，开门见山，切入主题。列出第11条规定，态度明确，界限分明，要求做什么，不允许做什么，一目了然。条理清晰，语言通俗易懂，简练准确，具有很好的指导作用。

9. 车辆按指定地点停放。

10. 严禁将宠物带进馆区。

11. 请自觉遵守××市图书馆各项规定，服从工作人员管理。

××市图书馆　　落款

2.3.2 文种指要

1. 规章制度的适用范围

规章制度的种类繁多，根据 2001 年 11 月 16 日国务院令第 321 号公布的、自 2002 年 1 月 1 日起施行的《行政法规制订程序条例》及现行的有关规章的文件，规章制度大致可以分为行政、章程、制度、公约四大类。不同类别反映了不同的需要，适应于不同的范围，起着不同的作用。

(1) 行政法规类

行政法规是由国家立法机关或政府部门所制发的，具有法律性质和公文效用的规章制度，多用"条例""规定""办法""细则"等名称，并且以行政命令发布实施，如例文 1。

(2) 章程类

章程是党政机关、社会团体、企事业单位，用于规定其组织的性质、宗旨、任务、组织结构、成员条件、权利、义务、纪律活动规则的纲领性文件。章程必须经过集体讨论和全体人员大会或代表大会通过。章程一经颁布，就成为其组织内每个成员的思想和言行的准则，具有权威性和约束力，如《中国工会章程》《中国作家协会章程》。

(3) 制度类

制度是机关团体、企事业单位及其部门根据实际需要而制订的、有关人员共同遵守的办事规程和行动准则。它对人们有指导和约束作用，是人们行动的准则和依据。它也是严肃政治纪律、加强有效管理的手段。常用"制度""规则""规程""守则""须知"等名称，如例文 2、例文 4，再如《演讲比赛规程》《考场规则》。

(4) 公约类

公约是机关团体、人民群众在自愿自觉的基础上，经协商订出的共同遵守的行为规范，如例文 3，再如《××宿舍卫生公约》《××商店文明服务公约》。

2. 规章制度的格式写法

规章制度一般由标题、正文、落款三部分组成。

(1) 标题

规章制度的标题有以下几种形式：

① 由制发单位、规章制度内容和文种组成，如《珠江机械厂用电管理制度》《天时利商店文明公约》等。

② 由适用对象、规章制度内容和文种组成，如《电工操作规程》。

③ 由适用对象和规章制度种类组成，如《辽宁信息职业技术学院学生守则》。

④ 由规章制度内容和文种组成，如《教师资格条例》《制止谋取暴利的暂行规定》。

⑤ 由制发单位和文种组成。如《中国共产党章程》《恒通集团公司章程》。

如果是草案或暂行、试行的，可在标题内写明，如国务院发布的《促进产业结构调整暂行规定》，也可写成《促进产业结构调整规定》，然后在标题后或标题下加括号注明"暂行"。标题写在第一行中间，重要的规章制度常把批准通过的会议、批准颁布的机构、日期等，加圆括号写在标题下一行中间。

（2）正文

正文是规章制度的主体，规章制度的正文写作有两大独特之处。

① 特殊的章条体例。采取条款式的章条体例。把全文分成若干章，每章再分成若干条，有的每条又分成若干款。最繁杂的可分成编、章、节、目、条、款、项七个层次，但这种情况比较少见。常用的是"章""条""款"三级或"条""款"两级，有的只有"条"。

② 特殊的条目序号编排法。采取"条"号统编、"款"号分列的方式。从始至终，条号不因分章而断开；每一条里的款号都独自成序，不与前条的款号相衔接，如例文1。

根据内容的繁简，规章制度的正文一般有繁、简两种结构形式。

① "繁"式结构。正文一般分为总则，分则、附则三部分。各部分又按内容的多少分列成若干章或若干条款，并且用序数标明。内容比较复杂的规章制度，如条例、章程等，大都采用这种形式，如例文1。

- 总则。是文章的开头部分，用小标题写明"总则"。采用概述或条款形式，写订立规章制度的目的、要求、指导思想和适用范围。
- 分则。中间的各章叫作分则，但小标题不写"分则"。分则是规章制度的主体部分，分条款写具体的事项和内容。
- 附则。是对中心内容的补充和说明，放在最后一章，用小标题写明"附则"。主要写明规章制度的制订数、修订数、说明权或解释权，以及适用对象和施行日期等。

② "简"式结构。这种结构只分条不分章，根据具体情况，可以在开头、前言或第一条中说明制订的缘由、依据、目的和要求等，然后逐条陈述具体内容。也可以直接分条陈述具体内容。那些内容比较简单的规章制度，如公约、守则等，一般都采用这种结构，如例文2、3、4均属此类。

（3）落款

在正文的右下方写明订立该规章制度的单位名称和日期。

如果在标题中或在标题下面已经注明的，可以无须再写；由领导机关随公文发送的规章制度，可以省略；公约类也可以无落款；有些内容简单在特定场合使用的规则、须知、守则，也可以没有落款；如果是一级政府或一个系统的制度，需要广泛下发执行的，则需加盖公章，以增强其权威性与严肃性。

3. 规章制度写作的注意事项

（1）符合党和国家的政策、本单位的实际情况

规章制度是党和国家方针政策的具体化。制订者政策观念要强，对政策的掌握要全面，理解要深刻。所制订的计划既要有正确性、先进性，又要体现政策的连续性和长远性。

还必须根据本单位的实际情况，实事求是，不搞形式主义，有针对性地制订规章制度，才能使规章制度具有可行性。

(2) 明确制订的权限

全国性的行政法规，由中央、国务院制订；部门性、地方性行政法规由国务院各部、委、省、市、自治区制订；各机关、团体、企事业单位，根据自己的实际情况制订本部门、本单位的规章制度。要注意不得越权、越级随意制订，下级的规章制度不得同上级的有关规定相抵触。行政法规要经上级主管部门批准。

(3) 内容要确切科学

规章制度在一定范围内、一定程度上具有法定效力，牵涉到人们的切身利益，影响到人们工作、生活的方方面面。内容上既要全面周到，又要高度概括。编制规章制度时，一定要考虑周全，集思广益，使规章制度的内容科学合理，确切具体，切实可行，能体现大多数人的利益及意愿。

(4) 语言准确，结构整齐

语言要高度概括，可以省略的词句尽可能省略，文字表达简明扼要。使用概念要准确、周密，要态度肯定，表意明确，用词恰当，不能含糊。允许做什么，不允许做什么，界限分明，使人看后明白“必须这样做，不许那样做”。用语要庄重，体现出规章制度的严肃性、权威性。一般不用比喻、夸张的手法，更不用幽默、讽刺的语言。结构要大体整齐，条款要完整单一，每一条表达一个完整的意思，便于记忆、执行、检查。

(5) 表述严密有条理

规章制度是规范人们行为的依据，也是对人们工作、学习、生活等事项作出评判及处理的凭证。规章制度的语言表述要富于逻辑性、严密性，不能有漏洞，不能有歧义，否则会给执行带来困难。表述还要有条理性，便于执行者理解、熟记与执行。

2.3.3 写作训练

(1) ××省高等教育自学考试委员会组织考生进行全国计算机等级考试，下面是委员会草拟的一则考生须知，在格式写法和内容逻辑方面存在三处错误，请指出并给予改正。

考试考生须知

1. 考生拿到试卷后，应检查是否和自己报考的等级相同，如不同应立即举手示意监考员。

2. 考生登录后，应静候监考员核对准考证号；核对无误，方可答题。

3. 考生要在答题卡和答题纸上答卷。选择题的答案要用 2B 铅笔在答题卡的上半部分作答，将与所选答案对应的号码(或字母)涂黑；填空题的答案用钢笔或圆珠笔在答题卡的下半部分作答。不得在试卷上答题。

4. 上机考试时，考生应在规定的考试时间内提前三十分钟到候考室报到，交验准考证和身份证，同时抽签决定微机号，不允许乱坐位置。

5. 在考试过程中若发生“死机”等异常现象，应举手示意监考员，不得擅自关机或热启动。

6. 考生应在规定位置用钢笔或圆珠笔写清自己的姓名和准考证号，并用2B铅笔将对应数字涂黑。

2010年3月5日

××省高等教育自学考试委员会办公室

(2) 根据以下材料，采用条文式结构，按照正确的内容逻辑顺序和写作格式，为××市××化工厂拟写一份门卫管理制度。

门卫工作人员在值班时间务必衣饰整洁，对来访者以礼相待，态度和蔼，必须坚守工作岗位，做好安全保卫工作。各种车辆按指定地点停放，未经批准不准入厂。上班时间谢绝会客。本厂职工一律不准带小孩上班，不准带零食，不准穿拖鞋，进厂必须衣冠端正，佩戴厂徽，未佩戴者须登记上报。传达室是工作场所，外来人员不准在室内谈天闲坐。外来联系工作的人员必须出示介绍信，并进行来访登记，方可进厂。凡本厂职工迟到者必须登记。上班期间因公外出，应持出厂证，所有持证人员必须在门卫登记后才能出厂。对无证出厂者，门卫有权登记并及时上报人保科。凡厂内的原辅材料、生产设备、工具零件、成品、半成品等一切物资一律凭成品物资出厂单或实物现金发票出厂联出厂。出厂要主动向门卫打招呼。对不符合手续出厂的物品门卫有权询问、检查或滞留。

2.4 述职报告

述职报告是党政机关、群众团体、企事业单位的工作人员，向所在单位的组织人事部门、主管领导机关或本单位职工群众，陈述自己在一定时期内履行岗位职责情况而写成的自我评述性的书面材料。述职报告是报告的一种特殊形式，它的着眼点是自己履行岗位职责情况和称职与否，以报告德才实绩为主，局限于个人职责范围之内，是述职者本人对在任期间或年度、阶段工作的自我回顾、检查和评鉴。

2.4.1 例文点评

王华宇担任××市××机床厂厂长一年，作为厂长，他在全厂职工代表大会上对自己一年来的工作实绩、存在的主要问题，作了比较客观的陈述。

例文1	点评
××机床厂厂长2014年度述职报告	**标题** 国有企业厂长的述职报告，一般要报上级部门，因此采用这种由述职人、任职时间和文种组成的公文式标题。
各位代表：	**称呼** 对与会者称呼。
我于2014年1月任××市××机床厂厂长，在市	**正文** 前言，简介所任职务、任职时

委、机械局党委的领导下，按照厂长岗位职责做了自己应该的工作。现在向领导和同志们汇报如下。

一、党、政、工、团齐抓共管，改变厂容厂貌

2014年我上任后，首先提出：实行各级一把手责任制，把各单位的工作做得好坏与考核干部政绩直接挂钩。不能限期达标的，一把手就地免职。筹措经费8万元，用来改善环境、整顿厂容厂貌。带领广大职工利用业余时间，奋战50天，彻底改变了脏、乱、差的工厂面貌。

……(具体内容略　编者)

二、抓好职工的思想政治工作教育

在深化改革中，有些职工信心不足，有的干部有畏难情绪。我深入车间、宿舍进行走访，先后与12名工程技术人员、老工人促膝谈心，引导职工树立跑步竞争意识，用厂里先进人物的事例启发、引导干部克服畏难情绪，使广大职工树立起克难攻坚勇夺胜利的信念。

……(具体内容略　编者)

三、注重现场生产管理

我厂在生产管理的高度上，提出"强化生产管理，创建文明生产"的奋斗目标。抓岗位工序控制，严格工艺纪律和质量管理，组建了"文明生产""工艺纪律""产品质量"监督组，日检查、月评比、季总结。实施季度奖、考核奖等奖惩制度，调动了职工的积极性，各项经济技术指标创造了良好成绩。

……(具体内容略　编者)

四、改善职工的劳动条件

保护职工在劳动生产中的安全和健康，是我们党和国家的一贯方针政策。为翻砂车间更换了先进的通风排尘设备，进一步完善了四个车间男女浴的设施，在各车间为女工单独设立了更衣室，为生产工人提供了较为全面的劳动保护条件。

……(具体内容略　编者)

五、建立健全质量管理机制，提高产品质量

设立质量监督站，坚持每批产品出厂前均做抽检，抽检不合格不予出厂的制度。抽检的35台机床中，34台达到部颁标准。1台部分指标未达到部颁标准，予以返工，确保了我厂在市场中的信誉。年终总结评比产品质量，与去年相比提高了9.6%，产值、实现利税、

间，概括说明任职以来的工作情况。主体，从12个方面具体陈述自己的任职情况。分四大方面，第一方面（一、二部分）：组织管理、思想教育工作，这是搞好企业生产前提条件；第二方面（三～九部分）：生产工作，这是厂长工作的中心与重点，也是全文的主体，所占篇幅也最大，约占全文的二分之一以上；第三方面（十、十一部分）：关心职工生活，解决职工的后顾之忧，是职工能够安心生产的重要保障；第四方面（十二部分）：存在的主要问题（具体内容引文从略），实事求是，真实客观，襟怀坦白，表现了述职者不回避问题、不隐瞒不足的诚实态度。

出口创汇与去年相比，分别增长了16.4%、18.2%、21.3%。

……（具体内容略　编者）

六、试行承包责任

把现场管理纳入各单位承包责任制的考核内容。生产第一线工人的工时单价与现场管理好坏挂钩，浮动工资与总额奖金挂钩。2014年上半年，全厂因出现废品造成的损失，比我厂规定允许的考核指标减少31.42万元。

……（具体内容略　编者）

七、开展新工艺、加速国产化

我厂以加速数控机床国产化为目标，注意横向联合，带动了一批协作配套厂的发展。

……（具体内容略　编者）

八、组织研制开发新产品

……（具体内容略　编者）

九、制订民主管理制度

……（具体内容略　编者）

十、关心职工生活福利

……（具体内容略　编者）

十一、解决职工子女就业困难

……（具体内容略　编者）

十二、存在的主要问题

……（具体内容略　编者）

任职一年来，我尽职尽责地做了一些应该做的工作，取得了点滴成绩，这是在上级党委、厂党委领导的关心、全厂职工的努力支持下共同取得的。我认为自己是称职的。

结尾，结束实绩介绍，归纳总结全文，概述下一步设想，这是述职报告常用的写法。

今后，我仍然要全心全意依靠广大职工，特别是技术人员，出主意、想办法，大胆改革，锐意进取。继续提高产品质量，开发新产品，扩大产品销路，力争2015年创利税1 000万元，以优异的成绩向同志们汇报。

××市××机床厂厂长：王华宇
2015年1月20日

落款　由署名和述职日期组成。

2013年度，王××担任××税务局副局长一职。临近年终，按照上级的要求，王××对自己一年来的工作情况进行了回顾，写述职报告向所在单位的职工代表述职。

例 文 2	点 评
我的述职报告	**标题** 由任职时间和文种构成。
各位代表：	**称呼**
2013年度，按照局党组的工作分工，我主管全局创佳评差、精神文明建设、党风廉政建设和公务员队伍建设工作，具体分管我局的人事、教育、纪检监察、办公室、机关事务和工、青、妇等工作。工作中，自己及早进入角色，按照自己的工作职责和工作项目精心理清工作思路，细致安排工作规划，积极配合班子整体，扎扎实实施具体工作，使自己分管的各项工作进展井然有序。在此，我从以下十个方面汇报2013年度的工作，请各位代表审议。	**正文** 前言，简介自己分管的工作范围、任职时间，概述任职以来的工作情况。用“在此，我从以下十个方面汇报2013年度的工作，请各位代表审议。”过渡到主体部分，这是述职报告的常见写法。
一、落实责任、明确任务、真抓实干 2013年年初、局党组召开专门会议，专题研究，并与各所(局)长签订了党风廉政建设、“创佳评差”、社会治安综合治理、计划生育等四个责任书，明确了任务和工作思路。 1. 认真落实党风廉政建设责任制，明确职责任务。……(具体内容略 编者) 2. 积极探索新形势下思想政治工作的特点和规律，大力加强思想政治工作。始终把思想政治工作放在首位，并贯穿于整个税收工作的始终。……(具体内容略 编者) 3. 通力合作，齐抓共管。做到安排、规划、督促、监察、落实五到位，使我局的创佳评差、党风廉政和精神文明建设工作呈现出“一把手抓两手、两手都要硬”和一级抓一级，层层负责、齐抓共管的可喜局面。……(具体内容略 编者)	主体，第一部分分三条概述政绩。由于是述职，以突出实绩为主，以工作成果为重点。采取“段旨撮要法”，每条都用第一句话概括段落内容，然后具体的使用数据、实例(限于篇幅，引文从略)来说明个人完成工作的情况，自己的决策能力在所担负的领导工作中发挥的作用和效果。事实清楚、材料翔实、内容可信。
二、加强廉政建设宣传教育，切实提高廉政勤政意识 一年来，我们始终把握正确的政治方向，以加强宣传教育为基础，以职业道德建设为重点，以提高广大税	党风廉政建设是述职者今年主抓的主要工作之一，党风廉政建设又是各项工

干的廉政勤政意识为目的，不断提高广大税干的整体素质。

作中的重中之重。因此，把它放在分项具体陈述的首位，分四个方面加以陈述。

1. 加强学习教育的组织领导，制订学习计划、日程安排和考勤制度，建立了学习档案，并把学习纳入"创佳评差"考评和公务员考核之中，使学习活动做到了制度化、经常化、系统化。

2. 加强邓小平理论、党的的十八大三中全会精神及党中央关于党风廉政建设和反腐败重要指示的宣传教育。……（具体内容略　编者）

3. 深入开展理想信念、全心全意为人民服务的宗旨教育。……（具体内容略　编者）。

4. 深入开展党风廉政纪和国家法律、法规的宣传教育。……（具体内容略　编者）

三、突出工作重心，坚决纠正行业不正之风

2013 年，我局把行风建设工作同推行文明办税、规范服务及加强税务职业道德建设和树立税务新风尚紧密地结合起来，在巩固、深化和提高上下功夫。

纠正行业不正之风是党风廉政建设在工作中的具体体现之一，分三个方面进行陈述。

1. 继续推行"三登记、一审批"制度，票证"五级"审核制度、廉洁保证金制度、廉洁执法卡制度、廉政鉴定制度及领导干部明查暗访制度和局、所长接待日制度，全面推行领导干部家庭财产报告制度和廉洁执法回访制度，进一步加大预防职务犯罪的力度，使"领导干部承诺、一般干部保证、税企相互约束、税检联合预防、全社会共同监督"的网络化制约机制更趋完善，形成了环环相扣，层层制约、监督，既规范了管理，又堵塞了漏洞，全力遏制了社会不良现象在我县地税系统的滋生。

2. 坚持开展每月一次的纪检日活动，并把票证审核、税额的核定作为重点，发展问题及时纠正。……（具体内容略　编者）

3. 认真落实党风廉政建设责任制，按照"谁主管、谁负责"的原则，把党风廉政建设的目标任务量化分解到每个领导干部和主管部门，明确职责任务。……（具体内容略　编者）

四、以"创佳评差"活动为龙头，大力开展精神文明创建活动

1. 以优质服务、公正执法、树立文明新风为主题，

精神文明建设与"创佳评差"活动密切

以创建文明系统、塑造良好的地税形象为目标，继续深入开展行业作风纪律整顿。……（具体内容略　编者）

2. 在行风整顿的基础上，深入开展精神文明创建活动。……（具体内容略　编者）

3. 大力宣传贯彻两会精神。……（具体内容略　编者）

相关，将二者放在一起作为分项具体陈述的第三个部分，分三个方面进行回顾。

五、加快人事制度改革步伐（具体内容略　编者）

六、加强基础建设（具体内容略　编者）

七、加强信息化建设（具体内容略　编者）

八、深入农村，帮助农村解决生产和生活方面的困难（具体内容略　编者）

第五至第八部分，陈述述职者分管的另外四个方面的工作。

九、在执行党风廉政建设工作中，自己能够很好地贯彻落实《廉政准则》和制止奢侈浪费行为的若干规定，始终以中纪委重审的四项规定来约束自己，严格执行税务干部“十五”不准规定，从未参与过任何一起违纪活动。

第九部分是作者对自身操守、政风内容的陈述。

十、存在的问题

自己任职以来，做了一定的工作，取得了一定的成绩，但与市局和县局党组的要求，广大税务干部的期望，还有不少的差距，主要表现在以下五个方面：

1. 理论学习不够，学习浮躁。

2. 在工作上有时存在不扎实、不细致、不深入的问题。

3. 思想上还不够解放。

4. 协助一把手在落实解决一些重大事项和全盘工作上出谋划策不够，这主要与自己阅历浅、知识面窄有关。

5. 领导艺术和方法还欠缺，处理问题还不够果断。

第十部分，实事求是地说明自己工作中的不足。

鉴于上述不足之处，自己决心在今后的工作中加以改进和完善。一是要有计划、有步骤地进一步加强自身的政治理论和所需业务知识的学习，不断提高自身素质和工作能力、领导能力。二是在工作中，要进一步解放思想，更新观念，本着对一把手负责，对干部负责的态度，敢抓敢管、大胆干。三是要转变工作作风，力戒形式主义、官僚主义，抽出时间、走出机关、深入基层、协助他们搞好工作，解决一些热点、难点问题。

结尾，表达了克服毛病、做好工作的决心及改进的办法。

主体部分从工作政绩和自身操守两个方面进行了陈述。前者是从领导工作的角度而谈，是重点；后者是就个人修养而言，不可或缺。政绩的陈述，按照从主到次、由重到轻的顺序，采取重要部分分条详述的办法，对自己一年来的工作进行了述职。条理清楚，详略得当，结构严谨。

××税务局副局长：王××

2013 年 12 月 25 日

落款　包括署名和述职日期

2.4.2 文种指要

1. 述职报告的适用范围

党政机关、群众团体、企事业单位的工作人员，向所在单位的组织人事部门、主管领导机关或本单位职工群众，陈述自己在一定时期内履行岗位职责情况。

(1) 在本职工作岗位工作一个阶段后，一般是一个年度或一个任职期。

(2) 在本职工作岗位离任前。

2. 述职报告的格式写法

述职报告一般由标题、正文和落款三部分组成。

(1) 标题

述职报告的标题通常有三种形式。

① 直书式。直接用文种做标题或在文种前加人称，如例文2。

② 公文式。由任职时间和文种或述职者、任职时间和文种组成，一般用于向上级领导机关或所在单位的组织部门述职，如例文1，再如《××市公路局长2000—2004年任职期的述职报告》。

③ 正副标题式。正标题揭示内容主题，副标题是“人称加文种”或“时间加文种”形式。如《高扬创业主旋律 打好建区第一仗——××区人民政府区长王××1995—1996年任职期的述职报告》。

(2) 主送机关或称谓

用于书面行文的写主送机关，用于口头宣讲的写称谓。顶格写起，后加冒号。

(3) 正文

正文由前言、主体、结尾三部分组成。

① 前言。概述基本情况。一般有两方面内容：一是任职简介，包括所任职务、任职时间、分管的部门与工作、岗位职责等内容；二是概括评价任职以来的工作情况，包括任职工作目标、内容、范围或任务。使考核者对述职者的情况有个概括的了解，同时也确定了述职的范围和基调。前言要写得简明扼要。

② 主体。一般从德、能、勤、绩、廉五个方面考虑，大多写以下三个方面：

- 个人岗位职责、工作计划或指标完成情况。
- 决策能力在所担负的工作中发挥的作用和效果。
- 存在的问题与不足。

上述三点中，前两点是述职报告的重点和精华部分，要尽可能让事实说话，以“述”为主，在“述”的基础上做出定性、定量分析。以概述本人履行工作职责的情况、估计个人作用发挥的大小为主，突出本职工作的特色。总之，要写出自己干了哪些工作(数量多少)，取得了哪些成绩(质量怎样)，采取了哪些措施(职责履行如何)，有哪些经验(今后履行职责的借鉴)等内容，把德、能、勤、绩、廉，特别是“德”和“能”的水平显示出来。在此，“德”主要是指政治思想品德和职业道德。“能”主要是指本职岗位的业务专业技术能力和管理能力的运用和发挥，以及业务专业技术提高情况和知识更新情况。“绩”主要是指工作实绩。“勤”主要是指积极的工作态度和事业心，绝不可以单纯地理解成“出勤”或“出勤率”，它们只是其中很小的一个方面。“勤”一般不作为述职的一个单独方面，而是体现在其他四个方面中。“廉”是指廉洁奉公、严格自律，是述职者个人操守的体现，它是开展工作的人格保障。最后一点主要写对履行职责时的工作失误或有待改进、完善地方的自我评价（必要时可以简要分析其产生的原因），提出今后改进的意见措施。这样，一方面可以使述职者明确今后努力的方向，另一方面也有助于考评者了解述职者解决问题的能力和态度。这部分写作要实事求是，评估力求客观、公允，行文力求简短、自然。

主体部分涉及面广，内容较多，常用分条列项的方法。在结构上一般采用两种方式：一是纵向式，二是横向式。纵向式是以时间为序，谈任职期间先后拟订了哪些计划或指标，提出了哪些构想，取得了哪些效果。横向式是按照事情的性质分类，拟出小标题，标出序码，平行排列，横向展开阐述。述职者可根据自身工作实践选择适合自身特点、便于展开述职的结构方式。本节的两则例文均为横向式。主体部分是考核者对述职人员评价的主要依据，是述职报告的核心，也是决定述职者述职成败的关键部分。

③ 结尾。一般是用几句表态性的话结束全文，或写今后打算，或表示自己恪尽职守、争任职位的决心，亦可使用“述职至此，谢谢大家”“以上报告，请审查”“希望得到……的批评指正”诸如此类的句子。可以独立成段，也可和今后的努力方向放在一起。

（4）落款

报送上级有关单位的述职报告应写落款，落款主要是署名和述职日期。署名写述职人的单位、职务和姓名，署在篇末的右下角日期之上，也可以放在标题下。如果述职报告有附件，要写明附件名称、件数，附件名称标于正文之下署名之上。如果述职报告要抄送有关部门或领导，也应注明。如果不上报只作为个人述职时的底稿，也可不署名，只写日期。

3. 述职报告写作的注意事项

（1）实事求是，一分为二

述职报告要写自己履行职责的情况，既要实事求是地写出工作成绩，又要诚恳地写出存在的问题。要做到写成绩，不夸张，恰如其分，符合实际；讲问题，不掩饰，抓住要害，直截了当；讲经验，有依据，态度端正，严谨求实。要一分为二，分析中肯。

（2）点面结合，突出重点

述职报告，不是事无巨细、面面俱到的流水账。而且述职一般是有时间限制的，篇幅不宜过长。撰写述职报告一定要围绕中心，抓住重点，陈述大事、要事及能反映自己工作实绩的事。做到精心选材，主次分明，实绩突出，文理顺畅。切忌平铺直叙，拖沓冗长。

（3）力求创新，写出个性

工作的岗位层次不同，述职内容自然各异。即使同一时期担任相同职务的人，也因各自具体情况的不同，导致述职内容各有特点，绝不可千文一面，千篇一律。在同一岗位的同一个人，也不能年年届届一个样，也应拿出自己的新成绩、新经验、新贡献。写作时，要根据自己的具体情况，突出个性，力求创新，使写出的述职报告各具千秋，特色鲜明。

(4) 客观评价，掌握分寸

任何工作的成败都是主客观因素影响的结果。因此，在述职时不管是叙述成绩还是说明问题，都应客观地加以分析。不要谈成绩时，舍我其谁，只强调主观因素；谈问题时，怨天尤人，过分强调客观因素。在述职报告中，一定要讲清主客观因素的影响，以便人们能做出正确的评价。还应注意，履行某项职责往往不只是一个人的事，而是上有领导、下有同仁。一定要摆正自己所处的位置，正确评价自己的作用。切不可过分夸大自己的功绩，甚至贪他人之功为己有，要掌握好分寸。

(5) 立足现实，描绘蓝图

对未来工作的设想是述职报告的一个重要组成部分。人们不仅要通过述职报告了解你做了什么，还要了解你将来要做什么，能不能使目前的工作有更大的进展。人们通过它来判断你驾驭未来工作的能力与潜力，描绘蓝图部分绝不能马虎。蓝图不是空中楼阁，它是建立在现实基础之上的，必须有现实条件做依据。

(6) 语言简练，朴实无华

述职报告的语言要精炼，要尽量写得简短一些，不可长篇大论。也不必过分追求文字的华美，尽量少用形容词，不写诸如“大体上”“差不多”之类的模棱两可的话。虽然提倡用事实说话，但切忌概念化、数字化，更忌讳讲假话、大话、空话。

4. 述职报告与个人总结的异同

述职报告和个人总结都是个人对已完成的工作进行回顾、整理而形成的材料，说的都是自己做过的事，用的都是第一人称，这是它们的相同之处。二者的区别在于：

① 从陈述的范围看，总结陈述的范围很宽泛，思想修养、业务进修、工作进展、为人处世等，只要是自己经历的都可以写成总结，都可以独立成篇；而述职报告陈述的范围仅限于履行职责的情况。在陈述履行职责的情况下，也可以涉及思想修养、业务进修等，但都是为履行职责提供思想和业务能力基础，不能独立成篇。

② 从陈述的角度看，个人工作总结可以按照时间、空间不同，把工作分成几个阶段或几个侧面，从做法的角度来写；也可以从整体工作实践中提炼出几个体会，几条规律，从体会的角度来写；而述职报告只能从履行职责的情况着眼，落脚到干了哪些事，克服了哪些困难，取得了什么效果。述职报告中可以有体会，但不能以体会做思路、从体会的角度写。

③ 从陈述内容看，个人工作总结，特别是工作经验总结，允许只讲成绩，只讲经验。至于缺点、不足可以一笔带过，甚至不谈；而述职报告要求成绩和不足并重，实事求是，对履行职责过程中存在的问题不能轻描淡写，更不能文过饰非。

④ 从作者范围看，总结是谁都可以写的。普通学生可以写学习总结，普通农民可以写生产总结；而述职报告的写作仅限于有职、有责者。工人有岗位有职责，保管员有岗位有职责，各级干部有岗位有职责，他们都可以写述职报告。普通学生学习，农民种田，“职”是有的，“责”呢？很难说对谁负责，他们就没有写述职报告的必要。

2.4.3 写作训练

(1) 根据上级要求，××市派检查组对市属各委办局的主要领导任职情况进行了检查。下文是检查组关于该市建设局局长×××履行职责情况的报告。根据该文提供的材料，为×××局长写一份述职报告。

该同志自2013年4月接受人大常委会任命担任现职以来，坚持以邓小平理论和党的十八大精神为指导，紧紧围绕市委中心工作，认真贯彻落实党的各项方针政策和国家的法律法规，开拓创新，扎实工作，为全市城市建设管理经营做出了贡献。具体表现为以下几个方面。

一、注重学习，自身素质明显提高。面对社会发展新形势、新任务的挑战，面对新一届市委、市政府对城市建设、管理工作的高境界、高标准、高要求，该同志实现了由乡镇党委书记到建设部门负责人角色的转换，实现由管理农村到管理城市的转变。到任后，他从提高自身素质和工作能力做起，在工作中以身作则，率先垂范，积极发挥"班长"作用，带头讲政治、树正气，自觉服从市委、市政府的领导，带头落实市人大及其常委会的决议、决定，维护全市改革、发展和稳定的大局。不断改进学习方法，丰富学习内容，提高学习效果。坚持每周一晚定期学习制度，除认真学习政治理论，特别是党的十八大精神外，拿出很大一部分时间、精力学习上级文件、政策和城市建设法律法规等专业知识。在学习过程中，和局领导班子成员轮流讲课，根据分管的工作进行专题辅导，并深入工地、科室，在实践中增强感性认识，增强了学习的针对性和实效性。通过不懈学习，该同志的党性观念和法律意识进一步增强，驾驭全局的工作能力和水平明显提高，为完成各项工作任务打下了坚实基础。大家普遍反映，该同志学习劲头足、工作能力强、政治素质高、进入角色快，胜任本职工作。

二、以身作则，机关建设迈上新台阶。上任后，他认真总结前任领导班子的经验，分析机关现状，大刀阔斧地进行整顿改革，促使机关工作上台阶。一是严明纪律，加强作风建设。对机关学习、管理、考勤、财务等多项管理制度作了进一步修改完善，制订了严格的考核办法；先后开展了"学、讲、树、争"活动和"六抓、六看、六比"等活动，进一步强化了干部职工的责任感和危机感。二是注重团结，讲求民主。该同志大事讲原则，小事讲风格，善于当班长带队伍。工作中，严格坚持党的民主集中制原则，实行集体领导与分工负责制，做到分工明确，各司其职，重大问题集体研究决定。在他的带领下，领导班子成员顾大局、识大体，讲团结、讲协作，互相支持、互相配合，机关内部科室之间关系融洽，凝聚力和战斗力进一步增强。三是优化队伍结构，树立部门形象。依据本单位工作职能对各科学的工作职责重新进行了分解配置，对有关人员作了调整安排，并针对城市管理执法不足的实际，通过公开招考，组建了城市管理综合执法大队，成立了燃气热力管理办公室、建筑工程装饰装修办公室，健全了机构，配齐了队伍，理顺了管理体制。为提高干部队伍素质，在系统内组织开展"三个代表"重要思想学习教育活动，强化了机关干部的理论、业务学习。进一步理顺关系，明确职责，强化素质，为切实履行好建设局的各项职责奠定了基础。

三、开拓创新，城市建设管理工作取得较大进展。该同志事业心强、开拓意识浓，任职两年多来，紧紧围绕加快城市化进程这个基本点，科学提出了坚持"三高"原则，突出三大重点，狠抓三个关键，加快了城市化进程，整个建设系统部门职能作用得到有效发挥，促进了城市建设管理工作的发展。其工作特点主要表现在几个方面：一是坚持工作创新。先后实行了城建投融资体制，城市、行业管理体制和局属企业、公用事业经营管理体制创新。借鉴外地先进经验，成立了城市投资管理办公室和城市建设投资开发有限公司，代表市政府经营城市资产。近年来，先后采用BOT方式开工建设了投资1.2亿元的新污水处理厂，公开拍卖城区道路指向牌、潍徐街广告灯箱使用权和平街三处公厕使用权，实现拍卖收入87万元；采取以地换桥、以地换路等方式建设了和平街潍河大桥，打通硬化了人民路、繁荣路。既筹集了城建资金，又解决了人民群众关心的热点、难点问题。二是坚持依法行政。近年来，以全国、全省建筑市场和房地产市场综合执法检查及省人大出台的《××省燃气管理条例》为契机，狠抓了建筑市场、燃气市场和房地产市场的整顿治理，清查出的158个建筑市场违法工程全部补办了建设手续；对存在安全隐患而又"久治不愈"的燃气经营站点，坚决予以停业整顿；对违法开发、扰乱秩序的行为和无资金、无业绩、无资质的"三无"企业进行了彻底整顿治理，确保了我市统一开发、竞争有序的房地产开发经营市场秩序，净化了市场。三是坚持执政为民。城市基础设施是关系群众生活和经济发展的大事，以此为着力点。近年来，主要铺设延伸南外环、开发区供水管道8 127米；打通硬化东郊街、西郊街北段，铺设排污管道3 780米；维修养护府前街、西关大街、密州路等路面4.2万平方米，对城区基本街区为框架、四街五路为重点进行了全面亮化。特别是今年，投资1.8亿元实施完成了路桥、环保、道路维护、绿化四大工程，完成市区"四条道路和四个景点"的栽补植任务，对市区主要街道实现了全日保洁，公厕达到了"六无五洁"标准，垃圾实现了日产日清，各类广告牌匾实现了归点定线，背街小巷的卫生死角得到了逐步治理，违章棚亭和乱设摊点现象得到有效遏制，市区面貌焕然一新。四是坚持第一要务。围绕市委的中心工作，全局动员，全民参与，把招商引资作为工作的重心。近年来，全系统共引进利用外资3.6亿元，其中今年合同到位资金已有2亿多元，实际到位1.18亿元。在污水处理、建材、幼儿教育等领域建起8个具有一定影响力和带动力的项目。在此基础上，严格按照"四优"标准，竭诚为大项目建设提供优质的服务、优惠的政策和优美的环境，严格服务收费，积极提供技术性服务，坚持为民服务联动，通过加强软环境建设，为企业提供了优良的发展环境。

四、廉洁自律，关心群众。作为部门负责人，该同志始终把加强党性修养，廉洁自律作为修身立业之本，严格以党纪国法约束和规范自己的行为，时时处处为领导班子和干部职工做出榜样。在履行职责中，时时事事严格要求自己，认真遵守组织纪律，严格按照中央和省、市委关于领导干部廉洁从政的有关规定办事，从自我做起，廉洁从政，带头反对和抵制利用公款大吃大喝和铺张浪费，带头自觉按规定标准乘车、住房和配备通信工具，带头处理好个人与集体的关系，从不滥用职权或以权谋私。制订出台了"五带头"和节日期间"五不准"制度，从我做起，带头严格遵守各项规章制度。凡是要求领导班子和干部职工做到的，自己首先做到；凡是禁止别人做的，自己坚决不做，使机关的作风、纪律得到进一步加强。保持强烈的事业心和责任感，经常加班加点，夜以继日，节假日、星期天也不休息。同时注重关心群众疾苦，乐于帮助同志解决困难，积极为人民群众办实事、办好事，受到了干部职工的拥护和尊重。任职两年多来，该同志先后被××市政府（上级市　编者）评为安全生产工作先进个人，被我市市委、市政府授予劳动模范称号。

综上所述，该同志在现职岗位上，是积极主动、尽职尽责的。两年多的时间，建设了一个好班子，培养了一支好队伍，开创了一个好局面，树立了一个好形象，成绩是突出的。在充分肯定各方面成绩的同时，工作中也存在一些不足，像个别时候有急躁情绪等。因此，我们建议该同志在以下三个方面断续努力。

一是要继续加大对国家政策和有关法律法规的学习宣传力度。

二是要更好地发挥职能作用，为全市经济和社会各项事业服务。

三是要进一步加强干部职工队伍建设。

(2) 结合下面材料，为××学校学生会体育部部长写一份述职报告。

学生会体育部2014—2015学年第一学期工作总结

2014—2015学年第一学期，学生会体育部为了活跃校园文体气氛，丰富同学的课余生活，在开展学校群众性体育活动方面作了很大努力，并取得了一定的成绩，使以前略显单调沉闷的课余生活变得丰富多彩。

概括起来，本学期体育部主要做了以下四项工作。

一、严格早操考勤

由于部分同学在出操问题上存在惰性心理，早操出勤率低的问题成了体育部乃至学校近年来很难解决的老大难问题之一。为此，在学校领导和学生科的指导下，体育部加强了对早操出勤的检查工作，对过去的考勤方法作了一些修改。从本学期开始，把原来由各班体育委员各自检查本班出操人数变为由学生会成员对各班交叉检查，并把各班每天出操人数上报体育部，体育部汇总后报学生科公布于众。采用交叉检查的办法有利于各班互相监督，避免了各班自查时“讲情面”、出勤率“掺水分”的现象，及时公布当天各班出操情况，表扬出勤率高的班级，激发了同学们的集体荣誉感。对各班个别经常缺操的同学，体育部列出名单，建议学校给予一定的处理。这个建议被教务处采纳。采取这些措施后，早操出勤率有较大提高。

二、因地制宜，开展多种体育竞赛

我们学校有1 600多名学生，但活动场地有限，没有正式的跑道、田径场、足球场，要组织体育竞赛困难很多。体育部本学期从实际出发，因地制宜，利用有限的场地，成功地举行了各种班际体育比赛，其中举行大型全校性体育比赛有：××篮球联赛、女子乒乓球擂台赛、篮球对抗赛等。通过组织这些体育比赛，活跃了学校课余生活，并吸引了大部分同学参加。大多数同学对此反映很好，对体育部组织的活动给予了充分的肯定。

三、与外校保持联系，互相交流经验

体育部除了在校内举行一系列比赛外，还与附近的省供销学校共同组织体育竞赛活动。本学期与该校联系组织了第一届两校篮球流动杯赛、乒乓球对抗赛及象棋对抗赛。比赛采取互访的形式，轮流到对方校内举行赛事。通过组织比赛，不仅可以共同切磋球艺、棋艺，而且还可以互相交流工作经验，大大促进了两校的联系，活跃了两校的文体气氛，博得两校师生的好评。体育部计划今后除了与供销学校继续保持联系外，也与附近的第一商业学校取得联系，以便开展校际体育活动及交流经验。

四、配合学校做好有关工作

体育部能主动向学校有关部门征求开展体育工作的意见,努力完成学校交给的各项任务。如及时召开各班体育委员及副班长会议,传达学校有关指示,通报各班体育锻炼情况;做好健身房管理工作;组织同学定期清扫乒乓球室、羽毛球室等。

本学期,体育部做出的成绩是有目共睹的,但也存在一些薄弱环节,不少工作还有待于进一步开展。工作的不足主要表现在:

一、计划中的一些项目未能很好地完成。

二、工作主动性仍不够,一些具体的工作还要在学校的催促下才能完成。

三、经验不足,在开展工作中也发生了一些不愉快的事情。如××级篮球联赛时,体育部未报经学校批准,就对××班篮球队骂裁判一事作出轻率处理。

以上几点在今后工作中应注意改进。

2.5 调查报告

调查报告是运用科学的方法,有目的、有计划地对某一典型情况、问题或经验进行认真调查研究,揭示出客观规律的书面报告。系统周密的调查、客观深入的研究、准确完整的表达,是调查报告的三要素。

2.5.1 例文点评

白色污染问题,是一个受到社会各界普遍关注的焦点问题。××大学的学生通过对××中学校园白色污染情况的调查,得出了"只有全社会都重视环保,才能从根本上防治白色污染"的结论。他们将调查的内容、过程、结论与建议写成了一篇调查报告。

例文1	点评
中学校园白色污染现状调查报告	**标题** 公文式标题,由调查对象、内容和文种构成。
××大学××系××专业2013级 2014年暑期社会实践调查组	**署名**
白色污染是指由塑料袋所引起的污染。由于塑料制品难以分解,所以被遗弃的塑料制品(尤其是各种塑料袋)会给环境带来严重危害。然而,令人遗憾的是,许多中学生对白色污染知之甚少,环保意识淡薄,每天都在大量的使用塑料袋,制造白色污染,使整洁的校园受到白色污染的侵蚀。为了了解、解决校园白色污染	**正文** 前言,交代调查的对象、目的,强调所调查内容——白色污染的危害。

问题，我们对××中学校园的白色污染情况进行了调查。并尝试找出解决的办法，使广大中学生了解白色污染的危害，提高同学们的环保意识，还校园一片净土，进而促进我市白色污染的防治工作。

一、有关白色污染的相关知识

1. 白色污染的危害

白色污染的危害是多方面的，埋入土壤中的塑料制品，给耕作和播种造成了极大困难，影响了农作物对水分、养分的吸收，污染地下水，使农作物减产甚至绝产。如果将塑料燃烧，则会产生大量有害气体，破坏环境。将塑料倒入海洋，若被海鸟、鱼类误食，会造成这些动物的死亡；若是缠住一些舰船的螺旋桨，则会造成海上交通事故。

2. 目前国际上较为先进的白色污染治理办法

白色污染形成的关键是塑料不易分解，因此，科学家研制了多种自毁可降解塑料，如生物自毁塑料、化学自毁塑料、医用自毁塑料等。制造这些塑料的指导思想是：在塑料中加入某种化学物质，使塑料能被光照、细菌或其他化学物质溶解或消除。这些方法的共同特点是造价昂贵，无法与便宜的不可降解塑料竞争。我们盼望着早日出现可以与不可降解塑料一样便宜的可降解塑料或可回收、能再利用的塑料。

主体，第一部分首先介绍白色污染的危害，因大多数人都知道白色污染有危害，但具体的危害则所知甚少。其次，介绍国际上较为先进的白色污染治理办法，指出“这些方法的共同特点是造价昂贵，无法与便宜的不可降解塑料竞争。”表明目前从源头上治理白色污染的难度还很大。

二、调查情况

我们小组在学校随机挑选了50人进行问卷调查，共收回有效问卷45份，占发出问卷的90%(详见调查问卷附表)(表略　编者)。结果如下。

问题一：你知道什么是白色污染吗？被调查者中，有2/3的人表示知道白色污染，有1/3的人表示不清楚。这表明，大部分中学生是知道什么是白色污染的，这与学校教育有很大关系(高二化学教材中，编有关于白色污染的内容)。但仍有一部分学生不清楚，这表明学校还应加强对学生的教育。

问题二：你经常购买小食品吗？71.1%的人偶尔购买小食品，22.2%的人经常购买，只有6.7%的人不买小食品。这是因为学生族中经常不在家吃早饭、来学校购买食品充饥的人很多，而食品包装袋绝大部分

第二部分交代对学生调查的内容、方法、过程、结果和得出的结论。

都是塑料制品(具体见以下图表)(图表略　编者),这就为校园白色污染的产生提供了前提条件。

问题三:你如何处理塑料袋?上图显示只有7人(占15.6%)将塑料袋随地乱扔,而扔进垃圾箱的占80%,但这并不意味着大部分塑料袋都进入了垃圾箱中。据我们小组成员观察发现,很多人虽然知道应当把塑料袋扔入垃圾箱内,却总是扔到垃圾箱旁就算完事。风一吹,塑料袋就满校园乱飞了。另外值得一提的是,在两位选择其他的同学中,一人表示会把塑料袋扔进视线所见的垃圾箱内。经调查得知,校园内垃圾箱以前并不多,而且大多是锈迹斑斑、沉重、固定的老式垃圾箱。不过从本学期开始,学校增加了垃圾箱的数量,这对于防治校园白色污染是很有帮助的。

问题四:请同学对校园白色污染的治理方法提出自己的建议。收集到的建议归纳如下。

①学校应增强环保意识教育,多宣传白色污染的危害。②同学们不要随意扔垃圾,对随地扔废弃物的人讲讲环保的重要性。③学校统一将垃圾分类、回收,集中处理。④增设垃圾箱,放在白色污染严重的地方(如小卖部门口)。⑤设计环保标志,挂在醒目的地方。⑥尽量减少用塑料袋包装物品,并杜绝使用一次性发泡饭盒(现在校食堂使用的一次性饭盒就是国家禁止使用的饭盒,但仍在使用)。⑦学校不要焚烧垃圾。⑧呼吁全社会增强环保意识。

通过本次调查,我们得出以下结论:①大部分学生对于白色污染比较了解,但仍有部分人对白色污染的概念不清楚,这需要学校增强环保方面的教育。②相当一部分人虽然知道什么是白色污染,但依然使用或随手丢弃白色污染物。

三、学校白色污染现状的调查

上一阶段我们调查了学生对白色污染的了解情况,与同学们初步探讨了如何防治校园白色污染的问题。在第二阶段我们主要是调查××学校的白色污染情况,并对处理方法进行可行性探讨。

第三部分是对学校白色污染实际情况的调查,包括调查方法、得到的数据及对白色污染物处理办法的建议。

我们首先进行的工作是称量一个班一天产生的垃圾,归纳出垃圾的种类、白色污染(如塑料袋、塑料瓶等)所占的比重,以此来估算该校一天产生的白色污染物的数量。以高二×班为例，这个班一天所产生的垃圾重2kg左右，主要成分是纸、塑料包装袋、塑料瓶、易拉罐、发泡饭盒及一些果核等。其中塑料包装袋有近100个（几乎全用于食品包装），5个塑料瓶，7个发泡饭盒，2个易拉罐（铝制）。不难看出，食品包装是校园白色污染的主要组成部分。我们还发现，纸张和易拉罐都是可以回收利用的，而且目前社会上也有回收废纸、易拉罐的地方。于是我们把重点放在了塑料的回收再利用上。

在学校的垃圾站，我们遇见一位垃圾回收人员，他把塑料瓶进行了回收。我们小组成员上前询问他回收的目的、价钱，他并没有回答。为了查询有关塑料回收的情况，我们对我市各正规废品回收站进行了采访，可惜没有发现回收塑料的地方。最后，通过上网查询资料，我们得知：塑料是可以回收的，但不可以再利用来制造食品包装袋（因为造价高，不能保证卫生与安全），只可用作建筑材料或农用大棚等。值得注意的是，一些违规生产的个体小企业私自回收塑料废物，用一些有毒的有机溶剂清洗后再利用，这对人体是有害的。因此，学校在进行垃圾分类回收时，一定要将回收的塑料制品送到正规的回收单位。

四、结论

通过以上调查，我们发现校园内白色污染情况令人担忧。以××中学为例，该校每天要产生4 000个左右的食品包装袋，这会使多少亩土地丧失耕种能力！而且，许多学生对于白色污染缺乏紧迫感，持不以为然的态度，这是十分危险的。如果每个人都这样想，那么若干年后中国还有没有可供种植耕作的土地？我们中学生一定要拿出主人翁的精神，积极地去宣传白色污染的危害，宣传环保意识，从而使全社会都有环保观念。这正是我们本次调查的目的所在。

第四部分，对二、三两部分的调查给出结论——“校园内是存在白色污染的”，“许多学生对于白色污染缺乏紧迫感，持不以为然的态度，这是十分危险的”。最后，根据调查给出治理白色污染的三个建议。既有具体的办法，又有行动的方案，极具可操作性。

我们的建议：

(1) 学校实行垃圾分类回收制度，其具体操作方法如下。

① 每一个班在班内建立一个小型垃圾点，将垃圾按纸类、塑料、金属（如易拉罐等）、电池、其他共五类分类收集。由于纸类、塑料数量较多，可以一天清理一

次，另外考虑到电池对环境的危害，建议同学们把废旧电池统一回收。②学校设立几个大型垃圾箱，统一回收各班分类垃圾箱中的垃圾，并在校园内多设置一些小型分类垃圾箱。学校负责与社会回收单位联系，及时送出回收来的垃圾。③学校设立一个评分制度，对垃圾回收工作开展得好的班级给予奖励。回收的收入也可返回各班使用。

（2）学校加强环保教育，如征集环保标志、举行环保歌咏比赛等活动，使环保意识深入人心，在学生心中树立起环保观念，真正从根本上杜绝校园白色污染。

（3）学校多方面开展社会公益活动，向全社会宣传环保知识。如在每年的4月22日地球日、6月5日世界环境日时，组织学生上街宣传环境保护的重要性等知识。只有全社会都重视环保，才能从根本上防治白色污染。

××学院的学生对本校学生的消费观念和价值取向进行了调查研究。通过调查，他们总结出大学生消费存中在的问题，并对这些问题加以分析，写出了书面调查报告。

例　文　2

点　　评

大学生消费结构的调查

标题　公文式标题，由调查对象、内容和文种构成。

为了了解我校学生消费的基本情况，以利于同学们选择健康文明的生活方式，我们进行了一次大学生消费结构调查。本次调查采取问卷调查的方式，调查对象是我院电子商务2013级全体学生。本次调查共发出问卷103份，回收92份，其中有效答卷91份，结果如下。

正文　前言，简要介绍调查目的、对象和调查方式。

一、调查数据统计

1. 同学的家庭收入情况

由于我校是一所民办专科院校，学费比较高，所以本校学生的家庭经济状况一般都较好。统计结果显示，被调查的学生中，学生家庭月人均收入在5 000元以上的17人，占被调查人数的18.7%；月人均收入在2 000元至5 000元的69人，占被调查人数的75.8%；

主体，第一部分说明大学生家庭收入、每月的生活费用、是否有记账习惯，这是分析大学生消费是否理性的基础。

月人均收入在 2 000 元以下的 5 人，占被调查人数的 5.5%。

2. 平均每月的生活费情况

由于家庭经济状况较好，所以学生的生活费用比较充足，但大部分同学的消费还是比较理智的。调查结果显示，月生活费用处于 1 500～2 000 元的同学为 71 人，约占被调查人数的 78%；月生活费用 2 000 元以上的 17 人，不足被调查人数的 19%。总体说来，生活费用都不算太高，比较合理。

3. 对自己的支出记账的情况

调查结果显示，对自己的支出总是保持良好的记账习惯的同学为零；对自己的支出一般会有记账习惯的同学占 9.7%；有 19.5%的同学偶尔会对自己的日常开支记账，并对自己的消费做出合理的规划，充分体现了他们的理性消费。但是 70.8%的同学，消费没有计划，也没有记账的习惯，存在一些乱消费的现象，这些同学占了被调查学生的一大半。引导大学生合理消费十分有必要。

二、消费现状分析

（一）消费结构

第二部分，从“消费结构”和“消费观念”两个方面，结合具体数据，对大学生的消费现状进行全面归纳。

1. 基本消费

在基本消费中，吃饭和穿衣两个方面占了很大的部分。据调查，60%的学生月消费为 1 600～1 700 元。其中，伙食费约占 40%，服装费约占 15%，其他的 45%用在了休闲娱乐等方面的消费上。他们追求时尚，唯恐落后于潮流。他们已经不仅仅满足于衣服的舒适合身，而是进一步讲究衣服的款式、品牌。所有的同学都有两件以上外国品牌（虽然许多是国内合资企业生产）的衣服、鞋，阿迪达斯、耐克等名牌在校园里随处可见，“哈日族”“哈韩族”也屡见不鲜。

2. 交际、休闲娱乐消费

交际能力的高低，是衡量高校毕业生素质的一个重要标准。大学期间，许多学生已开始努力提高自身交际能力，不断进行自我完善。

交际消费中，第一个就是日益增长的通讯费。如今的大学校园里，手机对于大学生来说，早就不再是奢侈品。调查得知，大学生一个月的手机费少则 50～80 元，多达100元以上。尤其是谈恋爱的同学，电话费更是多得惊人。谈恋爱的同学，经常“煲电话粥”，并且电话消费的数额还在不断上涨。恋爱消费逐渐成为许多大学生的主要消费之一。还有一项重要交际消费就是聚会，这是当代交流感情的新方式。老乡来了搞个“聚会”，同学隔三差五一起去开个“Party”，朋友见面也要“点几盘”。学校附近的娱乐场所、餐厅经常人满为患。这些“聚会”花费约占整月全部交际消费的60%。此项消费是当代大学生消费的又一大板块。再有就是外出观光旅行。宁静的校园无法满足年轻人的活动需要，“五一”“十一”等节假日期间，很多大学生都选择到外面休闲放松，增加了娱乐的消费花费。而买零食、看电影，外加情人节、朋友生日之类的特殊节日也都需花钱，个别学生甚至有时囊中羞涩，不得不借债度日。

4. 其他消费

首先是医药费，许多同学每月少则10～50元，多则上百元；其次是其他负面消费，如烟酒费等，这些消费约占总消费的8%左右；最后就是装饰、美容、休闲等小项目消费，按平均每月消费350元，则一年（在校的10个月）将花费3 500元。在美容打扮方面，女生的平均消费水平要高于男生。几乎每个女生的床头都放有品牌不同的化妆品，甚至定期去美容院做专业护理。21世纪的大学生更加注重个人形象，也更加个性化。需要指出的是，对于一些大件，如手机、计算机等的购买支出，绝大多数都是由家长额外给的，不占日常消费，而这些消费也应该算入大学生消费的范畴。

（二）消费观念

1. 理性消费是主流

大学生绝大多数是纯消费者，讲求实际、理性消费仍是当前大学生消费的主流。据调查，在购买商品时，大学生们首先考虑的是价格和质量。这是因为中国的大学生与外国的大学生不同，其经济来源主要是父母，自己兼职挣钱的不多，这使得他们每月可支配的钱是固定的。由于消费能力有限，大学生们在花钱时往往十分谨慎，力求“花得值”，他们会尽量搜索那些物美价廉的商品。很多大学生有勤俭节约的好习惯，能够根据各自家庭的经济条件合理、适度地消费。

2. 消费的倾向多元化

21世纪是物质生活与精神生活日益丰富的时代，当代的大学生已不再满足于宿舍、教室、食堂“三点一线”的单调生活，尽管书籍仍是他们主要的消费对象，但已不是首选，更不是唯一的消费项目。娱乐、运动、手机、计算机及新型的IT产品都成了大学生消费的热点。大学生的消费内容多、消费范围广、消费多元化已呈现明显的趋势。

三、大学生消费存在的问题及分析

1. 消费结构存在不合理因素，女生更为突出

大学生的生活消费从20世纪70年代至今，至少有一个方面是共同的，即消费的主要组成部分以生活费用和购买学习资料、用品为主。然而，现在很多女生为了保持苗条的身材而节食，为了节约支出不顾营养选择廉价饭菜。这就造成了消费的不合理。

2. 过分追求时尚和名牌，存在攀比心理

据调查，一些同学为了换上一款最流行的手机，情愿节衣缩食，甚至牺牲自己的其他必要开支；有些男同学为了一双名牌运动鞋，女同学为了一套名牌化妆品或一件名牌衣服，不惜向别人借钱以满足自己的虚荣心等，都可以反映出一些学生不懂得量入为出，而虚荣心的驱使又极易形成无休止的攀比心理。

3. 恋爱支出过度

据调查，一部分谈恋爱的大学生每月多支出400～500元，最少的也有300元左右，高的达到500元以上。他们大多都承认为了追求情感需要物质投入，经常难以理性把握适度消费的原则，这尤其令人忧虑。有趣的是，传统意义上谈恋爱的费用支出一般由男方承担的局面已经完全被打破。目前，谈恋爱的费用支出是三种情况并存，即男方全部承担、男女方共同承担和女方主动全部承担，甚至有女生的恋爱支出超过男方的情况。

第三部分，在一、二部分的基础上，总结出大学生消费存在的问题，并且对其进行分析。只有对调查所得的材料进行科学分析，得出正确的结论，这个报告才有价值。否则，单纯的材料堆积，是难以说明任何问题的。对调查得来的数据进行分析，是调查报告的一个重要组成部分。

三个部分均使用大量数据，数字翔实准确，有说服力。三个部分均采用条文式写法，分条列项加小标题，逐一具体分析，使表述内容一目了然。

四、调查总结

通过调查分析可以看出，学生的基本生活消费总的来说是现实的、合理的，但也存在不少问题，这主要是由于家庭情况的不同、消费习惯的差异及家庭与社会的教育缺失造成的。在大学生中培养独立的理财能力、科学的价值观和消费观成为当务之急。作为负有直接教育责任的学生家长和学校，应该在学生中积极倡导量力而行的理性化消费。要教育学生不要盲目攀比、贪图享乐，而要保持自强不息、艰苦奋斗、克勤克俭的优良传统。

第四部分是结论部分，在前三个部分的基础上，得出学校、家长和社会“应该在学生中积极倡导量力而行的理性化消费”的结论，深化了主题。

××学院电子商务2013级1班
商××等6人
2014年9月15日

落款 由署名和日期组成

2.5.2 文种指要

1. 调查报告的适用范围

(1) 在某一领域、某一行业出现了具有普遍意义的情况、问题，通过调查分析，系统地反映各个方面的情况，为有关部门了解情况、研究问题、制定措施提供参考。

(2) 工作中出现先进典型、经验，通过调查总结先进经验，推动和指导某方面的工作。

(3) 针对社会上出现的严重问题，进行专项调查，澄清事实真相，揭示问题的产生原因、性质，揭露问题的严重性，以引起有关部门、有关方面，乃至整个社会的重视，达到解决问题的目的。

2. 调查报告的分类

按照不同标准划分，调查报告可以分成许多种类。以其反映的内容做标准来划分，可分为反映情况的调查报告、总结经验的调查报告和揭露问题的报告三种。

(1) 反映情况的调查报告

这类调查报告也称情况调查、综合调查。它是在对调查对象的基本情况、发展变化过程等方面进行深入、系统地调查研究的基础上写成的，目的是供上级机关或有关部门参考，作为贯彻政策，制订措施的依据。一般内容比较全面、具体，观点比较明确，既可以反映成绩，也可以谈存在问题和解决问题的意见。

(2) 总结经验的调查报告

这类调查报告也称典型调查，通过反映某方面的成绩，着重介绍成功的经验，使之发挥以点带面、示范引路的作用。不仅要介绍基本的工作情况，而且要从事物发展的全过程中找出规律性的内容，具有普遍的指导意义。

(3) 揭露问题的调查报告

这类调查报告又称问题调查。主要用来揭示当前社会生活、工作中的不良现象或社会弊端,其目的是引起有关部门乃至整个社会的重视,引以为戒,最终解决问题。

3. 调查报告的格式写法

调查报告的写作格式没有固定要求,基本是由标题、正文和落款三部分组成。

(1) 标题

调查报告的标题一般有以下几种形式:

① 公文式标题。这是调查报告常用的标题形式,一般由调查对象、内容和文种构成。两个例文均属于此类,再如《关于陕北地区治理水土流失建设生态农业的调查报告》。

② 内容概括式标题。这是类似一般文章标题的一种形式,直接说明调查的对象、内容或者揭示文章的中心,如《莫把"温饱"当"小康"》(揭示中心)、《北京国内游客的调查》(点明调查对象)、《粮食霉变的原因何在》(点明调查问题)等。

③ 双标题。由正题和副题组成,正题揭示主题、基本观点,副题对正题加以补充。如例文1的标题,可以改为《白色污染肆虐校园,环保意识亟待加强——中学校园白色污染现状调查报告》。

(2) 正文

正文由前言、主体和结尾三部分组成。

① 前言。前言又称"引言"或"导语"。这是调查的基调,要紧紧围绕主题介绍有关情况,为主体内容的展开作必要的铺垫。

前言的写法灵活多样,常用的有说明式、陈述式、议论式、介绍提问式等几种形式。

- 说明式。交代调查的时间、地点、对象、范围、目的、方法等,例文1、2均属此类。
- 陈述式。简要叙述调查的基本情况、基本经验或调查的结论,给读者以总体印象。
- 议论式。就调查内容的实质和意义表明作者的观点与态度,以唤起读者的共鸣。
- 介绍提问式。先概括介绍调查对象的情况,然后设问,正文部分作答,以启发读者思考,调动阅读兴趣,增强报告的说服力。

也有部分调查报告不写前言,起笔就直接进入到主体部分或者与主体部分合写。虽然前言的写法因其内容的不同、表现主旨的需要而有所不同,但它们都必须用概括的文字,为主体的展开作必要的交代与铺垫,务求言简意赅。

② 主体。主体是调查报告的核心,是结论的依据。首先要详细介绍调查对象的具体情况,如事情产生的前因后果、发展经过、具体做法等。其次,要对所调查的内容进行认真地分析研究,找出规律,最后要得出明确的结论。

由于调查报告的种类不同,主体的内容也不相同。

反映情况的调查报告,主体主要由"情况、分析、建议"组成。

总结经验的调查报告,主体一般由"成果、做法、经验"或"做法、经验、成果"组成。

揭露问题的调查报告,主体一般由"问题、原因、意见或建议"组成。

主体在结构安排上可有以下3种形式:

- 纵式结构。按事件发展的时间顺序,或变化的先后顺序,或一次调查过程的先后顺序,或一项工作开展的前后过程等来安排调查内容。通常以时间为主线,先介绍事件的起因、发展，后介绍事件的结局。如果是情况调查，可先列出各种情况，然后简要写出作者的分析意见，各部分之间是递进关系。

● 横式结构。就是以问题为主线来安排，把调查得到的情况、经验和问题，按照内在的逻辑联系，分成几个部分并列来写，在横断面上表现出事物的各个方面。这样能突出主要问题或基本经验，这是调查报告中最常用的结构方式，本节所选的两篇例文均为横式结构。

● 纵横式结构。兼有上述两种结构的特点。从文章全貌来看，是按事物发展的脉络来写的，呈现出纵式结构的特点。但在叙述过程中或叙述完事物发展过程后，又分别对一个问题的几方面或一个典型的几条基本经验，分别加以阐述，从而呈现出横式结构的特点。它既考虑时间顺序，又考虑空间位置，往往给各个方面冠以小标题，使重点更加突出。

③ 结尾。结尾是调查报告的收束，由于调查报告的内容不同，结尾形式也各异。有的总结全文，深化主题，如例文2；有的照应前言，点题作结；有的展望前景，催人奋发；有的提出建议，供人参考，如例文1；有的交代事物产生的影响或群众的意见，反映或是概括说明调查结果；也有的调查报告全部内容在前文已表述完，则无须再加结束语。无论哪种形式，都必须做到简洁有力，切忌拖泥带水，画蛇添足。

(3) 落款

由作者署名和写作时间组成，在正文右下方。如果在标题的下面已写明，此处可省略。

4. 调查报告写作的注意事项

(1) 熟悉党的方针政策

多数调查报告是反映人们执行党和政府有关方针政策的情况、经验和问题的，写调查报告必须有政策观念，要熟悉、掌握与调查课题有关的方针政策，并以此作为观察事物、分析问题、判断是非的标准。这样，写出来的调查报告就不会“离谱”“走调”，也才有普遍的指导意义。

(2) 做好调查前的准备工作

调查前的准备工作主要分以下几步：

① 确定好调查目的。

② 了解调查的具体任务和调查对象的基本情况。

③ 掌握有关的方针、政策。

④ 制订调查计划，包括调查的组织、时间、地点、方法、步骤等。

⑤ 拟定调查纲目或调查表格。

(3) 采用恰当的调查方法

调查研究要取得成功，还必须有恰当的调查方法，一般的调查方法有：

① 开调查会。

② 个别访谈。

③ 观察采访。

④ 抽样调查。

⑤ 查阅档案和有关资料。

⑥ 掌握准确的统计数据。

(4) 占有第一手材料

通过调查,详尽、系统地占有材料,特别是第一手材料,是写好调查报告最基本,也是最重要的环节。收集材料不要“一面观”,而是要“面面观”,现实的和历史的、典型的和一般的、正面的和反面的、概括的和具体的、领导的和群众的都应在收集之列。只有占有丰富的材料,写作时才能取舍自如。

(5) 认真分析,找出规律

调查报告要有情况、有议论、有办法。要对经过深入调查占有的材料,在正确的思想指导下,用科学的方法,进行去粗取精,去伪存真,由此及彼,由表及里的比较研究,分析综合。努力做到观点和材料相统一,提炼出调查报告的中心主旨,归纳出正确的结论,得出具有规律性的结论,给出对策建议。对策建议部分要简练,最好采用条文式,清晰明了,易于读者理解。

(6) 叙述、议论、说明相结合

调查报告要用事实说话,要叙述在调查中得来的经过分析的事实和情况。这就决定了它应以叙述为主要表达方式;同时它又必须是在明确观点的支配下叙述,叙述的目的是为了说明问题,对叙述内容必须有恰当的分析议论,引发出规律性的认识,从而得出结论。调查报告还要用说明的表达方式,如问题提出的背景、报告目的、情况等,必须使用说明的表达方式才能交代清楚。

(7) 注意时效性

调查报告回答的是当前工作中迫切需要解决的问题,它的时间性较强。写调查报告的各个环节都要抓紧时间。否则,“时过境迁”,就失去了指导意义。

5. 调查报告与总结的区别

(1) 使用人称不同

调查报告大多是调查外单位的情况之后写成的书面报告,作者从局外人的角度,以局外人的语气客观地叙述情况、分析问题,因此采用第三人称的写法。即使是写本单位的情况,也要采用第三人称。

总结,主要是总结本单位或者个人的情况,作者从当事人的角度,以当事人的口吻语气叙述情况、分析问题,所以采用的是第一人称。即使是上级单位派人来帮助总结典型经验,写作者也必须站在当局者的角度,采用第一人称的写法。

(2) 写作目的不同

调查报告要从全局出发,选择具有普遍意义的问题、情况和经验,通过对某个“点”的剖析研究来指导、推动、改进“面”上的工作。问题经验部分要详细,要展开,因为调查报告具有极强的针对性,调查的目的是为了发现问题、解决问题,介绍经验、示范引路。

总结则是通过回顾、检查自己的工作,分析以往工作的成绩与问题,来指导今后的工作实践,或者向上级汇报工作。

(3) 材料来源不同

调查报告的写作材料,主要是通过深入细致地调查了解得来的,调查是获取材料的主要途径。调查工作的好坏,是调查报告写作成败的关键。

总结的写作材料主要靠平时积累,材料积累的多少就成为总结写作的关键。虽然,也需要适当地进行调查研究，取得材料，以便把总结写得更全面。

（4）题材范围不同

调查报告的写作题材要比总结广泛得多，可涉及社会生活的各个领域，不受空间和时间的限制。而总结的写作题材既受空间的限制——只能写本单位或个人的情况，又受到时间的制约——只能写已经完成的或已经进行了一个阶段的工作。从这个意义上说，调查报告的写作题材要比总结广泛得多。

2.5.3 写作训练

（1）对下面三个内容任选其一进行调查，调查后写一份调查报告。

① 高职学校学生就业情况调查。

② 本校本班同学阅读情况调查（如书籍、杂志、报纸占用时间，兴趣爱好等）。

③ 选择一家经营比较好的生产、销售或服务单位进行调查。

（2）根据下述材料，拟写一份调查报告。

当今社会，科技经济发展飞速，市场竞争日益激烈。社会需要的人才概念也随着这一发展潮流而产生变化，掌握当今社会真正需要什么类型的大学生，对以后就业大有裨益。有利于在校大学生了解最新社会人才动态需求，做好准备。郑×于2013年8月到社会上一些企业就“社会需要什么样的大学生”进行了调查，同时也听取了部分群众的意见。本次调查通过对社会企业招聘大学生的具体要求，从而了解哪种类型的大学生比较受欢迎。其次，在素质方面社会对当代大学生的要求，就是德与智之间的较量，这对构建和谐社会有着重要的影响。

从调查中发现，大部分企业认为大学生应具备自信果断的胆识和谦虚踏实的品格。专业知识可能不是必需的，因为现在看重的不只是学历，而是能力，学历只不过是一个参考。要有上进心，一定要懂得自学充电，最重要的当然是融入团队，合作能力、外语和掌握一些通用软件是必备条件。

面对现在的社会，面对大学生越来越普遍的现象，面对下岗工人的事实，企业对我们大学生的要求也变得特别挑剔。优中选优，而相对的那些不为所知的个人素质也进入了选择之列。

第一，工作经验。时下，大部分企业都不会花钱、花时间去培训一个新手。一点工作经验都没有，特别是应届毕业生肯定较吃亏。因此，在校生除了学好专业知识外，最好多参加学校组织的活动。大学的社团好比一个小小的社会交际圈子，学生可以从中提前锻炼和培养个人职场能力，这类活跃型学生比较受企业青睐。

第二，适应能力。一般初、高中毕业的员工来上班，适应时间不过一个月，而大学生的适应期特别长，有些人到要写合同了都还没适应过来。由此可见，当代大学生适应能力欠缺。

第三，扎实的专业知识。一般来说，任何企业都希望找到一个具有很强的专业知识的人才，这样就可以免掉很多培训费，降低劳动成本。特别是对一般的中小企业来说，由于它的规模组织都还不够庞大，更希望可以尽量减少各方面的花费。

第四，性格要求。所有公司招聘的人才都是指那些能为公司做出贡献，并能为公司开创局面的人，员工的性格很大程度上就决定了是否能被录用。现代企业都要求员工具备创新、独立思考和解决问题、能承受较大的社会压力、勤恳认真、团结合作、诚实正直、良好的表达沟通等能力。

第五，语言方面和计算机方面的要求。现在是一个经济全球化的时代，随着国际贸易产业的日益发展壮大，企业也紧跟时代步伐，对员工的要求也就更高。对于一般的中小企业来说，英语水平必须过四级，计算机必须过基础二级。但对于大型的企业和外企来说，要求英语至少过六级，甚至有可能是专业八级；计算机的要求也更高些，三级或四级。而大部分群众对当代大学生的看法是：有真才实干，有专长高素质，充满活力，待人有礼貌，尊老爱幼。这些优良传统应该具备，当然，人无完人，可能只具备其中的若干项也是有可能的，但必须努力告诉自己要做一个好人，积极向上，时刻为祖国的繁荣昌盛而贡献自己的青春，那是毋庸置疑的神圣责任。

虽然时下大学生越来越普遍，大学生的地位也不如昔日高人一等。但这也是社会发达的一种表现，是社会发展到一定阶段的产物，是发展的必然。说明国家的教育越来越普及，全民素质在不断提高。再者，与中国13亿人口相比，时下大学生的数量还是偏少的。因此，社会对当代大学生的要求不断提高也是无可厚非。因为我们是建设祖国的生力军，是早晨八九点钟的太阳，世界属于我们，未来也掌握在我们手中。了解当代社会对我们的要求是必须要做的，这会让我们懂得社会最新的发展动态，时刻做好准备。我们要把握年少的好时光，让明天的校园更美好，更灿烂。把握时代的脉搏，让明天的祖国更加繁荣昌盛，扬眉吐气。

2.6 致　　辞

致辞又称“讲话”或者“发言”。“讲话”和“发言”本是同义语，但由于约定俗成的原因，现在二者之间略有区别。在现实工作、生活中，许多时候需要在特定场合表达自己的想法、观点、态度、意见、看法，或汇报思想、工作情况，这些表达一般称为“发言”。如果发言者是以领导的身份，在会议上或在特定场合发表带有宣传、指示、总结性质的意见，则叫作“讲话”。作为来宾或被邀请的嘉宾所做的发言，也可称为“讲话”。无论是发言还是讲话，一般都需要事先准备好文稿，讲起来才能井井有条。这既是对自己、对自己代表的单位负责任，也是对听众的尊重。致辞的种类很多，本节主要学习欢迎词等五个常用的种类。

2.6.1 例文点评

1. 欢迎词

欢迎词是在迎宾客的仪式上，主人发表对宾客的到来表示欢迎的致词。

第四届国际水产遗传学会会议在中国武汉隆重召开。在开幕式上，会议主席代表主办单位致了如下欢迎词。

例文1	点评
第四届国际水产遗传学会 会议主席的欢迎词	标题
女士们，先生们：	称谓　对全体与会者的称谓。
我非常愉快地代表大会组织委员会向应邀前来参加会议的全体与会者表示诚挚的欢迎。 　　本次大会将探讨水生生物、营养学、生理学、畜牧学中的各种遗传问题及水生经济动物的疾病问题。会议的议题还将包括正在培养或有潜在培养价值的淡水、海水鱼类、两栖类、龟类、软体动物及甲壳动物等。 　　我们还将邀请诸位游览观赏武汉和中国其他地方的风景名胜。 　　我们深信本次第四届国际水产遗传学会会议会取得圆满成功，并将是该领域最大的一次国际聚会。	正文　首先，对来宾表示欢迎。其次，简要说明会议议题与安排。
请接受我们最热烈的欢迎！	结尾　对大会表示美好的祝愿。对来宾再次表示欢迎之意。
××××年×月×日	日期　致辞日期。标题中有致辞人，故此处省略署名。

2. 欢送词

欢送词是在欢送宾客的仪式上，或承办的大型会议结束时，主人对宾客的离去表示热烈欢送的致词。

××博士讲学结束，在欢送他的宴会上，×××同志致了如下欢送词。

例文2	点评
欢 送 词	标题
尊敬的××博士，尊敬的朋友们、同志们：	称呼　首先是被欢送者，然后是全体与会者。
××博士结束了在我校为期三年的执教生活，今日就要回国了。今天我们备此薄餐，为××博士饯行。 　　三年来，××博士以出众的才智和辛勤的工作，赢得了全校师生的信赖与尊敬。他所做的几次学术报	正文　交代宾客执教生活结束，即将离去。对宾客来校工作所付出的努力、做出的贡献、取得的成果表示肯定和谢意。回顾、肯定双方的友谊，并请宾客留下意见与建议。

告，开阔了我们的视野，推动了我校的教学改革。对此，请允许我代表全体师生对××博士再次表示感谢！

在三年的教学工作和日常交往中，××博士与油脂专业的师生诚挚交流，以友相待，结下了深厚的友谊，我们为此而感到高兴。

在××博士即将踏上回程的时候，请带上我们全体师生的深厚友谊，也请给我们留下宝贵的意见和建议。

中国有句古话："海内存知己，天涯若比邻。"千山无阻于我们友谊的发展，隔不断彼此之间的联系。我们期望××博士在适当的时候再回来作客、讲学。

结尾 对欢送对象致以美好的祝愿，欢迎其再度来访。这是欢送词结尾的习惯写法。

最后，祝××博士回国途中一路平安！

×××

××××年×月×日

落款 由致词人姓名及致词日期组成。

3．开幕词

开幕词是党政机关、企事业单位或社会团体在举行大型会议、大型活动（如运动会、旅游节）开始时，由大会主席或主要领导人向与会代表所作的重要讲话。

"第三届上海国际不锈钢展览会"和"第四届国际有色及特种铸造展览会"胜利召开，中国铸造协会常务副理事长李永圣到会致开幕词。

例 文 3 **点 评**

"第三届上海国际不锈钢展览会"和"第四届国际有色及特种铸造展览会"开幕词

标题 完全式标题，由会议名称和文种构成，下面标注开幕时间和致词者姓名。

（××××年××月××日）

中国铸造协会常务副理事长李××

尊敬的各位领导、各位来宾、女士们、先生们：

称呼 顺序安排合乎习惯。

早晨好！

问候语

在这金秋送爽之际，由中国钢铁工业协会、中国贸促会冶金行业分会、中国特钢企业协会不锈钢分会和

正文 首先宣布大会开幕，对来宾表示欢迎。这是开幕词的习惯写法。

中国铸造协会共同主办的“第三届上海国际不锈钢展览会”和“第四届国际有色及特种铸造展览会”，今天在这里隆重开幕了。请允许我代表展览会的主办单位，对所有参加这次展览会的中、外参展商表示诚挚的欢迎！

本次展览会的联合举办得到了政府有关部门、各协办单位、中外不锈钢、铸造厂商及相关媒体的大力支持。本次展览会除中国大陆参展商外，还有来自德国、意大利、法国、美国、丹麦、英国、日本、芬兰、印度、瑞士、奥地利、卢森堡、加拿大、比利时、巴西、泰国、越南、马来西亚、新加坡、中国香港、中国台湾 21 个国家和地区的 271 家厂商参展，它们带来了不锈钢和有色及特种铸造领域中最先进的设备技术和高质量的产品。

简介参加会议的单位。

近年来，中国不锈钢和有色及特种铸造行业有了长足的发展，并已成为钢铁和铸造行业领域的发展热点。但是这还远不能适应 21 世纪我国国民经济发展的要求。与先进工业国家相比，尚有较大差距。特别是我国加入 WTO 之后的今天，企业将直接面对市场、参与国际市场竞争，因此中国的不锈钢和有色及特种铸造业有待进一步提高产品质量、生产工艺和技术水平。必须加速同世界有色及特种铸造业的接轨，加强合作力度，引进国外新设备、新技术。促进有色及特种铸造业的合资合作。我确信通过本次展览会将对中外行业之间的交流和贸易合作起重大推进作用。我衷心祝愿各参展厂商能获得具体而丰硕的成果。

简述中国不锈钢和有色及特种铸造行业的水平，并指出其有待于进一步提高，有待于与世界同行的交流和贸易合作，从而说明了大会的意义。

祝愿博览会取得圆满成功！

结束语 这是开幕词常用写法。省略落款。

4. 闭幕词

闭幕词是党政机关、企事业单位或社会团体在隆重会议或大型活动即将结束时，由有关领导在会议上作的总结性讲话。

××省留学生同学会第×届理事会第二次会议胜利闭幕。作者受会长委托，致了如下闭幕词。

例 文 4

点 评

在××省留学生同学会第×届理事会第二次会议上的闭幕词

标题

各位领导、各位来宾、各位理事：

称谓 顺序安排合乎习惯。

受黄××会长委托，我在这里发言。本会第×届理事会第二次会议已顺利完成各项议程，现在就要闭幕了！

正文 前言，说明本次会议已顺利完成各项议程，即将闭幕，这是闭幕词的习惯写法。主体，首先对大会进行概括总结，说明与会人数、到会的重要领导。

出席这次会议的共有 78 人，这次会议得到省委统战部的重视和关怀。省委常委、省委统战部陈××部长莅临大会，对学习贯彻十八大精神做了重要讲话，并对留学生同学会今后的工作提出具体要求。

两天来，会议听取和审议了常务理事会所作的 2013 年工作总结和 2014 年工作建议及财务报告。

概述大会所完成的主要任务。

通过认真审议，与会同志热烈发言，对常务理事会 2013 年工作表示满意，一致认为新一届理事会工作在各方面都有较大进展，拓展了工作范围，成绩显著；对 2014 年工作建议表示基本赞同，同时提出了宝贵意见，秘书处将根据大家的建议进行修改并制订 2014 年的工作计划。在制订 2014 年的工作计划时，总会、各工作委员会、分会、秘书处都要有新思路、新措施。我们希望，也有信心在明年的工作中有新的突破。留学生同学会要发展，只有发展才会有凝聚力，才能更好发挥我省留学生的聪明才智来创造财富，产生效益，回国为人民服务。

简要概括与会者的态度，提出建议与希望。

这次大会期间，有九个分会进行了工作交流发言，同时还邀请了会员代表在大会上发言。三位发言的同学畅谈了回国后工作、生活的感受，以及在各自工作岗位上所取得的成就，非常生动，很实际。留学生工作站的交流，与会同志很受鼓舞。大家认为，在每年理事大会上的交流经验，哪怕是只言片语，都能相互启发，互相学习，获益匪浅。

简要回顾大会情况，提出贯彻落实会议精神，做好今后工作的要求。提出希望，发出号召，希望留学人员认真学习十八大的精神实质，为实现伟大的中国梦贡献才智。

同学们、朋友们！当前，随着我国改革开放的深入和经济全球化进程的加速，我国综合国力大大提升，新一轮的发展潮流将需要更多具有世界眼光的优秀人才，经济和社会发展也将为留学人员提供更加广阔的舞台，留学人员势必受到更广泛的欢迎。蓬勃发展的神州大地对在海外的留学人员必将有更大的吸引力。十八大的召开对我国发展将会产生深刻影响，更多留学人员回国服务的高潮正在到来，暂时没有回来的也必将采取各种方式为国服务。这些都为留学生同学会的工作增加了新的动力，我们深感光荣而又任重道远，我们一定要把握机会，充实自己、提高自己，不辜负时代赋予我们的历史使命。让我们共同认真学习十八大的精神实质，把思想和行动统一到十八大的精神上来，解放思想，实事求是，与时俱进，同心协力，开创各项工作新局面。为全面建设小康社会，为弘扬和培育民族精神，实现伟大的中国梦贡献才智！

这次理事会，各分会所在的高校和研究单位党委都派人参加了这次大会。受黄××会长委托，我代表××省留学生同学会向你们表示衷心感谢！对到会的各位领导、理事、顾问和秘书处全体同志表示衷心感谢！

结尾 对有关单位、人员表示感谢。

最后，我提议，用热烈的掌声来结束我们××省留学生同学会第×届理事会第二次会议！

结束语 用富有感情色彩的语言宣布大会闭幕。

省略落款。

5. 祝辞

祝辞也写作“祝词”，是指在各种喜庆场合中，对人、对事表示祝贺的言辞和文章。祝贺词又可细分为祝词和贺词两种。事情未果之前的祝愿、希冀、祝福言辞为祝词；事情已果之后的祝贺、庆喜、赞美言词为贺词。

为表达祝贺之情，在重型汽车（工程机械）配件工商协会会员大会暨展示交流会上，中国机械车辆配件协会秘书长夏××发表了热情洋溢的讲话。

例　文　5 **点　评**

在重型汽车（工程机械）配件工商协会会员大会暨展示交流会上的祝贺词

标题 由会议名称与文种组成。

各位理事长、各位嘉宾、各位会员代表、女士们、先生们、朋友们：

称谓 写被祝贺对象，较全面，顺序安排合乎习惯。

大家好！

问候语

在重型汽车(工程机械)配件工商协会会员大会暨展示交流会，于今天上午，在祖国美丽的西南重要城市——成都召开之际，我谨代表中国铁路工程机械租赁中心总经理、中国机械车辆配件协会会长刘××先生，北京百惠经济发展公司总经理、中国机械车辆配件协会副会长杨××先生及协会全体会员，并代表中外机械车辆配件论坛秘书处，向本次大会表示热烈祝贺，向来自祖国四面八方参加本次配件会议的全体同仁朋友们，致以崇高的敬意！

正文 首先代表主办单位和单位负责人，对大会的召开表示祝贺，对与会者致以崇高的敬意。

祖国西部大开发，给机械重柴汽车与配件领域创造了一个广阔的天地和良好的机遇；成都又处在西部开发的桥头堡地位，今天在这里隆重召开的重型汽车配件交流会，无疑是我们全国机械车辆配件行业的一件大事。对此，不少重型汽车与配件行业的管理、生产和经营部门的朋友，踊跃赶来参加这次行业盛会，就充分说明了这一点，就是对这次会议组织者的工作成绩的充分肯定和大力支持。

肯定会议的意义与地位。

回顾过去，我们不少单位从小到大、从失败走向胜利、从成功走向辉煌；展望未来，市场竞争将更加激烈，机遇与挑战的局面将长期存在。对此，异地相互协作、互惠互利、诚信为本，仍然是许多商家事半功倍的成功策略。各位会员代表、各位朋友，相逢是缘，相识是情，因为有了这次重柴配件会议的召开，我们才能结识更多的朋友，彼此不再陌生。今天，我们来自水电、交通、铁道、冶金、石油、天然气等系统的配件界新朋老友欢聚一堂，长叙友情，共庆重型汽车(工程机械)配件会员大会成立，寻找新的合作商机。但是我们不会忘记为这次会议的胜利召开付出辛勤劳动的熊××理事长、付××理事长、李××理事长、韩××理事长、杨××理事长、江××理事长、敖××秘书长等协会领导及工作人员。此时此刻，我愿高兴地提议：让我们以热烈的掌声向他们表示衷心的感谢和诚挚的敬意！

论述会议的作用，对为会议的召开作出重大贡献者表示感谢，并致以敬意。

中国机械车辆配件协会，是目前唯一在京的机械车辆与配件行业协会。今年8月9日，在国务院二招召开了预备工作会议，决定在××××年9月24日，在北京钓鱼台国宾馆举行中外机械车辆配件论坛峰会暨工程机械重型汽车与配件交流会。并在近期增补了新的协会领导，使该协会充满了勃勃生机和希望。向着具有中国特色的，适应市场经济要求的和具有高标准的社会团体组织迈进。同时，我也愿借此机会，热烈欢迎并诚挚的邀请熊××理事长等协会领导、在座的所有朋友们届时莅临会议指导工作。	对与会者发出参加“中外机械车辆配件论坛峰会暨工程机械重型汽车与配件交流会”邀请（一般贺词没有此类的邀请内容，本文因具体情况的需求而有此项内容）。
朋友们，让我们团结奋进、务实创新、与时代同步、与配件共舞！逐步降低进口成本、不断增加营销利润，以重型柴油汽车配件工作的优异成绩向党的十六大献礼！ 最后祝在座的朋友们，在这次商机无限的成都配件会议上，硕果累累，满载而归！ 预祝大会取得圆满成功！ 谢谢大家！	**结尾**　发出号召，对与会者、对大会表达美好的祝愿之情。
中国机械车辆配件协会秘书长：夏×× ××××年8月14日	**落款**　由署名和致辞日期组成。

“全国部分重点中学校长论坛暨校园开放日”在中国地质大学召开。在开幕当天的酒会上，该大学的副校长代表学校发表了这篇祝酒词。

例文6	点评
杨××副校长在“全国部分重点中学校长论坛暨校园开放日”上的祝酒辞	**标题**　由致辞者、事由和文种组成。
尊敬的各位来宾，女士们，先生们：	**称谓**　用敬称，顺序合乎常规习惯。
今夜，我们相聚在美丽的中国地质大学，共同庆祝“全国部分重点中学校长论坛暨校园开放日”活动胜利	

开幕。我谨代表中国地质大学校党委、校行政和全体师生，对诸位的光临，表示衷心的感谢和热烈的欢迎！

正文 简要说明活动名称、地点，并对来宾表示感谢与欢迎，这是祝酒词常用的模式。

今年是中国地质大学的校庆年，我们非常高兴能在建校五十周年之际举办这次活动。中国地质大学是教育部直属的全国重点大学，是国家"211 工程"重点建设的大学，是办有研究生院的大学之一，在长期的办学实践中形成了"艰苦奋斗、严格谦逊、团结活泼、求实进取"的优良校风，培养了一大批治国栋梁、学术精英和杰出人才。近年来，学校的生源质量不断提高，办学水平稳步上升，这些都离不开上级领导和全国各地中学，特别是在座的各位重点中学校长的信任与支持。

简介地质大学在我国所处的地位和学校的校风，并指出学校的发展离不开在座者的信任与支持，间接地表达感谢之情。

我们愿与所有关心和支持中国地质大学发展的各界人士和所有参加本次研讨会的嘉宾进一步合作、共同努力，创造 21 世纪中国教育事业更加美好的明天。

提出希望，表达进一步合作的美好心愿。

现在我提议：

为了"全国部分重点中学校长论坛暨校园开放日"活动的成功举办，为了我们诚挚的友谊与合作，为了各位嘉宾的身体健康，事业发达，干杯！

结尾 "现在我提议：为了(为)……为了(为)……为了(为)……干杯！"是祝酒词固有的模式。

现场发言，省略落款。

××老师在教育战线耕耘一生，桃李满天下。在他八十岁寿诞之日，学生们欢聚一堂，为老师祝寿。在聚会上，××同学发表了一篇感情真挚的祝寿词。

例文7	点评
尊敬的老师：	称呼 对祝寿对象的称呼。
在您八十诞辰的日子里，请接受学生真诚的祝愿。在此我向您三鞠躬，一鞠躬祝您健康长寿；二鞠躬祝您全家幸福；三鞠躬祝您的事业常青！	
我在人生旅途中，受到过不少的赞扬、嘉奖，但这些我都忘了，唯独对于您的两次批评，我总是"耿耿于怀"。一次是您在课堂上要我背课文。小的时候，我特腼腆，外号"假妹子"，特别不敢当众说话。您大概抓住了我的弱点，要我背一首刚学会的唐诗。我站起来，先是出不了声，后来像蚊子叫，您一遍又一遍要我重来，	

正文	注释
最后您说："我到教室外面去，要是我听不清就不算，什么时候背完了什么时候吃午饭。"您走出教室，全班五十名同学都盯着我，我鼓足所有的勇气，终于像吵嘴一样"吼"出了唐诗，当时真是"字字泪"。随着话音落地，您满面笑容走进教室。还有一次是全校作文竞赛，我获得全校第一名。可五天后，您怒气冲冲地把我叫到办公室，指着一篇报纸上的文章说："你自己看！"我马上明白了，老师发现了我"参考"的那篇文章，我的脸唰地红了。老师那天把我训了三个多小时，从作文讲到做人。老师，旧事重提，我不是记仇，我是记恩啊！屠格涅夫说，一件极微小的事情，有时候可能完全改变一个人。我今天向您汇报的是，我大大小小发表过一千多篇文章，没有一篇是"参考"别人的；我大大小小作过一百多场报告，多大的场面也不发怵。老师，您知道吗，这些都是从您的批评中起步的！	**正文** 首先直接表达自己的心情。行三次礼，说出三个祝愿，这也是祝寿词程式性的写法（如果是在祝寿的酒席上，则敬三杯酒。"在此，请允许我向×××敬三杯酒，第一杯酒祝……；第二杯酒祝……；第三杯酒祝……！"为程式性的写法）。 其次列举亲身经历的两个典型事例，回忆、感谢老师对自己的教诲之恩。也是从侧面赞扬老师的师德高尚。最后，汇报自己毕业后取得的成绩，再次感谢恩师的教诲。 以自己的努力来烘托老师的伟大。
鲜花失去了，果实是对它最好的回报。老师，我不敢说我是您的一个好学生。但是，老师，我一直在努力做，一直在努力做一个您的好学生。我想在您多皱的面孔上，增添一份属于为我而欣慰的笑容。	
为了筹备您的八十诞辰聚会，竟有十多个同学不约而同地给我打电话、写信，您的学生都十分钦佩您的学识，更十二分地钦佩您的人品。您这一辈子活得跟您的板书一样，堂堂正正、一丝不苟。成为您的学生，就是我的骄傲。为了这一份莫大的荣誉，老师，请相信，我一定会好自为之，为自己，也为您！	回忆筹备聚会的准备过程，以同学们对老师的钦佩，烘托老师的学识与人品，并用老师的板书作比喻（突出教师特点），盛赞老师的正直认真、堂堂正正、一丝不苟。
最后，祝您寿诞愉快，万事如意！	**结尾** 再一次祝福，是祝寿词的固定写法。 现场发言，省略落款。

2.6.2 文种指要

1. 欢迎词的写作要求

(1) 欢迎词的适用范围

① 本单位、本部门有客人来访，举办较正规、正式的欢迎仪式。

② 承办大型会议，承办方对与会者的到来表示欢迎之意。

③ 为欢迎新领导、新同事、新同学，举办欢迎仪式。

(2) 欢迎词的格式写法

欢迎词一般由标题、称呼、正文、结尾和落款五部分组成。

① 标题。欢迎词的标题有两种写法:

- 只写文种,直接在第一行正中写"欢迎词"三个字,字体比正文稍大。
- 在"欢迎词"前边加上修饰、限制性词语,如"×××在欢迎×××代表团欢迎仪式上的讲话"。

② 称呼。在标题下一行顶格写被欢迎者、与会者的称呼。为了表示亲切和尊敬,可根据主客之间的亲疏程度、被欢迎者的身份,在被欢迎者姓名前加"尊敬的""敬爱的""亲爱的",姓名后加"阁下""先生""女士"等词语。称呼中要涵盖全体被欢迎者(包括与会者),不可遗漏。

需要强调的是称呼的顺序,各种致辞通常的习惯都是先上后下、先长后幼、先疏后亲、女士优先。如果有特别重要的人员,必须单独提出来,按照由重到轻的顺序放在最前面。如在第四届全国网络媒体××行××站欢迎晚宴上,××州的领导在致辞中是这样安排称呼顺序的:"尊敬的××(时任××省委宣传部副部长)副部长,各位领导、媒体界的朋友们,女士们、先生们"。

③ 正文。欢迎词的正文要表达三层意思。

- 要对客人表示热烈的欢迎、诚挚的问候和谢意。
- 阐述客人来访的意义、目的和作用,赞颂客人方面取得的各种成绩,或者回顾双方友谊的历史,赞颂主客双方的友好合作。
- 最后表示良好的祝愿和希望。

④ 结尾。再一次对客人表示热烈的欢迎和良好的祝愿。

⑤ 落款。在正文右下方署上致词者的姓名或单位名称。在下一行写致词日期。如标题中已有名称可不再署名,只标明日期即可。日期也可标注在标题的正下方。由于致辞都是现场发言时进行,因此许多致辞都省略落款,即使是写了在发言时也不读出来。

(3) 欢迎词写作的注意事项

① 要热情洋溢,真诚感人。

② 要礼貌周全,分寸适度,符合双方身份,不卑不亢。

③ 要语言简洁生动,口语化,适合听众。

④ 要篇幅短小,内容精练,不宜长篇大论。

2. 欢送词的写作要求

(1) 欢送词的适用范围

① 正式的欢送宾客仪式上,主人对宾客的离去表示热烈欢送。

② 承办的大型会议结束时,主人对宾客的离去表示热烈欢送。

(2) 欢送词的格式写法

欢送词的结构、格式写法基本与欢迎词相同,一般也包括标题、称呼、正文、结尾和落款五部分内容。

① 标题。写法同欢迎词,只是把"欢迎词"改为"欢送词"。

② 称呼。写法要求与欢迎词相同。

③ 正文。欢送词的正文包括三层内容：

● 对客人的离去表示欢送之意。

● 对客人来访或会议阶段取得的成绩予以充分肯定和适当的评价，有的还要指出其重要意义、深远影响。

● 对客人提出希望，希望客人对自己指导、帮助；或希望双方进一步加强合作、交流，增进友谊；或希望客人再次来访。

④ 结尾。表达对客人依依惜别的感情，并致以美好的祝愿。

⑤ 落款。写法要求与欢迎词相同。

(3) 欢送词写作的注意事项

与欢迎词写作的注意事项相同。

与欢迎词、欢送词关系密切的还有答谢词。答谢词也称“答词”，是客人在受欢迎的仪式上或离去时，对主人的迎送或热情接待表示感谢的致辞。除身份不同外，它的结构格式、写作要求与欢迎词、欢送词基本相似。

答谢词的正文一般由以下内容组成：

● 对主人的欢迎或欢送表示衷心的感谢。

● 赞颂欢迎者或欢送者及他所代表的国家、组织以往在各方面的成就，或赞颂其为增进双方友谊所做的贡献。

● 说明建立友谊或合作的愿望，阐明一些重大的原则、立场问题。

● 提出希望和要求，指出双方共同前进的目标和方向。

● 再一次对主人的欢迎或欢送表示感谢，并致以美好的祝愿。

3. 开幕词的写作要求

(1) 开幕词的适用范围

党政机关、企事业单位或社会团体在举行大型会议、大型活动开始时使用。

(2) 开幕词的格式写法

① 标题。标题通常有两种方式：

● 由会议全称和文种组成，下面注明开幕时间和致辞者姓名，如例文3。

● 新闻式标题，由正标题和副标题组成。正标题标明目的、结果，副标题由致辞者、会议名称和文种组成。如：

进一步推动我国对外汉语教学的发展

——××在第二届国际汉语教学讨论会开幕式上的致辞

② 称呼。称呼中要涵盖全体与会者，不可遗漏。根据与会人员的结构安排顺序，顶格写起，后加冒号以提起下文。

③ 正文。正文一般包括下列内容：

● 开头。在称呼下一行空两格写起。首先宣布会议开幕，会议名称要写全称，以表示严肃、庄重。接着交代会议筹备工作情况；或者说明出席会议的领导和来宾的单位、姓名，并向他们表示欢迎；或者交代出席人员情况，尤其是各级政协、人大会议，要根据有关规定把出席人员的情况交代清楚。

● 主体。首先，简要说明本次会议召开的背景和意义，借以帮助与会人员理解这次会议的重要性，以引起重视。在这一层中，可以概括地阐明政治经济形势，社会背景，回顾过去的工作和成绩、经验和教训。但要简明扼要，以免与会议工作报告重复。

其次，交代会议的主要任务，说明会议的主要议题和议程，提出对会议的具体要求。这是开幕词的重要部分，必须重点突出，以便使与会人员心中有数，做好思想准备，把握会议进程，开好本次会议。

最后，阐明会议的指导思想，提出今后的方针、路线和任务。使与会者在讨论中有所遵循，准确把握。从而统一认识，统一步调，使会议健康发展，达到预定目标，取得圆满成功。

④ 结束语。一般是发出号召，提出希望要求，动员大家把会开好。结束语要简短有力，带有号召性、鼓动性和预祝性，将会场气氛调动起来。常用"预祝大会圆满成功"结尾，以表对会议的良好祝愿。一般结尾不再加"谢谢大家"之类的赘语，这样会显得不够严肃。

(3) 开幕词写作的注意事项

① 内容的针对性。开幕词的写作因会、因活动而定，针对性要强。要掌握会议、活动的主要精神，了解会议、活动的全面情况，听取会议、活动主持人或有关领导人的意见和指示，按照会议、活动的宗旨来写。

② 语言的简明性。力求简明概括，篇幅不宜过长。要紧紧把握会议、活动的中心议题，不要任意发挥。对会议、活动各项内容只作原则性的交代，点到为止，不要讲得过多过细。

③ 态度的庄重性。语言庄重严肃而不呆板，热情明快而不诙谐。要尽量口语化，多选用那些鼓舞人心的词语，肯定有力的句式。要具有亲切感，富有号召力、感染力和鼓动性。

4. 闭幕词的写作要求

(1) 闭幕词的适用范围

党政机关、企事业单位或社会团体在隆重会议或大型活动即将结束时使用。

(2) 闭幕词的格式写法

闭幕词的结构形式与开幕词基本相同。

① 标题。闭幕词标题的格式与开幕词基本相同，只是将"开幕词"换成"闭幕词"。

② 称呼。与开幕词称呼的要求相同。

③ 正文。闭幕词的内容主要是概括会议的基本精神，评价大会内容，总结大会的经验和收获，对贯彻会议精神提出要求和希望。

● 前言。简要叙述会议议程或活动进行情况，说明大会、活动在什么情况下圆满结束。一般是简要说明这样的意思：大会、活动在各级领导的关怀下，经过全体人员的共同努力，圆满完成了预定的任务，今天就要闭幕了。

● 主体。对大会、活动进行概括总结，通常包括两项内容：一是通过概述大会、活动所完成的任务，肯定会议、活动的成果，对大会、活动作出客观评价。如果是会议闭幕，总结评价时，要注意对会议上与会人员提出的合理化建议和讨论中的正确意见加以肯定，不能笼统地只说会议开得很成功，很鼓舞人心，那样就显得空泛和客套。二是提出贯彻落实会议精神，做好今后工作的要求。提出希望，发出号召，鼓励大家坚定信心，为完成新的任务而努力奋斗。这部分内容不宜过长，要抓住重点，对贯彻会议精神有指导意义。

● 结尾。对保证大会、活动顺利进行的有关单位及服务人员表示感谢。

④ 结束语。宣布会议、活动结束，通常只有一句话："现在，我宣布，××××大会（活动）闭幕。"

（3）闭幕词写作的注意事项

① 同一会议、活动中不能既有总结，又有闭幕词，二者只取其一。因为二者内容相近，但总结较详。总结可以展开写，但结尾不能宣布闭幕。作完总结后，要由大会或活动主持人宣布闭幕。

② 闭幕词要高度概括，篇幅要短小精悍。与开幕词一样，闭幕词的语言要求庄重严肃而不呆板，热情明快而不诙谐，尽量口语化。要多选用那些鼓舞人心的词语，肯定有力的句式，具有亲切感，富有号召力、感染力和鼓动性。

③ 闭幕词重在传达组织者对大会、活动的全面估价和总结。如果是会议闭幕，就要概括会议所形成的共识和会议精神的实质要义，而不是简单回顾会议的历程。对于会议中提出的重要的、有关会议中心议题的问题，或发生的重要情况，都要作以原则说明，适当表态。当然，如果是一些正常的争论分歧，就没有必要写在闭幕词中了。

5. 祝辞的写作要求

（1）祝辞的适用范围

祝辞的适用范围很广。在各种庆典仪式、节日、集会、婚礼、酒会等活动的场合中，为了沟通人们之间的思想感情，加强相互之间的了解，密切关系，增进友谊，或者增强喜庆欢乐的气氛，都可发表祝辞。

（2）祝辞的格式写法

祝辞一般由标题、称呼、正文、结尾和落款五部分组成。

① 标题。祝辞的标题写在正文的上方，常见的有三种类型。

● 用文种做标题，直接写"祝词""祝贺词"。

● "致词者、事由和文种"或"事由和文种" 形式的标题。如"×××在新年茶话会上的祝词""在××学校校庆典礼上的致词"等。

● 正副标题式标题，一般用于大型会议。正题标明致词的内容，副题则由会议名称和文种组成，如"开创进取　走向更大的胜利——××大学50年校庆典礼致辞"。

② 称呼。在标题的下一行顶格写对被祝贺者的称呼（一般要同时包括对全体与会者的称呼）。

祝贺个人，按一般书信称谓写；祝贺集体，常用泛称，如"各位来宾""各位朋友"等。祝辞称呼要用全称，语气要亲切。

③ 正文。在称呼下一行空两格写正文，一般分三个段落层次写。

● 向受祝贺对象致意，表示热烈祝贺、欢迎、感谢或敬意、问候。

● 祝贺对方做出的成绩和贡献，并对此作出相应的评价，表示出祝词者的关心、支持、赞扬、鼓励、学习等态度。

● 对未来事业表示良好的祝愿，提出希望、要求，或表示决心。如果是上级对下级，可以提出希望和要求；如下级对上级，要表明态度和决心；如果是平级之间，可表示虚心向对方学习。

④ 结尾。正文结束后，用一句表示美好祝愿的话结尾，如“预祝活动圆满成功”“祝愿事业兴旺发达”“预祝工程早日竣工”“祝节日愉快”等。

⑤ 落款。在正文右下方署上祝贺者的姓名、单位名称。在下一行写致辞日期。由于祝贺一般都是现场发言时进行，因此许多致辞都省略落款，即使是写了在发言时也不读出来。

祝词的种类较多，常见的有事业祝词、祝酒词、寿诞祝词和婚礼祝词四种。在内容上，各有不同。

● 事业祝辞。社团机构成立及纪念日，重大工程开工典礼，某项活动剪彩，亲朋好友在工作、学习中取得一定成果时，都可以使用祝词。往往是相互鼓励、相互祝愿。或祝愿事业发达顺利，取得成功；或希望再接再励，不断前进等。

● 祝酒词。党和国家领导人在喜庆佳节或迎接外宾时，举行隆重盛大的宴会；单位之间迎来送往，举行正式的宴会、酒会；人们在逢年过节，或遇有喜事开怀畅饮，举行小型宴会、酒会等都要用祝酒辞。通过祝酒辞传达祝酒者美好的祝愿，并把自己对客人的欢迎和对主人的感谢之情热情洋溢地表达出来。祝酒词在外交和公关活动中使用频率极高，但非正式的宴会祝酒词一般不成文。祝酒词常以“下面我提议，为（为了）×××，为（为了）×××，为（为了）×××，干杯！”这种特有的形式结尾。

● 寿诞祝词。常见的祝寿一般是对有名望的老年人寿辰的祝贺。在祝寿词中，既祝其幸福长寿，也赞颂其经历、品格、业绩和贡献。需要注意的是，对年轻人一般不称祝寿，党内一般不祝寿。

● 婚礼祝词。在他人结婚典礼上表示祝贺的祝词，一般是赞扬他们结合的完美，祝愿新郎新娘婚后美满幸福。

（3）祝词写作的注意事项

① 自然得体，恰如其分。在颂扬和祝贺时，要做到真诚而实在。要礼貌、热情，又不使对方感到庸俗、虚浮。还要注意不宜使用过分的溢美之词。过分的赞美之辞不仅会使对方感到不安，也会使人认为祝贺者在谄媚。

② 用语得当，典雅大方。祝词用词要求要热情洋溢，充满激情，富有哲理和情趣，表达温文尔雅，恰到好处，切忌使用商榷、洽谈、辩论或指责等语气的语句。

③ 方式得当，有的放矢。生辰诞寿类和纪念类祝贺词，以喜庆为主，贺喜色彩浓烈；婚嫁类祝贺词以祝愿为主，祝贺性强，可以通过提前的方式加以表达；事业祝词、祝酒词等社交类祝贺词，以友情为重，礼貌待人，应注重公关意识。即使双方存有不同意见或分歧，也应留待以后表达。如果不得不要表达，也要语言委婉，朝着求同、和解方向努力，要既坚持己方原则，又不伤害双方的友情。

④ 短小精悍，言简意赅。祝词一般都是在正式场合中发表，事业庆典、婚庆典礼等各项活动都十分紧凑，客人不可能听长篇大论。祝辞应力求简短、充实，控制在两三分钟左右为好，最长也应在5分钟之内，切忌拖沓冗长。

2.6.3 写作训练

（1）下文是一篇答谢词，试与欢迎词例文进行比较，体会其格式、内容上的异同。

加拿大淡水鱼研究所所长的答谢词

女士们、先生们：

我荣幸地代表来自世界各地21个不同国家的科学家，在这里向陈教授刚才热情洋溢的欢迎词表示感谢。

使我感到特别荣幸的是，我能代表所有参加此次国际会议的“外宾”讲话，因为这是我们第一次有幸在中国参加这一学术会议。

我感谢大会组织委员会对我们的邀请，感谢他们为这次会议的准备工作所付出的辛勤劳动和心血。我们刚到武汉不久，但大会的计划组织工作已给我们留下了深刻的印象。我们同时也感谢中国主人对我们的盛情厚谊。

科学是不分国界的，科学使我们走到一起。我希望今后几天的接触交流将使我们大家感到满意。看到这样盛大的国际聚会，我感到愉快，我向今天会议的所有人员表示祝贺。我相信他们的研究工作达到了本领域的高水平。

陈教授，谢谢你热情的欢迎词，同时也感谢你们埋头苦干的组织委员会。此外，我们还要感谢武汉市政府和人民，因为他们为了我们在这里过得愉快和留下深刻的印象已经做了并且还在做大量的工作。

谢谢！

(2) 下面也是一篇为老师祝寿的祝寿词，试比较它与本节祝寿词例文在格式、内容上的异同。

学友们：

值此吕宜园老师八十五华诞之时，我们来到省会郑州，欢聚一堂，庆贺恩师健康长寿，畅谈离情别绪，互祝事业腾飞。这一美好的时光，将永远留在我们的记忆里。

现在，我提议，首先向吕老师敬上三杯酒。第一杯酒，祝贺老师华诞喜庆；第二杯酒，感谢老师恩深情重；第三杯酒，祝愿老师健康长寿。

有位著名的作家说：“在所有的称呼中，有两个最闪亮、最动情的称呼，一个是母亲，一个是老师。老师的生命是一团火，老师的生活是一曲歌，老师的事业是一首诗。”那么，我们的恩师——吕宜园老师的生命，更是一团燃烧的火；吕老师的生活，更是一首雄浑的歌；吕老师的事业，更是一首优美的诗。

吕老师在人生的旅程上，风风雨雨，历经沧桑八十五载。他的生命，不仅在血气方刚时喷焰闪光，而且在壮志暮年中也流光溢彩。

吕老师的一生，视名利淡如水，看事业重如山。他曾和绘画大师齐白石先生过从甚密，他的两枚印章便是齐先生亲手所刻。他本可以脱离教育，发财致富，但他舍不得莘莘学子。为振兴中华，在粉笔生涯中，他度过了五十个春秋，宵衣旰食，呕心沥血。吕老师教我们怎样做人，如何做文。他的亲切教诲，恰如清凛的泉水，在我们心灵的河床里，潺潺流动，从青年流到壮年，又从中年流到老年。

吕老师博学多识，嗜书如命，具有学者素质，堪称豫东名流、宁陵才子。吕老师富有云水风度、松柏气节。抗战时期，他严词拒绝为日寇做事，誓死不进伪政府就职。真可谓：学高作我师表，身正为我垂范。回想——恩师当年宁陵播春雨，喜看——桃李今朝九州竞丽妍。

祝老师福如东海，寿比南山！

刘伯杰

××××年×月×日

(3) 根据下面的材料，拟写相应的致辞。

① 第二十六个教师节即将来临，请你代表全体同学，给老师写一篇祝贺词。

② 为学校运动会或团代会写一篇开幕词、一篇闭幕词。

③ 新同学即将到校，代表老同学为新生的到来写一篇欢迎词。

④ 学校召开毕业典礼，代表全体在校学生写一篇欢送词。

⑤ 根据本节例文所提供的欢送词，代表史密斯教授写一篇答谢词。

2.7 简　　报

简报是机关、团体、企事业单位内部简明扼要地反映情况，报道工作、交流经验、揭露问题的报道性文书，常用"××简报""内部参考""快报""××情报""情况反映"等名称。常见的简报有综合简报、专题简报和会议简报三种。

简报是对本地区、本部门、本单位的重要情况、某项工作进展情况、某种问题，或会议概况等简要地加以总结，报上级主管机关，发下级单位，起传递信息、交流情况作用的一般性文件，只有参阅性，没有规定性。

2.7.1 例文点评

××区建设工程质量和安全监督站组织召开了安全质量工作会议，为传递会议的有关情况信息，该站办公室编发了一期简报。

例　文　1	点　　评
2014年全区建筑工程 安全质量工作会议简报 ××区建设工程质量 和安全监督站办公室　　2014年3月26日	**报头**　在首页的上方，包括报名、期号、编写单位、印发日期、密级(或内部刊物，本文没有密级)等内容。

××区 2014 年全区建筑工程安全质量工作会议召开

为推动我区建设工程项目提早开工、复工,同时又要确保全年施工质量和生产安全,3 月 20 日上午 9 点 30 分,区建设工程质量和安全监督站组织召开 2014 年全区建筑工程安全质量工作会议。全区各参建单位的项目经理、项目总监、建设单位项目负责人约 70 余人参加了会议。

会议首先传达了区城建局《关于开展 2014 年跨年度工程复工和新开工工程安全生产大检查的通知》和市建委关于印发《建筑施工企业"三类人员"考取安全生产合格证书资格审核规定》的通知,并通报上一年度记录不良行为的项目经理和总监名单;然后,区站安全科、房建科和管理科分别对 2014 年质量和安全工作要点进行了部署,并作具体要求。

会上,王××副站长做了重点强调,提出了"两个转变和三个加强":两个转变,一是思想观念转变,各参建单位要转变陈旧思想,坚决克服麻痹思想和侥幸心理,增强安全意识,强化主体责任,变被动为主动,形成"要你安全"变成"我要安全"的良好氛围;二是监督抽查方式转变,区站除专项检查外,要采取突击检查方式,以便更加有效地发现工地现场的真实情况。三个加强,一是加强对质保体系、安保体系中相关责任人员在岗情况及履职情况的监督检查,严格规范相关人员的安全和质量行为,并加大对违法违规企业和人员的处罚力度;二是加强安全监管,按照"全覆盖、零容忍、严执法、重实效"的总体要求开展各项检查,并把市政及红线内外管网工程安全纳入监管范围内;三是加强质量通病防治和竣工验收工作,并把电气和水暖工程纳入抽查检查,完善监督范围。

会议最后,区质量和安全监督站对 2013 年我区荣获"×、×、×"三市建设安全联检的两个项目部颁发了

报文 标题,单标题式,以会议名称作标题,专题会议简报多使用此形式。

导语,采用叙述式,交代会议目的、时间、地点、内容和参加会议的人员。

主体,具体写明会议的三个内容:传达文件、部署工作和表彰先进。三条写完,自然结尾,整洁干脆,文风朴实。本文属于会议简报,它主要用于反映重要会议情况。通常由会议秘书组(或者主持单位的办公室)编发,报头大多以"××会议简报"为报名。一次重要会议,如果会期较长,人数较多,往往印发多期会议简报,如全国人民代表大会的会议简报;如果会期不长,人数也不多,一般发一期简报即可(如本文)。会议简报用于反映会议进展情况,与会人员讨论中发表的重要意见,提出的重要建议、批评意见,领导人的重要讲话、指示等。如果只有一个专题,内容较单一,也可编排在综合简报中。

奖状，并通报表扬。

报送：区委、区政府、市城建局、区城建局
发送：全区各建设单位

（共印 50 份）

报尾　发送范围、打印份数。

为传递本市有关工作情况的信息，××市人民政府办公厅特编发了一期简报。

例　文　2

点　　评

××政务信息

第 49 期

××市人民政府办公厅　2014 年 8 月 30 日

［经济形势］

全市乡镇企业实现增加值 30.4 亿元　1～7 月，全市乡镇企业实现增加值 30.4 亿元，同比增长 48.82%；工业企业实现增加值 19.6 亿元，同比增长 49.44%；营业收入实现 97.5 亿元，同比增长 37.23%；现价总产值实现 111.6 亿元，同比增长 34.21%；上缴税金 3.4 亿元，同比增长 43.88%。（市乡企局）

［对外贸易］

全市对外贸易出口再创历史新高　1～7 月，全市出口创汇 16 640 万美元，同比增长 225.0%，为省年计划的 154.5%，创同期历史最高记录。自营权企业完成 15 422 万美元，同比增长 257.4%，占全市出口创汇总额的 92.7%。其中，××集团出口创汇 8 548 万美元，××进出口公司出口创汇 5 974 万美元，×钢铸管公司出口创汇 269 万美元，分别比去年同期增长 521.2%、141.7%、54.6%，以上三家企业出口创汇占全市出口创汇总额的 88.9%。三资企业出口创汇

报头　由报名、期号、编写单位、印发日期组成。

报文　分为经济形势、对外贸易、电力运行、县区工作四个部分，每个部分都相对独立，分别列小标题。文前注明信息类别，文后标明供稿单位。报文部分运用准确的数字，说明有关情况。

这是一份综合简报。综合简报主要用来反映本单位、本地区、本部门当前各项工作中的重要情况或动态，以突出典型事例、总结经验教训、提出意见和建议，从而推动日常工作的开展。这是一种最常见的常规性简报，这种简报一般都有相对稳定的期数。

1 218 万美元，比上年同期增长 513%。（市外贸局）

［电力运行］

全市电力供需平衡运行良好　截至 7 月末，全市现供电能力 165 万千瓦时，最高用电负荷 92.6 万千瓦时，同比增长 4.8%；全社会用电量 42.91 万千瓦时，同比增长 14.92%，其中，企业自发自用电量 11.26 亿千瓦时，同比增长 7.36%，上网电量 2.09 亿千瓦时，同比增长 32.18%；完成网购电量 28.8 亿千瓦时，同比增长 19.05%。全市电力供需基本平衡，没有出现过拉闸限电的现象。（市经贸委）

［县区工作］

××县平地中药材生产形成规模　××县积极调整产业结构，把平地发展中药材作为新兴产业来抓。一是及时提供供求信息。全县确立了五味子、防风、北沙参、甘草、月见草、辽细辛等重点栽培品种，先后为农户提供良种 5 万余公斤，药苗 3 000 多万株。二是加强技术培训。全县先后为农户举办了各种技术培训班 100 余次，参加培训人数达 5 000 余人次。针对药农在生产中的实际问题，派技术人员到田间地头，进行现场指导。三是加大招商引资力度。与外地药材种植大户和药材经销商建立了广泛的联系，吸引他们通过土地流转等形式投资发展中药材。现已引进资金近千万元，建起千亩药园 3 个，500 亩以上 4 个，300 亩以上 9 个。目前，××县的平地药材种植面积已发展到近 4 万亩，带动农户 6 500 余户，预计年实现产值 5 000 万元。

（××县政府办公室）

本期发：市委、市人大、市政府、市政协、市纪委领导，各县区政府，有关部门负责同志

（共印 300 份）

报尾　发送范围、打印份数。

为了深入推进蓝天工程，××市政府办公厅印发了《××市 2014 年度蓝天工程实施方案》，市政府召开一季度“创模”工作调度会议，该市负责蓝天工程工作的领导小组将这些内容以简报的形式告知有关单位和领导。

例 文 3　　　　点 评

××市蓝天工程工作简报

2014年第3期
总第9期

××市蓝天工程
工作领导小组办公室　　2014年4月1日

报头　由报名、期号、编写单位、印发日期组成。

制订2014年度蓝天工程实施方案 深入推进蓝天工程

3月24日，××市政府办公厅出台文件《××市人民政府办公厅关于印发××市2014年度蓝天工程实施方案的通知》，印发了《××市2014年度蓝天工程实施方案》，旨在深入推进蓝天工程，改善全市环境空气质量，如期完成国家和省下达的蓝天工程污染治理项目。

该方案的出台是在继续深入推进区域一体高效供热工程、气化××工程、工业提标淘汰工程、城市全覆盖工程、绿色交通工程、大气监控预警工程、绿色×钢工程七大工程工作任务基础上，对2014年度的蓝天工程工作提出了新的工作目标，即全面改善环境空气质量，使可吸入颗粒物浓度得到进一步有效控制，并使环境空气质量达到国家新的《环境空气质量标准》要求，让全市人民能够呼吸上更清新的空气。

报文　由两方面内容构成，分拟两个标题，两个标题都是陈述式的，分别概括各自相关部分的主要内容。
主体，第一部分简述市政府印发文件的名称、背景、主要内容及目的。

全市环保“创模”调度会议召开 全力推进蓝天工程建设

3月27日，市政府召开一季度“创模”工作调度会议，通报了全市一季度“创模”重点工作项目进展情况，并安排部署了下一阶段有关蓝天工程的重点任务。市政府副市长曲××出席了会议，参加会议的还有市环保局局长刘××及有关“创模”工作部门成员单位领导。

会上，市创模办常务副主任、市环保局局长刘××

作了讲话，指出一季度全市认真落实市委十一届六次全会精神，精心部署各项重点工作，重点实施蓝天工程项目，为实现创建国家环保模范城市的目标奠定了良好基础。同时就有关蓝天工程工作做了情况说明。一是一季度全市环境质量情况。从一季度截止到3月18日的环境监测数据来看，共监测77天，市区环境空气质量达Ⅱ级（良）以上天数为41天，达标率为53.25%，未达标天数36天，其中轻度污染28天，中度污染6天，重度污染2天。二是重点工作基本情况。2014年蓝天工程任务繁重，将继续深入推进区域一体高效供热、气化××、工业提标淘汰、城市全覆盖、绿色交通、大气监控预警、绿色本钢七大工程建设，实施完成56大项重点污染治理项目。目前，在市环保局、市房产局和×钢集团的共同推动下，我市已开工9个具体工程，实施完成×钢1号、2号焦炉拆除和×钢××、××2座锅炉房6台供暖锅炉的“拆小并大”项目。三是当前存在的主要问题。目前，城区主次干路、街巷路、建筑施工拆迁工地和居民小区裸露地面的二次扬尘比较严重，已经成为影响我市环境空气质量的主要因素，目前还没有得到有效控制，而且冬季供暖空气污染及机动车尾气污染严重。四是当前工作措施及建议。要重点实施城市全覆盖工程项目，加强市区二次扬尘管理；要全力推进工业提标淘汰进程，加大××重点地区治理力度；要实施区域一体高效供热工程，加速推进余热利用绿色供暖。确保可吸入颗粒物（PM10）浓度下降1%以上，环境空气质量达到按国家新的环境空气质量标准要求的达标率不低于75%的目标。

随后副市长曲××发表讲话，对各县区、市直部门及×钢集团等各“创模”成员单位的工作指标和重点项目分别作了介绍，特别指出市环保局要以PM10、PM2.5颗粒物为重点开展大气污染成因分析工作，逐一进行监测点位分析排查，确定重点污染源，提出有针对性的污染防治对策；要加大力度实施重点行业除尘、脱硫、脱硝等工业提标改造项目；同时，要继续实施“环保绿标路、区”创建设工程，环保绿标路总里程要达到8公里，机动车环保检测率达到85%以上，并在此基础上结合本年度蓝天工程任务安排和部署，认真查找影

第二部分陈述召开协调会的有关情况。包括会议内容、出席会议的人员和领导的讲话精神。这是一份关于“蓝天工程”的专题简报。专题简报是专门针对某一情况、某一工作、某一问题、某一动态编发的简报。对上可以起到汇报工作的作用，对下可以起到指导工作的作用。这种简报主要是反映开展某项工作的动态、进展情况、工作中的具体做法、经验、问题等，及时提请上级或有关单位领导注意和重视，以便采取相应的措施，推动工作进展。此项工作一结束，简报也就停办了。

本文语言简洁、朴实、明快。

响我市环境质量的主要原因和问题，提出有针对性的治理措施，为贯彻落实市委十一届六次全会提出的"创模"工作要求新提升、新成果，尽早实现"国模"目标做出新的成绩！

主送：市委、市政府领导，各区、县政府、市政府有关委办局、直属机构、×钢集团
抄送：市人大、市政协、市纪委办公厅

（共印80份）

报尾 写报送发机关和印发份数。

2.7.2 文种指要

1. 简报的适用范围

（1）反映本单位、本地区、本部门当前各项工作中的重要情况或动态。

（2）反映开展某项工作的动态、进展情况、工作中的具体做法、经验、问题。

（3）反映重要会议情况。

2. 简报的格式写法

简报大多是由报头、报文、报尾三部分组成。

（1）报头。报头在首页的上方，约占首页版面的三分之一。它包括报名、期号、编号、编写单位、印发日期、密级等内容。

① 报名。在报头的上方居中位置，用套红大号字印刷，以求醒目、端庄，突出其中心地位，如例文的"××政务信息""××市蓝天工程工作简报"。

② 期数。在报名的正下方，按顺序编号。有的简报，在期数下面还注明总期数，如例文3。

③ 编号。在报头左侧上方，用于表明印数序号，公开的简报不加编号。

④ 编发单位。在报头的左侧下方位置上标出"×××办公室"或"××会议秘书处"编印。

⑤ 印发日期。在报头的右侧下方位置上标出印发的年、月、日。

⑥ 密级。如果内容有保密要求的，在报头的左侧上方位置，标明"秘密""机密"或"内部文件"，公开的简报无此项。

报头和报文之间，为了眉目清楚，还要用红色横线隔开。

（2）报文

报文部分，一般包括标题、导语、主体、结尾等项内容。如有必要，在标题前可加一段编者按语。

① 标题。简报的标题一般有以下两种形式：

- 单标题。用一句话或一个短语做标题。
- 双标题。为了突出简报所反映的问题，在正标题下再加副标题。正标题概括简报内

容或特点，副标题加以补充说明。

② 导语。简报的导语与新闻消息相似，它要求用一句话或一段话概括全文的主旨或中心内容。给读者以总体印象，起到导读的作用。一般交代谁、在哪里、做什么、结果如何等。

③ 主体。主体是简报的主要部分，它将导语中提出的问题，概括的主要内容，加以展开，用具体的事实、典型的材料、精确的数据来做进一步详细的阐述。要求紧扣标题，围绕导语，中心突出，叙述清楚，脉络分明。常见的安排材料方法有以下两种：

- 按时间顺序安排材料，即按事件的发生、发展和结局的先后顺序来写。这种写法可使文章层次清楚，脉络分明，适合于写某一事件。
- 按逻辑顺序安排材料，即按材料之间的因果、主从等内在联系，列出几个问题，分别来写。一般先提出问题，然后提出解决问题的具体办法。这种写法逻辑性强，可使文章条理清楚，适合于写某一经验或写某一先进人物的事迹。如果内容比较复杂，一般采用小标题形式，或将问题分成若干条，按顺序号码分列层次。

④ 结尾。结尾用一句话或一段话对主体部分所阐述的内容加以概括、总结，点明主题，加深印象。或指明事物发展趋势，以引人关注；或提出希望，发出号召，以推动工作；或集中总结成绩，以强调效果等。如果内容单一、篇幅较短，主体部分已经叙述清楚，就不必再写结尾。主体写完，自然结束，以免画蛇添足，如所选三篇例文均属自然结尾。

简报一般不具名。必要时可以在正文之后或右下方加括号注明撰稿人的姓名或供稿单位，如例文1。

⑤ 按语。按语是出版单位说的话，一般用于内容重要的简报，具有一定的权威性。按语的作用是对简报内容加以提示、说明或评注。它代表简报编发机关的意向和要求，目的是引起读者的注意。按语一般写在报头与报文间的间隔线之下，顶格标明“按语：”或“编者按：”等字样。也可以插入正文之中，但应把编者按的内容用括号括上。

(3) 报尾

报尾一般是由“发送范围”和“印发份数”两项构成。“发送范围”在左，用“送”“发”等词语注明；“印发份数”在右或者右下，用“共印××份”注明。

报尾与报文之间用横线隔开，或将报尾放在正文下的两条平行横线中间。

有的简报也可以不带报尾，写完报文自然结束。

简报的具体格式参见下页的简报格式示意图。

3. 简报写作的注意事项

撰写简报要做到一“真”、二“新”、三“快”、四“简”，有人称为写简报的“四字诀”。

(1) 内容要真

简报反映的情况要求绝对真实、准确。事件背景、过程、结果及事件中列举的人名、地名、时间、各种数据都必须准确无误，不能虚构，不能歪曲，不能以偏概全，也不能以点代面。

(2) 选材要新

简报机关报中反映的事件要求，要有新闻性，要写新问题、新动态、新趋势、新经验，唯有“新”才有启发和参考价值(图2-1)。

编号：
（内部刊物，注意保存）
密　级：

× × × × 简 报
×××× 年第 × 期
总第×期
××××编印　　××××年×月×日

编者按

标　　题

正　　文（导语、主体和结尾）

报送：××××
发送：××××　　（共印×××份）

图 2-1　简报格式示意图

（3）撰写要快

简报是应用文中的“轻骑兵”，它的生命在于快，撰写一定要及时迅速。简报中有些情况时间性很强，应尽可能快速反应，才能起到应有作用。要想做到快，就要随时掌握信息，收集典型材料。快写、快编、快印、快发。如果写作拖沓，新闻变历史，就失去了简报的意义与作用。

（4）文字要简

简报的篇幅一定要短小，一般为几百字至千余字不等，太长则称不上简报；内容要简明，一般是一文一事；文字要简炼，无套话、废话；叙事要简要，以概括为主，分析以旗帜鲜明地表明态度为主，不加过多的阐述。总之，简报就是把最丰富的内容用最简洁的语言表达出来，使读者尽可能花最少时间而获得最大信息量。

4. 简报编辑要遵循的三条原则

（1）配合中心工作

办简报的宗旨，是借助简报这一宣传媒体，把中心工作做好。每期简报筛选稿件、编制标题等，都要紧扣中心工作的需要。

（2）把好稿件质量关

这是保证简报质量的关键。对稿件的审查，包括政治观点的正确性、内容的真实性与适用性、文体的规范性、文字的准确简练性等。

（3）版面设计美观、庄重

简报的格式虽然基本固定，但布局要讲究美观、庄重，篇章安排要疏密有致，标题要简洁醒目，字体、字号要选用得体，一般不使用美术体。

2.7.3 写作训练

（1）下面是××市政协办公室编发的《情况反映》简报里《严格科学管理，提高办学水平》一文，指出其中存在的问题，并提出修改意见。

严格科学管理，提高办学水平——××市政协考察××粮校的情况汇报

4月21日××市政协组织市区教育界部分委员，邀请市区各中专、职业中专、实验中学校长和市教委有关同志一行18人，由××主席带队，赴××粮校进行了考察。

××粮校系1978年创建的省属中专，座落在××市东郊×江之畔，占地近百亩，环境优美，景色宜人。目前在校学生800人，教职工145人，设置粮经、计统、财会、储检、食品分析五个专业及相应的中专、大专函授。15年来，桃李芬芳，人才辈出，培养了3094名毕业生，培训了1528名粮食职工，莘莘学子犹如灿烂群星，光华灼灼，遍布全省各地，成为粮食部门的骨干。她是培养粮食干部的摇篮，被誉为××省粮食战线的“黄埔军校”。

当我们跨进高楼林立、绿树成荫、生机勃勃、秩序井然的校园时，映入眼帘的是“严谨、求实、团结、奋进”金光闪闪的八字校训。严字当头，从严治校，在科学管理上做文章，向管理要质量，不断提高办学水平，是这个学校的主要特色。考察组对××粮校明确职责的目标管理、突出德育的学生管理、健全考核的教学管理予以肯定，并表示赞赏。

中专是我国教育体系中的重要层次，是培养经济建设急需的中等专业人才的重要阵地，办好中专对提高全民素质有十分重要的作用。各级政府、教委和主管部门扶植、支持办好各类中等专业学校，切实帮助解决一些办学中的实际问题。就中专学校自身而言，则要以小平同志南巡讲话为动力，解放思想，拓宽思路，深化改革，以适应经济建设的需要。××粮校严格科学管理，向管理要质量的经验，则是值得各学校学习和借鉴的。

（2）××市××局办公室拟编一份简报，题为《转变机关职能，大力发展第三产业》，编发时间为2003年5月15日，编号第6期，报送省××局、市委、市府、市经委，印发各县市××局，本局各科室、各直属单位，共印120份。请根据上述内容和简报的格式画出报头、正文和报尾。

（3）根据下列材料，拟写一篇会议简报。

会议名称：××、××两大区××学校校际协作会议

会期：2014年9月20日至25日

会议地点：××省××市

主办单位：××学校

与会单位：16所××学校和部分省市××局科教处的代表

与会人数：42人

会议宗旨：互相交流办学经验，建立校际协作关系

会议内容：以“加强科学管理，向管理要质量”为题，交流了各校的办学经验；以十八届三中全会精神为指导，讨论了如何适应经济改革的新形势，深化教学改革问题；建议由××

部教育司职教处牵头，建立教育研究会，定期商讨教改中带共性的深层次问题；通过了《××、××两大区××学校校际协作会章程》；商定下届协作会议于2015年8月在××学校召开。

2.8 综合练习

1. 填空题。

(1) 计划只是一个统称，常见的规划、设想、打算、安排、意见、________、________、预案等，都属于计划。

(2) 总结是机关、________或个人对某个方面的工作进行回顾、检查和________，从中找出经验和教训，获得________认识，以便指导今后工作的一种应用文体。

(3) 依据不同的标准，总结可以分成不同的类别。通常把总结划分为________和________两大类。

(4) 规章制度是国家机关、社会团体、企事业单位，为了建立正常的工作、生活、学习秩序，依照________、________、政策而制订的，具有________或指导性与约束力的应用文。

(5) 规章制度大致可以分为行政法规、________、制度、________四大类。

(6) 撰写述职报告一定要围绕________，抓住________，陈述________、________及能反映自己工作实绩的事。

(7) 揭露问题的调查报告，主体一般由"________、________、意见或建议"组成。

(8) 简报是机关、团体、企事业单位内部简明扼要地________、交流经验、揭露问题的报道性文书。

(9) 闭幕词是党政机关、企事业单位或社会团体在隆重会议或大型活动即将结束时，由有关领导在会议上作的________讲话。

(10) 祝词用词要求要________，充满激情，________和情趣，表达温文尔雅，恰到好处。

2. 判断题(在题后的括号内，正确的打"√"，错误的打"×")。

(1) 布置任务，交代政策，提出要求，制订措施是要点写作内容要求。(　　)

(2) 学习计划的写作中可以穿插表格形式，可以使表述内容更加清晰、完善。(　　)

(3) 重于典型经验介绍，其内容侧重于介绍事实、做法，并从中找出经验教训，深入展开分析，属于专题性工作总结。(　　)

(4) 总结的语言要生动、华丽，为使文章生动，必引经据典。(　　)

(5)《××学院图书馆借阅制度》这一标题是由制发单位和文种两部分组成。(　　)

(6) 述职报告必须写主送机关或称谓。(　　)

(7) 反映情况的调查报告，主体主要由"情况、分析、建议"组成。(　　)

(8) 简报的报头包括报名、期号、编号、编写单位、印发日期、密级等内容。(　　)

(9) 对欢送对象致以美好的祝愿，是欢送词结尾的习惯写法。(　　)

(10) 在写作祝词时,应不吝溢美之词,所谓“礼多人不怪”,赞美之词使用越多,越会使对方感到祝贺者真挚的祝贺情感。( )

3. 选择题(将正确答案的序号填在括号内)。

(1) 由于内容不同,计划可用不同名称,偏重政策指导性,一般是领导机关对下级布置工作,贯彻传达有关政策和领导意图,属于纲要式的计划一般使用的名称是( )。

A. 打算、设想　B. 安排、方案　C. 意见、要点　D. 规划、预案

(2)“凡事预则立,不预则废”讲的是( )的作用。

A. 计划　B. 总结　C. 规章制度　D. 通知

(3) 下列标题,不属于总结的一项是( )。

A. 读报剪报,我积累知识的一种方法

B. 借风扬帆,我县乡镇企业发展外向型经济的经验

C. 学书法的秘诀

D. 中专生的昨天、今天和明天

(4)《挖掘内部潜力,实现扭亏增盈》属于( )形式的总结标题。

A. 公文式标题　B. 新闻式标题　C. 双标题　D. 其他

(5) 规章制度是一种有效的( )手段。

A. 约束控制　B. 管理指导

C. 约束指导　D. 约束、控制、管理、指导

(6) 述职报告的作者是( )。

A. 单位　B. 集体　C. 领导班子　D. 个人

(7) 述职报告格式内容与总结相似,但又有区别,正确说明区别的选项是( )。

① 总结无称谓,述职报告有称谓。

② 总结结尾无须写明今后的打算和措施,述职报告则相反,必须说明今后的打算和措施。

③ 总结的落款可以写单位名称或个人姓名,而述职报告的落款只能写个人姓名。

④ 述职报告要表明请他人评价的态度,总结结尾无须表明类似态度。

A. ③④　B. ①③　C. ②③　D. ①④

(8) 下列有关调查报告说法错误的一项是( )。

A. 按照反映的内容划分,可分为反映情况、总结经验和揭露问题三种

B. 调查报告的前言又称“引言”或“导语”,它奠定调查的基调

C. 调查报告的主体在结构安排上可有纵式结构、横式结构、纵横式结构三种

D. 结尾是调查报告的收束,由于调查报告的内容不同,结尾形式也各异,为了文章的完整性,调查报告的结尾写作不可或缺

(9) 下列关于简报的说法,错误的一项是( )。

A. 并非所有简报报头都需加写“密级”程度

B. 简报的导语与新闻消息相似,它要求用一句话或一段话概括全文的主旨或中心内容

C. 简报是对本地区、本部门、本单位的重要情况、某项工作进展情况、某种问题,

或会议概况等简要地加以总结，既有参阅性，又带有一定的规定性

D. 撰写简报要做到一“真”、二“新”、三“快”、四“简”

(10) 关于致词，说法错误的一项是(　　)。

A. 致词的语言均要求简洁，切忌长篇大论

B. 欢迎词或欢送词的遣词造句要富有情趣，同时也要避免口语化语言的出现

C. 不同的祝词，发言者有不同的发言目的，表达必须清晰无误

D. 同一会议或活动中不能既有总结，又有闭幕词，二者只取其一

4. 按照要求，完成下列各项写作。

(1) 根据材料，拟写王刚同学的语文学习计划。

王刚同学的语文成绩不太理想，在即将到来的2014—2015学年第1学期，他要制订一份语文学习计划。为使计划内容简单明了，一目了然，决定采用表格式，分别从“学习时段”“学习内容”“学习方法”三方面罗列。

学习时段划分为“2月初～3月底”“4月初～5月底”“6月初～6月底”三个时间段。学习内容要涵盖“2 500常用汉字”“写作”“综合复习”。学习方法以练为主，要将手头的《2 500常用汉字》练习册、语文综合测试卷做完，坚持一天写一篇日记，每周写一篇作文，以便提高写作水平。

(2) 根据以下的对话材料，为王刚拟写一份学习经验总结。

王刚同学学习成绩优秀，2015年2月底，班主任组织了一场班会，目的是让王刚向其他同学传授一下自己的学习经验。班会采用对话形式进行，同学提问，王刚回答。

同学甲：我觉得学习是一件很痛苦的事儿，王刚你觉得呢？

王刚：我不觉得学习是一件痛苦的事儿呀。我觉得只要掌握好的学习习惯和学习方法，就相当于迈出了一小步，它可以逐渐培养自主学习能力，日积月累，在学习中感受到兴趣后，就可以迈出一大步。

同学乙：能介绍一些好的学习习惯吗？

王刚：可以。首先，要有主动学习的习惯。在别人不督促的情况下，要能主动学习，而且一学习就要求自己立刻进入状态，投入其中，不要在学习的同时干其他事或想其他事；其次，要有及时完成学习任务的习惯。对于老师布置的任务，要及时完成，切忌似懂非懂，而且必须充分理解；最后，要有上课记笔记的习惯。在专心听讲的同时，要动笔做笔记。

同学丙：可是我觉得一边写作业一边听音乐可以放松神经呀，作业写得更快。

王刚：边学习边听音乐，这段时间听音乐不能放松神经，只会适得其反。必须专心于学习，成绩才能提高。

同学丁：每节课我都记很多笔记，可是对于老师讲授的课堂内容还是有很多不理解。

王刚：我的笔记都是一些简单记录或记号。这样做既方便自己复习，也可以记住更多要点。不需要把老师讲的内容全记下来，更多的是需要理解、吸收。

同学戊：我找的练习册里有很多难题，做了很多遍，可是成绩却没提高多少。

王刚：学习必须循序渐进，必须注重基本训练，要一步一个脚印，由易到难，扎扎实实地练好基本功，切忌好高骛远。前面的内容没有学得十分透彻，就急着去学习后面的知识，基本的习题没有做好，就一味去钻偏题、难题，这是十分有害的。

同学己：我对背书很头疼，尤其是那些诗词和古文，有什么好办法吗？

王刚：在背诵方面，不能死记硬背。最好是在对诗词、古文有了一定了解的基础上进行背诵，这样不仅不容易忘记，还不会出错。

王刚最后还提到"情绪"对学习的帮助，认为：学习一样东西时，保持自我情绪的良好是十分重要的。在自己的周围营造一个轻松的氛围，学习压力便会减轻，同时，知识掌握起来便会很快。学习效率提升，成绩自然提高。

(3) 为××学院图书馆拟写一则阅览规则。规则中必须有开放时间、阅览对象、穿着要求和规范行为等内容。

(4) 根据以下材料，写一份有关中学生上网情况的调查报告。

2008 年寒假，××职业学院学生采用问卷的方式，对北京市××地区三所中学进行调查，发出问卷 350 张，收回合格问卷 321 张。调查所得到有用数据如下：

上网学生中 17.6%的人偶尔上网，82.4%的经常上网，大部分时间都泡在网上的只有 2.3%。有 70.2%的中学生网龄在半年到一年左右，而两三年网龄的人只有 10%。中学生上网多数是在周末或假期，71.2%的中学生上网主要目的是为了获得更新的信息，43%的学生是为了结交更多的朋友，60%的人上网是为了玩游戏。

半数以上的中学生认为上网是大势所趋，30.5%的学生对网络表示满意，47.1%的人认为对中学生上网应适当指导。

(5) 根据下面的材料，拟写一份欢迎词。

几年来，××市的涉外合资企业——盛豪酒店与××市具有悠久历史的中式酒店——嘉华酒店双方经常互派代表交流、学习，借鉴对方的经验和管理模式，彼此结下了深厚的友谊。2014 年 8 月 21 日，嘉华酒店的经理率酒店的中层以上干部到盛豪酒店参观。盛豪酒店经理王×需要在欢迎仪式上致欢迎词，文中要强调如下几点：①虽然经营方式、管理体制等方面有不尽相同的地方，但这并不妨碍双方各自成为当地有知名度的酒店，也不妨碍双方的友好往来和交流合作。②深信嘉华酒店此次来访必将取得圆满成功，必将增进双方的友谊。

(6) 为你参加过的学校运动会写一篇简报。

要求：

① 报头格式规范；

② 报文部分要包括标题、导语、主体、结尾四部分；

③ 可不带报尾。

5. 根据学校学生管理的有关规定和班级实际情况，制订一份包含思想素质、纪律、学习等内容的班级管理条例。

第3章　经济文书

经济文书是经济管理部门、企事业单位，为处理经济事务、传播经济信息、协调经济关系而制作的，有明确应用目的、格式较为固定的文书。经济文书有新闻类、契约类等多个种类。本章主要学习合同等十二种常用文书。

3.1　项目建议书

项目建议书又称立项申请书，是项目单位呈报上级，请求批准对某一新项目进行可行性研究的书面申请文件。

根据国家上马新项目的程序规定，一个新项目必须经过项目建议——可行性研究——编制计划任务书三个程序。地方企业或单位要建设新的项目，首先就要提出项目建议，如果这个项目建议得到了批准，才意味着可以进入下一步工作程序，即可行性研究阶段。

3.1.1　例文点评

为引进国外先进设备和管理技术，发展乡镇外向型企业，××市对外贸易公司和××乡工业公司经过与外商协商，准备组建一个生产尼龙拉链的专业公司。为此，他们写了一份项目建议书呈报××县人民政府，请求批准。

例　　文	点　　评
关于筹建中外合资××市 ××拉链有限公司的项目建议书	**标题**　由项目的内容和文种组成。
县人民政府：	**呈报机关**
××市××县××乡工业公司、××市对外贸易公司和新加坡××工业股份有限公司经过友好协商，三方本着平等互利、共同发展的原则，拟筹建生产尼龙拉链的专业公司，旨在引进国外先进设备和管理技术，发展乡镇外向型企业。	**正文**　首先写承办单位、项目与立项目的，相当于其他文章的前言。
一、企业名称：中外合资××市××拉链有限公司	

二、项目主办单位：××市××县××乡工业公司

三、项目负责人：×××（初拟）

四、项目总说明（略　编者）

五、中方企业的基本情况（略　编者）

六、中方企业的基本情况、新加坡××工业股份有限公司与我方合作的态度（略　编者）

七、生产规模与国内外市场分析及各方销售比例（略　编者）

八、合营方式及年限（略　编者）

九、投资总额估算，注册资金及各方出资比例、资金构成（略　编者）

十、招工人数及办法

十一、原材料供应（略　编者）

十二、工建概况（略　编者）

十三、工艺流程及环境保护（略　编者）

十四、承办项目的有利条件（略　编者）

十五、经济效益（略　编者）

十六、项目实施进度（略　编者）

附件：三方面关于筹建中外合资××市××拉链有限公司的意向书

××市对外贸易公司（公章）

×××市××县××乡工业公司（公章）

2014年9月19日

接着写项目的具体情况，这是项目建议书的主体。采用分条列项的形式，清楚明白。项目建议书的内容一般都比较多，几万字甚至几十万字都很正常，而且都设“目录”一项，以方便阅读。限于篇幅，引文中对目录和具体内容进行了删减。

附件　补充说明正文的有关材料。

落款　由署名和日期组成，在署名上分别加盖印章。

3.1.2　文种指要

1. 项目建议书的适用范围

上马新项目，需要国家有关部门审批，将该项目的对象、内容、必要性和依据等有关情况报告给有关机关使用。

2. 项目建议书的格式写法

(1) 标题

标题由提出建议单位的名称、项目内容、文种(项目建议书)组成，也可省略建议单位名称。

(2) 呈报机关

建议书所呈报的机关，向谁提出建议谁即为呈报机关，顶格写起。

(3) 正文

一般采用条款式结构，主要内容由以下几个方面组成。

① 立项理由。主要是对拟投资建立的项目的必要性和依据进行论证。项目的必要性受社会背景、经济目的等多种因素制约,要立足于国家的国民经济发展战略,不能过分突出该项目建立对本地本单位的经济发展的重要性。对项目依据的说明,即项目的由来和发展情况说明,实际上是在提出项目的直接起因,同时也说明项目的必要性、可能性。

② 项目内容。是关于具体对象、规模、范围、结构、性能、经济技术指标和建设地点等的说明。说明时主要是勾勒项目的轮廓,进一步的精确阐述一般放在下一步可行性研究报告和计划任务书中完成。

③ 投资条件。这部分主要包括资源条件、基础设施条件、技术条件、外部协作关系及这些条件的落实情况。其中资源条件包括实物资源(如原材料资源、燃料资源、动力资源、设备资源等)、资金资源(人民币或外币)、人力资源(如承办单位的基本情况、生产创汇能力等);基础设施条件则包括水、电、交通、通信等。

④ 投资估算和筹资打算。用具体数字说明对本项目的投资估算,如土建费、设备费、安装费、施工费、设计费、工程费(含公用工程费、辅助工程费、"三废"工程费)等;在总投资费用中,哪些靠贷款,哪些靠自筹,两者的比例如何等。

⑤ 效益分析与还贷。效益分析一般以经济效益分析为主,经济效益与社会效益并重。经济效益分析主要通过具体数字说明项目投入后的产出效益。这里的数据必须准确真实,有可信度。例如理论产量和实际产量、成本、内外销售比例、市场销售价格、年销售收入、实现利税及创汇数额等,这也是进一步论证项目必要性的关键,同时,也为说明还清贷款的能力提供了佐证。根据这些数据,写明还贷期限。社会效益的分析主要着重指出项目建成后对发展国民经济、对社会公共事业、对精神文明建设等方面带来的好处。也可以把社会效益分析这部分内容放在开头的项目理由的论证中,这里仅作经济效益分析。

⑥ 进度安排。以数字或图表的形式,说明项目建设工期的安排,分年度或季度、月度的进展计划。

(4) 落款

正文右下方署单位名称,单位名称下方写日期并加盖公章。

3. 项目建议书写作的注意事项

(1) 进行深入的调查研究

编写之前要进行深入的调查研究工作,掌握第一手资料。一个项目是否值得上马,它的必要性、可行性和获利可能,绝不是凭着主观想象或者善良愿望就可以达到的,只有在深入调查研究的基础上,用翔实的数据资料和科学的分析论证来阐述,才是对国家利益和人民利益负责的表现。

(2) 叙述、议论和说明相结合

项目建议书写作涉及叙述、议论和说明三种表达方式,目的却只有一个,就是使上级主管部门了解上马该项目的理由和好处,予以批准。这就要求在写作时善于利用最具可信度的科学数据,充分可靠的数据比任何道理的阐述都更具说服力。客观地叙述有关资料,准确地说明有关情况,运用数据作为议论的重要论据,是写好项目建议书的三个关键点。

(3) 条分缕析,突出重点

项目建议书涉及的内容比较多,要力求全面,防止不应有的疏漏,这当然是对的。但同时更要注意克服可能由此而形成的泛泛而论，尤其是列出理由时要突出重点，分清主次。项目建议书的写作核心是论证项目建设的必要性及实施条件的可行性和建设之后的获利可能性，其中尤以分析论证必要性为最重要。分析要恰如其分，如果有负面效应，也要实事求是地反映清楚，如可能造成的环境污染问题，对附近的公用设施如道路、水电等造成的超负荷使用等问题，并提出针对性的处理意见和解决办法，供上级有关主管部门在审查时参考。

(4) 语言简洁明了

文章的语言要简洁，可以量化的地方尽量采用数字说明或图表说明的方法，避免文字上的冗长烦琐。

(5) 数据书写规范、统一

数据书写必须规范、统一。例如，百分比的表示，不能一会儿写成“50%”，一会又写成“百分之五十”；年代的表示，不能一会儿写成“2014 年”，一会儿又写成“二〇一四年”，或“一四年”“14 年”；货币数的表示，不能一会儿写成“1 000 万元”，一会儿又写成“一千万元”，或“10 000 000 元”。

(6) 使用准确、规范的专用术语

专用术语的表达要准确、规范。例如，利润和利税、创利和创汇、产值和产量等，都是不同的概念，不能含糊、混用。

其中，(4)(5)(6)三条，在下一节将要学习的可行性研究报告写作中同样应予以注意。

3.1.3 写作训练

根据下面文字材料，为北京爱环制革公司向北京市经贸委拟一份中外合资企业项目建议书，要求项目齐全，格式规范。

北京市爱环制革公司拥有国内皮革行业中较先进的制革技术及一批具有较高专业知识的研究人员，有着较完善的设备，从事着皮革及其制品的开发工作，同时具有小规模的生产能力。为了引进国外的先进技术，提高皮革及其制品的工艺水平，提高产品档次，增强在国际市场的竞争能力，拟与美国爱利公司在北京筹建为期十年的皮革及制品合资企业项目。投资总额××万美元，注册资本××万美元，其中中方爱环制革公司以厂房、设备、现金投入折合××万美元，占××%；外方美国爱利公司以现金和技术投入，共××万美元，占××%。尚缺的流动资金××万美元由合资公司在北京贷款。合资初期主要生产汽车用皮革及其制品，以后逐步扩大生产其他产品，其产品 90%以上外销，年销售额××万美元，厂房约需××平方米，职工 200 名(爱环公司已具备)，其设备合资初期只需增添部分普通缝纫机即可满足产品生产需要。其生产原料，合资初期，汽车用皮革及其制品的原料均在中国境内采购，以后逐步扩大其他产品生产时，视具体情况酌情而定，如若中国境内原材料价格高于国际市场时，由外方负责在国际市场采购。市场预测经济效益，合资初期年销售额为××万美元，若利润率为××%，每年可获利××万美元，××年即可收回××万美元的全部注册资金，该合资项目不会造成环境污染。

3.2 可行性研究报告

可行性研究报告是通过对技术方案、投资项目、建设工程、生产经营政策、改革措施的经济有效性、技术合理性、实施可能性、未来的变化性等方面进行科学的论证和分析，确定有利和不利的因素，回答项目实施可能性咨询，提出可行的建议方案，请求决策者和主管机关审核、批准的一种上报性文件。

3.2.1 例文点评

为了适应本地区农牧业生产发展的需求，减少化肥进口，节省外汇开支，××地区拟建一个大型化肥厂。为此，他们在该项目的项目建议书得到上级肯定的基础上，写了一份可行性研究报告呈交上级部门。

例文	点评
××地区30万吨合成氨厂可行性研究报告	**标题** 由单位、项目内容、文种组成。
一、总说明 随着改革开放的深入，××地区农牧业有了很大的发展，原有的几个小型化肥企业的产品已不能满足当地的需求，近几年来，每年都要进口部分尿素。为了适应××地区农牧业生产发展的需求，减少化肥进口，节省外汇开支，建设一个大型化肥厂实属当务之急。 该项目拟由当地一个中型化肥厂——××化肥厂主办。该厂现有职工1 200人，2000年定为国家二级企业。该厂主要产品合成氨为省优产品，年产量5万吨。 该项目拟从国外引进必要的技术软件、关键设备及部分特殊材料。总投资为×××万美元；设计年生产能力为30万吨合成氨，全部加工成尿素，年产量为52万吨。	**总说明** 也称前言，对论证项目提出的背景、投资的必要性和经济意义进行概要说明。内容包括项目名称、目的、作用、项目主办单位情况、位置、设备与技术来源、投资与生产规模等。
二、市场分析 1. 该地区20世纪70年代末建成3个小氮肥厂，当时总产量为年产7.5万吨合成氨。主要加工成硝酸铵、碳酸氢钠等产品，基本上能满足当地农牧业生产对化肥的需求。近年来，农业生产的规模有了较大的发展，对化肥的需求量逐年增加。“十五”期间，对原有化	

肥企业中的两个厂进行了节能技术改造，同时也扩大了产量。目前，该地区合成氨的年总产量为18万吨，但仍然不能满足生产需求。

2. 根据当地农业生产资料公司统计，近两年来农业生产对化肥的需求仍在不断增加，每年都需要从内地调进20～30万吨，通过外贸进口10～20万吨化肥。尽管如此，有一些农民仍需外出自行购买高价化肥。

3. 根据当地政府和主管农业部门的调查，当地治理荒山、改造沙漠已初见成效。随着三北防护林的建设和发展，兴修水利投资的增加，可耕地还在不断扩大。“十二五”期间农业生产还将有较大的发展，对化肥的需求仍呈上升趋势。

三、原料和能源供应

主要原料和燃料均采用天然气，由××油田通过管线直接送到厂区。经沟通、测算，该项目所需的天然气基本上能保证供应。

四、厂址选择

该厂建在××省××市××区××化肥厂东侧，交通方便，濒临××河，占地面积45公顷，占地为贫瘠的荒地，厂区与地理环境适合建造化肥厂。

五、设备与技术

该项目拟引进×国厂商技术软件和×国主要设备、仪器，部分配套设备由国内供应（专利技术与设备清单见附表）。

六、建设周期

该项目建设周期为三年，预计2016年正式投产。试生产后，正式投产第一年，负荷为生产能力的75%，第二年为90%，第三年可满负荷生产。

七、财务测算

1. 该项目总投资为×××万美元，其中形成固定资产×××万美元，流动资金×××万美元。固定资产所需外汇由国内贷款解决，银行利率为10%，人民币全部由建设银行贷款，年利率为8%。

2. 正式投产后，2016年生产尿素为××万吨，按每吨单价×××元计算，年销售收入为×××万元。前三年每年按10%递增，到第四年全年销售收入可达×××万元。

正文 从市场、原料和能源供应、设备与技术、建设周期、财务测算、偿还贷款估算等几个方面对该项目的可行性进行分析。市场是项目的前提，没有市场经济效益，社会效益也无从说起；原料和能源供应、设备与技术是客观基础；建设周期、财务测算、偿还贷款估算则是从经济角度分析其可行性。

3. 生产成本估计如下。

(1) 原材料、燃料、动力消耗额估算。(略　编者)

(2) 原材料、燃料、动力按市场现行价格计算。(略　编者)

(3) 职工工资及福利基金估算(略　编者)

(4) 生产车间副产品估算。(略　编者)

(5) 车间经费、企业管理经费估算。(略　编者)

4. 销售税金按出厂价的7%计算。(略　编者)

5. 销售利润。(略　编者)

八、偿还贷款估算。(略　编者)

九、评价

1. 本项目建成投产后,每年可产优质尿素52万吨。不但可以满足本地区农牧业生产的需求,促进农作物增产,还可以取代进口化肥,节省外汇×××万美元。

结论　从经济效果角度进行整体评价,提出建议,最终得出"建设该项目是十分可行的"可行性结论。

2. 考虑到物价因素的影响,依今后3年的物价上涨指数为×%测算,尿素成本还应提高×%,单位成本应为×××元。若按全部自销、×××元/吨的出厂价计算,年利润相应减少×××万元。

3. 若通过专门的销售部门批发,产品销售税金按7%计算,每吨销售价格则平均降低××元,企业每年减少销售收入×××万元,企业经营微利或保本。产品销售税金如按20%计算,每年多支出税金×××万元,企业亏损。

4. 在××地区建设这样一个化肥厂实属利国利民的急需项目,对促进该地区农牧业以至整个经济的发展都十分有利。根据以上各方面分析,建设该项目是十分可行的,建议国家在价格、税收政策上采取优惠政策予以扶持。

附件(略　编者)

附件　给出建厂的有关详细资料,这是可行性研究报告必不可少的内容。

3.2.2 文种指要

1. 可行性研究报告的适用范围

在项目建议得到有关部门的肯定后,进一步回答上级对技术方案、投资项目、建设工程等的询问，或请求对这些方案、项目和工程等进行审核、给予批准。

2. 可行性研究报告的格式写法

可行性研究报告一般由标题、前言、正文、结论和附件五部分组成。

(1) 标题

标题由单位、项目内容、文种组成。标题要力求清楚、精炼，将所需交代的项目内容说明清楚，如例文的标题，再如《甘肃省酒泉裕隆公司新能源综合利用示范项目可行性研究报告》。

(2) 前言

前言是对论证项目的概要说明，前言的内容可以包括项目名称、项目主办单位和法人代表、项目的主要技术负责人及经济负责人名单、项目的范围、规模、目的、作用及预测的经济效益和社会效益等内容。

(3) 正文

正文是对该项目涉及的有关内容和影响因素加以论证说明，提出实施目标的具体步骤及可行措施，为确定项目是否可行提供科学的依据。

我国有关部门颁布的《关于建设项目可行性研究的试行管理办法》中，规定了工业项目可行性研究的基本内容。

① 总论

● 项目提出的背景、投资的必要性和经济意义。

● 研究工作的依据和范围。

② 需求预测和拟建规模

● 国内外需求情况的预测。

● 国内现有工厂生产能力的估计。

● 销售预测、价格分析、产品竞争能力、进入国际市场的前景。

● 拟建项目的规模、产品方案和发展方向的技术经济比较和分析。

③ 资源、原材料、燃料及公用设施情况

● 经过储量委员会正式批准的资源储量、品位、成分及开采、利用条件的评述。

● 原料、辅助材料、燃料的种类、数量、来源和供应可能。

● 所需公用设施的数量、供应方式和供应条件。

④ 建厂条件和厂址方案

● 建厂的地理位置、气象、水文、地质、地形条件和社会经济现状。

● 交通、运输及水、电、气的现状和发展趋势。

● 厂址比较与选择意见。

⑤ 设计方案

● 目的构成范围、技术来源和生产方法、主要技术工艺和设备选型方案的比较，引进技术、设备的来源国别，设备的国内外分交或与外商合作制造的设想。改扩建项目要说明对原有固定资产的利用情况。

● 全厂布置方案的初步选择和土建工程量计算。

● 公用辅助设施和厂内外交通运输比较和初步选择。

⑥ 环境保护

调查环境现状,预测项目对环境的影响,提出环境保护和三废治理的初步方案。

⑦ 企业组织、劳动定员和人员培训

⑧ 实施进度的建议

⑨ 投资估算和资金筹措

- 主体工程和协作配套工程所需的投资。
- 生产流动资金的估算。
- 资金来源、筹措方式及贷款的偿付方式。

⑩ 社会及经济效果评价

(4) 结论

在前面论证分析的基础上,推出项目可行性的综合评价,也可以将存在的问题和改进的建议写在结论中。

(5) 附件

与项目有关的文件,如调查材料、项目建议书、协议书,区域平面图、投资费用表、工艺流程图等必须的图表,以备查询。

以上各部分,个别项目如果不是十分必需,可以不写。如例文的建设项目的目的是为了满足本地区农牧业生产发展的需求,因而省略了"进入国际市场的前景"部分;而有的部分则绝不可以省略,如"投资估算"。

3. 可行性研究报告写作的注意事项

(1) 要深入调查研究、科学的分析预测,编写人员要具有较高的业务素质,从而使报告的内容真实、完整、准确,使报告的结论严谨、客观、科学。

(2) 要严格遵守国家的有关规定,对各方面因素的分析论证要周详完备,语言表达要准确、精炼,格式要规范,专业术语、图表、数据要清楚、精确。

(3) 与3.1.2项目建议书写作的注意事项"(4)(5)(6)"条相同,可行性研究报告也有"语言简洁明了","数据书写规范、统一","使用准确、规范的专用术语"的要求。

3.2.3 写作训练

根据下面的材料,写一篇可行性研究报告。

近几年内,北京神州泰岳软件股份有限公司对产品线进行全面规划和拓展。以其在数据网管、IP网管等领域内的影响力,逐步介入了话务网管等其他专业网的运维管理市场,其产品线在面向电信网络的运维管理领域内逐步拓展。随着竞争的加剧和客户对自身业务环境方面独立性的要求,公司迫切需要构建一个独立、稳定、高质量的研发及办公环境,特别是需要建立专业的研发测试机房,以保证开发、测试系统的稳定性和准确性,保障产品开发的质量及实施能力。

截止2009年年底,公司共有员工2 235人,其中技术人员2 056人,占比为91.99%。根据公司人力资源规划,2010年公司人员将达到3 000人左右,到2013年预计达到5 000人左右。现有办公环境和分布式办公场地已经不能满足公司持续、快速发展的需要,客观上需要企业拥有一个完整、相对集中的研发与经营环境。而且,公司及子公司在不同区域办公，企业沟通成本、管理成本较高，影响运营效率。构建一个良好的研发及办公环境，提升公司整体形象和市场影响力，也是公司进一步稳定经营环境、吸引更多人才的必要而有效的手段。

为此，公司拟利用25 453.85万元超募资金（注："超募资金"新股发行开始"市场化"以后，由于新股定价机制的缺陷，上市公司募集资金超过投资项目计划实际所计划募集的资金，这种现象称为超募，而超募所得的资金便被称为超募资金），在北京市朝阳区北苑北辰居住区B5区的北辰首作大厦，进行北京总部研发及办公用房建设项目，并与此前已购置的办公场所形成一个整体，共同作为公司的全国营运中枢，将北京辖区内的公司所有机构及人员整建制迁入，以进一步提升公司的研发技术水平、营运管理水平。

该项目将与现有募投资金项目的环境建设相互融合，共同搭建起一流的自有研发、测试和演示环境，以及各种功能强大的硬件基础平台、操作系统平台、数据库平台和中间件平台，进行软件产品的升级、更新换代，增强现有软件产品的功能和质量。同时，形成体系完善、功能领先、性能优越的系列产品，以及优质、丰富、完善的服务体系。根据IDC历年BSM解决方案市场研究报告，2004—2008年，公司在BSM领域的市场占有率分别为15.0%、15.1%、19.3%、23.6%和25.7%，市场份额逐年提高。通过依托本项目的实施，将进一步改善公司的资产结构、稳定公司的经营环境并吸引更多的人才，完善技术研发环境，保证拟开发产品的技术先进性、适用性和产品开发成功率，提升管理水平与效率，更好地适应IT运维管理行业快速发展的需要，提高公司的核心竞争力，进一步巩固和提升在国内同行业内的领先地位，以实现公司打造国际一流的软件和服务企业的战略目标。

而房产折旧对公司业绩有着积极的正面影响。本项目新增房屋资产20 726.63万元。若按40年折旧政策计提，预计残值率为5%，则每年这部分房产计提的折旧为492.26万元。而与此同时，公司购置并使用了该房产也相应节省了租金费用。经初步调研，同类地区、同类品质的写字楼的单位租金，平均为4元/平方米/天。按此价格和同等面积计算，年租金约为2 521.74万元。本项目用房的购买价格为12 000元/平方米，相对于目前同类地区、同类品质的写字楼来说，有着明显的价格优势。

本项目新增办公场所建筑面积17 272平方米。投资规模为25 453.85万元，其中22 453.85万元用于场地购置及装修工程，设备购置费用为1 530.00万元，相关税费和其他不可预见费用为1 470万元。项目建设期为半年，自2010年6月起至2010年12月止。其中场地的购置与装修时间为2010年6月至2010年12月，共6个月；设备购置与安装时间为2010年6月至2010年12月，共6个月。

3.3 决策方案报告

为了实现经济活动中的某项目标，解决企业的重大问题，职能部门或有关人员依据相关资料，围绕既定的目标，经过分析、论证后，作出设想、预测，提出两个或两个以上切实可行的备选实施方案，供决策者在制订决策时选择最佳方案的书面报告。

3.3.1 例文点评

××厂××车间有部分厂房、设备闲置未用，造成了资源上的浪费，经济上的损失。为盘活固定资产，充分利用现有资源，该厂生产管理科依据相关资料，围绕既定的目标，经过分析、论证后，提出了两个备选实施方案，举出各自的利弊，供决策者在制订决策时参考。

例　文	点　评
关于××车间闲置厂房、设备处理方案的报告	**标题**　由决策目标与文种构成。"处理方案"可以理解为"处理决策方案"。
一、问题 ××车间有部分厂房、设备闲置未用，造成了资源上的浪费，经济上的损失。需要充分利用，盘活固定资产。	**正文**　第一部分，需要解决的问题，厂房、设备闲置，需要充分利用。
二、资料 1. 维持现状，厂房、设备的折旧费为每个月×万元。 2. 我厂每月需要××型零配件××件，××厂供应价为每件××元，每月总计支出×万元。 3. 自行生产××型零配件，每件成本××元。其中，材料费××元，工资××元，管理费用××元，厂房、设备折旧费××元。每月总计支出×万元。 4. 厂房设备租给××厂，××厂同意每月支付租金×万元，××型零配件仍由××厂供应。	第二部分，有关资料。提供准确的数据资料，为后文确定实施方案提供客观的依据。
三、处理方案 1. 收取租金。把闲置的厂房、设备租给××厂，收取租金。 2. 取消订货，利用闲置设备生产××型零配件。投入××万元资金，对这些闲置设备进行技术改造，自行生产原来由××厂供货的××型零配件。	第三部分，提出的处理方案。提出两个可实施的方案。
四、比较分析 第1个方案：优点是每月可收取租金×万元，不需要我厂管理，没有管理上的费用支出。不足是将会出现人员杂处现象，带来管理上的困难。 第2个方案：取消订货改为自产，与供应价相比较，每月可以带来经济效益×万元，每年总计××万元。可以安置我厂下岗职工××名。不足是需要投入	第四部分，对两个方案的比较分析。对两个预选方案进行分析、论证和比较，权衡各方案的利弊得失，推举最佳方案，并推导预测其实施结果，供决策者参考。

××万元技术改造资金，而且要增加生产流动资金××万元。取消订货也会造成××厂安排上的困难，需要做好沟通工作。

比较这两个方案，方案2的经济效益好于方案1。方案2每月可比方案1多收入××万元，全年共××万元。方案2投入的技术改造资金不足5个月即可收回，增加的流动资金也可以在一年内收回。安置本厂下岗职工，还可以增加我厂的稳定因素。方案2优于方案1。

以上请领导决策参考。

××厂生产管理科

××××年××月××日

正文部分由四个小标题统领四个方面，小标题使读者一目了然，内容简洁，思路清楚。

结尾 使用决策方案惯用的结束语结尾。

落款 由署名和日期组成。

3.3.2 文种指要

1. 决策方案报告的适用范围

职能部门、有关人员为决策者制订决策，实现某项目标，解决企业的重大问题提供切实可行的备选方案时使用。

2. 决策方案报告的格式写法

决策方案报告一般包括标题、正文、结尾和落款四部分。

(1) 标题

一般采用实施目标加文种的形式，如例文的标题，再如《关于长江三峡兴建电站的决策方案报告》。

(2) 正文

正文是决策方案报告的主体部分，包括以下几部分

① 决策目标。也就是确定解决问题所要达到的结果。有的微观决策方案报告可以因标题的详尽而省略。例文就省略了决策目标。

② 提出依据的资料。借助专业手段为决策目标搜集大量准确的资料，并对其进行系统的分析，为后文确定实施方案提供客观的依据。

③ 确定实施方案。实施方案是决策方案报告的核心，就是要从多个方面寻找实现目标的有效途径。为使拟定的实施方案更具可行性、科学性，首先要掌握大量的信息和情报；其次是选好决策的类型和方案的标准；再次是把握决策的实质和各种方案的可行性；最后

用系统的科学方法对可实施的方案进行归纳、综合。

④ 进行比较论证。对多种预选方案进行分析、论证、权衡和比较，用合理的标准和科学的方法，实事求是地进行可行性分析，权衡各方案的利弊得失，推举最佳方案，供决策者参考。

⑤ 推导预测结果。对决策的预期结果进行预测，推测目标的实现程度。

(3) 结尾

一般用“以上方案，供领导决策参考”“请领导分析裁定”等结束语收束全文，也可以不加结束语，省略结尾。

许多决策方案内容多且复杂，不便于所有的内容都在正文中出现，可以采用附件。在结尾的下一行，按照顺序注明附件名称，附件附于报告后。如果决策方案内容较多，要使用目录，置于标题之下。

(4) 落款

由具名和日期组成。

3. 决策方案报告写作的注意事项

(1) 写作决策方案报告要发扬民主，集思广益，集中专家和广大群众的智慧，使决策具有客观性、高效性。

(2) 尽可能地使用各种现代方法、手段和工具，进行多角度的专业化的分析论证，使决策方案报告更具科学性。

(3) 决策方案报告是多方案择优，切忌主观偏重一种方案，使方案失去可比性的选择。

3.3.3 写作训练

××学校校办工厂现有车床四台，厂房五间，工人50名。该厂没有主导产品，只是靠联系一些外加生产业务维持生存。为走出困境，该厂提出了引进先进设备、扩大生产规模和利用学校教师的科研成果转产新产品两个方案，以供学校领导班子决策时参考。请为该厂拟一份相应的决策方案报告，要求格式规范，内容完整，所缺的有关资料可以根据需要自行添加。

3.4 经济分析与预测报告

运用科学的分析方法，对某一经济活动的全部或部分过程、结果和未来进行分析预测，为相关部门在经济活动中的经济目标得以实现提供指导性的参考意见，由此而形成的书面材料就是经济分析与预测报告。

经济分析与预测报告可细分为经济分析报告与经济预测报告两种。前者侧重于分析后总结出经验、教训，提出建议或提供参考；后者关注于分析后推断出未来的发展趋势，得出结论。

3.4.1 例文点评

在现代的建筑行业中，水泥是建筑的必需材料。水泥的供需关系，既影响着水泥行业的发展，也对国家经济的发展有着重大影响。有鉴于此，作者对我国 2014 年水泥行业未来发展的机遇和挑战作了总体分析，并对 2014 年市场的走势做了预测。

例　文　1	点　　评
2014 年中国水泥行业发展趋势预测分析	**标题**　由预测时限、对象、内容和文种组成。
2014 年，我国经济发展具有基本面良好、外部环境趋于改善、市场预期好转等有利条件。中央经济工作会议强调坚持“稳中求进”的总基调，2014 年中国经济将以不低于 7%的增速保持稳定增长，基础设施建设投资和新型城镇化建设将成为未来经济增长的主要推动力，也是拉动水泥需求稳定增长的主要因素。房地产投资预期的不确定性，预示水泥行业未来发展机遇和挑战并存，但总体将呈现向好态势。	**导语**　简要列举影响水泥需求的主要因素，分析这些因素所带来的影响，给出 2014 年“水泥行业未来发展机遇和挑战并存，但总体将呈现向好态势”的预测结论。
一、基础设施和新型城镇化建设将成为未来拉动水泥需求的主要动力 中央城镇化工作会议提出的六项主要任务中包括优化城镇化布局和形态，会议提出了“两横三纵”的城市化战略格局，我国已经形成京津冀、长三角、珠三角三大城市群，同时要在中西部和东北有条件的地区，依靠市场力量和国家规划引导，逐步发展形成若干城市群，成为带动中西部和东北地区发展的重要增长极。中西部将成为城市群发展的重点。2014 年，国家将继续加大对西部大开发的支持力度，重点支持西部地区基础设施建设等，着力解决西部地区交通和水利两块“短板”问题，这将继续拉动水泥需求快速增长。国家开发银行预计，未来 3 年我国城镇化发展投融资资金需求量将达 25 万亿元，国家将推动出台户籍、土地、资金、住房、基本公共服务等方面的配套政策，研究推出促进中小城市，特别是中西部地区中小城市发展的支持政策。	**主体**　第一部分分析基础设施和新型城镇化建设的有利影响。在现代建筑行业中，水泥是建筑的必须材料，国家对基础设施建设的支持和发展城市群的规划，必然带动水泥行业的发展。
二、产能过剩将逐渐化解，供需关系有望得到进一步改善 化解产能过剩矛盾成为当前经济工作中的重中之	第二部分，通过对国家有关政策的分

重。《国务院关于化解产能严重过剩矛盾的指导意见》中提出，水泥行业严禁建设新增产能项目；坚决淘汰落后产能；2015年年底前再淘汰水泥（熟料及粉磨能力）1亿吨。产能严重过剩行业项目建设，须制订产能置换方案，实施等量或减量置换，在京津冀、长三角、珠三角等环境敏感区域，实施减量置换。在分业施策中提出，加快制订（包括修订）水泥、混凝土产品标准和相关设计规范，尽快取消32.5复合水泥产品标准，逐步降低32.5复合水泥使用比重；发展高标号水泥和特种水泥。水泥项目投资核准已下放至省级政府，对地方政绩的考核不再以GDP论英雄，这将有效遏制地方政府的盲目投资冲动。这一系列措施的实施，使水泥行业的产能过剩矛盾有望逐步得到化解，加上各地对大气污染治理力度的加强，有助于加快落后产能的淘汰，水泥市场供需关系将不断得到改善。

析，得出落后产能会被坚决淘汰，水泥行业的产能过剩矛盾将有望逐步得到化解，水泥市场供多需少的问题将得到进一步解决的预测结论。

三、环保标准更加严格，淘汰落后产能加快

水泥行业未来发展既有机遇，也面临着挑战。全球经济复苏较为缓慢，仍然存在不稳定、不确定因素，中国经济发展仍然面临下行压力。水泥行业环保新标准已经出台，氮氧化物排放标准将更加严格，现有水泥生产线氮氧化物排放标准将调整为320毫克/立方米。2014年水泥行业将实施新的排放标准，加大环境污染的治理力度，虽然水泥企业生产成本会有所上升，但通过行业自律会实现成本适度转移。环境成本的加大会加快落后产能的淘汰，在控制新增产能的条件下，市场预期仍然可观。

第三部分，通过分析，明确判断：虽然受全球范围的经济发展存在的不确定性、环保要求更加严格等不利因素的影响，但水泥市场的预期仍然客观。

主体分三个部分，分列三个小标题，具体分析几个主要因素对水泥需求产生的影响。全面系统地对2014年水泥市场进行了分析、预测，方法科学，分析严谨，预测明确，条理清晰，次序井然。

我们预测，2014年，水泥需求总体上将保持温和增长态势，在不考虑水泥新标准实施的情况下，水泥产量继续增长6%～7%，行业利润仍维持较高水平。2014年，水泥熟料新增产能会明显放缓，落后产能有望加速淘汰，供需关系不断改善。以提高能效和环境改善为目的的行业创新、科技进步将持续推进。水泥区域市场的格局划分进一步清晰，主导企业对市场的影响力将持续加强。优势企业在产业链延伸和国外投资方面将有不俗的表现。

结尾 以主体部分的分析结论为基础，得出2014年水泥需求与产量等有关问题全面而明确的预测结论，为水泥供需部门，特别是生产企业提供参考。

（本文发表于2014年5月20日中商情报网 作者佚名 有删改）

作者佚名，所以本文省略了落款。

中国是茶叶的故乡，茶叶是中国的传统饮品，茶叶在中国有着广大的消费市场。但最近两年来，茶叶市场的需求明显下降，许多品牌茶叶企业也面临着不小的转型压力。如何扩大茶叶的销售渠道，是一个亟待解决的问题。作者结合部分企业的成功经验，提出了多个拓宽茶叶销售渠道的建议。无疑，这对品牌茶叶企业的生产销售具有一定的参考价值。

例　文　2

2014年品牌茶企茶叶营销渠道分析

×××

走进位于北京市西城区马连道的第三区茶叶城，往日的繁华已经不见踪影，成排的门脸房大门紧闭，显得格外冷清。在一家主营大红袍的商铺里，已经在马连道经营了十几年茶叶生意的黄先生告诉我们，最近两年来，茶叶市场的需求明显疲软，高端礼品茶销量大幅萎缩，茶叶批发生意的确不好做了。“这两年，在第三区茶叶城看到最多的不是‘客来客往’，而是‘商来商往’。”黄老板说，由于市场不景气，而门脸房租金又贵，不少商铺陷入了“开张—关店—易主—装修—开张”的循环之中。

在第三区茶叶城走了一圈，发现的确有不少商铺正在招租。一位王先生告诉我们，他的门脸房招租启事已经贴出去两个多月了，但少有人问津。第三区茶叶市场的现状，正是当前茶叶市场萧条的缩影。在目前的市场寒冬中，不仅个体茶商感到寒意阵阵，许多品牌企业也面临着不小的转型压力。

中国×记茶业集团有限公司成立于2009年7月，公司主营大红袍，致力于打造高端茶业品牌。目前，×记茶业在北京、河北、福建等地已设立10余家直营门店，在国内10多个省市拥有经销商100多家。“转型是茶商面临的迫切任务。”×记茶业董事长杨×说，茶叶的生产加工成本和市场运营成本持续上涨，而市场需求又出现明显萎缩，茶商的利润空间不断缩小，这一系列的困境都在倒逼茶商转变经营发展思路，特别是定位高端市场的茶叶企业，更应主动挖掘大众化的消费市场。在×记茶业位于北京市长椿街的门市店里，

点　评

标题　由分析时限、对象和文种组成。

署名

主体　省略导语，直接进入主体。采用叙述式，首先借助茶商之口，说出目前茶叶销售所面临的窘境——“茶叶市场的需求明显疲软，高端礼品茶销量大幅萎缩”。通过叙述入题，自然得体，语言亲切，易于读者接受。结尾用一句“在目前的市场寒冬中，……许多品牌企业也面临着不小的转型压力”，转入本文分析的对象——品牌茶叶企业所面临的扩大茶叶销售渠道问题。接着，用中国×记茶业集团有限公司、×香茶业的成功尝试，提出了多个拓宽茶叶销售渠道的建议。

一进门就发现，在门店最显眼的位置，摆放的是包装极其简易的产品，而一些包装相对高档的产品，都摆放在货架的上方。

“我们在主打高端品牌的同时，并不放弃大众市场。”杨×说，这些简易包装的大红袍在价格上要比定位高端的礼品茶便宜许多，但二者在品质上并没有太大的差距。通过推出简易包装的产品，可以更好地锁定普通消费者群体。包装上进行简易化处理的尝试，是高端茶叶品牌转型的微缩影。在采访中还了解到，一些茶叶品牌也在积极将文化元素进一步与茶叶营销相结合。

一般情况下，经济分析与预测报告是依据大量准确的数据，通过对专业性资料的分析，得出预测性的结论。使用的是应用文所常用的事务语体，语言庄重平实，很少使用抒情、描写，夸张、拟人等修辞手法也基本不用。本文的主体部分数据材料较少，而是选取了几个具体案例，通过对案例的分析给出参考意见。语言形象生动，大量的使用叙述、描写手法，具有较强的文艺语体特色。

在马连道的同行中，×香茶业已是一个名气不小的品牌。×香茶业负责人王××说，过去几年，高端茶品牌的竞争拼的是资金和渠道。如今，在市场布局扩张乏力的情况下，品牌企业的竞争也逐渐从规模竞争转向品牌内涵的竞争。

×香茶业在推出简易包装茶产品的同时，还推出了与齐白石书画艺术相结合的礼品茶。王××介绍说，这些茶叶从包装上看有着浓厚的文化底蕴，但茶叶分成好几个等级，市场零售价从几十元到几百元不等，这一做法打破了“高端茶等于高价格”“品牌茶等于富人茶”的传统做法，受到了市场的欢迎。

×记茶业更是创新性地与体育赛事合作，成为中国×球公开赛官方唯一指定用茶。杨×表示，把现代的×球运动与传统茶文化相结合，有助于借助中国×球公开赛的影响力，在世界舞台上亮相。

此外，一些茶叶企业还通过微博、微信进行网络营销，引导更多年轻消费群体关注传统茶叶。有关专家指出，当前，高端茶叶市场“遇冷”，并不意味着品牌企业已经走到尽头。相反的，品牌茶企应抓住当前市场调整的有利时机，更加重视长远发展的规划，及时调整企业发展路径，明确企业品牌定位，丰富品牌内涵，使企业在品牌竞争时代占据更多优势。

结尾 结合其他茶叶企业的创新性做法和专家的观点，提出了“品牌茶企应抓住当前市场调整的有利时机，使企业在品牌竞争时代占据更多优势”的建议。

（本文发表于食品信息网 2014年12月10日 有删改 作者佚名）

3.4.2 文种指要

1. 经济分析与预测报告的适用范围

（1）对经济活动进行全面或专项的分析研究，以期从中找原因、作评价、探规律、拟对策，借以改善经营管理，挖掘内部潜力，提高经济效益时使用经济分析报告。

（2）根据现在的经济活动情况，特别是通过调查得到的统计资料，从历史和现状出发，寻找其发展规律，推知未来经济发展的过程与结果，为现在乃至今后的经济活动提供参考意见时使用经济预测报告。

2. 经济分析与预测报告的格式写法

经济分析与预测报告的结构一般包括标题、导语、主体、结尾、落款五部分。

（1）标题

完整的标题一般由分析预测对象单位名称、时限、分析预测对象和文种组成。例如《商业大厦五月份利润下降的原因分析报告》，也可以是正副标题式，如《景瓷价格上升不断 市场需求有增无减——2007年景德镇内销瓷市场预测》。

（2）导语

导语也称前言，它简明扼要地交代分析预测的内容、目的、意义和方法；或介绍分析对象的基本情况；也可简要预测对象的现状，提出预测结论，如例文1。有时也可省略前言，直接进入正文，如例文2。

（3）主体

主体是报告的重点部分，它集中反映对经济活动的分析与预测过程及结果。分析报告一般包括整体情况、问题分析与解决问题的措施和建议三个部分；预测报告一般包括现状、预测和建议三项内容。

（4）结尾

结尾即结束语。一般是对报告的总体概括，也可将结束语融在正文的分析预测中而省略。

（5）落款

写明报告的写作单位、作者及写作日期，报告作者也可以出现在标题的正下方，如例文2。

3. 经济分析与预测报告写作的注意事项

（1）以国家的法律和经济政策为指导，运用科学的分析方法，使之成为经济活动中切实可行的指导性文件。

（2）准确把握专业性的资料、材料，分析时要有客观的实事求是的态度，全面、重点地分析情况，反映问题，不可以偏概全。

（3）预测要讲究科学，不可受预测者主观倾向和心理因素的影响。

4. 可行性研究报告和经济分析与预测报告的区别

（1）时间上，经济分析与预测报告可以对进行后的、进行中的、未进行的某一经济活动进行分析与预测；而可行性研究报告则必须是方案实施前的论证。

(2) 内容上，经济分析与预测报告可以是对某一经济活动中的专题分析，也可以是全面分析；可行性研究报告则必须将影响该项经济活动的各种因素进行全面的、系统的综合分析。

(3) 目的上，经济分析与预测报告的目的是为相关部门在经济活动中的经济目标得以实现提供指导性的参考意见；可行性研究报告则是提出可行的建议方案，请求上级审核、批准。

5. 经济分析与预测的分析方法

在经济活动中经常采用的科学的分析方法很多，常用的分析方法有：对比分析法、因素分析法和预测分析法。

(1) 对比分析法

是通过指标对比，从数量上、性质上确定差异的一种分析方法。可以从数量的多少、大小上找差距，也可以从性质的好坏、优劣上查原因，但要注意的是对比的数据必须具有可比性。

(2) 因素分析法

是对经济活动中影响经济指标完成的各个因素进行分析研究，找出有利因素与不利因素，使企业从不同的角度加强经营管理，有针对性地制定策略。把所涉及的有一定影响程度的因素都加以分析，力求做到既要抓重点，又要照顾全面，例文 1。

(3) 预测分析法

是在现有的经济活动分析的基础上，科学地推断和预测未来经济活动的状态及发展趋势的分析方法。预测一定要以科学分析为基础，不可盲目、主观，预测的结果要可信、科学。

在一篇报告中，并不拘泥于只使用三种分析方法中的一种，而是可以三种方法同时出现，或选用其中的一两种。根据需要，还可以选用上述三种方法以外的其他科学方法。

3.4.3 写作训练

(1) 查阅资料，写一篇本专业就业问题的预测报告。

(2) 根据下述材料，写一篇关于室内装饰业方面的预测报告。

① 近年各类大小装饰公司雨后春笋般涌出，室内装饰业每年以 40%～50%的速度增长。目前，涉及的装饰品有抛光砖、石英砖、仿大理石釉砖、地毯、壁纸、瓷砖、多彩灯具、五金门窗、塑钢门窗、高档窗帘等。另外，高新涂料在市场亦占有一定的份额；其他高光冷瓷涂料、仿大理石涂料、乳胶涂料等均有一定市场。

② 近年，北京、上海、天津、广州等一些大城市居民装饰热潮呈上升趋势。上海市 97%的居民在拥有新房后进行现代装饰。沈阳新婚夫妇新房装饰费用在 80 000～150 000 元不等。

③ 全国各地装饰建材的需求量逐年上升。用户对产品质量要求高，名牌产品受青睐。产品规格选择性增强，大规格、高档次装饰材料逐渐成为市场新宠。产品图案、色泽需求多样化，瓷砖中浮雕型、多彩型走入平民家庭。

3.5 招标书与投标书

招标和投标，是国内外广泛采用的、把竞争机制引入商品交易活动的一种经济手段。企事业单位为了进行大型项目建设、购买大宗商品或合作经营某项业务、向外承包或租赁企业等，事先对外公布标准、条件、要求，从投标者中择优选择承建、承揽合作或承包租赁者的行为，就是招标。与招标相对应，按照招标人的条件和要求，向招标人提出与之订立合同的具体建议、提供给招标人备选方案的行为，叫作投标。投标是回应招标而产生的，二者之间密不可分，故将招标书和投标书放在本节中一起学习。

3.5.1 例文点评

1. 招标书

招标书是指在招标过程中使用的书面材料。招标书从内容上看，有广义和狭义之分。广义的招标书是指在招标过程中使用的各种书面材料，包括在公共传媒上发布的招标公告（通告）和标价出售、内容详尽的招标文件等。本节学习的是狭义的招标书，专指将招标的主要事项和要求通过报刊、网络、电视等公共传媒公告于世的招标公告部分。

××项目管理有限公司受××市××区教育局委托，对其2014年中小学学生校服采购项目进行国内公开招标。为此，他们在媒体上发布了一份招标书，告知符合资格条件的投标人报名参加投标。

例 文 1

××市××区2014年
中小学学生校服采购项目招标公告

××项目管理有限公司受××市××区教育局委托，对其2014年中小学学生校服采购项目进行国内公开招标，欢迎符合资格条件的投标人报名参加投标。

一、项目编号：TLCG2014－××××

二、招标内容

A包：夏装一批；B包：秋装一批（详细内容见招标文件）

注：1. 招标文件中要求投标人须提供非进口产品，否则视为无效投标文件。

进口产品是指通过中国海关报关验放进入中国境

点 评

标题 完全性标题，由招标单位、内容和文种构成。

正文 前言，用简练的语言说明标的名称、招标人及招标代理人，邀约投标人参与投标。

主体，采取列小标题的方式，清楚明白，一目了然。第一写项目编号（因本次招标是由招标代理公司进行的，故有此项）。第二是招标内容介绍与要求。

内，且产自关境外的产品。

2. 本项目招标以包为基本投标单位，投标人可以投一包或多包，但不能只对个别品目进行投标，否则将被视为非响应性投标而被拒绝。投标人对多个包投标时，应按招标文件要求分别提交投标文件及投标保证金。

三、投标人的资格条件

（一）在中国境内注册、具有独立企业法人资格的服装生产厂家。

（二）近三年（2011 年 6 月 1 日至今）有制作校服的类似业绩不少于 2 个（以合同或中标通知书为准）。

（三）外地投标人须具有在××地区工商行政管理部门注册的售后服务机构（售后服务机构须具有制作、修改学生服装的能力）。

注：经检察机关查询，三年内有行贿犯罪记录的不得参加本采购项目。

第三，对投标人资格的三个要求。并注明即使符合上述要求，但三年内有行贿犯罪记录者仍无资格。二、三两项使投标者对招标情况有所了解，以决定是否投标。如果没有资格、能力或者兴趣，后面的内容就不必继续了解了。

四、本项目政府采购预算

A 包：48.3 万元；B 包：57 万元。供应商报价超出采购预算的，按无效投标文件处理。

第四，限定标的的最高报价。

五、报名要求

购买招标文件的投标人须携带政府采购报名回执单、企业法人营业执照副本原件、税务登记证副本原件、业绩资质原件、售后服务证明材料原件（售后服务机构营业执照副本、非投标人分公司或办事处的售后服务机构须携带投标人和售后服务机构之间盖有双方公章的委托协议）及相应的复印件一套（复印件须加盖公章），招标代理人将对投标人进行资格初审（仅限于发售招标文件），初审合格后方可购买招标文件，详细资格审查以评标委员会审议结果为准。

第五，对报名者的要求，明确说明招标代理人将对投标人进行资格初审。初审合格后，就需要了解报名及招标文件发售时间、地点。这正是第六点的内容。报名时间精确到分，体现出招标书严谨认真的特点。

六、报名及招标文件发售时间与地点

时间：2014 年 6 月 6 日起至 2014 年 6 月 20 日止，每天 8:30—11:30、13:00—16:30（北京时间，公休日、节假日除外）。

地点：××市××区××街 123 号。

七、招标文件售价

200 元（人民币）/套，售后不退。

第七，招标文件售价。明确标明“售后不退”，以免日后产生纠纷，是招标书的习惯写法。

八、接受投标文件的时间与地点 时间：2014 年 6 月 30 日 13：15—13：30（北京时间） 地点：××市政府采购服务中心 1 楼受理区（地址：××市××区××路 2 号××市人民政府行政服务中心）	第八，写接受投标文件的时间与地点。
九、投标截止时间 2014 年 6 月 30 日 13：30（北京时间）	第九，是对上一点的进一步强调与明确，严谨认真。
十、开标时间与地点 时间：2014 年 6 月 30 日 13：30 时（北京时间） 地点：××市政府采购服务中心 1 楼开标室（地址：××市××区××路 2 号××市人民政府行政服务中心）	第十，开标时间与地点。
招 标 人：××市××区教育局 招标代理人：××项目管理有限公司 联 系 人：高××　王×× 电 话：0××-12345678、87654321 传 真：0××-86868686（自动） 电子邮箱：zhaobiaol@163.com 地 址：××市××区××街 123 号 开户银行及账号：××银行××××支行 1234567891011121314	**结尾**　具体写明招标单位（包括招标人和招标代理人）的名称、地址、联系人、联系方式、开户银行及账号，便于投标者进行投标。

2. 投标书

投标书，亦称标书、标函，它是指投标者经招标单位资格审查准予参加投标后，按招标人提出的条件和要求，向招标单位提交的、根据自己能力编制的、提供给招标人备选的方案材料。

××铁路总公司为××铁路项目所需货物向社会发出招标书。中国××市×××公司在研究有关招标文件后，认为本公司具备投标实力，决定参与投标。通过招标单位的资格审查后，拟投标书一份参加投标活动。

例文 2	点评
投标书	**标题**　简易标题，只写文书名称。
××铁路总公司 地址：××××××××××	**称谓**　先顶格写招标单位的全称，下面一行是招标单位地址，再写对人的称呼。

诸位先生：

研究了IMLRC-LCB××××号招标文件，对××铁路项目所需要货物我们愿意投标，并授权下述签名人×××、×××，代表我公司提交下列投标文件正本一份，副本四份：

(1) 投标报价表。

(2) 货物清单。

(3) 技术规格。

(4) 技术差异修订表。

(5) 投标资格审查文件。

(6) ××银行开具的金额为×××万元的投标保函。

(7) ××银行开具的金额为×××万元的履约保证金保函。

(8) 开标一览表。

正文 前言，简明写出投标意向、代表人、标函的份数等内容。开宗明义，言简意赅。

主体，列出投标文件名称清单，用序号标明。报价表是投标书的关键，是招标单位评标、定标的重要依据，放在首位。其余各项都是根据招标单位要求和招标内容而列。

授权代表人兹宣布同意下列各点。

1. 所附投标报价单所列拟供货物的总报价为××××美元。

2. 投标人将根据文件的规定履行合同的责任和义务。

3. 投标人已详细审查了全部招标文件的内容，包括修改条款和所有供参阅的资料及附件，投标人放弃要求对招标文件作进一步解释的权利。

4. 本投标书自开标之日起九十天内有效。

5. 如果在开标之后的投标有效期内撤标，贵公司可以没收投标人的投标保证金。

6. 如果中标后，我方未能忠实地履行所有的合同文件或随意对合同文件做出修改、变动，贵公司可以没收我方所交的履约保证金。

7. 我们理解贵方并不限于只接收最低价，同时也理解你们可以接受任何标书。

宣布己方观点，除第七点外，各项都是招标书要求的转述，或者说是对招标书有关规定的同意。因为最低价不是定标的唯一标准，还要考虑到质量、信誉等诸多因素，所以在此类投标书中大多都有第七点的内容，可以说是习惯用语。

投标单位：中国××市×××公司(公章)

地址：中国××市××区××街×号

电话：×××××××

传真：0××-×××××××××

投标单位法定代表人姓名：×××(签章)

授权代表人姓名：×××(签章)

2014年6月6日

结尾 写明投标单位及其地址、电话、法人代表、授权代表人、投标日期，加盖公章和个人名章。

附件：
(1) 投标报价单。(略)
(2) 技术规格。(略)
(3) 技术差异修订表。(略)
(4) 资格审查文件。(略)
(5) 投标保证金保函。(略)
(6) 履约保证金保函。(略)
(7) 开标一览表。(略)

附件 就是在正文的前言和主体部分所提的“投标文件”。附件中的表格或文书必须按招标单位招标文件规定的要求和格式认真编制、填写，具有极强的保密性和专业性。内容较长，引文从略。

3.5.2 文种指要

1. 招标书的写作要求

(1) 招标书的适用范围

① 较大的建设项目。

② 数额较大的大宗商品购买。

③ 企业向外承包、租赁。

《中华人民共和国招标投标法》第三条规定，以下三类项目必须进行招投标：①大型基础设施、公用事业等关系社会公共利益、公共安全的项目；②全部或者部分使用国有资金投资或者国家融资的项目；③使用国际组织或者外国政府贷款、援助资金的项目。

(2) 招标书的格式写法

招标书一般由标题、正文和结尾三部分组成。

① 标题。招标书的标题一般有四种形式。

- 完全性标题，由招标单位、招标项目(或内容)、招标形式及文种四部分组成，如《××高速公路建设招标书》。
- 不完全性标题，一般由招标单位和文种两部分构成，如《××招标公司招标书》。
- 简明性标题，用文种作标题，直接写“招标书”三字。
- 广告性标题，除写明招标项目、招标形式等内容外，还加入一些广告性内容，如《请您来做××厂的经理——招标书》。

② 正文。正文一般由前言、主体两部分构成。前言部分用简练的语言写明招标目的、依据及招标项目名称等内容。主体部分是招标书的核心，详细写明招标内容、条件、要求、投标截止日期等有关事项。

因招标内容不同，招标书的正文也不尽相同。

大宗商品交易招标书一般包括以下内容：投标须知，主要应写明项目资金来源、对合格投标者的要求、投标文件的填制要求、投标文件的提交、中标后应履行的手续等；需求表、特殊条款；技术规格；合同条款及合同格式；附件，主要包括投标格式、投标报价表格式及要求、技术差异修订表格式及要求、投标保证金保函格式及要求、履约保证金保函格式及要求、招标资格审查所需文件、货物清单及开标一览表等。

建筑工程类招标书一般包括以下内容：投标须知；建设单位名称及联系人；工程项目与内容；建设地点与面积；质量要求；建设工期；合同条款与格式；附件。

招聘企业经营者类招标书一般包括以下内容：招标范围；招标程序；企业基本情况；合格投标者标准；承包期限；承包内容及指标；中标人的权责及收入；合同变更中止的条件。

③ 结尾。主要写明招标单位名称、地址、联系电话、传真、联系人等内容。

（3）招标书写作的注意事项

① 熟悉招标的一般程序。只有了解了招标的全过程，才能清楚招标的来龙去脉，才能写好招标书。

招标的一般程序为：招标单位组织有关人员编制招标文件，并报请有关部门审批；公开发布招标公告或送发招标邀请通知书（采取书面形式直接通知有承担能力的单位参加投标）；进行投标人前期资格预审，必要时，还可发售资格预审文件，对愿意参加投标的公司进行资格预审；发售招标文件；投标者递交投标书，密函报价，并交纳投标保证金；开标，公开投标书内容；评标，确定中标人，并发出中标通知书；双方签订合同，中标人交纳履约保证金；履行合同。

② 作好调查研究。在编写招标文件之前，必须经过大量的市场调查研究，掌握充分的信息资料，从而制订出公正、合理的数据、指标。一方面可吸引众多的单位前来投标，从而引入竞争机制，实现以最少的投入，获取最佳经济效益的目的；另一方面，便于投标者根据招标书提供的信息资料，进行调查研究，制订投标方案，填制投标书，编写答辩词，做好各项准备工作，从而保证招标投标活动的顺利进行。

③ 内容明确、具体。招标文件是投标者填制投标文件、编写答辩词的依据，是双方签订合同的基准。招标文件内容陈述一定要明确、具体，能数字化的尽量数字化，语言要简练，数据要准确，不可使用模糊词语，避免产生歧义、发生误解，严禁出现错别字。

④ 技术规格准确无误。技术规格的说明极其重要，如果投标单位在规定的时间内提供的物资或工程项目、技术规格与说明不符，发生质量事故，投标者要承担法律责任和赔偿义务。技术规格要以性能要求为依据，而不应指定具体商标、品牌。

2. 投标书的写作要求

（1）投标书的适用范围

得到招标信息后，向招标单位表达投标意愿，经招标单位资格审查准予参加投标，按招标人提出的条件和要求，编写本单位的投标价格和实施方案时使用投标书。

（2）投标书的格式写法

投标书一般由标题、称谓、正文、结尾和附件五部分构成。

① 标题。一般有以下几种表现形式。

● 完全性标题，由投标方名称、投标项目及文书种类三部分内容构成，如《××公司承包××大学教学新楼建设工程投标书》。

● 不完全性标题，由投标方名称或投标项目与文书名称两部分构成，如《承揽××高职院实训实验设备采购项目投标书》《××建筑工程公司投标书》。

● 简易标题，即只写文种——《投标书》。

② 称谓。首先，在标题下隔行顶格写招标单位的全称（结尾不加标点）；然后另起一行写明招标单位的地址（结尾不加标点）；最后，在地址下一行顶格写称呼，后用冒号以提示下文。称呼一般要用敬称，如“诸位先生”，而不能直呼其名，在国际性招标活动中更应该注意这一点。

③ 正文。这是投标书的核心部分，可分为前言和主体两部分。

● 前言（或称引言）。一般用简练的语言说明投标单位名称、投标的内容、投标函的份数，以及对中标后的承诺等内容。前言起开宗明义、提纲挈领的作用。

● 主体。主体部分包括以下内容：a. 投标的具体指标，这是标书的关键性内容，是招标单位评标、定标的重要依据。这部分内容很多，通常以表格形式出现。一般是把其中的表格部分作为附件形式，放在投标书后面，而在前面只说明总体性指标。b. 对中标后的承诺。若为大宗货物贸易投标，写明投标方对应履行责任义务作出的承诺；若为建筑工程项目投标则写明项目开工、竣工日期。c. 说明此投标书有效期限。d. 说明投标方将按招标文件要求交纳银行担保书和履约保证金。e. 最后说明对招标单位不一定接受最低报价和可能接受任何投标书表示理解。

由于投标项目不同，投标书的内容也不相同。

建筑工程投标书的主要内容有：工程总报价及各项费用标价；保证达到的工程质量；工程项目开工、竣工日期；施工技术组织措施；工程进度安排；附件。

大宗商品交易投标书的主要内容有：商品总报价及分项报价；投标方如何组织生产招标方要求的商品；商品规格、型号及质量等；交货方式、时间和地点；对交纳银行担保书和履约保证金的承诺；附件，附件包括：投标报价表、技术规格、技术差异修订表、制造商资格声明、投标保证金保函及履约保证金保函等。

招聘企业经营者投标书的主要内容有：经营管理方案，主要说明要达到的技术经济指标及其实现的依据、步骤及措施等；个人简历，包括学习、工作履历；业务经验及证明材料；学历及其他证明材料；其他。

另外，企业租赁投标书要重点写明在租赁期间如何达到招标方的各项要求。

企业承包投标书要重点写明投标方在承包期内希望达到的技术经济指标及实现的步骤、措施等内容。

以上内容必须按照招标文件的要求认真编制和填写。

④ 结尾。结尾写明投标单位名称、地址、投标人姓名、授权代表人姓名（此项即使在前言中有，结尾中也不可省略，如例文）、联系电话、传真、邮政编码等内容，便于双方联系。其中，单位名称、投标人姓名和授权代表人要分别盖章签名。最后，还需注明投标日期。

⑤ 附件。附件的内容主要包括：投标报价表；货物清单；技术差异修订表；资格审查文件；开户银行开具的投标保证金保函；开户银行开具的履约保证金保函等。

(3) 投标书写作的注意事项

① 熟知投标程序。只有熟知投标程序，才能写好投标书。投标的一般程序为：及时掌

握招标信息，必要时可与招标方取得联系，了解招标项目、工作进度、设备选型和采购倾向等情况；向招标单位递交投标申请书，介绍自己的情况，通过招标单位的前期资格预审；购买招标文件并认真研究，根据自己的技术经济实力，决定投标项目和投标方案；填制投标文件，编制答辩词；按规定期限递交投标书；派人参加开标会；参加招标方召开的有关会议，回答招标方提出的各种问题；若中标，持中标通知书按期与招标单位签订合同，并交纳履约保证金或开具保函，数额一般为合同价的10%；中标者执行合同，组织生产或施工，按期交货或交工。

② 认真研究招标文件。只有认真研究招标文件，尤其是其中的工程项目介绍、技术要求、性能参数及合同条款等内容，必要时向招标者提出询问，真正弄懂招标项目内容、条件及要求，才有可能中标。

③ 作好研究分析工作。投标书是招标单位确定中标人的重要依据，投标者自身情况有好有差，提供的方案或服务有优有劣。招标单位要通过对投标者情况及提供的方案或服务进行分析、比较，判断哪一个投标者条件最好，哪一个投标者提供的方案或服务最有利于实现招标单位的招标目的，然后才能确定中标人。从投标者的角度来看，投标书是投标者战胜竞争对手、成为中标人的有力武器。因此要认真进行市场调查研究，分析自身条件，把握有利条件和优势，做出正确的投标方案决策。然后，按照招标文件要求认真填制投标文件、编写答辩词。

④ 按期递交投标书，避免逾期递交而不被受理。

⑤ 要避免发生无效标的情况。无效标即废标，一般是由于违反政府有关规定，或不符合招标文件要求等原因造成的。

⑥ 不得自行涂改招标文件。若发现招标文件中某些技术经济指标或参数有误差，不得涂改，也不能按自己核实的数字进行标价，而应及时向招标单位咨询，寻求解决办法。

⑦ 不可为中标而盲目报价。投标书是投标者中标后履行职责的依据，是编制实施方案的基础。投标书中所写明的标价、指标、权责、奖罚条款等内容，是招标、投标双方都给予认可的，将成为双方签约后开展各项经济活动的依据。中标人编制项目实施方案、履行职责都要按投标书去做，中标的投标书具有法律效力。因此各项指标要精确，报价要凭科学测算，不可为中标而盲目报价。要避免误差，做到有根有据，严肃认真，实事求是。

⑧ 注意文字处理。在文字处理上要注意以下事项：a. 巧用外交语言。在投标书中应使用外交语言，如“诸位先生”“贵公司”“对……给予理解”等，尊重对方。b. 要重点突出，重点说明那些对投标成功起决定性作用的内容，如技术规格、报价表和资格证明等。c. 文字要准确精练，不可使用模糊词语，避免产生歧义和误解。严禁出现错别字。d. 运用数字和图表，增强投标书的准确性与说服力，尤其是附件部分更是如此。

3.5.3 写作训练

(1) 根据例文1的招标内容，拟一份投标书。

(2) 根据下面材料，为招标单位拟定一份招标书。

广东省公安厅机关政府采购管理办公室，准备把广东省公安厅办公和宿舍区、指挥中心大楼、刑侦局大楼保洁服务项目，以公开招标的形式，外包给在广州有固定的办公场所，在中华人民共和国境内注册的法人、事业单位或者其他组织。最高限价为392.78万元人民币。

服务期限是2010年7月1日至2012年6月30日。要求投标人具有《广州市环卫行业经营性服务企业等级证书》B级及以上资质证书，2007年以来有承担过同规模的保洁项目，注册资金不得少于人民币100万元。广东省公安厅机关政府采购管理办公室委托广州威朗工程咨询有限公司进行国内公开招标。广州威朗工程咨询有限公司讨论决定，招标文件售价每套人民币150元，售后不退。如需邮寄，另加人民币60元特快专递费，售后不退。投标人需凭加盖公章的证明材料复印件(原件备查)，在2010年6月13日至2010年7月1日期间，到广州天河软件园建中路58号207，即广州威朗工程咨询有限公司自行前往购买招标文件。递交投标文件时间是2010年7月2日上午9:00～9:30(北京时间)。投标截止及开标时间是2010年7月2日上午9:30(北京时间)。递交投标文件地点及开标地点是在广州天河软件园建中路58号207广州威朗工程咨询有限公司开标室。

3.6 合　同

合同，又叫契约，是协议的一种。根据《中华人民共和国合同法》(以下简称"合同法")的规定，合同是平等主体的自然人、法人、其他组织之间设立、变更、终止民事权利义务关系的协议。

3.6.1 例文点评

安民食品厂委托鸿飞印刷厂加工生产铝箔食品袋一批。为明确双方的权利与义务，使购销活动得以顺利实现，双方签订了一份购销合同。

例　文	点　评
购销合同	**标题**　首行居中。
甲方:安民食品厂 乙方:鸿飞印刷厂	**当事人**　签订合同双方。标明甲方、乙方，便于正文表述。
甲方委托乙方加工生产铝箔食品袋一批。双方本着平等互利的原则，经协商一致，订立合同条款如下，以资共同遵守。	**正文**　前言，交代订立合同双方名称、标的。
一、标的名称:铝箔食品袋(食品袋的尺寸、图案要求附后)。 二、标的质量:耐高温达到121℃，无漏气，表面无疙瘩，无折纹。 三、标的数量:叁佰万个。 四、标的价格:玖拾贰万肆仟元。	主体，包括标的名称、质量、数量、价款、付款方式、运输与交货方式(包括运费的支付方式)、违约责任，争议的解决办法等内容。

五、付款方式：甲方于九月底前先付陆仟元，甲方收到全部食品袋后八天内付清全部货款。

六、运输与交货方式：铁路运输，分三批分期交货。九月底，乙方收到甲方先付的陆仟元后即发货。第一批发贰拾万个，同年十二月和次年二月中旬每次发壹佰肆拾万个，运费由甲方支付。

七、违约责任：

1. 甲方不能按期交付货款，按照银行延期付款的规定，每延期一天，按延期交付货款部分总值0.03%的罚金。甲方中途退货，由甲方偿付给乙方退货总值5%的罚金。

2. 因产品数量短少，不符合合同的规定，乙方偿付甲方不能交货部分货款5%的罚金。乙方不能按期交货，每延期一天，按延期交货货款总值0.03%的罚金偿付给甲方。

八、争议解决办法：向甲方所在地的仲裁机构申请仲裁。

九、食品袋的尺寸、图案要求见后附文件。

把食品袋的尺寸、图案等具体要求作为附件附于合同之后，体现了合同的严谨性。

十、其他事项：双方由于不可抗力而不能履行合同时，经双方协商，合同签证机关查实，可免于承担经济责任。

十一、本合同正本五份，合同公证机关一份，双方各执两份。

合同份数及持有者。

附件：食品袋的尺寸、图案要求

甲方：安民食品厂（章）　　乙方：鸿飞印刷厂（章）

法人代表：　　　　　　　　法人代表：

合同公证机关（章）：

2014年8月24日

落款　签订合同各方当事人单位名称、日期，法人代表（及代表人）在相应位置签名、加盖公章。

3.6.2 文种指要

1. 合同的适用范围

设立、变更、终止较重要的民事权利义务关系时，均应订立合同。

2. 合同的格式写法

合同有条款式、表格式和条文兼表格式三种基本结构方式。

条款式，把合同的内容按照条、款、目的方式排列有序地表述出来，每个条款说一个方面的内容。

表格式，按照业务特点和惯例，设计好表格形式，签订时在有关栏目中填写相应内容，使合同文本更加规范化、统一化。

条文兼表格式，用表格式表达与标的有关的内容，如数量、品种、规格、价格、计量单位等，用条文形式规定和补充其他主要条款，特别适用于那些标的品种多、数量大、计量复杂、涉及许多数据统计资料的合同的签订。

无论哪种结构方式，合同都必须具备合同名称、当事人名称、正文和落款四个部分。

（1）合同名称

通常标明合同的业务性质和文种名称，如“购销合同”“运输合同”“技术转让合同”“财产保险合同”等。

（2）当事人名称

写明订立合同双方的单位名称（当事人可以是两方，也可以是多方。在实际工作中，当事人是两方的占绝大多数，本书中的合同当事人均为两方。当事人是多方的，要求与此相同，只是“双方”变成“多方”），要写全称。为了表述方便，可以在全称之后用括号注明简称，如“××职业技术学院（以下简称甲方）”“××电子集团（以下简称乙方）”；也可以在“甲方”“乙方”后面加冒号，再写当事人全称，如“甲方：××职业技术学院”“乙方：××电子集团”。简称可以写作“甲方、乙方”，也可以写作“供方、需方”“买方、卖方”、“建筑单位、承包单位”“托运方、承运方”等。但要注意不能使用因角度不同而容易产生歧义的简称，如“你方、我方”、“贵方、鄙方”“本方、对方”之类。

（3）正文

前言（也叫“引言”），用简洁概括的文字说明双方签订合同的目的和依据，一般用“本着平等互利的原则，经双方协商一致，签订本合同”作为本段结束语，引起下段。

第二段以下为主体，是合同的主要内容，即经双方协商同意的条款。根据合同法规定，合同的主要条款应包括以下内容。

① 标的。标的也称标的物，是合同当事人的权利和义务所共同指向的对象。它一般有三种。

- 实物标的，如商品、货物。
- 行为标的，如劳务行为、保管行为。
- 工程标的，如道路、建筑等建设项目。

在合同中，标的十分重要，没有标的就没有合同。在合同中，标的必须写得清楚、明确、具体。否则，合同履行时就可能出现纠纷，甚至无法履行。标的必须合法，武器、毒品、麻醉药品等限制流通物，都是不能作为一般合同标的的。

② 数量。数量是指合同标的量的规定，是以数字和计量单位来衡量标的的尺度。它直接关系到当事人权利和义务责任的大小。数量的计量方法要按国家或主管部门的规定执行，没有规定的，则按约定俗成或各方商定的办法执行。数量的计量单位也必须符合

规范。

③ 质量。质量是指合同标的的内在品质与外观形态优劣程度的标志，是标的适应一定用途，满足人们一定需要的特征。它包括标的的质地、性能、构造、等级、技术标准、工艺要求等。一般说来，有国家标准的按国家标准执行；没有国家标准的按专业标准执行；二者都没有的，可按批准的企业标准执行。难以有明确标准的，也可以由双方协商一个标准，并且共同封存、分别保存样品，以作为执行合同的检验依据。如需包装的，还要写明包装质量。

④ 价款或者酬金。价款或者酬金，是取得合同标的的一方当事人（一般称“甲方”）向对方支付的用货币数量来表示的代价。

⑤ 履行的期限、地点和方式。履行期限、地点是合同当事人实现权利、履行义务的时间界限、具体地方。期限不能用“不日内交货”“产出交货”这类模糊概念。履行地点要写清省、市、县的全称，是到岸交货还是到厂交货，也要写明，以避免造成不必要的错误与纠纷。如吉林省有吉林市，如果只写“吉林”二字显然表意不够准确，容易给合同的履行带来不必要的麻烦或损失。

履行方式主要指交付方式和结算方式，是一次性履行还是分期履行，是当事人亲自履行还是委托他人代理履行，履行时所用的工具或手段（如航空、水运或陆运），都要写清楚。有关费用的承担及支付方法也要作出规定并表述清楚。要根据不同的标的内容确定不同的履行方式。

⑥ 违约责任。违约责任指当事人一方或双方，由于自己的过错造成合同不能履行或不能完全履行，按照合同约定应承担的经济制裁。目的是为了维护合同的严肃性，加强当事人履行合同的责任心，督促当事人严格履行合同。

除了上述内容之外，根据法律规定的或按合同性质必须具备的条款，以及当事人一方要求必须规定的条款，也是合同的主要内容。在签订合同时，这些都必须明确订立。

⑦ 解决争议的办法。解决争议的办法可以有双方协商、申请仲裁和法院判决三种选择途径。当事人不愿和解或调解或者调解不成的，可以根据仲裁协议向仲裁机构申请仲裁。涉外合同的当事人可以根据仲裁协议向中国仲裁机构或者其他仲裁机构申请仲裁。当事人没有订立仲裁协议或者仲裁协议无效的，可以向人民法院起诉。《中华人民共和国仲裁法》第三条规定，“下列纠纷不能仲裁：（一）婚姻、收养、监护、扶养、继承纠纷；（二）依法应当由行政机关处理的行政争议”。

（4）落款

合同当事人单位名称、地址、法人代表姓名、开户银行、账号等项内容。单位应加盖公章，代表要签名。最后填写签订日期。按规定，合同自签订日期起生效。有的合同在正文中专门列出一个条款写本合同的生效日期和有效期限，则落款处写的日期就是签字日期而非生效日期了。所有日期都要写全称。

如果合同有担保人，担保人应在落款处签名盖章。如果合同需要公证、鉴证或由双方主管部门审核的，应写明公证、鉴证机关或主管机关的名称，并加盖公章。此时担保人、公证机关、鉴证机关、主管机关，都是合同的持有者，都应持有一份合同。

有的合同带有附件，这也是合同的组成部分，与合同具有同等的法律效力，如提议方的书面要约和承诺方的书面承诺、与标的有关的图纸、质量说明、证书、工程进度表等。

合同正文应该有专门条款注明合同的份数与持有者，注明附件名称与份数。

3. 合同写作的注意事项

(1) 语言准确，表意清楚

合同是明确当事人双方相互权利义务关系的协议，语言甚至是标点符号都必须准确，以免造成履行合同时不必要的纠纷，甚至是被别有用心者钻空子。如某进出口公司与一皮革生产企业签订了一份皮革购销合同，关于标的物羊皮的质量有这样的规定："四英尺以上、有刀痕的不可以。"结果乙方所发的货均为四英尺以下、无刀痕的羊皮，仅仅是一个顿号的误用就使甲方蒙受了巨大的经济损失。

(2) 条文规定全面、完整

要将履行合同过程中双方的权利与义务全面而完整地表述清楚，合同法规定的合同的主要条款不要遗漏任何一项。双方口头同意的内容也一定要落实在合同条文中，如我国某企业与外商签订的订购设备合同，在"运输方法及费用负担"一项中，只写明"乙方送货，费用由甲方负担"，没有标明具体的运输方式，结果外商为了赶进度采用费用昂贵的空运方式，给我方造成了很大的经济损失。

(3) 避免无效合同

《中华人民共和国合同法》第五十二条规定："有下列情形之一的，合同无效：(一)一方以欺诈、胁迫的手段订立合同，损害国家利益；(二)恶意串通，损害国家、集体或者第三人利益；(三)以合法形式掩盖非法目的；(四)损害社会公共利益；(五)违反法律、行政法规的强制性规定。"

(4) 文风朴实，以说明为主

不可使用议论、抒情语调。

(5) 文面整洁，不能涂改

合同是严肃的，具有法律约束性的文件，不得涂改。涉及数量、金额时，要大写。

4. 订立合同的基本原则

(1) 平等原则。在一个合同当中，当事人之间的法律地位平等。在谈判、签订合同、履行合同时，双方地位平等、共同协商，任何一方都不得把自己的意愿强加给对方，不能强迫对方接受不公平的条款。

例如，河北省某县为国家级贫困县，在与某果蔬公司签订无公害蔬菜购销合同时，该县政府采购中心以财政困难为理由，要求对方将所有产品低价出售。该果蔬公司在履行合同一段时期后，发觉亏损惨重，拒绝继续履行。县政府采购中心认为该果蔬公司不守信用，便对其进行处罚。在一般行政活动中，政府是管理者，企业须按照政府的有关规定来做，二者的地位不是平等的。但就这则合同来说，二者之间是民事法律关系，地位是平等的，是买方与卖方的关系。买方(政府)不得以行政管理的身份强迫对方低价出售产品，更无权对其进行任何处罚。买方这样做，就违反了合同的平等原则。

(2) 自愿原则。当事人依法享有自愿订立合同的权利，任何单位和个人不得非法干预。当事人订不订合同，与谁订合同，以什么形式订合同，合同规定什么内容等，都取决于他的自愿，即"合同自由"。如某煤气公司在供气合同上写道："需方须购买供方指定的××

牌热水器或××牌煤气炉，否则供方不为需方开通管道煤气。”这一条款就是利用一方的职能权力，强制另一方被迫购买指定产品，违反了合同自愿原则。

(3) 公平原则。当事人之间确定的权利与义务要公平，双方当事人在利害关系上要基本平衡。根据公平原则，合理分配合同风险，确定违约责任。如个体户李大发打算向龙华汽车租赁公司租赁汽车，发现对方提供的租赁合同中有这样的条款：“遇车辆年检，甲方应提前5～10天和乙方联系，并在临检前1～2天通知乙方，按指定时间将车送至指定地点，车辆年检占用时间的租金照付。”李大发认为车辆年检占用时间的租金不应由他支付。车辆年检是汽车租赁公司的义务，年检期间，租赁方应通过更换车辆等方式保障承租方有车使用，或退还租金。而龙华汽车租赁公司却只从维护自身利益出发，不仅不为对方提供必要的服务，反而要求对方付车辆年检期间的租金，显然是不公平的。

(4) 诚实信用原则。在订立合同时，不得有欺诈或其他违背诚实信用的行为。在履行合同中，履行及时通知、协助、提供必要的条件、防止损失扩大、保密等义务。一个有妇之夫送给情妇一套商品房，签订了赠予合同。合同中有一个条款这样规定：“乙方(指女方)如果不愿意和甲方保持情人关系，甲方将收回该房屋。”后来，乙方和别人结了婚，甲方立即要收回房子，乙方将之告到法院。签订合同必须遵守社会公德(善良风俗)，法院根据这一原则，判定该条款无效。

(5) 遵守法律，不得损害社会公共利益的原则。某出版社与李某签订了一份出版合同。合同中约定，由李某翻译一本小说，出版社予以出版发行。李某如期交稿后，出版社的责任编辑在阅读该书稿时，发现该书属于黄色书籍，因此建议出版社不予出版。出版社采纳了编辑的建议，拒绝出版该书。李某起诉至法院，要求追究出版社的违约责任。经法院审查，该书确为黄色书籍。因此，出版社与李某所签订的合同就成为传播淫秽物品的合同，明显违反了国家法律，不具有合法性，因而出版社无须承担违约责任。

3.6.3 写作训练

(1) ××市工业学院为改善办学条件，拟在校园北操场后建一座公寓式学生宿舍楼，占地面积1 000m²，6层框架结构，建筑面积6 000m²，预算资金1 100万元。已和本市建工集团分公司签订协议，本年3月破土动工，本年11月底交付使用。请准备其他附加资料，拟写一份合同。

(2) 下面一份劳动合同，在内容、形式上都有问题。请指出问题，并重新写一份劳动合同。

劳动合同

招聘方：金力电子有限公司(以下简称甲方)　　　受聘方：王丽(以下简称乙方)

由于乙方毕业后一直没有找到工作，所以自愿到甲方公司作合同制职工，这是一件对双方都有利的好事，应该支持。经双方协商一致，特签订本合同，以便共同遵守。

第一条：合同期限　合同期限为1年，从2013年11月1日起至2014年10月31日止。

第二条：试用期限　试用期限为6个月，即从2013年11月1日起至2014年4月30日止。

第三条：工种　电子安装。

第四条：工作时间　每周工作六天，星期日休息。每天工作时间为10小时。上下班时间按甲方的规定执行。如因工作需要，乙方必须加班，甲方给乙方一定的报酬。如果乙方借故不加班，将按有关规定予以解聘。

第五条：劳动报酬　乙方在试用期间，月薪为300元。试用期满后，月薪为800元，还可以根据乙方的表现适当给予奖励。加班工资另外结算。

第六条：劳动保护　甲方为乙方提供必要的劳动保护。

第七条：乙方患病、伤残、生育及养老保险办法　乙方患病、生育期间工资停发，费用自理。出现伤残后果自负。养老保险由甲方在乙方工资中扣除后交纳。

第八条：政治待遇和劳动纪律要求　（一）乙方在政治上享有参加民主管理企业的权利，参加党、团组织和工会的权利等合理、合法权利。（二）乙方应当严格遵守甲方单位各项规章制度，遵守劳动纪律，服从分配，积极劳动，保证完成规定的各项任务。

第九条：违约责任　（一）乙方擅自解除合同，应赔偿甲方为其支付的职业技术培训费，并偿付给甲方违约金10 000元。（二）乙方违反劳动纪律或操作规程，给甲方造成经济损失的，甲方有权按有关规定予以处理。

本合同于2013年11月1日起生效。甲乙双方不得擅自修改、解除合同。

本合同一式二份，甲乙双方各执一份。

甲方：金力电子有限公司（公章）　代表人：方根（盖章）　　乙方：王丽（盖章）

2013年10月28日

（3）下面是一份空白的室内装饰装修工程施工材料购销合同，试比较它在格式上与例文的异同。

室内装饰装修工程施工材料购销合同

供方：　　　　　　需方：

供需双方本着平等互利、协商一致的原则，经协商签订本合同，以资双方信守执行。

一、产品名称、品牌、厂家、型号、等级、数量、金额及供货时间、地点。

序号	材料名称	品牌	生产厂家	产地	规格型号	质量等级	单价	单位	数量	总金额	供应时间	送达地点	备注

二、交货地点、方式。(略)

三、运输方式及费用负担。(略)

四、包装标准、包装物的供应与回收。(略)

五、验收标准、方法及提出异议期限。(略)

六、结算方式及期限。(略)

七、违约责任。(略)

八、解决合同争议的方式。(略)

九、其他约定事项。(略)

供方(公章)　　　　　　需方(公章)
代表:　　　　　　　　　代表:

年　　月　　日

3.7 经济诉讼文书

经济诉讼文书是指公民之间、法人之间、其他组织之间,以及他们相互之间因财产关系提起民事诉讼,请求人民法院查明事实,分清是非,确认民事权利义务关系,制裁民事违法行为,保护当事人的合法权益所使用的具有特定格式要求的专用文书的总称。本节主要学习起诉状等四种。

3.7.1 例文点评

1. 起诉状

起诉状是指公民、法人、机关和其他组织作为法律关系主体,依照法律规定,根据自己的职权或权利,为保护自己或他人的合法权益或社会的公共利益,请求法院依法判决而制作和使用的文书。本节"起诉状"的内容,主要是在公民、法人、机关或其他团体组织之间发生财产、权益纠纷时,在经济纠纷中有直接利害关系的一方,用书面形式,向人民法院提出自己的诉讼请求和理由,并拿出请求的根据,请求法院依法判决,从而引起诉讼程序发生的诉讼文书。下文的"上诉状""申诉状""答辩状"也主要是关于经济纠纷内容的。

××××工业研究院与北京市第×制药厂经协商,正式签定了关于转让"丁胺卡那霉素"实验室技术成果的合同。××××工业研究院按照合同规定将技术资料和该产品的实验室技术交给了对方,但对方在交付了5万元后,对剩余的25万元转让费拖延搪塞迟迟不交。在多次交涉未果的情况下,××××工业研究院写一诉状请求法院保护自己的合法权益。

例文 1	点评
经济纠纷起诉状	标题
原告:××××工业研究院 地址:××市××西路××号 法人代表:×××,男,43岁,院长 委托人:秦××,开发处处长 被告人:北京市第×制药厂 地址:北京市××区××路××号 法人代表:×××,男,××岁,厂长	**首部** 分别写清原告、被告的情况。
请求事项: 一、被告应履行合同,交付原告实验技术转让费25万元。 二、按照《合同法》第三十二条规定,被告承担违约责任,赔偿原告的经济损失。 三、诉讼费用由被告承担。	**主部** 包括请求事项、案由,事实与理由。
事实和理由: (事实部分)(略) (理由部分)(略) (证据部分)(略)	限于篇幅,此处省略了事实、证据和理由,而这些在经济诉讼的起诉状中是重点内容,绝不能省略。具体的写法及要求见文种指要。
此致 ××人民法院	**尾部** "此致"前空两格,"××人民法院"顶格写起,以示尊敬。
原告:××××工业研究院(盖章) 法人代表:×××(签字,章)	署名,原告人写全称。
××××年×月××日	日期。
附:1. 本状副本六份 2. 书证五份 3. 物证四份	附件,"附"字顶格写起,写本诉状副本的份数、证据的名称与件数。

2. 上诉状

上诉状,是指由于当事人(原告或被告)不服地方人民法院第一审的判决、裁定,依照法律规定的程序、期限(《中华人民共和国民事诉讼法》(2012年修正)第一百六十四条规定,"当事人不服地方人民法院第一审判决的,有权在判决书送达之日起十五日内向上一级人民法院提起上诉。当事人不服地方人民法院第一审裁定的，有权在裁定书送达之日起十日内向上一级人民法院提起上诉。”)，向上一级人民法院提起上诉，请求撤销、变更原判决、裁定，或要求重新审理此案而提交的诉讼文书。

××市×××厂与×××经销公司因履行合同问题引起经济纠纷。×××厂将开发公司推上被告席。××市××人民法院判决×××经销公司败诉。因不服原判，该公司运用法律赋予的权利，在法律程序规定期限内，写经济纠纷上诉状一份进行上诉。

例　文　2	点　　评
经济纠纷上诉状	标题
上诉人(原审被告)：×××经销公司 地址：××市××路××号 法人代表：张××，男，总经理 委托代理人：陈××，男，××律师事务所律师；李××，男，××律师事务所律师 被上诉人(原审原告)：××市×××厂 法人代表：何××，男，厂长 委托代理人：李××，男，××律师事务所律师；王××，男，××律师事务所律师 本上诉人因合同纠纷一案，不服××市××人民法院 2014 年×月××日〔2014〕经字第×号判决，现提出上诉。	**首部**　写清楚上诉人、答辩人及其代理人的基本情况。
上诉的请求和理由如下： ① 案由。(略) ② 上诉请求。(略) ③ 上诉理由。(略)	**主部**　是上诉状最主要、最基本的内容。限于篇幅，此处省略了案由、上诉请求、上诉理由的具体内容。实际经济诉讼中的上诉状绝不可省略，具体写法及要求见文种指要。
此致 ××人民法院	**尾部**　“此致”前空两格。“××法院”(原判的上一级法院)顶格写，或写成“由××法院(原判法院)转送××法院”(原判法院的上一级法院)。
上诉人：×××经销公司(盖章) 法定代表人：×××(签章)	署名，上诉人写全称。
2014 年×月×日	日期。
附：1. 本状副本五份 2. 书证四份 3. 物证四份	附件，标明上诉状有关的文件及其份数。

3. 申诉状

经济纠纷申诉状就是经济诉讼当事人，认为已发生法律效力的判决、裁定确有错误，向人民检察院或上一级人民法院提出申请再审的书状。

张××因房屋产权问题与继子丘××发生经济纠纷，引起法律诉讼，一、二审法院均判决张××败诉。张××不服一、二审的判决，为维护自身利益，特拟申诉状一份进行申诉。

例文3	点评
房屋产权案申诉状	标题
申诉人：张××，女，59岁，××省××县人，××厂工人，现住××街××号 被申诉人：丘××，男，38岁，××省××县人，××公司职工，现住××街××号 （申诉人是被申诉人的继母） 为不服××地区中级人民法院〔2014〕民上字第54号民事判决，现提出申诉，理由如下：	**首部** 写明申诉人和被申诉人或代理人的基本情况。
一、我和丘××（被申诉人丘××之父）婚姻关系存续期间所买的房子，购房款是我独自借款。借款也是在故夫死后，我独自偿还的，有债权人谭××、夏××等人证明。 二、买房时，我的故夫，即被申诉人的父亲丘××公开表态，不与我共买此房，并请沈××代写了不愿共买房子的声明。声明内容，有代写人沈××的书面证明。	**主部** 是申诉状的主体，简明扼要，实事求是，理由充分。
三、一、二审法院只是泛泛地认定事实、援引法律条文，对于我所提的证人、证言不重视，不分析，不核对，也不驳斥，只是根据片面的事实就作出了判决。 四、夫妻关系存续期间所得的财产，应理解为双方或一方的劳动所得。如属这样的性质，其产权应为夫妻共同所有。我确实是在婚姻关系存续期间购买的房子，但买房用款不是劳动所得，而是由我一人借债支付，借款也是在我故夫死后，由我一人偿还的。一、二审法院引用婚姻法第十三条，只讲“夫妻在婚姻关系存续期间所得的财产，归夫妻共同所有”，不提该条的最后一句——“双方另有约定的除外”。	指出一、二审法院在适用法律条文上断章取义的错误，申诉有力。

上述四点理由，敬请省高级人民法院按审判监督程序，调卷审理，依法判回我房产所有权，以维护法制，保护公民合法权益。	
此致 ××省高级人民法院	**尾部** 空两格写“此致”，申诉法院顶格写起。
申诉人：张××（签章） 2014年×月×日	落款，包括署名和日期。
附：1. 旁证材料八份 2. 房契影印件一份 3. 一、二审判决副本各一份	附件，标明申诉状有关的文件及其份数。

4. 答辩状

答辩状，是被告人、被上诉人或被申诉人收到法院有关文件（一般是法院的通知和原告的起诉状、上诉人的上诉状或申诉人的申诉状副本）后，针对原告的起诉状、上诉人的上诉状或申诉人的申诉状里所提的事实与理由，进行书面答复与辩解的诉讼文书。

××县轻工业局供销公司因不服××区人民法院的判决，提起上诉。原审被告××市凯旋锅炉厂在接到法院的通知后，拟答辩状一份交法院进行答辩。

例文4	点评
答辩状	**标题**
答辩人：（原审被告）××市凯旋锅炉厂 地址：××省××市××路××号 法人代表：李××，厂长	**首部** 写明答辩人的基本情况，用括号标明答辩人在原审时所处的诉讼地位。
案由：××县轻工业局供销公司诉××市凯旋锅炉厂合同纠纷一案，原告不服××区人民法院〔2014〕民经字判决，提起上诉。作为答辩人，我厂作出答辩如下。	**主部** 答辩案由，言简意赅。用“作出答辩如下”过渡，是答辩状的习惯写法。
答辩理由： 答辩人认为××区人民法院对本案的判决是正确的，判决根据事实和法律，就原告和被告双方争议的主要问题所作的两项处理决定也是有理有据的。具体分析如下。	答辩理由，这是答辩状的核心，胜、败诉的关键所在。针对上诉人在上诉状中提出的两个争议问题，从事实（引文事实部分从略）和法律条款上作出理由充分的答辩，证明原判决正确。逻辑严密，简洁有力。

一、确认原告中途退货的根据及理由

上诉人在上诉中提出,合同规定交货日期为××××年×月底,上诉人在××××年×月提出退货,因此不是中途退货。我们确认上诉人中途退货,是基于下述事实……(略)。因此,××区人民法院根据《关于工矿产品订货合同基本条款暂行规定》的有关规定,判决确认上诉人中途退货并判处罚金,是完全正确的。

至于上诉人在上诉中提出的,答辩人在××××年×月并未制造出锅炉等,是没有任何意义的,也是没有根据的。因为:

……(略)

二、对锅炉在运输途中造成损坏的责任划分,原判决基本是正确的

……(略)

原判决原则上划分了双方的责任,基本正确,唯判决原告(上诉人)和被告(答辩人)承担损失的部分,仍不合理,亦缺乏根据。我们认为,按过错责任原则,根据各自应负的具责任划分处理较妥。意见如下:

(一)答辩人单方发货,应负错发货物的责任,承担往返运费和其他实际支出的费用。

(二)锅炉造成损坏的损失,是由于上诉人的过错延误索赔期限,损失应全部由上诉人承担。

此致

××人民法院

答辩人:××市凯旋锅炉厂(章)
法人代表:李××(章)
2014年×月×日

答辩意见,用“原判决基本正确”表明己方观点,为下面的反诉打下伏笔。

综合归纳,用简明的语言,提出己方解决纠纷的主张(实际上是反诉要求)。

尾部 空两格写“此致”,“××法院”顶格写。

落款,署名(加盖印章)和日期。

3.7.2 文种指要

1. 起诉状

(1)起诉状的适用范围

公民、法人、机关和其他组织作为法律关系主体,请求法院依法判决时,均应制作、使用起诉状。

(2) 起诉状的格式写法

依照《中华人民共和国民事诉讼法》(2012年修正)第一百二十一条规定,"起诉状应当记明下列事项:(一)原告的姓名、性别、年龄、民族、职业、工作单位、住所、联系方式,法人或其他组织的名称、住所和法定代表人或主要负责人的姓名、职务、联系方式;(二)被告的姓名、性别、工作单位、住所等信息,法人或者其他组织的名称、住所等信息;(三)诉讼请求和所根据的事实与理由;(四)证据和证据来源,证人姓名和住所"。

具体说来,起诉状主要包括以下几个方面的内容。

① 标题。直接写"起诉状",在第一行居中。

② 首部。诉讼当事人的情况说明,要将当事人的基本情况一一介绍清楚。当事人包括原告人(提出诉讼请求者)和被告人(诉讼对象)。要写清当事人的姓名、性别、年龄、工作单位、住所、民族、年龄、职业和联系方式(被告情况中,后四项可以不写),法人或者其他组织的名称、住所和法定代表人或主要负责人的姓名、职务。原告有诉讼代理人的,要在原告情况的下一行写清诉讼代理人的姓名、性别、年龄、工作单位、职业、住址和代理权限(如系律师,还应写明属哪个律师事务所)。若被告为几个单位或个人,也应分别一一写明上述内容。顺序是先写原告内容,后写被告情况。如果有第三人,最后写第三人的情况。

③ 主部。主部由两部分组成。

● 请求的事项。简明扼要地提出请求法院依法解决原告一方要求的有关民事权益争议的具体问题,如确认财产所有权,要求对方付给货款、偿付违约金、赔偿金等。

● 事实和理由。事实部分中,首先要写明经济纠纷发生、发展的具体内容,包括时间、地点、原因、情节和事实经过。其中,要着重写清楚被告人行为的性质、所造成的后果、被告人所应承担的责任,双方争执的焦点和实质性分歧。其次,提供充分的证明事实真相的人证、书证、物证及其他足以证明原告起诉有理的证据材料。证据要写明证据来源、证人姓名和住所。理由部分,就是事实和证据,援引准确、恰当的政策、法律条文,写明被告人行为的性质、所造成的后果及应承担的责任。

④ 尾部。写起诉状呈送的人民法院名称、原告人签名盖章、提交诉状的日期和附项。附项部分依次写本诉状副本的份数、证据的名称与件数、证人的姓名与住址。

在主部下一行空两格或前三分之一处写"此致",再提行顶格写"××人民法院",右下方写原告单位全称或个人姓名,以及提交诉状的年、月、日,若原告是单位则要加盖公章和法人代表印章。在日期下一行顶格写"附:",然后分行写"1. 本状副本×份,2. 书证×份,3. 物证×份"(如果无后两项,可不写此二项)。

(3) 起诉状写作的注意事项

① 符合起诉的条件。《中华人民共和国民事诉讼法》第一百一十九条规定,"起诉必须符合下列条件:(一)原告是与本案有直接利害关系的公民、法人和其他组织;(二)有明确的被告;(三)有具体的诉讼请求和事实、理由;(四)属于人民法院受理民事诉讼的范围和受诉人民法院管辖"。

② 列举事实真实确凿。要尊重客观事实,如实反映经济纠纷的本来面目。不歪曲捏造,不夸大渲染。如果原告在纠纷中应承担一定责任也不要隐瞒事实,以免被告应诉后反而陷于被动局面,不利于矛盾的解决。

③ 起诉请求明确具体。起诉请求必须明确、全面、具体。切忌感情用事、使用模糊语言，如“赔偿若干万元”“只要能偿付违约金，什么都好说”之类的。如果有几项请求，应标明次序，逐项写明，不要笼统含糊。如果要求经济损失赔偿，应写明要求赔偿的币种及数额。

④ 理由充足，证据有力。案情必须陈述得客观、准确、清楚，关键的人和事、因与果、时间与地点、要害的语言与重要的细节，必须一一陈述清楚。问题的实质与争议，也必须一一指明；理由与事实之间必须有内在的、必然的联系。本着“谁主张，谁举证”的原则，要出具确凿实在的证人、证言、证据；援引法律法规、政策条文要具体、准确，引用原文必须一字不差。

⑤ 语言简明，思路清晰。语言要简明，没有多余的话，经得起推敲。说理要中肯，语气要平和，请求要合情合理合法，切忌强词夺理、使用恐吓谩骂的语言。思路必须清晰，如所叙述的事实，不是陈年流水账，只有大体的发展脉络；不是记下每一个细节，只是突出关系重大的典型细节。再如在提起诉讼时，如果交易发生的当事人已经歇业、关闭或并转，起诉人就不能以交易发生的当事人为被告，而应以负责清理该当事人债权债务的单位作为被告。

2. 上诉状

(1) 上诉状的适用范围

① 当事人不服地方人民法院第一审判决、裁定，请求上一级人民法院撤销、变更原判决、裁定。

② 当事人不服地方人民法院第一审判决、裁定，请求上一级人民法院重新审理此案。

(2) 上诉状的格式写法

上诉状的写作格式、要求大体与起诉状的相同。《中华人民共和国民事诉讼法》(2012年修正)第一百六十五条规定，“上诉状的内容，应当包括当事人的姓名、法人的名称及其法定代表人的姓名或其他组织的名称及其主要负责人的姓名；原审人民法院名称、案件的编号和案由；上诉的请求和理由”。上诉状具体包括以下内容。

① 标题。由案件性质与书状名称组合，如“经济纠纷上诉状”，首行居中。

② 首部。写明上诉人与答辩人的基本情况。其书写顺序与起诉状的要求相同，即上诉人及代理人、答辩人、第三人。需要强调的是，要在当事人后用括号注明当事人在一审中所处的诉讼地位，如“上诉人：张××(原审被告人)”。

③ 主部。是上诉状最主要的内容，包括案由、上诉请求和上诉理由三项。

● 案由。即不服第一审判决或裁定的事由，包括第一审人民法院的全称、文书名称与编号，如“上诉人××因××一案，不服××人民法院×年×月×日×法经初字第×号经济判决，现提出上诉”。

● 上诉请求。明确提出请求第二审人民法院撤销、变更原审的判决或裁定，或请求重新审理该案的主张。

● 上诉理由。对上诉请求进行论证，这是上诉状最重要的部分。上诉请求能否成立，取决于有无理由、理由是否充足这两方面。上诉要有强烈的针对性，一般是针对下列情况提出：a. 原审裁判认定的事实不清，证据不确凿；b. 原审裁判适用的法律不当，理由不充分；c. 原审裁判的诉讼程序不合法等。针对原审裁判的某一部分或全部，就事实、证据、适用法律、适用程序等方面提出反驳的理由。上诉人认为原审裁判的哪一部分有问题，就提出对哪一部分请求纠正的理由。全部有错，请求全部纠正；部分有错，请求部分纠正；属事实不清的要求重审；属适用法律不当的请求改判。一般用如下一段文字申明请求，收束全文："为此，特向你院上诉，请求依法撤销原判决（或裁定），予以改判（或重新审理）。"

④ 尾部。写上诉人呈请的人民法院名称、上诉人签名并盖章、具状日期和附件。格式要求与诉讼状相同。

（3）上诉状写作的注意事项

① 有的放矢，针对性强。上诉请求是针对原审法院裁判的不当之处，而不是针对答辩人提的。要针对原审裁判的错误、不当提出不服的理由，抓住关键性的问题，有的放矢地辩驳。而不能节外生枝或纠缠枝节问题，也不能不厌其烦地把整个诉讼始末详尽道来而影响二审法院的正确审理，更不能对原审法院冷嘲热讽。

② 注重依据，以理服人。就是要摆出上诉所依据的客观事实和证据，摆出适用恰当的法规条款，据理论证，分清是非，指出原审裁判的错误，从而达到上诉改判或重审的目的。

③ 层次分明，条理清晰。在"上诉理由"部分中，通常先说出原审裁判中自己不服的内容，表明自己不赞同的态度；再摆出事实，列举证据，拿出依据；最后归纳总结得出结论，并"请求你院根据事实和法律，作出公正的终审判决"。

④ 引述简洁，辩驳有力。对原审裁判内容的错误、失当之处，可以引述原文，也可以概述原判的大意，但都必须引述准确无误，简洁明确。然后据理辩驳，说理要中肯，要切中要害。

⑤ 表述严密，语言准确。提出自己的上诉请求要明确、简练。因上诉状批驳的是原审人民法院的裁判，切不可使用讥讽的词语。

（4）上诉状与起诉状的区别

① 起诉状要写清整个事实；上诉状只写证明原审判定错误的事实，无须罗列全部事实。

② 起诉状是针对被告的，多采用叙述说明手法；上诉状则是针对原审裁判的，要据理反驳，讲求事理剖析，多采用夹叙夹议的手法。

③ 起诉状是原告在一审之前用；而上诉状则在一审之后的法律规定的上诉期限内使用，且原告、被告乃至诉讼第三人都可使用上诉状。

3. 申诉状

（1）申诉状的适用范围

当事人认为已发生法律效力的判决、裁定确有错误，请求上一级人民法院或人民检察院复查纠正或者重新处理时使用申诉状。

（2）申诉状的格式写法

申诉状的写作格式大体与起诉状相同。

① 标题。首行直接写"申诉状"。

② 首部。写明申诉人和被申诉人及法定代理人的基本情况，其格式写法、要求与起诉

状相同。

③ 主部。是申诉状的主体部分，包括案由、申诉请求、申诉理由三部分。

● 案由，即申诉人不服原审人民法院的判决或裁定的事由，写法与上诉状相同，将“上诉”换成“申诉”即可。

● 申诉请求，简明扼要地写出纠正原判决中处理不当之处的请求。如请求撤销或变更原判定，请求依法再审。

● 申诉理由，写不服裁判的理由。一般从以下三个方面进行阐述：a. 实事求是、全面准确地摆清事实。主要事实的情节要全面完整，次要事实也不宜忽略，以便和原裁判进行对照，让人看出问题所在。b. 列示证据，证明申诉事实的真实性，反驳原判法院的错误认定。c. 具体阐明本案使用的法律法规。申诉理由写完后，另起一段，用“为此，特向你院申诉，请求依法撤销（或变更）原判决或裁定，予以改判（或重新审理）。”收束全文。

主部所写的申诉请求、事实与理由可用数字标明一二三，以便逻辑严密，层次分明。

④ 尾部。除附项部分增加了已经发生法律效力的判决、裁定文书的复印件外，其他内容、格式与上诉状相同，只要将“上诉”换成“申诉”即可。

（3）申诉状写作的注意事项

① 明确受理申诉的主管机关。按照诉讼法的规定，对已经发生法律效力的判决、裁定或调解书，认为有错误的，可以向原审人民法院或者上一级人民法院递交申诉状申请再审。按法律规定，申诉不受时间限制，只要发现新的事实和证据，或有新的理由，当事人随时都可提出申诉。

② 引用新的证据、理由。由于申诉状是针对已经发生法律效力的判决和裁定而写的，写作时必须以强有力的证据作后盾来展开说理。一般说来，只有举出新的事实、证据或者有新的理由进行申诉，才容易被人民法院受理，从而提起再审。

③ 语言表述简练。由于有的案件申诉时距离原来法院审理判决已有一段时间，甚至是相隔数年，因而申诉时要首先将本案的案情及审理的来龙去脉简要做以交代。交代时务必注意抓住关键、直截了当，不可枝蔓缠绕，使人不得要领。

（4）申诉状与上诉状的区别

① 诉讼客体不同。申诉状的客体既包括已经发生法律效力的一审判决、裁定，也包括二审终审判决、裁定，还可包括正在执行或已经执行完毕的判决、裁定；而上诉状只限于尚未发生法律效力的一审判决、裁定。

② 诉讼时限不同。申诉不受时间限制，上诉受时间限制。一个案件，在上诉期限过后或终审判决、裁定后的任何时候，当事人都可以申诉；而上诉则只能在法律规定的时限之内进行。

③ 诉讼受理条件不同。申诉受理是有条件的，只有符合判决、裁定已经生效并且认定判决、裁定确有错误这两个条件，才能受理申诉。而上诉则是无条件的，不论理由正确与否，凡上诉一律都得受理。

④ 审理程序与处理方法不同。《中华人民共和国民事诉讼法》第一百八十一条规定：“人民法院应当自收到再审申请书之日起三个月内审查，符合本法第一百七十九条规定情形之一的，裁定再审；不符合本法第一百七十九条规定的，裁定驳回申请。”申诉一经立案受

理，申诉书便成为诉讼文书，由受理法院存卷保存。对上诉而言，原审是一审的，如果当事人对所做的判决、裁定不服，在上诉期内都可上诉；原审是二审的，所做的判决、裁定属于已发生法律效力的终审判决、裁定，当事人不得上诉。

4. 答辩状

（1）答辩状的适用范围

被告人、被上诉人或被申诉人收到法院有关文件后，进行书面答复与辩解时使用。

（2）答辩状的格式写法

① 标题。标题有两种形式，一是直接用文种“答辩状”做标题；二是在前面加上案件名称，如“关于××案的答辩状”。

② 首部。写答辩人的基本情况，内容、格式要求与起诉状的“原告人”部分相同，将“原告人”换成“答辩人”即可。不必写被答辩人的基本情况。

③ 主部。写答辩案由、答辩理由与答辩意见，以及反诉请求等。

● 答辩案由。一般写为：“因×××与×××（当事人名字）一案，被告（或答辩人、被申诉人）根据原告（或上诉人、申诉人）提出的起诉状（上诉状、申诉状），答辩如下”。

● 答辩理由。根据事实和法律规定，明确、具体地回答对方当事人在诉讼文书中所提出的诉讼请求，阐明自己的看法和主张。首先要叙明案情，辩明原委。对方所列举的事实，如果基本属实，只需明确表态、一语带过即可。然后主要阐明对方在纠纷中应承担什么责任。对方所列举的事实，如果部分属实或完全失实，重点就要放在辨析对方在哪些问题上、怎样歪曲了事实，辨析的过程就是区分责任、为自己辩解的过程。阐述理由时，既要列举证据、证人，又要援引法律条款作为说理的依据，最忌空泛地议论。

● 答辩意见。在充分阐述答辩理由的基础上，通过综合归纳，用简洁、明确的语句提出自己解决纠纷的意见、主张与要求。一般说来，这项内容应分几个层次来写：根据事实和法律，说明自己全部或某些行为的合理、合法性；指出对方指控的失实程度及其诉讼请求的不合理性；提出自己的主张，请求人民法院依法公正裁判。

● 反诉要求。在法律上，答辩人与起诉人（或上诉人、申诉人）的地位是平等的，因而答辩人可以同时就此案提出诉讼对方的要求。如果没有这种反诉要求，此项可无。

④ 尾部。写答辩人呈请的人民法院名称、答辩人签名并盖章、具状日期和附件。格式要求与起诉状相同，只要将“起诉”换成“答辩”即可。

（3）答辩状写作的注意事项

① 尊重事实，澄清是非。尊重纠纷的客观事实，全面、如实地向法庭反映案情，是答辩人帮助法院分清是非曲直，依法断案的前提和基础。写答辩状的时候，要尽量让事实说话，让事实证明自己的答辩理由是充分的，而不是隐瞒、掩饰，甚至歪曲事实，更不能无理诡辩或进行人身攻击。当然自己有错误也应当承认，但这种承认要在必要的时候进行，是在澄清事实、分清是非曲直时进行。不宜作过多分析，更不能把答辩状写成检讨书。

② 抓住要害，据理力争。答辩状是一种辩驳性文体，主要是通过批驳对方列举的事实与理由，间接地证明自己的意见与主张的正确性。用反驳的方法，使法院接受自己的意见与主张。具体进行反驳时，要抓住对方捏造或歪曲事实、引用的法律条文不全面或本案不适用、逻辑推理论证方面的破绽等要害之处。

③ 针锋相对，语言犀利。要针对对方的主张或要求、双方争执的焦点、影响案件处理结果的关键问题进行辨析。语言要表意明确，词锋犀利。有时可用设问、反问、排比等修辞手法，增强语言的气势与力度。但必须以事实为依据，以法律为准绳，不可意气用事，不可用挖苦、讽刺的言辞。

3.7.3 写作训练

（1）阅读下面文字材料，完成后面的练习。

2013 年 2 月 4 日致远县劳动服务公司建筑工程队与上海徐浦仪表厂签订了仪表铜厂搬迁工程的承包合同，工程总价为××万元，建筑工程队按照合同的规定，按期完成了全部工程，并于 2013 年 5 月 14 日经铜厂设计科、技改科等集体验收，符合设计要求，达到质量标准，验收全部合格，铜厂表示满意。但自竣工验收直到投产，铜厂都未按约及时付工程款××万元，工程队多次催讨未果，致建筑工程队资金周转困难，影响了各方面关系。为此，致远县劳动服务公司建筑工程队法定代表人——工程队负责人张义成于 2014 年 3 月24 日委托致远县第二律师事务所申平律师为其诉讼代理人，根据我国合同法合同签订后当事人应信守合同认真履行否则应负违约责任的规定，将上海徐浦仪表铜厂推上了被告席，要求其迅速付清工程款××万元，并承担延期付款违约金××万元（自 2013 年 5 月 14 日至 2014 年 3 月 24 日，以 310 天计算）。

练习：

① 为致远县劳动服务公司建筑工程队拟一份经济纠纷起诉状。

② 假定法院已经立案，请你作为徐浦仪表铜厂的答辩人，拟一份答辩状。

（2）××市新华书店于 2013 年 7 月 9 日与××门市部签订合同一份，新华书店售给门市部 53 种图书计 1.5 万册，扣除折扣等，门市部应付给新华书店书款 78 345 元，合同规定六个月后结账付款，但拖至 2014 年 6 月，××门市部仍不付款，新华书店几经交涉未有结果，不得已准备起诉，请你代新华书店写一份诉状。

3.8 商业广告

商业广告是一种以消费者为对象，以商品、劳务或服务信息为内容，以各种媒体为载体，以促进销售为目的的商业宣传手段。由于载体不同，导致商业广告的形式各异，如报刊广告、电视广告、灯光广告、牌匾广告、模型广告、车船广告等。本节所学的商业广告，是指生产者、经营者或可以从事劳务、服务的单位，为了推销商品、劳务或服务项目，进而树立自身形象，通过电视、报刊、印刷品等媒体，用文字形式向社会公众传播信息的文书。

3.8.1 例文点评

××市混凝土厂为宣传本厂生产的新型建筑材料——钢纤维，增加产品的销售量，提高本单位及其产品的知名度，特在报纸上发布了一份广告。

例 文 1　　　　点 评

××市混凝土厂
向您提供新型建筑材料钢纤维

标题 由生产厂家和商品名称组成。

您想使高速公路平坦无隙，飞车急奔吗？您想使繁忙的码头千年永固，车马往来如梭吗？请选用新型建筑材料——钢纤维。

正文 引言，由设问引入正题。

“钢纤维”是近年来国际上开始盛行的最新建筑材料，我厂采用了冶金部北京钢铁研究总院融体抽取钢纤维的最新技术，此技术国内首创，填补空白，全国只此一家，请速选用。

使用方法：将钢纤维按照一定的配比，与混凝土混合物一同搅拌，浇注、喷射均可。

优点：可以使混凝土抗裂、耐磨、抗压、抗拉，抗扭、抗疲劳等性能都有明显的提高，抗冲击强度比无筋混凝土高10～30倍，平均指数可提高10～30倍。

应用：机场跑道、高速公路、隧道内衬、海洋工程、铁路护坡、水港码头等军用和民用建筑施工。

技术指标：钢纤维长度10～60毫米，钢纤维断面0.1～0.5平方毫米，松散容重0.5吨/立方米。

主段，采取推介体形式，分项简介产品的历史、技术、特点。从使用方法、优点、应用、技术指标、质量、价格等诸多方面具体介绍商品。

地　　址：××市××区××路××号
联系电话：0××-×××××××××
　　　　　139-×××××××××
联 系 人：×××　　×××

随文 准确写明购买地址、联系电话与联系人。随文不可疏忽，对消费者起购买指南作用。

为促进销售，扩大影响，霄园房地产开发有限公司以本公司成立十周年为契机，在当地报纸上发了一则广告。

例 文 2　　　　点 评

浓情厚礼馈赠全县
千万让利深情奉送　底线让利倾情酬宾

间接标题 号召鼓动式。直接诱发消费者产生购买行为。

为庆祝××市霄园房地产开发有限公司成立十周年，在“三节”来临之际，安曼住宅小区成本让利，豪礼相送。

正文 引言，概括全文主旨。

一、特选取若干套精品限量户型,限时举办“好房特价回馈”活动,在本活动期间销售价格以 3 280 元/平方米起售。 二、定金翻倍,实惠尽享:凡在 2011 年元月 1 日至 31 日前订房的前 88 位客户,预交订金 5 000～20 000元者,订金以 1.5 倍计算后冲抵房款。 1. 预交订金:5 000 元,即送 2 500 元。 2. 预交订金:10 000 元,即送 5 000 元。 3. 预交订金:20 000 元,即送 10 000 元。 三、饮水思源,喜气连连:凡是公务员、教师、军人、医务工作者、下岗职工购房者,均可享受 30 元/平方米的优惠。 此外,我公司将提供银行按揭付款、分期付款及一次性付款等多种灵活付款方式,使您明明白白购房,轻轻松松入住。	主体,对标题中提出或承诺的商品或商品利益点给予解释和证实。 本文通俗易懂,口语化和生活化特点很强。
抢订垂询热线:0×××-2234567 垂询地址:××市高峰路东段南侧	**随文** 向受众传达联系地址和接受服务的方法。

3.8.2 文种指要

1. 商业广告的适用范围

有商品、劳务或服务信息需要向社会公布,以达到引起公众注意、吸引其消费的目的时使用商业广告。

2. 商业广告的格式写法

电视、报刊、印刷品上的文字广告,其结构一般包括标题、正文、随文和标语口号四个部分。

(1) 标题

常用的文字广告标题主要有三种类型。

① 直接标题。此类标题开门见山、直截了当,把广告中最重要的事实直接告诉公众。常以商品名称或厂家名称,如“我的华联,我的家(上海华联商厦广告)”,“戴博士伦舒服极了(博士伦隐形眼镜广告)”。这种标题优点是简洁明了,忌句式冗长、修饰成分过多。

② 间接标题。这类标题不直接反映事实和情况本身,而是用耐人寻味的语言吸引读者,采取含蓄、迂回的手法,让公众产生想急于知道正文的好奇心,饶有兴趣地去读广告正文,返悟出该题的真正含义。如“我的朋友乔·霍姆斯,他现在是一匹黑马了”(衬衫广告);“今年二十,明年十八”(美白香皂广告);“任凭强力重压”(车胎广告)。这些标题都是出语惊人,趣味性较强,妙处不言自明。但切忌故弄玄虚、令人费解。

③ 复合标题。它由直接标题与间接标题综合而成。往往采取引题、正题与副题相组

合的形式。引题说明信息意义或交代背景，正题点明广告的主要事实，副题则补充说明正题内容。例如："三十秒止痛，奇迹！——××牌电离子口腔治疗牙刷帮助您解除牙痛的烦恼"，这个标题的前一句为正题，属间接标题；后一句为副题，属直接标题。

标题是广告的"眼睛"，必须精心提炼，使其富有吸引力。其常见的拟定方式有以下几种。

- 直接记事式。直接将广告要点提炼成标题，如"××商业大厦国庆节期间正式开业""特供进口泰柚原材贴面板"。这类标题常用于产品、服务项目的介绍。
- 新闻消息式。广告标题采用新闻标题的写法，文学色彩较浓。如武汉市国营焰火器材厂在国庆前刊登的广告，标题为"龟蛇两山升彩霞，江城夜空闪簇花——武汉市国营焰火器材厂为国庆增添光彩"。这类标题常用于新产品、新服务或劳务介绍等。
- 赞誉宣扬式。标题突出宣传产品优点，鼓励人们消费。如唐山市自行车总厂做的广告，标题为"国内首创200kg锰钢载重自行车，国家A级产品，龙凤2A10型"。名牌产品的广告一般采用这种方式拟定标题。
- 号召鼓动式。这种方式主要强调时机难逢，催促人们赶快购买，如"××商品一次性削价，欲购从速"。这种方式一般用于时效性较强的广告。
- 设问思考式。即标题中提出问题，启发消费者思考。如××旅游公司做的广告，标题为"温饱问题已经解决了，我们还应追求些什么？"这类标题目的是促使人们下决心购买，多用于理性诉求的广告。
- 对比烘托式。在标题中对比不同产品或服务，以衬托出自己商品的优点。如香港太古地产公司做的广告，标题为"看楼看尽全港九，太古城更胜一筹"。这类标题目主要用于同类产品或服务较多的情况，要注意的是，不要为了宣传自己而贬低他人。
- 比喻寓意式。通过比喻的方法拟写标题。如银行做的广告，标题为"小莫过于水滴，细莫过于沙粒"，以水滴和沙粒比喻少量的钱，启示人们积少成多的道理。这类标题目，适用范围较广，但应根据具体内容而定，不可牵强附会，乱用比喻。
- 设置悬念式。在标题中设置悬念，让人产生好奇，从而对广告产生浓厚的兴趣。如某航空公司做的广告，标题为"从×月×日起，大西洋将缩短20%"。人们不禁要问大西洋怎么会缩短呢？原来是该公司的航班加快了飞行速度，缩短了20%的飞行时间。

(2) 正文

正文是广告文稿的核心部分，通常由以下三部分组成：

① 引言。位于正文开头，起解题的作用，可独自成段。

② 主体。说明宣传对象的优点和特征，提出推荐购买的理由。这部分内容要突出宣传对象的特性，有较强的说服力，能激发大众产生消费动机。

③ 结尾。这部分通常是号召人们去购买广告产品或接受服务。

广告正文的写法有各种体式，如说明体、陈述体、布告体、推介体、论述体、问答体、描写体和证书体等。

- 说明体。广告内容主要是对商品和劳务等实物的性质、特点、内容、成因、功用等进行详细说明，使消费者形成明确的产品概念，学会正确的使用方法。这种体式结构严谨，语言准确，条理清晰。如麦氏咖啡在打入中国市场初期的一则广告，标题是"哥伦比亚咖啡，制成世界最香浓的咖啡”,正文是“哥伦比亚安第斯山脉,是世界上种植咖啡的最好地方,那里有肥沃的火山土壤,温和的气候及适量的阳光和雨水,保证了每一颗咖啡豆的完美成长。待到咖啡豆成熟时,人们采用手工摘取。只有最好的咖啡豆才进行烘烤,以确保其独特的味道及芬芳。假如您是一位咖啡爱好者,一定要选用哥伦比亚咖啡豆制成的各类咖啡。在中国唯有麦氏超级特选速溶咖啡和生活伴侣杯装咖啡才是您最终的选择。与众不同!”

● 陈述体。是用简洁、平实的语言,开门见山地对商品的名称、特点、规格、用途、效果、价格等加以说明,直截了当,自然朴实,清楚明了。如神奇牌蒸汽电熨斗的广告词:“一气呵成,无须反复。增加强力蒸汽,喷气量大小可供选择,便于携带,易于存放,大面积熨烫,速度快、成型效果极佳。它的出现改写了熨烫工具的历史!”

● 布告体。这种体式结构严谨,语言准确,条理清晰。招商、招聘广告多用此体。

● 推介体。以陈述的口气,平实的语言,对商品的名称、特点、规格、用途、效果、价目等加以说明,向公众推荐、介绍。推介体多用于宣传新产品。

● 描写体。用描写的手法表现出产品的形象或介绍某个服务项目及其特点,创作者用极富文采的语言描绘出一个鲜明的形象,给人留下深刻的印象。描写体多用于旅游、餐饮等。德芙巧克力,“牛奶香浓,丝般感受”。这个广告之所以堪称经典,在于那个“丝般感受”的心理体验,能够把巧克力细腻滑润的感觉用丝绸来形容,想象丰富,充分利用联想感受,把语言的力量发挥到极致。

● 问答体。即广告内容通过问答方式表达出来。这种体式一般以广播和印刷品为媒体,针对性强,逐点答疑,有说服力,多用于技术性、知识性较强的广告内容的表达。

● 论述体。这种体式以充分的论据,雄辩的事实来说服消费者选购广告商品或选择其服务。太阳神口服液报纸广告,“秋季,自然界阳光趋于收敛、闭藏。人体也一样应以收藏、惜精养气、积极进补来补充盛夏的消耗……太阳神生物健口服液‘甘菊型’能增食欲、促睡眠、祛疲劳、提精神,增强机体免疫力,对营养性缺铁性贫血、胃及十二指肠溃疡、胃炎及神经衰弱等有显著治疗作用,并能促进病后康复。款款太阳神,健康的关怀。”

● 证书体。把产品获奖的荣誉称号或权威机关、权威人士对商品的鉴定、赞扬、使用和见证等引证在广告正文里。这种广告,利用人们对名牌质量的追求、对权威的崇敬与深信不疑,赢得消费者的认可与信赖。与论述体一样,它多用于名牌产品、高级精密仪器和药品等。证书体与论述体很相似,区别在于论述体侧重于大量而普通的事实、数据,而证书体则更重视权威机关(包括政府有关部门)、人士的鉴定与评价。如“古井贡酒清如水晶,香如幽兰,甘美醇和,回味悠长,连续三次荣登国家名酒金榜,又获第十三届巴黎国际食品博览会金奖”。

(3) 随文

随文就是落款,它对消费者起购买指南作用,是一篇完整广告词不可或缺的重要组成部分。其内容包括品牌商标、厂(商)名称与地址、电话、销售时间与地点、购买方式与手续、银行账号、联系人、经销部门等。在广告中,这些内容可以根据实际需要进行增删,增删的标准是消费者能够据此找到相关地点、买到相关商品。

广告的随文绝不可忽略。如果漏写或错写了随文,没有标明或标错了联系地址、电话号码,无论标题如何有吸引力,正文如何有说服力,这则广告都是失败的。

(4) 广告标语

广告标语，是作为鼓动性口号，在一段时期反复使用的某一特定商品的商业宣传用语。它的作用在于强化人们对企业经营特点或商品优良性能的记忆，以达到广为传播的目的。它可以是广告的标题，也可以在正文的任何恰当的位置出现。同一产品广告的内容可变，但它的广告标语在相当长一段时间里不变。如伊利纯牛奶的三则内容不同的平面广告文案，广告口号都是"青青大草原，自然好牛奶"。

广告标语的内容，有的是强调商品或劳务的优点，如丰田车的广告标语是"车到山前必有路，有路必有丰田车"；有的是动员消费者认定和选购广告商品，如猿州水泥厂的广告标语是"猿州水泥浇铸理想天地"；还有的是激发人们对商品或者企业的情感，如英雄金笔的广告标语是"英雄、英雄，笔中英雄"；也有的宣传厂商的服务宗旨，突出企业的经营特点，如国外一家公司(奥尔巴进)的广告标语是"百万的企业，毫厘的利润"。

广告标语的写作，要表现广告主题，反映商品个性，具有鼓动性强、简短易记、生动有趣，富有情感的特点。

在实际应用中，不一定每则广告都由以上四部分组成，不同的广告，其构成也不一样。如霓虹灯广告多是标题与正文合一；以图为主时，路牌广告的文字部分相当精炼，有时甚至标题、正文与标语口号合一；电视或广播广告一般没有标题；报纸、杂志、印刷品广告则各种构成部分比较齐全，但许多广告没有标语口号。要根据商品特点、宣传对象、广告载体、广告资金等实际情况来决定广告的构成。

3. 广告写作的注意事项

(1) 内容的真实性

真实性是广告的生命。广告要实事求是，不可弄虚作假，虚假广告害人害己。语言要讲究分寸，"驰名中外""誉满全球""最好最佳"之类的浮夸赞誉之词要慎用。

(2) 形式的新颖性

在各种广告如潮水般涌向消费者的今天，形式不新颖的广告极易淹没在广告潮之中，难以引起注意。只有新颖才能吸引人，才能达到做广告的目的。

(3) 文案的简洁性

语言要高度凝练简洁，突出重点信息。这一方面是由于读者没有时间、没有耐心、没有兴趣去看长篇大论的广告；另一方面是力求做到小版面多内涵，提高经济效益。

(4) 言语的诱导性

广告的目的是为了推销自己的商品、劳务或服务项目，树立自身形象。这就决定了广告的言语必须具有诱导性，以唤起消费者的消费热情与欲望。

3.8.3 写作训练

(1) 根据下列资料，为××市东风商场拟写一份商品广告。

××市东风商场最近购进一批××市××食品总厂生产的齐心牌方便面，有番茄面、麻辣面、虾仁面、肉松面等几个品种。具有营养丰富、味美价廉、快速方便、老幼皆宜等特点。使用时，只需沸水冲泡5分钟即可食用。煮沸2～3分钟，味道更佳。××食品厂建厂30余年，产品驰名中外，供不应求。东风商场位于××市西区××街63号。电话号码是3683037。

(2) 请根据下面的材料，按照有关要求写一则销售广告。

××机床厂位于××市××路××号，是中国机床行业大型骨干企业之一，是机电产品的出口扩权企业。现有职工6 200余人，其中工程技术人员900多人，有组合机床及自动线、数控车床、铲齿车床、多刀车床和普通车床等产品，其中组合机床及自动线在国内市场的占有率为60%，自建厂以来已向国外60多个国家和地区销售了21种7 000多台机床，向国内用户提供了6万多台机床，产品质量在国内外享有很高的信誉。该厂的销售电话是021-3671274。

(3) 收集你自己喜欢的广告标语五则，并分析其格式写法与特点。

3.9 综合练习

1. 根据内容和事由，为下列事情选择恰当的文种。

(1) 德州市海州区政府准备采购一批办公设备，寻求有资格、有能力的代理商。

(2) 银山市变压器厂生产的节能变压器销路不畅，该厂技术科通过调查分析，提出"以旧换新"的方案供领导参考。

(3) 河海印刷厂对本年第二季度的成本进行分析。

(4) 长江集团准备引进吸发式电推剪生产线，在建议得到有关部门的肯定后，对该产品的优点、推广前景、技术指标、经济效益等有关事项进行分析后，认为该项目可行，向有关部门报告。

(5) 金威啤酒准备在辽宁销售，拟文向公众宣传。

(6) 经协商，吴居仁宝与马机械厂所有者就租赁该厂一事达成一致，将租赁的有关事宜拟写一份文件，双方共同签署。

2. 根据下列材料，编写一份可行性研究报告，缺省的内容可以用"……"或"××"代替。要求：格式正确，不可缺少可行性研究报告必须的项目。

××市钢铁厂是××省冶金局所属的大型企业，"十一五"期间生产任务一直完成得很好，经济效益可观。"十二五"期间该厂拟对生产线进行技术改造，确保经济效益稳步增长。该厂改造的重点是生产PG2－6070钢的5号高炉生产线，该项目定为××省重大技术改造项目，项目建议书已被××省发改委"×发改〔2010〕380号"文件批准。钢铁厂委托××钢铁研究设计院进行可行性研究；该院组成了由李××高级工程师为负责人，刘××、于××高级工程师，钱××经济师等参加的研究小组，历经三个多月的努力，他们于2010年10月8日完成了可行性研究报告的编制任务。

3. 根据下面的材料，写一份招标书。

经上级主管部门同意，位处××市××区××路×号的××学院，将修建一栋新的、建筑面积××××m^2，能够容纳万人借阅图书的图书馆大楼，由××市城市建设委员会批准，××学院图书馆大楼建设招标办公室就该建筑工程实行公开招标。工程承包方式实行全部包工包料。设计及要求在附件文件里有详细介绍。投标条件是：具备法人资格，具有

一、二级施工执照的国内企业。招标文书成本费为500元。投标人须在2015年4月10日(办公时间为上午8:00～11:30,下午1:00～5:30)将投标文书及上级主管部门的有关签证等,密封投寄或派员直接送××学院基建处。收件至2015年4月10日下午16:30(北京时间)截止。开标日期定于2015年4月15日上午8:00,在××市公证处公证下启封开标,地点在××学院综合楼第二会议室。

4. 指出下面这则投标书在格式、内容方面存在的问题,并进行修改。

投 标 书

致神华神东房地产开发公司:

我们看到了贵公司的招标公告,经考察现场和研究上述工程招标文件的投标人须知,合同条款、技术规范、施工图纸和其他有关文件后,觉得凭借我方实力一定能够中标。因此我方愿按上述合同条款、技术规范、施工图纸的要求,承包此工程施工、安装、测试,直到竣工验收和保修维护。

根据投标人须知的条款,我方所提供的全部投标文件(正本一份,副本六份)实际情况,作出如下承诺。

(1) 投标人将按招标文件的规定履行合同责任和义务。

(2) 投标人已详细审查全部的招标文件,包括修改文件(如有的话)及全部参考资料和有关附件。

(3) 投标人不同意提供招标人可能要求的与投标有关的一切数据或资料。

投标人:(盖章)　西安永安消防工程有限公司(盖章)

法定代表人或授权代表:(签字、盖章)

2014年6月24日

5. 根据下面的材料,写一份合同。

风鸟饮食服务公司欲将三好市××街××号××饭馆承包出去。××饭馆全体职工经过讨论,一致同意承包。双方代表协商后,达成如下协议:承包期限从××××年×月×日起至××××年×月×日止。三年不变。承包期满,本合同终止,如承包方继续承包,必须提前三个月通知发包方,由双方另行商定。承包方每月26日向发包方交付月利润××元,若承包方有一个月拖欠不交,发包方有权中止合同。承包期间饭馆职工奖金发放标准,由承包方自行决定。饭馆经营项目、经营规模,在承包期间由承包方安排,发包方不得干涉。承包期间饭馆房屋维修由发包方负责。室内和门面装修、门窗及其玻璃维修,由承包方负责。饭馆内由发包方负责安装水表、电表,每月交付利润时承包方按实际使用水、电数量交纳水电费。饭馆内原有桌椅、餐具、电话等设施(附登记表)承包期间承包方无偿使用,如有损坏,按承包期满时市价八折赔偿。承包方新添置的桌椅、餐具、设备,承包期满后,承包方可以自行处置,也可以按届时市价九折出卖给发包方。

6. 阅读下面的材料,分别为××日报社写一起诉状,为××造纸厂写一答辩状。并请思考,要避免这类纠纷的发生,订立合同时应注意什么?

××日报社与××造纸厂签订了40吨新闻纸的购销合同。合同中规定,××造纸厂必须在6月30日前将全部货物运达××市。××造纸厂5月底准备好发货,但6月下旬铁路沿线塌方,货物放在货场未发出,××造纸厂对此知情,但一直没有告之××日报社。

此时，恰逢国家从7月1日起上调新闻纸价格，每吨上调15%。××造纸厂认为再以原价发货太吃亏了，于是以"铁路塌方非造纸厂人力所能抗拒"为由单方面终止履行合同。××报社起诉到法院，请求判令××造纸厂继续履行合同，并赔偿因违约给××日报社造成的经济损失。××造纸厂辩称合同中有"因不可抗力导致合同不能履行，不视为违约；但双方应协商善后"的约定，拒绝按原合同议定价格继续履行合同，拒绝承担赔偿责任。××报社反驳认为"协商善后"的前提是知情，但××造纸厂一直未通告报社，致使××报社不知情。××造纸厂则认为合同条款没有明确约定必须通告对方，再说各种新闻媒体对此次塌方均有报道，××报社不可能不知情。

7. 阅读下面几则广告和广告标题，谈谈它们的特点或不足。

(1) "中意"冰箱，人人中意。（中国与意大利厂商合作生产的"中意牌"冰箱广告）

(2) "还不快去阿尔卑斯山玩玩，六千年以后这山就没有了。"（瑞士一家旅游公司的广告）

(3) 某药厂在生产某抗癌新药时做的广告："癌症不用怕，只要用了它，保证你药到病除。"

(4) 现在很多商店都在门口张贴商品广告，其中一商店门口赫然写着："本店即时出售如下新产品：××××、××××、儿童肉松、皮鞋。"

(5) 清泉，清泉，清凉甘甜，滋润了禾苗，浇灌了田园——请购清泉牌水泵。

(6) 标致标致，新一代的标志！（标致汽车广告）

第4章　日常文书

人们在日常生活、学习和工作中，经常需要使用一些专用文书处理个人事务；机关团体、企事业单位在办理某些公务时，也经常需要使用公文、工作文书、经济文书之外的一些专用文书。本书的日常应用文所指的就是这些专用文书。日常应用文有书信类、条据类、公启类等多个类别，本章主要学习一般书信、启事等二十二个文种。

4.1　书　　信

书信是个人与个人、个人与组织、组织与组织之间，运用文字交流思想感情、沟通情况的一种应用文体。现代汉语中的“信”，在古代汉语中写作“书”。它一般都有特定的格式，要通过邮寄、传送等方式传递给对方。

书信大体上可以分为一般书信、专用书信和公务书信三种类型。公务书信在日常生活中使用较少。在“公文写作”一章中已经介绍了其中的一种——函。本节主要学习的是一般书信和十种专用书信。

从借助的媒介上看，目前还有有别于传统的纸质媒介、采用电子通信手段的电子邮件和短信，在本节的最后将对它们进行介绍。

4.1.1　例文点评

1. 一般书信

一般书信是指私人之间往来的信件。

大学生张小阳收到了父母汇来的钱款，为此，他给父母写了一封信。

例　文　1	点　　评
亲爱的爸爸妈妈：	**称谓**　顶格写起，后加冒号。
你们好！	**问候语**　另起一行。
你们汇来的1 000元钱我于今天下午收到，勿念。这些钱对我来说真是雪中送炭，这回我设计“船舶自动跟踪系统”就有充分的物质保障了，谢谢爸爸妈妈。	**正文**　另起一行，首先写回信的主要原因：汇款收到。
我们现在正处于专业设计的关键时期，时间很紧，学习任务很重。但是请爸爸妈妈放心，我会注意自己	其次介绍自己的情况。

的身体，处理好学习和休息的关系，会让身体、学习都好，请二老不要牵挂。	
这里现在很热，不知家里是否也是如此。请二老一定要多保重身体，适当锻炼。不要再为儿省吃简用了，我马上就要毕业工作挣钱了。你们为儿操劳半生，儿子终生也难以报答。最令儿放心不下的是，爸爸的血压一直偏高。我在这里买到了一种新研制出来的降压药，叫“罗黄降压丸”。据介绍疗效很好，放假我就带回去。父母的健康，就是儿女的福分，唯愿爸爸妈妈长寿、永远健康。给儿子多一些报答二老的机会。	最后写自己所要知道的和想说的。
好了，就写到这吧，等儿放假回家再唠。	
祝爸爸妈妈健康长寿、永远快乐！	**祝颂语** 有礼貌。
儿：阳阳 敬上	**具名** 使用敬词。
2014年6月14日	**日期**

毕业生韩海在报上看到××公司的招聘启事，给该公司写了一封应聘信，表达了想到该公司工作的想法。

例文2	点评
尊敬的人力资源部领导：	**称谓** 顶格写起。
您好！	**问候语** 另起一行。
今天在《××晚报》上看到贵公司招聘计算机操作工的启事，十分惊喜。我希望能得到这一职位。	**正文** 开门见山，直接切入主题——应聘。
我上届的几个同学就在贵公司工作，从他们那里我得知贵公司任人唯贤、重视科技，也了解到贵公司辉煌的历史、欣欣向荣的现在和令人向往的发展前景，因而在校期间就盼望能到贵公司工作。	接着，赞扬对方，说明想到该公司的理由。
我是××职业技术学院计算机维护与维修专业2014届的毕业生。在校期间，我系统地学习了计算机硬件与软件的有关知识、计算机使用、维护与维修的有关知识，各科学习成绩都在良好以上。我还掌握了相关的技能，曾获得我省计算机类专业学生技能大赛二等奖。在毕业前取得了计算机操作工（中级技能）职业资格证书。	针对具体职位介绍自己，突出自己能胜任这一职位的有利条件。
我期望能成为贵公司光荣的一员。	重申希望，照应开头。

例文	点评
随信将我的毕业证、个人简介等有关证书和材料的复印件呈上。	出具有关材料复印件，证明内容的真实性。
联系电话：130×××××××× 联系地址：本市××路××号 邮政编码：××××××	标明联系方式，便于联系。
此致 敬礼	**祝颂语** 有礼貌。
韩海 敬上 2014年8月10日	**署名** **日期**

2. 专用书信

专用书信是针对某种特定事务或特殊需要而写的具有专门用途的书信。与一般书信相比，专用书信大多都有标题。它的种类很多，本节侧重学习其中的十种。

(1) 介绍信

介绍信是介绍本单位人员到有关单位接洽事情、联系工作、参观学习或出席会议等所写的一种专用书信。

南京轻工职业技术学院派殷笑南老师到省人事厅取关于批复本校二位老师高级职称的材料，为此，学院办公室为他开具了一份介绍信。

例文3	点评
南京轻工职业技术学院介绍信	**标题**
南轻院介字00382号	**字号** 按顺序填写，同存根一致。
省人事厅：	**称谓** 顶格写联系单位。
兹有我校殷笑南同志等(壹)人前往你处联系领取高华、张海二同志的职称批复材料。敬请接洽并予以协助。	**正文** 填写持信人的姓名、人数(大写)，简明写清联系事项。
此致 敬礼	**祝颂语**
限(3)日有效	**有效时间**
南京轻工职业技术学院 2014年10月20日(公章)	**署名** **日期** 要在其上加盖公章。

（2）证明信

证明信是机关、团体、企事业单位或个人为证明某人的身份、经历或某件事情真实情况而写的专用书信。

应华联公司的请求，胜利街道宏光社区为王××开具了一份证明其相关情况的证明信。

例 文 4	点 评
证　明	**标题** 也可写作“证明信”。
华联公司：	**称谓** 使用规范简称。
兹证明王××系我社区居民，此前为我市印染丝绸厂工人，已于1995年下岗，现在我市家具市场从事搬运工工作。妻子田××患风湿病不能工作，儿子王×今年高中毕业，无工作。 特此证明	**正文** 写明对方所需要证明的问题，清楚、准确。“特此证明”为证明信专用结语。
胜利街道宏光社区	**署名**
2013年12月20日（公章）	**日期** 在其上加盖公章。

（3）感谢信

感谢信是感谢对方的关心、支援、祝贺或勉励所写的信。

为参加合唱大赛，金水区北林路街道老年合唱队得到了省豫剧一团的袁秀霞、李荣的悉心指导。为此，该队给省豫剧一团写了一封感谢信，表达他们的感激之情。

例 文 5	点 评
感谢信	**标题** 字体较大。
省豫剧一团领导：	**称谓** 顶格写起。
我们是金水区北林路街道老年合唱队，为了参加河南省举办的“庆祝重阳节合唱大赛”，贵团的袁秀霞、李荣两同志连续一个月放弃中午休息时间来指导我们演唱。本届大赛我队一举获得合唱大赛总分第一名及另外三个奖项的好成绩，这与贵团的袁秀霞、李荣同志的大力帮助是分不开的。	**正文** 首先以简洁的语言交代感谢缘由。 主体，评价对方给予的帮助，强调对老年合唱队的影响。表达感谢之情，真挚、诚恳、恰如其分。 结尾，表达决心。
袁秀霞、李荣两位同志工作认真负责、指导耐心细	

致已令我们钦佩不已，她们还表示为老年人服务是院领导大力提倡的，也是她们乐于接受的社会义务工作，坚持不收任何报酬。这样的敬业精神、这样的高风亮节，尤其让我们感动。为此，我们特向贵团领导表示衷心的感谢。 我们老年合唱队的同志决心向袁秀霞、李荣同志学习，不计名利、不计得失，为构建和谐社会发挥我们的最后一点余热。 再一次向袁秀霞、李荣两同志致以深深的谢意与崇高的敬意。祝他们好人一生平安！	结束语，再致感谢与祝福。
此致 敬礼	祝颂语
金水区北林路街道老年合唱队	署名
2013年10月30日	日期

(4) 表扬信

表扬信是表扬好人好事的一种专用书信。

思达超市经三路店运回一批商品，未及时运送到仓库时，突降大雨。由于××中学学生的帮助，该店免遭损失。为了表扬这些同学的高尚品德，该店给学校写了一封表扬信。

例文6	点评
表扬信	**标题** 文种作标题，这是表扬信、感谢信的习惯写法。
××中学领导：	**称谓** 顶格写起。
我们是思达超市经三路店的全体员工。6月10日，我们从外地运回一批食品、杂粮面等商品，还未来得及运送进仓库时，忽然雷声隆隆，豆大的雨点洒落下来。由于我店员工较少，一时难以将这些商品在短时间内运进库房。就在大家心急如焚的时候，一群放学回家的学生看到这情景，他们立即主动投入到抢运货物的行列中。由于他们的帮忙，几万元的商品才免遭损失。我们非常感激，拿出一些糕点表示谢意，可他们坚决不要，并且连姓名也不愿留下就匆忙离开了。	**正文** 具体写明所表扬事件的时间、地点、人物、经过等，真实、具体。

经多方查找，我们才得知他们是贵校初三(3)班的王宁、陈飞(其他具体名字略 编者)等 10 名同学。他们这种助人为乐、做好事不留名的高尚道德品质让我们感动，这是贵校培养教育的结果，我们为贵校能培养出这样优秀的学生感到骄傲。恳请贵校对他们的高尚行为予以表彰。	结尾，恰如其分地评价其先进事迹。希望有关部门予以表彰。
此致 敬礼	祝颂语
思达超市经三路店	具名
2010 年 6 月 12 日	日期

(5) 申请书

申请书是单位或个人因某种需要，向有关部门、组织或社会团体提出书面请求，或请求解决问题，希望得到批准的专用文书。

李华积极靠拢团组织，通过团课的学习，进一步加强了对团组织的认识。“五四”青年节前夕，他郑重提出申请，表达了他请求加入团组织的迫切心情。

例　文　7	点　评
申请书	标题
团支部：	称谓　写接受申请者。
在五四青年节来临之际，我郑重地向团组织提出申请，请求加入中国共产主义青年团。	正文　首先写明所申请的事情加入共青团。
通过团课的学习，我认识到中国共产主义青年团是我国先进青年的群众组织，是党的助手。她在党的领导下，用马列主义、毛泽东思想、邓小平理论团结和教育广大青年，带领青年向着共产主义的目标前进。	其次写申请的原因——对共青团组织的性质、作用的认识。
我迫切要求参加共青团组织，以便在团组织的教育和帮助下，为实现伟大的中国梦作出自己的贡献。我愿意接受组织的考验，请组织考虑、批准我的请求。	最后表明自己的决心，再提请求。重复以示强调。
此致 敬礼 申请人：李华 2013 年 4 月 10 日	结尾　包括祝颂语、具名和日期。

周伟为开办个体室内装修公司，特向××市工商局提出书面申请。

例文8	点评
开业申请书	**标题**
金水区工商管理局：	**称谓** 写接受申请者。
我今年毕业于河北信息工程技术学院艺术设计系，在校期间，我学的是平面广告设计与应用专业。毕业前曾到广告设计公司打工，实践技能也得以培养和提高，已完全掌握了室内装潢的专业知识和技术。由于房地产行业的迅速发展，室内装修业也会有较快发展。为此，我申请开办个体室内装修公司，名称是“馨雅室内装修公司”。我现已筹备×万元开业资金，租××路××号 $40m^2$ 店面一处，并已置备了相应的设备、工具。请考核我的技术，批准我的请求，发给营业执照。 开业后，我一定做到遵纪守法，照章纳税，对客户收费合理，保证质量。	**正文** 分两个层次，第一个层次写清申请的理由，包括：①所学专业，表明自己具有专业知识。②拥有职业资格证书，具备实践经验，证明自己的从业能力。③已经筹措了资金，有了营业场所，具备了开业条件。第二个层次写申请事项——申请营业执照。再写开业后的决心。结构完整，条理清晰，语句流畅，表达清楚。
此致 敬礼 申请人：周伟 2013年11月10日	**结尾** 包括祝颂语、具名和日期。

(6) 邀请书

邀请书也称请柬或请帖，是单位或个人邀请别人出席会议、参加活动所写的一种书信。××信息工程技术学院为庆祝建校五十周年，给赵瑞霞女士发了赴会邀请信。

例文9	点评
赵瑞霞女士：	**称谓** 顶格写被邀请者。
为庆祝本校建校五十周年，兹定于5月25日（星期六）上午九时在本校礼堂举行校庆典礼活动。敬请莅临。	**正文** 简洁、准确地写明活动的时间、地点和内容。
此致 敬礼	**祝颂语**
××信息工程技术学院	**具名**
2013年5月17日（公章）	**日期** 在其上加盖公章。

(7) 聘书

聘书也称聘任书、聘请书，是单位或个人聘请别人担任职务的一种专用书信。

溪兰电子集团公司聘请卢丽萍为公司销售部经理，为此拟聘书如下。

例 文 10	点 评
聘 书	**标题** 居中，一般用大一号的黑体字。
兹聘请卢丽萍为溪兰电子集团公司销售部经理，聘期两年(2013 年 12 月 31 日—2015 年 12 月 31 日)。此聘。	**正文** 直接写明聘请的对象、职衔及聘期。
总经理：李瑾(章) 溪兰电子集团公司 2013 年 12 月 23 日(公章)	**具名** 法人代表需签名或盖法人代表名章。 **日期** 在其上加盖公章。

嘉陵金属公司聘请李焕清为本公司法律顾问，授予以下聘书。

例 文 11	点 评
聘 书	**标题** 同前文。
李焕清先生：	**称谓** 写聘请对象。
兹聘请您担任嘉陵金属公司法律顾问，协助本公司处理有关法律方面的事宜。年薪壹拾贰万元(120 000 元)整。聘期一年(2013 年 1 月 1 日至 2014 年1 月 1 日)。此聘。	**正文** 写聘任的职衔、权限、待遇和任职期限，“此聘”为聘书的惯用语。
董事长：曾静(章) 嘉陵金属公司 2013 年 1 月 1 日(公章)	**具名** 法人代表需签名或盖法人代表名章。 **日期** 要在其上加盖公章。

(8) 投诉书

投诉书是对某件事情或某项措施有意见，向有关单位或部门投书诉说，要求处理或改正的信。

赵新荣在商场购买了一台电脑，但买回家后她却发现该商场隐瞒事实，误导消费，她多次要求退货，却遭到商场拒绝。为维护自己的合法权益，她向消费者协会投诉该商场。

例文12	点评
投诉书	标题
××消费者协会：	称谓
8月20日，我在菱乐商场购买了一台××牌电脑，用资6 863元(有后附发票复印件为证)。付款前我再三强调购买该电脑的目的是编辑视频，要装1394卡和电视卡。销售人员说这个电脑有1394卡接口，就给我订了一台，但我买回后根本无法安装1394卡。实际上，作为专业销售人员，销售人员明知机箱有大小区分，这种小机箱电脑根本无法安装1394卡，却不告知我真实情况，致使我遭受损失。为此，我多次与该商场协商，要求退货，但他们拒不同意。 我认为，这是明显的隐瞒事实、误导消费行为。 我请求消费者协会依法维护我的合法权益，强烈要求退货，要求菱乐商场全额返还我购货款6 863元。 菱乐商场在红枫路99号，商场负责人：王焕，售货员：张小军。客户投诉电话××××－6666666 我的住址是××市经九街88号，联系电话138×××××××××	正文　准确地说明投诉的事实、观点。联系人和联系方式，便于对方核查、联系。要求“依法维护我的合法权益”，语言得体。
此致 敬礼	祝颂语
投诉人：赵新荣	署名
2010年9月25日	日期
附：发票复印件	附件　用有关材料、证据证明投诉的真实性。

(9) 检讨书

检讨书也叫检查，是犯了错误或出现过失的个人或单位，向上级或领导检讨错误所写的书信。

预备党员高明同学由于处理问题不冷静，与其他同学打架。为此，他向党支部进行了书面检讨。

例文 13	点评
检讨书	标题
系党支部：	称谓
9月28日下午，在庆祝国庆节活动结束后，我系李××和张××因为下棋发生口角，我作为系学生会干部前去劝阻。不料张××酒后出言不逊，并且打了我一拳。我当时很不冷静，也打了他，以至造成相互殴打在一起的局面，影响很坏。	
作为系体育部部长，我不仅未做好劝阻工作，反而参与了打架事件，给组织造成了很坏的影响。尤其是作为一名预备党员，犯了打人的严重错误，是十分不应该的。这说明我平时修养还很差，没有学会做细致工作的本领。回想起来非常痛心，我辜负了党组织对我的培养和教育。在此，我除了向党支部检讨之外，还恳请给我相应的处分。	正文　首先写自己所犯错误的事实。其次写对所犯错误的认识。
今后，我一定接受这次事件的深刻教训，加强自身的修养，做一个严于律己、以身作则的学生干部，请党组织相信我、考验我吧。	最后写改正错误的决心与措施。
高明	具名
2014年9月30日	日期

（10）情况说明

情况说明也叫情况说明书，是出于实际需要，对有关事情的原因、结果、过程、状态等内容进行说明的专用书信。

圆美物业公司员工与业主发生矛盾，并且引发肢体冲突。圆美物业公司为此写出情况说明，向小区业主说明有关情况。

例文 14	点评
关于我公司员工与业主发生矛盾的情况说明	标题　由事由和文种构成。
尊敬的××小区各位业主：	称呼
2010年10月18日13:30分，5号楼一业主向物	

业前台报，家中的电灯忽明忽暗，前台派工程技工前去维修(维修单025100430号)。14:10分修复。	
10月20日上午，我公司物业部员工去该业主家回访并催缴维修费时，该业主因误解，与我部员工发生争吵，进而引起肢体冲突。我公司员工受伤，现在医院治疗。同时，派出所也在进行调解。	**正文** 首先简要准确地说明事情经过。简要说明事情经过，澄清事实。
这种事情是我们双方都不愿看到的，我们对此表示遗憾。	其次，表明自己的态度。
业主是我们的衣食父母，我们会一如既往地为广大业主提供热情周到的服务。并且从这一事件中吸取教训，加强对员工服务意识、沟通技巧等方面的培训工作。同时也希望广大业主理解我们的工作，尊重我们的人格，以理服人。让我们携起手来，共建和谐家园。	最后，重申自己服务宗旨与改进工作的决心，并恳请得到业主的理解与配合。 全文语言简洁，态度平和。
圆美物业公司 2014年12月10日(章)	**落款** 由署名和日期构成。单位写的情况说明，加盖公章。

由于客观原因，上海某高校的校园网在一段时间里出现了问题。学校的相关管理部门就此事向全校师生进行了解释说明。

例　文　15	点　　评
近期校园网情况说明	**标题** 由说明对象和文种构成。
从11月25日晚8时起，同济大学的网络中心机房装修搬迁，影响到教育网东北片的几所高校，导致我校无法访问外网，28日发现我院至同济大学的光缆断开。上海教科网进行了紧急维修，至30日，光缆修复，我院校园网逐渐恢复正常。	**正文** 首先简要说明出现问题的过程、原因与基本情况。
在此期间，由于我院电信接口已经接到我院网络中心，考虑到大家的上网需求，网络中心连日加班将我院网络出口全部改到电信。遗憾的是，由于我校流量过大，导致电信机房路由器瘫痪，我院校园网出口再次瘫痪。从而导致25日至30日我院校园网很不正常，基本无法访问校外网站。	其次，简要说明解决问题的经过与办法，并提出相关建议。
接到我们的反映，电信采取了必要措施，将我院上	

联端口跳到上海电信核心路由器上，以防事故再次发生。目前，电信宽带已经投入使用，大家访问的一些网站已经走电信链路。由于电信只有10Mb带宽，为提高访问速度，希望大家将一些常用网站及一些常用的教科网无法访问的网站，走电信链路。根据部分同学老师们的需求，我们已经开通了ebay网（www.ebay.com）、微软系列网站、MSN、Hotmail、Yahoo、新加坡早报网（www.zaobao.com）等以前无法访问的网站，同时将新浪网、搜狐网、网易、163.com、263.com、Tom.com、上海热线、腾讯QQ、21cn.com等大家访问比较频繁，电信链路访问速度明显快的网站改走电信链路。

如果各位同学、老师觉得有些国外网站很有用，请直接与我们联系，我们将视情况为大家开通电信链路。

最后，进一步表明真诚服务的态度。

××大学现代教育技术中心
2013年12月7日

落款 包括署名和日期。

由于复员证丢失，李建国需要将自己参加对越自卫反击战的经历向有关部门进行说明，以证明自己确实曾经参加对越自卫反击战。

例　文　16　　　　**点　　评**

关于我参加对越自卫反击战的情况说明

标题 由事由与文种组成。

我于1970年入伍，在铁道兵×××师×××团服役，在青海省格尔木驻地开汽车。

正文 首先说明自己入伍时间、所在的部队。

1979年，我主动报名到云南参加对越自卫反击战。1979年2月16日我所在的部队×××师×××团由我国的云南省红河市攻入越南老街，向南挺进。我当时所在连队（连长王一、排长章向阳，我任一班班长）的战斗任务是由国内向前线运送弹药、给养，往国内运送伤员、烈士遗体及战利品，开牵引车等。3月5日接到中央军委命令，开始从越南麻布坡路线撤回。3月8日撤到云南沙甸村休整，20天后回到部队原驻地

其次，说明自己的参战经过。时间、地点、人物、部队番号具体准确，以此证明自己参战经历的真实性。因组织材料中的入党时间、批准入党的部队番号与参战的时间、参战部队的番号吻合，说明自己在部队休整期间入党，可进一步证明情况的真实性。

林沧市博上驻扎。在休整期间，我光荣地加入了中国共产党。	
1979年底，我复员到本市建材厂工作，有关情况在我的档案中均有记载。	简单说明自己复员的时间与复员后工作的单位。
说明人：李建国 2008年2月25日	**落款** 由署名和日期组成。

4.1.2 文种指要

1. 一般书信的写作要求

(1) 一般书信的适用范围

① 个人与个人、个人与组织、组织与组织之间，距离较远，无法（或不便）当面（或用电话等通信工具）交流沟通。

② 虽然可以当面或者用电话等通信工具交流沟通，但有些内容不便或不好意思口头沟通，仍需使用书信，如道歉。

(2) 一般书信的格式写法

一般书信由六部分组成，即称谓、问候语、正文、祝颂语、具名、日期。

① 称谓。就是对收信人的称呼（所以也可叫"称呼"）。单独成行，顶格写起，以示对对方的尊重。后加冒号，以引起下文。平时对收信人如何称呼，信上也如何写。如果是不熟悉的人，可根据具体情况选择先生、女士、同志、阁下等称呼。选择的原则是有礼貌，符合对方身份。

② 问候语。向收信人表示问候或想念之情。常用的有"您好""近日工作忙吧（学习好吧）""身体好吧""生意兴隆吧""好久没有写信了，十分想念……"等语。

③ 正文。一般先说写信的原因（有的书称为"缘起语"），可以说明什么时间收到对方来信，表示谢意或回信迟的歉意；也可询问对方的情况以示关怀；如果是有具体单位对象的求职、应聘的书信，还可先说明为什么到该单位求职、应聘。总之应首先谈对方所关心、想知道的事，后写自己想说、想了解的事，做到"先人后己"。

要做到条理清晰，每一件事都要分段写，使对方一目了然。如例文1即把正文划分成收到了汇款、自己的情况、自己想知道和想告诉对方的几个部分。回答对方的问题要有针对性，有的放矢。

④ 祝颂语。表示祝愿或敬意的话，普通的书信多用"此致　敬礼""祝你万事如意"等词语。还可因人、因具体情况选用相应的词语，如"敬祈教安（写给老师的）；顺致冬（春、夏、秋）安（依具体季节而定）；祝新春（××节）快乐（节日时用的）；祝健康（长寿）（写给老年人的）"等。注意要用语得当，不可乱用。如对病人就不能用"祝健康（长寿）"的字样，而应写"祝早日康复（痊愈）"。

祝颂语的习惯写法一般是在正文写完之后，另起一行空两格写“此致、祝、即颂、敬祈”等(后面不加标点)，再另起一行顶格写“敬礼、如意、安好、冬安”等。这种格式在古代原意是后退向人行礼，表示对人尊敬。但今人对此已不特别注意，将祝颂语安排在中间也是可以的。近年还流行一种写法，就是不用传统的“此致、即颂”之类的词语。正文写完之后，另起一行，空两格(也可以在中间)直接写“祝万事如意、祝圣诞快乐”之类的祝颂语，这也是可行的，但这种写法一般用于较熟悉的人。

⑤ 具名。也称“署名”，即写上写信人的名字，它位于书信的右下方。如果是写给亲朋好友的，可以在名字前加上对方对自己的称呼，如“弟、妹、儿、友、同学”等，收信人怎么对写信人称呼，写信人就怎么署名。如果写信人是对方熟悉的长辈，则不必署名，直接写收信人对写信人的称谓即可。如“爸爸、大姑”等。写给组织、单位或不熟悉的人的信，具名一定要把姓与名都写全。如果需要，自己所在单位也要写清楚，如“河海公司　范洪力”。

⑥ 日期。在具名的正下方，写上写信的年、月、日，以便于收信人查考。

(3) 一般书信写作的注意事项

① 第一次同对方通信时，在正文之后或日期之下一定要详细地写上自己的联系地址、邮政编码。

② 如果是给熟悉的人写信，在写完之后发现有遗漏的内容，可以在结尾后补写附言。在附言开头的地方加上“另外(另)”“还有”等字样即可。对不熟悉的人，尤其是写求职信，绝不可以这样做，否则会给人以草率的印象。

③ 写信就是和对方交谈，只是对方不在面前，把要说的话写出来而已。因此要抓住重点，清楚明白，诚恳有礼。又由于书信可以长期保存，有些未考虑成熟，尤其是可能与对方造成利害冲突的话，应该绝对慎重。

④ 语言要尽量口语化，直截了当，用语规范。

⑤ 要字迹工整、标点符号正确、格式规范，尽量不要涂改，尤其是求职、应聘的书信，更是一字不可涂改，潦草不得。因为这代表着求职者的形象，这是留给未曾见面的求职单位的第一印象。给人以马虎、不认真的印象，对求职者今后从事职业活动是相当不利的。

⑥ 用红色墨水的笔或铅笔写信是不礼貌的，尤其是用红色墨水的笔写信，在古代意味着与对方绝交。忌用!

2. 专用书信的写作要求

(1) 介绍信的写作要求

① 介绍信的适用范围。派本单位的人员到外单位接洽事情，需要本单位向对方介绍、证明该人员的身份、目的时使用介绍信。

② 介绍信的格式写法。

空白介绍信示例：

<table>
<tr>
<td>介绍信(存根)
×介字　　号
姓名：

联系单位：

事由：

有效期(　)日
年　月　日</td>
<td>××介 绍 信
×介字　　号
______________：
兹有我单位　　　等(　　　)人前往你处联系______________，敬请接洽并予协助。
此致
敬礼
限(　　)日有效
××××(单位全称)
年　月　日</td>
</tr>
</table>

如上“空白介绍信示例”所示，较正规的介绍信一般由两联构成，一联是存根，另一联供外出人员携带，两者之间有中缝线(虚线)。填写时，存根与本文的内容要完全一致。在中缝线上填写该介绍信的字号(如果字号是用手写的话，字体就要稍大些)，并加盖公章。填写好之后，沿中缝线撕开，右半部分交由外出人员带走，左半部分留存备查。有的单位没有印刷的介绍信，只用普通信纸来写，但格式写法基本上是一致的。介绍信由如下内容组成：

- 标题。在第一行正中写“介绍信”或“××单位介绍信”，字体一般用黑体，较大。
- 字号。在第二行偏右方，由规范的单位代字、文种代字(“介字”)、该介绍信的顺序号构成，如例文3的“南轻院介字00382号”。
- 称谓。即持介绍信者前往联系单位的名称，顶格写，后加冒号。
- 正文。持介绍信者姓名、人数(如果需要，还要写明其政治面貌，如“中共党员”)，接洽的具体事项。一般用“兹有”“现有”等词语开头，用“请接洽”“请协助(为盼)”等词语结尾。人数要大写。
- 祝颂语。格式要求同一般书信，内容一般都是“此致”“敬礼”。
- 有效期限。一般是往返路途加办事所用时间再稍宽出一两天为宜。
- 日期。就是介绍信开出的时间，写完后在其上加盖公章。

③ 介绍信写作的注意事项。

- 不得随意涂改。如不得不涂改，涂改处必须加盖公章，否则，对方可以不予接待。
- 把要联系的事情写得具体清楚，语言简洁、概括、平实，不写原因、结果，不议论、不抒情。
- 一份介绍信联系单位只写一个。
- 与一般书信相同，介绍信及其他专用书信均不可使用红色墨水的笔或铅笔。

(2) 证明信的写作要求

① 证明信的适用范围如下。

- 应对方要求，证明某人的身份、经历或某件事情真实情况。

● 应被证明人本人的要求，证明其身份、经历或表现。

② 证明信的格式写法。标题、称谓位置要求同介绍信，如果收信对象不确定，称谓可以不写。正文内容若复杂要分段写。“特此证明”是证明信正文的专用结语。祝颂语要求同介绍信，署名、日期格式同一般书信。若是单位出具的证明，须加盖公章。

③ 证明信写作的注意事项。

● 证明的内容要针对对方所要求的要点写，其他无关的不写。如果证明的是某人的某段经历，应写清人名、时间、地点及所经历的事情；如证明某一事件，要写清参与者的姓名、身份及其在此事件中的地位、作用和事件本身的前因后果。

● 证明信有时是作为结论的根据的，写信者要对证明的内容负责。所以，写证明信态度要严肃认真，实事求是，言之有据，对被证明的人或事，必须有清楚的了解。如果不太熟悉或记得不十分准确，应写清并注明“仅供参考”。

● 证明信的语言要准确、平实，不得有半点夸饰，也不得含糊其辞，更不要抒情。

● 不能用铅笔或红色墨水的笔写，不得涂改。若不得不涂改，涂改处要加盖公章或证明人的指纹。

● 单位出具的证明要加盖公章，并且留有存根备查。

④ 证明信与介绍信的区别。

● 证明信重在证明其身份、经历；介绍信的目的重在介绍其前往的目的。

● 证明信一般是应对方的要求而写，对方不要求可以不必写；介绍信无论对方要求与否，情况需要就必须写。

● 证明信可能现在就用，也可能以后用；介绍信则是现在就用，而且是在有效期间内使用，过期作废。

● 证明信根据具体情况需要，内容可多可少；介绍信则格式固定，语言简洁。

● 在部分证明信中，如果收信对象不确定，称谓可以用泛称或没有称谓；介绍信则必须要写具体的联系单位作为称谓，并且只有一个联系单位。

(3) 感谢信的写作要求

① 感谢信的适用范围。

● 对方有关心、支援、祝贺或勉励的行为，需要自己或代表与自己有密切关系的单位或个人较正式地表达感谢之情。

● 在商务活动中，一方受惠于另一方，需要及时地表达谢忱，使对方在付出劳动后得到心理上的平衡，作为一种公关手段，也需要写感谢信。

② 感谢信的格式写法。感谢信由标题、称谓、正文、祝颂语、具名和日期组成。标题一般都在首行居中用稍大字体写明“感谢信”三字。除标题外，其他格式要求同一般书信。

正文由四部分组成：

● 开头，交代感谢缘由，概括叙述对方令人感念的言行事迹，语言要简明。

● 主体，颂扬对方的品德，表达感激之情。

● 表明自己要向对方学习的态度，向对方致以美好祝愿。

● 结束语，一般是致敬或再次表示感激之情、良好祝愿。

③ 感谢信写作的注意事项。

● 表达自己的感谢之情要明确而充分，这是感谢信的主旨；叙述对方的优秀品德、先进事迹的语言要精炼，这是感谢信的依据；对方的关心、支持、帮助所产生的效果要强调，这是感谢信的重点。

● 内容要真实，叙述要简洁，议论、评价要适当，既要恰如其分，又要充分表达出感激之情。

● 文中所用的词语、表示感谢的话要符合双方的身份，特别是要根据对方的具体情况表示感谢，感情要真挚、朴实。不要为了表示谦恭而溢美奉承或给人以例行公事的感觉。

● 文字要精炼，评价要恰当，篇幅不能太长。

● 感谢信一般用大红纸誊写好，贴到对方单位墙上。

(4) 表扬信的写作要求

① 表扬信的适用范围。他人做了好人好事，对自己或对他人有较大帮助，需要将此公之于众以表彰先进、弘扬正气时使用表扬信。

② 表扬信的格式写法。标题为“表扬信”，其他格式同感谢信。正文由三部分组成：

● 事迹介绍，叙述所表扬事情的发生、发展、结果，这是开头也是主体。

● 评价和赞扬，这部分内容要简洁，评价要恰当。有时候可以不单独成段，在前一部分的夹叙夹议的“议”中体现。

● 希望和要求，提出对表扬对象予以表彰的建议，若对方单位是下级则可用要求的方式提出。

③ 表扬信写作的注意事项。

● 内容上要重点叙述事件的发生、发展、结果及其意义。让事实说话，少讲大道理。不要把无关紧要的事实经过备细罗列，以免繁冗啰嗦，冲淡主要事迹。

● 议论要适当，赞扬要热情。

● 事实要准确，实事求是，不夸大、不缩小。

● 语气热情恳切，篇幅不宜过长。

● 表扬信可以同感谢信一样，用大红纸誊写好，贴到对方单位墙上。还可以送对方上级部门或电台等公共媒体，由于信的接收者不同，称谓也要做相应的改变。

④ 感谢信与表扬信的区别：

● 感谢信重在致谢，因感谢而产生了表扬效果；表扬信重在宣传，表扬之中含有感激之情。

● 感谢信以议论抒情为主要表达方式，表达感谢之情是主体；表扬信以叙述为主要表达方式，叙写对方的先进事迹是重点。

● 感谢信对所感谢事情的叙述要简洁；表扬信对所表扬的事情则叙述详尽。

● 感谢信一般是由得到关心、支援者或与其关系密切者写；表扬信则是了解有关好人好事者也可以写(此时一般送电台等公共媒体发表)。

● 感谢信一般是送到对方单位，称呼是对方本人；表扬信可以送到对方单位，也可以送到对方上级部门或电台等公共媒体，称呼可以是对方本人，也可以是对方的上级。

(5) 申请书的写作要求

① 申请书的适用范围。单位或个人请求有关部门、组织或社会团体解决问题,希望自己的请求得到批准时使用申请书。

② 申请书的格式写法。

● 标题。位于首行或第二行的正中。有的只写"申请书"字样,三个字之间空出适当的距离,如例文 7。有的则根据申请书内容,标明具体名称,如例文 8。

● 称谓。在标题下或空一行顶格写出接受申请书的组织、机关、团体、单位的名称,后加冒号。

● 正文。这是申请书的主体,主要包括申请的事项和理由。申请的事项和理由最好分段写,以利于接受申请者了解申请的内容,如例文 7。如果内容较少,也可只写一段。

● 结尾。包括祝颂语、具名和日期。要求同一般书信,祝颂语一般用"此致　敬礼"。如果是单位的申请,还要在日期上加盖公章。

③ 申请书写作的注意事项。

● 一书一事,内容比较单纯,不要在同一申请书中提多个申请。

● 写申请之前,要查明受理者,不能越级申请或到不主管此事处申请。如例文 8 的申请,既不能向省工商部门申请,也不能向市其他部门申请或多头申请(如果因具体需要而需向其他部门申请自当别论,例如有的行业开业除向主管部门申请外,还需分别向公安、消防、防疫等部门申请)。

● 语言简洁、态度谦和。要表明自己申请的诚挚之情,但一般不用抒情性的语言。

● 目前,一些接受申请较多的行政管理部门为了方便申请者,印制了表格式申请书。申请者无须自己拟写,直接在表格上填写即可。填写时需要注意的是,必须按照表格要求,逐项填写,不得自作主张,擅自增删。

(6) 邀请书的写作要求

① 邀请书的适用范围。

● 邀请他人出席会议。

● 邀请他人参加重大活动。

② 邀请书的格式写法与一般书信大体相同。其特别之处如下。

● 有封面和标题,大多数的在封面上写明"请柬""请帖"等字样,少数的写在正文上方。有的请柬的标题上还加了事由,如《纪念××出版社建社 40 周年请柬》。

● 称谓,可以如一般书信那样在开头顶格写起,也可以放在正文中。如例文 9 就可以写成"为庆祝本校建校五十周年,兹邀请赵瑞霞女士参加……"的形式。

● 多用"敬请莅临""敬请参加"等语结尾。

● 单位印发的邀请书要加盖公章。

● 发请柬的时间可以不写,重要的是活动的时间地点,必须写得具体清楚。

③ 邀请书的写作注意事项。

● 少量的邀请,可自己书写。如果邀请者较多,可按固定格式印制、定制,只是在被邀请者处留出空白,届时由组织者填写即可,如例文 9。也可到商店购买印制好的空白请柬,只要填上相应的内容即可。因为请柬是邀请客人的通知书，所以，无论用哪一种样式的请柬，活动的时间都要准确到时乃至分，如例文9的“上午九时”，地点都要具体、清楚，内容明确、简洁。

● 请柬的封面和封底一般都是用红纸，在款式和装饰的设计上，要美观、精致、大方，注意其艺术性。

● 不是任何活动、对任何人都要发请柬的，什么场合需要发送请柬，要仔细斟酌。一般说来，在举行重大活动而对方又是作为宾客参加时，才发出请柬，如大型会议、大型活动、生日庆典、婚礼等。一般性的会议或活动性质极其严肃、郑重，而对方也不是作为客人参加的，则不应发请柬，如公判大会、追悼会等。如果需要发，即使被邀请者近在咫尺，也必须送请柬，以表明邀请者对此事的郑重态度、对被邀请者的尊敬。

(7) 聘书的写作要求

① 聘书的适用范围。正式聘请别人担任有关职务时使用聘书。

② 聘书的格式写法。

● 标题。一般在正中写“聘书”或“聘请书”字样，如果用印制的空白聘书，因标题已经印在封面上，则可以不写。

● 称谓。有的在正文中写明，如例文10；有的在开头顶格写，如例文11。对被聘者的称谓要写全称，不可以用“刘律师”“李教授”之类不确定的称呼。

● 正文。写明聘任的职衔和任职期限，有的还写明权限、待遇。

● 具名和日期。正文的右下方写聘请单位的名称。许多聘书还加上法人代表的签名、印章。在下一行写日期并加盖公章。

③ 聘书写作的注意事项。

● 交代清楚。聘请对象、聘任职衔一定要写明白，有的还要写清权限、待遇和任职期限，如例文11。

● 文字简洁。讲清即可，不宜过多，叙述、评论、抒情均不需要。

● 语气肯定。聘书是聘用者与被聘用者双方协商结果的文字体现，不可使用商量的口吻、语言。

(8) 投诉书的写作要求

① 投诉书的适用范围。对某项事情或措施有意见，该事不需要或暂不需要通过法律途径解决，可以或者可能可以通过协商的途径解决。通过有关单位或部门处理，或责令当事人改正。

② 投诉书的格式写法。同一般书信，可以无标题，也可以用“投诉书”或“投诉信”做标题。

投诉书的正文一般由“情况介绍、理由与观点、具体要求”三部分组成。

首先，简要介绍所投诉人和被投诉人的基本情况，详细具体地写明投诉的基本事实，以叙述、说明为主。如果需要，可以有适当的描写，但不抒情。

其次，依据有关事实和法律条文、相关规定，阐明自己的观点。

最后，提出明确的具体要求。如果要求不止一个，要标明序号，分段逐一写明。

如果有书面证据，要用附件的形式附于文后，并且在正文之后按顺序标明附件的名称、份数。

③ 投诉书写作的注意事项。

● 要弄清接受投诉请求的对象，一般向能够有权直接处理该事的部门或单位投诉，但不要越级。

● 语言要准确、简洁、得体，不可偏激。叙述、说明为主，议论为辅，一般较少描写，更不抒情。

● 投诉要实事求是，事实要准确、具体。不能笼统，也不可夸张，更不可歪曲事实。

● 要求合理，不可过格。

● 要写清自己的地址、电话等联系方式，便于联系；还要尽量写清投诉对象的单位、地址、法人代表等基本情况。

● 篇幅不宜过长。

(9) 检讨书的写作要求

① 检讨书的适用范围。犯了错误或出现过失，但是还没有到违法犯罪的程度，向上级部门或领导检讨错误，表达自己对所犯错误的认识和改正错误的决心及措施。

② 检讨书的格式写法。

● 标题。在首行居中写“检讨书”即可。也可以注明所犯错误的性质或范围，如《关于我违反财经纪律的检讨》。

● 称谓、具名、日期的格式同一般书信，没有问候语、祝颂语。

● 正文。由所犯错误事实、个人应承担的责任及对所犯错误的认识、改正错误的决心与措施三部分组成。

③ 检讨书写作的注意事项。

● 对所犯错误事实叙述准确、简洁，不必过于详尽。

● 不可一味地找客观原因来推脱责任，也不必把不是自己的责任揽在自己的身上。

● 对所犯错误有深刻的认识，明确的态度，但不要无限地上纲上线。

● 措施要具体可行，有改正错误的决心。

● 叙述错误事实要简洁，不作描写，更不要抒情。

(10) 情况说明的写作要求

① 情况说明的适用范围。

● 他人、公众对事情的具体情况、真实情况或某一细节，不了解或不理解，甚至误解，需要向他人、公众做出解释、说明。

● 向上级机关、有关单位或部门对相关工作实际情况作出说明，以便单位或部门对其有所了解。

● 作为证据或资料，将自己的经历、所做的事情，在某个事件中所起的作用或所处的地位等有关情况进行说明。

● 己方出现失误或错误，向对方说明实际情况进行更正。

② 情况说明的格式写法。情况说明的格式并不特别固定，但一般都有标题、正文和落款三部分。

a. 标题。一般有两种形式，一是在“情况说明”加上修饰、限定性成分，如“奥运会驾驶员志愿者招募相关情况说明”；二是直接用“情况说明”作标题。

b. 正文。正文是对有关情况的具体说明。情况说明的种类很多，因目的、要求的不同而导致正文的格式写法比较灵活，差异很大，写作时需根据具体情况而定。既可以寥寥数语，说清楚相关内容即可；也可以长篇大论，将有关情况详细说明。形式繁简、内容多少、篇幅长短的标准只有一个，就是将事情说明白，达到沟通的目的。

● 企业财务状况的情况说明，一般由企业生产经营的基本情况、企业利润实现和分配情况、企业资金的增减和周转状况三部分组成。而企业生产经营的基本情况又包括这个企业的主营业务范围及经营情况；按销售额排列公司在本行业的地位；主要商品占销售市场的百分比；公司员工数量和专业素质及培养提高的目标；经营中出现的问题与困难以及解决方案；公司经营环境情况；新年度的业务发展计划等内容。在企业资金的增减和周转状况中，又需要将本年度内公司各项资产负债、所有者权益、利润构成等项目的增减情况及其原因，存货、应收账款、流动资产、总资产等资产的周转率等情况加以说明。如此众多的内容，必须分条列项，甚至要辅以表格才能说清楚。

● 个人经历的情况说明，一般是将在哪一时期、在哪儿、做什么说明白，要写清楚时间的起止年月，甚至日。如有必要，需说明担任的职务、承担的工作。

● 一般事情的情况说明，要说明原因、经过和结果，把事情的来龙去脉交代清楚。对他人关心、不明白的地方详写，其余则应略写。不是特别需要，一般不作详细叙述、描写，有时甚至只需说明原因（或进程、结果）即可。

c. 落款。在右下方署名，另起一行在署名的下方写日期。如果是单位写的情况说明，需加盖公章。

③ 情况说明写作的注意事项。

● 语言简洁，说明为主。情况说明要根据需要，抓住要点，将他人想了解的情况说明白即可。其他无关的内容、细节，一律不写。以说明、叙述为主要表达方式，一般不作细致的描写，更不议论、不抒情。

● 详略得当，篇幅适中。情况说明书大多由一段或两段构成，篇幅一般都很短。常常只有几十、几百字，不宜过长，千字以上的很少。千字以上的主要用于单位工作情况的说明，虽然是相关的情况都需要说明，但也不应过长。重点部分可分几个段落进行全面说明，其他的略写，甚至是一笔带过。

● 条理清晰，层次分明。虽然情况说明书的篇幅短小，但条理必须清晰，层次必须分明。或按时间顺序，或按空间顺序，或按逻辑顺序，结构井然，清楚明了。

● 语气平和，不卑不亢。有些情况说明是在自身被误解，甚至被委屈的情况下写的，此时更需要冷静地写明事情的实际情况，而不是言辞激烈的抨击、谩骂或一味地解释、开脱。只要把真实情况说明白了，误会自然就解除了。

● 实事求是，真实可信。情况说明是对实际情况的说明，尤其是有些还要作为证据或资料，更需要实事求是。如果弄虚作假，就将失去他人的信任，不利于问题的解决，甚至造成更坏的后果。

书信中还有一种特殊的形式，就是公开信。它不采用邮寄、传递的方式，而是使用报刊、电台等公共传媒方式，将不必保守秘密并想让更多的人知道、关注和了解的事情用书信的形式公布于众的一种特殊书信。它多用于发生重大事件、重大节日来临、有重要纪念活动的时候，由国家政府机关、上级机关或群众团体发给有关单位或个人；当社会上出现某些问题或现象时，也可以由领导机关、群众团体或个人发给有关单位或群体；私人信件在不明确具体的收信对象究竟是谁，或由于其他客观条件所限不能发给对方的时候，也可以使用公开信的形式。

在格式写法上，公开信与一般书信基本相同，只是使用《×××致×××的一封信》《××在×××节上致×××的公开信》一类的标题。由于使用频率较低，在此不作过多赘述。

3. 电子邮件、短信

(1) 电子邮件

电子邮件(E-mail)是建立在计算机网络基础上的一种通信形式，它利用电子信号传递、存储信息，从而为用户传递文件、图像、图形和语音等信息。

电子邮件即写即发，几乎是即时传送。还可以同时向一批人发信件，传输几乎是免费的(如果用手机发送，也只需少量的流量)。还可以发送图像、语音等信息。从理论上讲，电子邮件的内容可以永久的保存。正是由于这些迅速、方便、经济、实用等传统常规信件难以企及的优势，电子邮件已经被越来越多的人接受、使用。

① 电子邮件适用范围。同一般书信。

② 电子邮件的格式写法。一封完整的电子邮件包括信头和信体两个部分。

• 信头。信头包括：a. 收件人，即收信人电子邮箱地址。b. 抄送，可以同时收到该邮件的其他人。c. 主题，概括地描述该邮件的内容，可以是一个词，也可以是一个短语或一个短句。

• 信体。相当于一般信件的内容。其格式写法，与书信完全一致。如果需要，信体还可以附有附件。这是含在一封信件里的一个或多个计算机文件。它既可以是文字资料，也可以是图像、影音资料。附件可以从信体上分离出来，成为独立的计算机文件。

③ 电子邮件写作的注意事项。电子邮件在内容、格式上的写作注意事项与一般信件完全相同。或者说，电子邮件就是电子化的信件。

需要注意的是，收件人电子邮箱地址的书写必须认真，不必说字母写错，即使是在大小写、有无空格上出现差错，邮件也无法发出。

(2) 短信

短信是利用手机收发文字、图片信息，以交流思想，沟通感情，相互问候，表达情谊的一种交流手段。

随着电子通信业的发展、手机的普及，手机短信或微信已经成为人们，特别是青年人的一种重要交流手段。

① 短信的适用范围。同一般书信。

② 短信的格式写法。短信的格式并不特别固定。与一般信件相比，有如下特别之处。

● 问候语、祝颂语一般情况下都省略。如果彼此熟悉对方的手机号码，称呼、署名也均省略。往往是开门见山，直接说想要说的话。由于手机上能显示收发日期、时间，所以日期也省略。

● 由于受字数的限制(每条信息一般以 70 个字符为限，最多也不超过 140 字)，短信很少划分段落。语言也尽量简练隽永，力争以最少的字传达尽可能多的信息。

③ 短信写作的注意事项。

● 突出主题。无论是问候，还是祝福，或者是交代事情，都要目的明确，围绕主题。

● 简明扼要。由于受篇幅的限制，短信不允许长篇大论。

● 构思别致。现在互相转发的短信很多，只有精巧地构思，短信才能让人过目不忘。

● 富有文采。好的短信讲究文采，恰当地使用修辞手法。

4.1.3 写作训练

(1) 下列各文中均有多处问题，请指出并予以改正。

① 一位毕业生的求职信。

海尔集团负责人：

您好！

我是××学校××专业今年的毕业生，想到你们单位工作，希望你们能安排。

在校三年期间，我学习刻苦，成绩优异，动手能力强，还是学生会干部，不录用我，将是贵公司的一大损失，望你们慎重考虑。

随信附上我的有关材料。

此致

敬礼

马铭强

2014 年 9 月 5 日

另外，我的普通话很好，有普通话水平测试二级甲等证书。

② ××单位开具的一份介绍信。

介 绍 信

×介字 0220 号

××集团负责人：

因为我们公司的设备维修不当，导致影响了生产，损失了很多钱。所以今派我单位张红等三人前往你处联系学习设备维修有关事宜。敬请接洽并予以协助。

此致

敬礼

××除尘设备有限公司

2013 年 11 月 10 日

③ ××公司发给吴有名工程师的聘书。

聘　书

兹聘请吴工程师为本公司技术顾问，希望不要推辞为盼。此聘。

××公司
2014年1月1日

④ ××公司写给赵卫东的请柬。

请　柬

赵卫东先生：
为庆祝本公司开业，定于8月8日举行庆典活动，敬请您光临。

××公司
2014年8月2日

⑤ 钱宝因为旷课写的检讨书。

检讨书

尊敬的丁老师：
您好！
我现在向您检讨，我最近经常旷课到网吧玩游戏，这是严重的违法行为，后果很严重。但是这也不能完全怪我，这几个老师讲课我都听不明白。我睡觉他们还不让，我也没有办法。所以就忍不住去了网吧。我保证以后改正错误，再也不旷课，再也不去网吧了，保证上课认真听课，期末没有不及格的科目。请老师看我的实际行动。

钱宝
2014年5月12日

(2) 为自己或将毕业的同学写一封求职信。

(3) 石雨等五名同学要到燕山石化公司实习，请按照空白介绍信的格式，以学校的名义为他们拟写一份给燕山石化公司的介绍信。

(4) 严华同学2014年考入××职业技术学院数控技术专业。其父亲做零工的收入是家里的唯一生活来源，家庭经济条件不好。有关部门准备对其家庭给予救助，需要严华所在的学校为其开具一份在读证明。请参照下面的空白证明信，为严华写一证明信。

证　明

学生　　　　性别　　　身份证号　　　　　　　　　　该生于　　　年九月考入我校　　　专业学习，学制叁年。现在是我校在校学生。
特此证明。
班主任：
经办人：

单位电话：

××职业技术学院学生处(章)

年　月　日

(5) 黄明力在南宁信息工程职业技术学院计算机系毕业后，自己筹措资金 80 万元，在××路××号租房一处，欲开办一个名为鑫诺的电脑公司。请代黄明力写一开业申请书。

(6) 为庆祝××公司与××公司合作成功，××公司准备 6 月 18 日 10 时在长城饭店 8 楼会议厅举行庆典活动。请代该公司拟一邀请书。

(7) 为进一步改进产品质量，提高产品的竞争力，经过协商，海华机械集团聘请了高级工程师李云作技术顾问，期限两年，年薪 10 万元，海华机械集团董事长叫黄文宏。请代海华公司拟一聘书。

(8) 熊赧在××商场购买了一部“iPhone 6”手机，买回家后用了 3 天就出现死机、黑屏等故障。用手机的验证码查询，发现这根本不是苹果手机厂家生产的，是假冒产品。熊赧被骗后要求退货，但该商场百般抵赖，拒不退货。请代熊赧为此事给消费者协会写一投诉信，熊赧手中有购机的发票、信誉卡原件。

(9) 2014 年 4 月 5 日，春夏航空公司××部门乘务员王小丽所在航班凌晨 3 点到达机场，她回到公司，由于正门已锁，她从后门离开公司。两天后，部门张经理找其谈话，认为王小丽在 4 月 5 日凌晨回家时，故意刮破了同事××的轿车，因为该轿车当天停在公司后门左侧，有人推测是王小丽故意所为。王小丽当即反驳，并要求对方拿出事实证据，否则不要妄加猜测。张经理没有提供任何证据，却对王小丽实施停飞处罚。对此王小丽深表不满。她要向春秋航空公司领导写一情况说明，以求公正处理此事。

4.2 条　据

人们在日常生活、学习、工作中，借到、领到、收到或者欠他人钱物时，一般要写张字条交给对方。需要对某件事作简单说明以求达到彼此沟通情况的目的，也要写张字条留给对方。这些作为凭证、进行说明的字条，就是条据。

条据基本上可分为两大类，即凭证式条据(如借条、欠条、领条、收条)和说明式条据(如请假条、留言条、托事条)，后者也叫便条。

4.2.1 例文点评

1. 借条

借条是向他人或单位借钱物时，写给对方的凭据。

沈明阳在财务科借款，写一借条。

例文 1	点评
借 条	标题　居中写条据名称做标题，是条据的习惯写法。
今在财务科借到人民币伍仟元（5 000 元）整，系到北京参加国家课题研究会的差旅费预借款。 此据。	正文　具体写明借款数额（大写）、用途。“此据”是凭证式条据习惯性结语。
借款人：沈明阳	署名
2014 年 6 月 25 日	日期

刘云在借音响设备时，写一借条。

例文 2	点评
今借到 校学生会音响设备壹套（包括 CD 机、功放机各壹台，音箱肆个），用于新老生联谊会。九月二十一日前送还。 此据。	开头偏左直接写“今借到”，省略标题。正文写清所借物品、借物原因、拟归还时间。
电子系：刘云	署名
2014 年 9 月 17 日	日期

2. 收条

收条是收到东西时写给对方的凭条。

盛华超市收到黑马公司发来的冰箱。为此，给对方出具了收条。

例文 3	点评
收 据	条据名称　居中写（若是个人写的，则叫“收条”）。
今收到黑马公司发来的××牌××型号冰箱伍拾台（50 台）整。经检查没有外包装损坏现象。 此据。	正文　具体写明所收物品数量（大写），并标明“经检查没有外包装损坏现象”以明责任。

盛华超市 总经理:杜鹃 经手人:王灵 2014 年 9 月 20 日(公章)	署名 日期

3. 欠条

欠条是单位或个人在给付钱物时,不能全部或部分付清,留给对方作为如期归还的凭据。

哈利海欠他人钱款,虽然偿还了一部分,但仍然没有完全还清,为此,他给对方写了一张欠条。

例 文 4	点 评
欠 条	**标题** 条据名称作标题。
原借王华先生人民币壹万元整,现已经归还陆仟元,尚欠肆仟元整,准于一个月内还清。 此据。	**正文** 写明所欠款项原因、数额(大写)、归还日期。
鸿发公司:哈利海 2014 年 5 月 13 日	**署名** **日期**

4. 请假条

请假条是因故不能按时上班或上课,需要给单位负责人或学校老师写的条子。

艾虹因病不能上学,写一请假条给老师。

例 文 5	点 评
请 假 条	**标题** 条据名称作标题。
宋老师:	**称谓** 顶格写起。
我因昨晚感冒发烧,今天体温仍达 39℃,不能上学,特此请假一天,请老师准假。	**正文** 写清请假的原因和时间,语言简洁。用"请……准假",有礼貌,符合身份。

附：医院诊断书一份。 此致 敬礼 学生：艾虹 2014 年 5 月 11 日	祝颂语 署名 日期

5. 留言条

留言条是在联系工作、交代任务或暂时无法联系、访问不遇时，留给对方的便条。

付华贵到同学单位拜访同学，同学不在，电话也无法接通，写一留言条给对方。

例文 6	点评
小峰： 你好！大学毕业十余年未见。今出差到贵阳，特来拜访，不遇，甚憾。我要赶今晚 7 时的火车返津，故不能再等你了。留下名片一张，盼望你随时联系。带来土特产两箱，望笑纳。 付华贵 2014 年 6 月 5 日	称谓　顶格写起，无标题。 正文　写明留言原因、相关事情，简单、明了、准确。 署名 日期

张守帜到火车站接人，没有接到，打电话又无法接通。为此，他在车站留言板上给对方写一张留言条。

例文 7	点评
四海公司的罗怀远先生： 请您抵沪后到南京路××号××酒店 503 房间找我。联系电话××××××××转 8503。 顺风公司：张守帜 9 月 10 日	无标题，顶格写对方全称，包括对方的单位名称，以免与他人混淆，语言准确、简洁。署名亦写清单位、姓名，注明日期。

胡林武外出开会，在办公室门上贴一张留言条。

例文 8	点评
本人外出开会五天,前来交企业法人年检报告书者,请到本楼 302 房间找赵书同办理。 胡林武 4 月 7 日	贴于办公室门上的留言条,写明外出原因(也可不写原因只写"因故外出"即可)、时间即可,署名、日期如常。

4.2.2 文种指要

1. 条据的适用范围

(1) 与他人发生钱物往来,需要给对方留下书面凭证。

(2) 对某事需要进行简单说明、彼此沟通。

2. 条据的格式写法

(1) 凭证式的条据

① 名称。在上方中间写条据的名称,表明条据的性质,如"收条""借条""领条"。

② 正文。开头空两格,写对方的名字或名称、涉及钱物的数量、原因,也可在开头写"今借到",另起一行开头空两格写正文。在正文后,或另起一行空两格写"此据"二字。

③ 落款。右下方写出条人的名字或单位名称(盖章),再下一行写出条的年、月、日。

凭证式条据种类较多,因内容不同,在写法要求上也略有区别。

借条和欠条的格式写法基本相同,都应标明具体数量、金额。但欠条一般要将所欠原因略加说明,如例文 4。在借(欠)财物还清之后,应将借(欠)条还给借(欠)方。如果一时找不到或失落,则应由收方给借(欠)方开具收条,并且标明"原借(欠)条作废",以明责任。

收条要求写明什么时间收到何人什么钱物,数量多少,有的还标明原因或用途。如果当事人不在,他人代接收借(欠)财物,也应给对方出具条据(这个条据叫做"代收条")。要写明什么时间、代谁、收到何人的什么钱物,数量多少。

与收条相近的还有领条。领条是到单位仓库或财务部门领东西时用的。要求写明从何处领取到什么物件及其数量、型号、品种,其格式写法要求与收条相同。如果单位有印制好的空白领条,则只按项目要求填写即可。

(2) 作说明的条据

① 一般不写名称,需要写名称的写在第一行中间(如请假条)。

② 正文,开头空两格,简明扼要地写明要说明的事情,交代清楚写给谁、什么事。请假条有称谓和祝颂语,要求同书信。

③ 落款,右下方署名,注明日期。

常用的作说明的条据有请假条、留言条等。因内容不同，在写法要求上也略有区别。

请假条主要说明请假的原因和时间，要简明扼要。必须要注意的是，“请假条”是“请求准假的条子”，用语一定要有礼貌，宜用“请……准假”的字样，如例文5。忌讳使用“望……准假”之类的词句。

留言条要注意交代清楚自己的意图和需求，语言要简洁，具体问题一般待面谈。具名和时间比较随便，熟悉的写个姓或对方对自己的称谓加上“即日”就可以了，如在家中留给家人的交代有关事情的留言条。不太熟悉的则应写出全名乃至单位和具体日期，在车站、码头等地留言板上的留言条，也要写全姓名、单位和具体日期，以免因重名而误事，如例文7。

此外，还有托事条（请托他人代办事务的条子）、意见条（有一些需要向有关单位或领导提又不能当面提的意见，以便条的形式写的条子）等。它们的格式、要求与作说明的条据相同，在此不一一赘述。

3. 条据写作的注意事项

(1) 对外单位使用的条据，单位名称要写全称。

(2) 款项、物件的数字必须有大写（如壹、贰、叁、肆），数字前后不留空白，后面写上计量单位名称（如元、台、架等），然后写上“整”字。全部内容写完后，在后面或另起一行写“此据”二字，以防添加或篡改，如例文1、2、3。

(3) 不可涂改，写错可以重写一张。如果不得不涂改，改后必须加盖图章或手印。

(4) 文字简明。一般只写明事实即可，不用讲道理，也不描写、不抒情。

(5) 语言准确，避免出现歧义句。如“还欠款5 000元”，是“已经归还了欠款5 000元”还是“归还完欠款后，仍然欠对方5 000元”？表意不清。

(6) 书写时不要用铅笔、易褪色的墨水或红墨水，最好用钢笔或毛笔，字迹工整、端正、清楚，不要用草书，以防误认。

4. 说明式条据（便条）与一般书信的区别

(1) 便条是不经过邮局邮寄的一种书信。它一般是托人代转或留在对方可以看见的地方。

(2) 便条一般不用信封，有时为了方便使用信封，也是不必密封的；而一般书信则要用信封密封。

(3) 便条一般是为一件事情而写，较短；一般书信可以说到多个事情，可长可短。

(4) 便条语言比较平实，交代清楚即可；书信可以抒情、议论、叙述、描写。

4.2.3 写作训练

(1) 下列各文中均有多处问题，请指出并予以改正。

①

借　条

今借到姜洋先生人民币5 000元整。

借款人：武京

2014年5月24日

②

请假条

王老师

我今天有事情不能上学，特请假一天。望老师准假。

此致

敬礼

学生 贾洪军

2014年6月10日

③

留言条

小朱：

到北京后请到长城饭店找我。

郑志

2014年10月20日

(2) 2015年1月1日，高大壮向霍明敏借了人民币10 000元，定于2016年5月1日前还。请代高大壮写一借条。

(3) 白野欠海风公司人民币5万元，还了3万元。请代白野写一欠条。

(4) 张海在派出所领到遗失的背包。里面有他的驾驶证、身份证和建设银行的信用卡等物品，还有2 000元人民币。请代他写一收条。

(5) 下面是××学校印制的空白领料单。王帅同学到学校后勤部门领取班级扫除用拖布2个，请代王帅填写一份领料单。

领 料 单

领料单位：　　　　　　　　　　　　　　　　　　年　月　日

品　名	规　格	单　位	数 量
用　途	领 料 人	发 料 人	核 准 人

(6) 办公室秘书孙庆春为局长周荣鸣准备好了明天开会所用的材料，送到局长办公室，局长不在。孙庆春准备明天早晨7:00送到局长家里，请代孙庆春拟一留言条。

(7) 因为在海外的叔叔回国，需要和父母同去沈阳探望，所以包雨两天不能到学校上课。其父亲为此给包雨的老师写请假条为他请假。请代包雨的父亲写这个请假条。

4.3　启事、声明和海报

个人或团体有事要提请公众注意，或者需要大家协助解决，就需要使用公启类的文书。这类文书很多，如启事、声明、海报、通告、布告等。其中，启事、声明和海报三种文体在日常工作生活中使用频率较高，在本节作为重点予以学习。

4.3.1 例文点评

1. 启事

启事是单位或个人有需要公众了解或者参与的事项、协助解决的问题，公开向公众说明，以寻求参与、配合或帮忙的文书。

江苏××学院准备在建校纪念日期间举行庆祝活动，为此，拟写了一则启事刊登在学校网站和报纸上，以告知所有校友。

例文1	点评
江苏××学院校庆启事	**标题** 由单位名称、事由和文种构成，居中写。
2014年9月20日是江苏××学院建校50周年纪念日。届时学院将举行隆重的庆祝活动，召开学术讨论会、校友联谊会，出版学术论文集，表彰奖励成绩突出的校内教职工和校友。 凡我院毕业的留学生、研究生、本科生、专科生、干训部学员，以及曾在我院工作过的教职工、外国专家均可参加庆祝活动。请有意参加校庆活动的校友，将姓名、性别、在校班级、所学专业、现工作单位、职务、科研成果、获奖情况及能否亲莅母校等有关情况，于7月底前函告校庆筹委会，或登录江苏××学院网站首页查询、联系。	**正文** 首先交代活动时间与内容，然后写清参加人员及参加活动人员的条件、报名的具体要求。条理清晰，完整周密而不失简洁明快。
电　话：(0×××)61234567 联系人：张勇 学院网址：www. jiangsu××xueyuan. com	**结尾** 写有关联系事宜，包括联系人、电话和网址。
江苏××学院 2014年5月12日	**落款**

经××市工商局批准，××大型综合性批发交易市场建设完成。该市场在开业工作准备就绪之际，拟向全市招商。该市场的管理处在当地的报纸上登出招商启事，以达周知。

例文2	点评
××批发市场招商启事	**标题** 首行居中写。
××批发市场是经××市工商局批准的大型综合性批	

发交易市场。本市场位于××市北林街东端，占地85 000平方米，以批发农副产品为主，从本日起向全市招商。本市场地处本市繁华地带，交通方便，欢迎民营、集体、个体买卖双方进场交易。	**正文** 写清市场优越的地理位置、占地面积、经营范畴，吸引经营者兴趣。
联系电话：138××××××××	**结尾** 写清联系方式。
××市××市场管理处	**署名**

陈思瑶欲开办一个电脑公司，没有营业场所，因而在报纸上刊登了一份求租启事。

例文3	点评
求租门市房	**标题** 首行居中写。
本人求租约80m²左右的店面一处，要求在本市南大街电子城一带。愿出租者请电话联系，预约商洽时间。	**正文** 准确、简洁地写求租的目标——营业用的店面，及其面积、地点要求。
联系人：陈思瑶 电　话：28××××× 139××××××××	**结尾** 写清有关联系事宜，包括联系人、电话。
2014年7月8日	**落款** 前有联系人，故省略署名。

××国防印刷有限公司，由于生产需要，欲招聘部分员工。因此在当地的报纸上登出招聘启事，以达周知。

例文4	点评
招聘启事	**标题** 用较大的黑体字。
××国防印刷有限公司始建于1950年，现为××出版集团有限责任公司直属企业，系全国书刊印刷定点企业，是××省最早承印中小学教科书的印刷厂，也是××省中小学教科书的骨干承印厂之一。	**正文** 首先说明公司的性质、基本情况，表明公司历史悠久，实力雄厚，以吸引应聘者，激发应聘兴趣。

公司现拥有CTP等先进的制版系统,德国海德堡(四开、对开)四色印刷机等多种先进印前、印刷、印后加工设备。在不断的技术改造中,公司的技术装备始终处于国内领先水平。

公司现需招聘设备部员工,非第三方劳务派遣。

招聘岗位:生产设备的管理、维修与保养。

招聘人数:3人

应聘条件:

1. 工程装备与控制 、机械工程及自动化、电气工程及自动化、自动化,以及相关专业毕业,专科(含高职)以上学历。年龄35岁以下。

2. 遵守公司的各项规章制度。

3. 热爱本职工作,对工作认真负责,对技术精益求精,能吃苦耐劳,具有团队精神。

报名截止日期:4月13日

报名时间:上午:9:00~11:00

下午:14:00~17:00

公司地址:××市××区××路2号(××经济开发区出口加工区A4-1地块)

联系人:郝××

电 话:130×××××××××

邮 箱:12345678910@qq.com

××国防印刷有限公司

其次写招聘岗位、人数和对报名者的要求。特别强调本次招聘是本公司的行为,属于"非第三方劳务派遣"(第三方劳务派遣是指应聘者与劳务公司签订用工合同,受劳务公司的派遣进行工作,由劳务公司管理,不属于招聘单位的员工)。最后写报名的时间、地点。

结尾 写有关联系事宜,包括联系人、电话和邮箱。

署名

孩子离家出走,其家人写了一则寻人启事,在孩子可能去的城市张贴,并在报上登载。

例 文 5

点 评

寻人启事

王××,男,山东省滨海市××镇××村人,小名柱子,出生于1992年5月19日。出走时身高175厘米左右,体型偏瘦,方脸,脸上有青春痘,大眼睛,右耳上方有一绺白发,性格偏内向。因家庭矛盾于2012年离家出走,失踪地点:雍州。如有知情者请提供线

标题

正文 详细写明被寻者体貌特征,身高、体型、年龄等特征,特别是"右耳上方有一绺白发"这一利于辨认的最明显特征。最后写明联系方式并注明酬谢金额。多数的寻人、寻物启事均配有照片,限于篇幅,引文从略。

索。电话:0××××-×××××××或130××××××××。提供准确信息者酬金5 000元,护送回家者酬金50 000元。联系人:王××。

乘客在公交车上拾到一个装有钱物的手提包,交到交通派出所。为此,交通派出所拟写了招领启事,贴在该所的失物招领处。

例文6	点评
失物招领	标题 首行居中写。
12月5日晚,在25路公交车上拾到装有钱财的黑色手包一个,内有钱、物若干。望失主携带有效证件,前来本所认领。	正文 写拾到物品的内容,均不精确,且要求认领者携带证件,以防冒领。但大体时间、地点须有,使失者知道可能是自己遗失的物品。
××市公安交通派出所	署名
2014年12月7日	日期

2. 声明

声明是公开表示自己的观点、态度,或说明事实真相的应用文,它主要用于较重要、严肃的事情。

因侵犯他人肖像权,××××公司在报刊、网络上同时发表了致歉声明。

例文7	点评
致歉声明	标题 居中,用黑体字。
我公司于2014年6月28日、29日两次在《××日报》A14版刊发的一则"××××"广告中,所使用图片内的人物与广告内容无关。我公司在图片内人物不知情的情况下引用该图用于商业广告中,侵犯了图片中当事人的肖像权,严重伤害了图片中当事人及其家属的感情,造成恶劣影响。对此,本公司表示深切歉意,并愿意承担由此引起的一切责任。	正文 正文由两方面构成,一是说明事实真相,承认错误;二是赔礼道歉,并且表示"愿意承担由此引起的一切责任"。不开脱自己的责任,并致歉意,态度诚恳,期望得到对方的谅解。
××××有限公司	署名
2014年4月7日	日期

由于社会上一些不法单位和个人，盗用工商行政管理机关名义，欺诈企业和个体工商户。××市××工商行政管理局在报纸上发表声明，澄清事实真相。

例文8	点评
严正声明	**标题** 居中，用黑体字。
近期，我局接到多起企业和群众举报，反映社会上一些不法单位和个人，盗用工商行政管理机关名义，冒称工商机关工作人员要求企业征订工商法规书籍和刊物，要求企业和个体工商户参加收费培训，要求企业参加收取费用的达标评比活动。这种不法行为不仅严重损害了企业和个体工商户的合法权益，也严重损害了工商行政管理机关的形象。为制止这种不法行为的继续发生，我局现发出严正声明如下：	**正文** 首先，揭露不法单位和个人的违法事实，指出其危害。
工商部门从未要求企业、个体工商户征订任何书籍、报刊和杂志，从未开展任何收费培训活动及评比达标活动，如果企业和个体工商户发现上述不法行为，请立即向我局举报，举报电话：×××××××××。	其次，明确事实真相、表明自己的态度，并提供举报电话。态度庄重、严肃。
××市××工商行政管理局 2014年12月12日	

因重要凭据、证明文件丢失，为防止他人冒领冒用，在当地的报纸上刊登遗失声明。

例文9	点评
遗失声明	**标题** 居中，黑体。
(1)××身份证丢失，身份证号××××19196312110265 (2)××运输公司2514365号营运证遗失 (3)××经销公司遗失×××××××号转账支票一张 以上证件、支票声明作废。	**正文** 具体写遗失物品及显著特征——编号，并“声明作废”。

3. 海报

海报属于一种宣传广告，大多用于向群众发布电影、戏剧、报告会等消息，有的还加以美术设计。大多在放映或表演场所、公共场所张贴，一般不在报刊上发表。

××职业技术学院学生会邀请了著名企业家金振峰来校作“创业历程”报告，特贴出海报以达周知。

例文10	点评
海报	标题
你想与成功者分享成功的喜悦吗？你想一睹成功者的风采吗？你想学习如何创业吗？你想了解大企业家的创业历程吗？你想感悟创业的苦辣酸甜吗？请听著名企业家金振峰的精彩报告。 地点：校礼堂 时间：11月22日 下午1点30分	正文 先由一组设问句构成的排比句，点明活动的主体内容，引人注目。后写活动的时间、地点。近期的校内活动，时间省略年份，简洁清楚，地点只写“校礼堂”。
××职业技术学院书学生会	署名 报告会前几天张贴，故省略日期。

××职业技术学院体育部组织篮球比赛，发出球讯以邀观众助兴。

例文11	点评
球迷佳音	标题
比赛者：××职业技术学院足球队—我院篮球队 时　间：5月17日(星期六)上午9点整 地　点：校运动场	正文 采用条款式，写明比赛者、比赛的时间、地点，简明、清楚。
××职业技术学院体育部	署名
2014年5月14日	日期

4.3.2 文种指要

1. 启事的写作要求

(1) 启事的适用范围

① 有需要公众了解的事项。

② 有寻求公众参与的事项。

③ 有需要公众协助解决、配合或帮忙的事项。

(2) 启事的格式写法

① 标题。标题有两种方式。

● 内容加文种(启事)构成，如例文 1、2、4、5 的标题均如此。一些单位的启事还加单位名称，如《长寿保健品公司聘请法律顾问的启事》。

● 直接用事由作标题，如例文 3、例文 6。例文 2 的标题也可以写成《××批发市场招商》，再如“招兵买马”(招聘启事)，“房屋出租”“寻找目击者”。

② 正文。写想要启告的事情。包括发出启事的目的、原因(如果是寻人、寻物启事，重点是把所寻的人、物特征写清)，更主要的是要把要求写清楚，即希望别人做什么，怎么做，如例文 5，必要时可分段写明。

③ 结尾。写清启事者的名称、地址和联系方式等。

需要说明的是，实际生活中，有些启事的形式特别简单。如在汽车的后风挡玻璃上贴有“卖车　135××××××××”字样的字条，在营业场所的门前写有“招聘服务员”或者在橱窗上写有“出兑”的字样。这些启事都是利用特定条件，省略的部分不言自明，属于简略式的启事。

④ 落款。包括署名和日期。单位的启事一般要署名，而个体的启事大多不署名。

(3) 启事写作的注意事项

① 有醒目的标题，使公众通过标题就能了解启事的主要内容与性质。

② 要简练准确，对原因的陈述不宜过详，一两句话带过即可。如例文 5，只有一句话“因家庭矛盾于 2012 年离家出走”，例文 3 则干脆没有写原因。而对特征、要求等重点内容则应写得准确清楚。多数寻人、寻物启事都配有照片，甚至照片所占篇幅超过文字部分。

③ 启事有的可以贴在路边等公共场所(如寻人、寻物启事)，有的可以根据需要贴在特定地点(如迁址启事可以贴在原址、招领启事可以贴在失物招领处)，但大多数启事必须刊登于报刊上(如征稿启事)。

④ 用语讲求礼貌，恳切有礼，不可使用命令式语气。

2. 声明的写作要求

(1) 声明的适用范围

① 很重要、很严肃的事情，需要公众了解。

② 公开、正式表明对某事的观点、态度。

③ 说明事实真相。

（2）声明的格式写法

① 标题，一般有三种形式。

● 只写"声明"，这种形式最多见。有的在"声明"前加修饰语"郑重"或"严正"，以示自己的严肃态度，如例文8。

● 事由加文种，如《关于××事的声明》《遗失声明》。

● 发布者、事由加文种，如《××公司关于授权××律师为常年法律顾问的声明》。

② 正文。简明扼要地写出发表声明的原因、事情的真相和对该事的立场、态度、观点。如果是因被他人侵权而发生的声明，须向对方提出警告、要求，说明为制止事态的继续发展将要采取的措施。包括要求对方立即停止侵权行为，采取一定形式（登报或通过广播，电视公开）陪礼道歉，限期在适当范围内消除影响，说明对侵权方保留追究法律责任的权利等，如例文8。对于遗失重要凭证、证明类的声明，要写明遗失的物品及特征。支票要写明号码和银行账号；证件、执照要写明签发机关和编号，然后表示"声明作废"，如例文8。

③ 署名和日期。有的声明必须署名，如断交声明；有的署名以示郑重，如例文8；有的不言自明，一般不署名，如遗失声明。声明要刊登在报刊上，或在广播、电视上发表，故一般不标日期。

（3）声明写作的注意事项

① 不是对任何事情表态都使用声明，只有重要、严肃且需要必须向公众表明自己态度的事情才使用。

② 声明的写作态度要认真，语言要严肃，一般不可使用幽默诙谐的语气。

③ 要注意用语分寸。如有的单位出于对侵权行为的义愤之情，在声明中使用了"一经发现仍有侵权行为发生，本单位必将严惩不贷"等语句，显属不当。因依法制裁是司法行政机关职权范围的事情，被侵权的单位有权依法起诉、但无权惩罚、制裁侵权者。

（4）声明和启事的区别

① 重要程度不同。声明的内容一般要比启事重要。失物寻找、招领，用"启事"；遗失证件、支票，则常用"声明"告知作废。征婚常用"启事"，离婚则用"声明"。招聘使用启事，开除则常用声明。

② 态度措辞不同。声明的态度严肃慎重，措辞常较强硬。启事则态度礼貌，语言谦和。声明常以"郑重声明""严正声明"等为标题，并常以"声明……"或"特此声明"一类的句式作结语。启事一般没有专用的结语。

③ 写作目的不同。启事的主要目的是寻求公众的参与、配合或帮忙；声明的目的是表明观点和态度，说明事实真相。

④ 借助媒体不同。除了借助报刊、电视等媒体之外，有的启事可以根据需要贴在路边等公共场所或特定地点，声明则必须在报刊或广播、电视上发表。

3. 海报的写作要求

（1）海报的适用范围

有电影、戏剧、报告会、球赛等大型活动消息需要向公众宣传、发布时使用海报。

（2）海报的格式写法

海报的格式一般不特别固定。但一般都有标题、正文、落款三部分。

① 标题。可以用文种作标题，只写“海报”，如例文10。也可以用内容，如电影名、晚会名代替，如“好莱坞大片《当幸福来敲门》”“球讯”等。还可以用有吸引力的句子，如“著名歌星×××来我校演出了！”

② 正文。要写得简单明了。时间、地点、内容三要素准确、具全即可，其他修饰、溢美之词尽可根据情况随机发挥。

③ 落款。正文如果已有明确的时间和主办单位，署名和时间也可省略。但较正式的仍不可以省略。

(3) 海报写作的注意事项

① 标题要醒目、新颖、简洁，最好是能在一瞥之间就把人的兴趣和注意力紧紧抓住，让人深深地被吸引、“一见钟情”，激起强烈的参与欲望。标题的字要写得大且显眼，大到可以占整幅海报的一半空间。

② 文字要精练、简洁。看海报的人都想一眼就知道内容，谁也没有耐心、没有兴趣去看长篇大论式的海报。

③ 活动的时间、地点要具体、准确。如“本月10日(星期日)上午8点整”，就不可以粗线条地写“本月10日上午”；“市图书馆二楼会议厅”，就不可以简略地写“本市图书馆”。

④ 内容介绍上必须真实，不可虚假、夸张。

4.3.3 写作训练

(1) 恒利达公司生产的“全家福”牌系列家电产品很受消费者欢迎，为进一步在东北地区扩大销售，该公司欲在辽宁寻求一家代理商。在辽宁打开销路后，发现有人冒用公司的名义销售假冒产品。请选择适当文种，就这两件事情为该公司拟两文，告之公众，表明态度。

(2) ××××职业技术学院学生会准备在本周六举办新老生联谊晚会，请为该晚会拟名并写文告之全校师生。

(3) 启事的用途十分广泛，在报刊上搜集10则以上的启事，试比较它们在格式写法上与例文有何不同，看一看除了书中的例文外，启事还可以用在哪些事情上。

4.4 自 荐 书

广义上的自荐书是指人们为了向他人推荐自己而写的书信。狭义上是指大学、中高职毕业生在毕业时为了谋求职业而写的求职信(即本节的“自荐信”)。此处特指大学、中高职毕业生在毕业时为了谋求职业而写的一系列材料的总称。

4.4.1 例文点评

唐晓焕同学在临近毕业之际，为自己设计了一份求职自荐书。这份自荐书由自荐信、个人简介、专业介绍、相关证书复印件四部分组成。

1. 自荐信

例文1	点评
自荐信	标题
尊敬的领导：	称谓
您好！	问候语
我是××职业技术学院电子信息工程专业的2014届毕业生，真诚地希望能成为贵单位的一员。首先感谢您能在百忙之中抽时间看我的材料，您翻开了这一页，就是为我打开了一扇通往机遇与成功的大门。 在校期间，我系统地学习了电路基础、数字电路、现代通信、单片机与接口技术、计算机系统仿真等专业课程。在教学实验、课程设计、社会实习等一系列的实践活动中，我的动手能力得到了锻炼与提高，现已能独立设计制作简单的电子线路。在××电子集团公司实习期间，利用单片机技术为该公司设计的“××型机床自动监测设备”，提高了生产效率，减少了安全隐患，受到了公司的好评。我还初步掌握了C语言等汇编语言，熟悉Office 2000等各种办公软件，能熟练应用Word、Excel、PowerPoint、Photoshop等系列应用软件。并且获得了《全国计算机等级考试三级合格证书》。 在努力学习的同时，我还注重自身综合素质的全面培养与提高，作为系学生会副主席，我组织策划了一系列的活动，如有1 000人参加演出的“我爱我的祖国”大型合唱会等，显示了我的组织能力，得到了学院领导的充分肯定，受到了师生的一致好评，获得了学院的嘉奖。曾两次获得院“优秀学生干部”、两次获得院“三好学生”的荣誉称号。并且在大三时光荣地加入了中国共产党。	**正文**　开门见山，简洁地介绍自己的身份，直接切入主题——求职。接着表示感谢，有礼貌。用比喻句，有文采主体部分，推销自己：①摘要介绍自己所学的重要课程，因后面的“专业介绍”和“学习成绩”中均有主要课程的内容，所以，仅摘选少量重要的科目。②展示自己的能力，包括专业能力和计算机能力。③介绍自己获得的荣誉，证明自己的组织能力强，具有全面的综合素质。④强调政治面貌。
我的人生信条是：“认认真真做事，踏踏实实做人”。我希望能为我单位的建设添砖加瓦，为我单位的未来锦上添花！ 期望能得到您面试的机会！	用自己的人生信条和愿望说明自己的为人，增加认同与信任感，表达希望——期望能有面试的机会，照应开头。
此致 敬礼	**祝颂语**　有礼貌。
唐晓焕　敬上	署名
2014年9月15日	日期

2. 个人简介

例 文 2

姓名:唐晓焕	性别:男	贴照片
出生日期:1993.5.12	民族:汉	
政治面貌:中共党员	普通话:二级乙等	
专业:电子信息工程		

通信地址	辽宁省××市524信箱 邮政编码:××××××
联系电话	130××××××××
Email	Xiaohuan860512@126.com
外语水平	具有较强的听说能力,能独立熟练地翻译本专业及相关专业的英文资料,获得国家《大学英语四级证书》
计算机水平	初步掌握了C语言等汇编语言,熟悉Office 2000等各种办公软件,能熟练应用Word、Excel、PowerPoint、Photoshop等系列应用软件。2012年获得《全国计算机等级考试三级合格证书》
获奖情况	2010—2011学年(下)三好学生 2012—2013学年(上)三好学生 2012—2013学年 优秀学生干部 2014年 优秀毕业生
任职情况	2012.3—2013.1学生会文艺部干事 2013.3—2014.1学生会文艺部部长、系学生会副主席
特长爱好	硬笔书法、组织协调、应用文写作
求职意向	电子技术、信息技术,以及与电子信息产业相关的工作 电子设备与系统的研制开发和应用 信息传输、变换、处理等方面的工作 业务管理、市场营销等经济管理工作 专业教学工作

点 评

用表格的形式表述,清楚明了。把对方所需要了解的内容准确明白地写出来。如果没有获奖、任职经历,此两项可以不设。如果在专业、社会实践经历等方面有专长,也可增加相应栏目。

3. 学习成绩表

包括文化课、专业基础课、实验实践课、选修课等。(详细内容此处略)

4. 专业介绍

包括培养目标、业务培养要求、学生应获得的知识和能力、主要课程、专业培养方向、毕业生适应的工作范围等。(详细内容此处略)

5. 有关证书、材料的复印件

如获奖证书、证明材料等。(详细内容此处略)

4.4.2 文种指要

1. 自荐书的适用范围

毕业生为了谋求职业,介绍自己、推介自己,将自己的有关材料归类整理,准备递交给求职单位时使用自荐书。

2. 自荐书写作的格式写法

自荐书的格式写法并不特别固定。一般包括自荐信、个人简介(现在许多人称为"个人简历")、学习成绩、专业介绍、证书和材料的复印件几个部分。

自荐信在格式上与一般书信相同,只是用"自荐信"(或"自荐书")作标题,且标题一般用大号黑体或有别于正文但较庄重的字体(如隶书)。

个人简介在格式上与常用的个人简历不同。常用的个人简历,是当事人全面而简洁地介绍自身情况的一种书面表达方式。它的目的是说明自己过去的经历,一般用表格的形式列出起止时间、工作单位、职务、证明人几个部分,简洁填清即可。它一般只要求从高中学习阶段写起,但前后时间上必须要衔接(中间出现断档须说明原因),证明人要可靠。自荐书中的个人简介,是当事人向欲供职单位全面、简洁地自我介绍、自我推荐的文书。它的目的是介绍自己的基本情况,内容较丰富,所学的主要专业、所获荣誉及个人特长。它一般也用表格的形式列出。表格可根据具体情况自己绘制,以清楚易懂、美观大方、突出重点为基本要求。正如"例文点评"所说,可以根据自己的实际情况适当增减项目,以突出自己的长处为增删标准。

"学习成绩"一般用表格形式列出,可以用学校存档成绩单的复印件(需加盖学校的公章)。

"专业介绍"一般采取分条列款的方式进行,可以参照学校专业介绍。

3. 自荐书写作的注意事项

(1) 写法灵活,忌硬套格式

安排结构、运用笔墨应遵循古人所说"大体须有,定体则无"的原则。既要考虑一般规律,又要结合自身实际来确立重点、谋篇布局、组织材料,绝不可死搬硬套。

(2) 扬长避短,忌泛泛而谈

从群体上看,职业学校的毕业生劣势是阅历较少、知识层次相对较低;优势是学校的专业设置大多贴近企业实际、贴近一线需要，有相当一部分毕业生的动手操作能力较好。从个体来说，每位毕业生的优势与长项又各不相同，如有些学生在上学期间就参加了函授学习或自学考试，很多学生通过了职业技能资格考试。因此，在实事求是、不弄虚作假的前提下，要特别注意扬长避短，从而在竞争中取得优势，打动聘任者。

（3）篇幅适中，忌走极端

自荐信的篇幅要适中，过长或过短都不好。长，不宜超过一页；短，不可少于半页。过长，介绍自己过细，易使读者失去耐心而放弃对你的选择；太短，介绍自己不足，难以使读者作出正确的评价，且易使人产生你缺少专长的错觉。

（4）语言得体，忌措辞不当

① 措辞力求准确、恰当，不宜用口语词、歧意词、生僻词及不规范简称。

② 句法要求完整严密，一般不用感叹句、省略句，更不能出现病句。

③ 语言简洁，自荐信讲究以事实说话，写作过程即是将事实归纳、分类的过程，文章力避重复、啰嗦、冗长，切忌大话、空话满篇。

（5）语气平实，忌浓工重笔

某些地方可以适当使用带有文学色彩的语言，写得较为活泼生动。如可以用“谢谢您在百忙之中抽时间看我的自荐书。您打开了这份简历，就是为我打开了一扇成功之门”作为开头。但不宜用抒情色彩浓重的词语和夸张等修辞手法。态度谦虚而不谦卑，自信而不自傲。

4. 自荐信与求职信（或应聘信）的区别

（1）自荐信是毕业生根据自身能力和市场需求情况，在对本人求职范围作了考虑判断的基础上，以尽量符合此范围内的单位和职位之需要为内容标准而写的求职书信。在写法上它对适应性的要求较强，对自己的介绍，要以能够适应相应岗位群的专业知识技能为重点。求职信或应聘信是当事人向欲供职的具体单位提出求职申请的书信，在写法上针对性较强。根据对方的招聘广告、招聘信息，表明自己愿意应聘其中某一职位的应聘信，是针对欲供职具体单位的一个具体岗位主动介绍自己，要明确、具体、有针对性。根据某单位的具体情况，表明自己希望到该单位工作、谋求职位的求职信，也是针对某一个或几个具体岗位（其范围往往要比自荐信的岗位群窄）介绍自己，也要根据该单位有关职位的特点、要求来着笔，同样要做到明确、具体。

（2）自荐信的适用面较宽泛，可以是一定范围内的多个单位或职位。它一般没有确定的目标，而是一个岗位群。应聘信则是先确定一个求职目标（求职信是一个单位的一个或几个求职目标），再根据其具体情况来着笔。它只适用于单一的求职对象，即只适合应聘单位的一个具体职务（或者一个求职单位的一个或几个具体职位）。因而，自荐信在写作上注重全面性、兼容性，强调用最简短的篇幅如实介绍自己，并尽可能符合多类单位和职位的需求。求职信在写法上则更强调个别性、针对性，即根据欲供职的具体单位或职位的特点、要求介绍自己，突出自己适应具体工作、职位的能力和优势。

（3）因自荐信所用的份数较多，一般采用打印形式。而求职信、应聘信最好采用手写形式，以示尊重对方，表明此信是特为求职、应聘单位所写。如果字写得好，自荐信采用手写后的复印件形式当然更好。

(4) 由于求职(应聘)的单位确定,所以求职(应聘)信的称呼和岗位都是具体的,而自荐信的称呼则是宽泛的。

4.4.3 写作训练

(1)以例文的格式为参考,根据自己的专长和所学专业的培养目标,为自己设计一份自荐书。

(2)比较本节自荐信的例文与4.1.1的例文2在格式写法及侧重点上的异同,试把上题的自荐信改写成求职信(或应聘信)。

4.5 综合练习

1. 填空题。

(1) 一般书信由六部分构成,即称谓、________、正文、________、具名、日期。

(2) "________"是证明信正文的专用结语。

(3) 一封完整的电子邮件包括________和________两个部分。

(4) ________是向他人或单位借钱物时,写给对方的凭据。________是单位或个人在付钱物时,不能全部或部分付清,留给对方作为如期归还的凭据。

(5) ________是收到东西时写给对方的凭条。

(6) 常用的作说明的条据有请假条、________等。

(7) 重要、严肃且必须要向公众表明自己的态度、立场时使用________。

(8) ________的主要目的是寻求公众的参与、配合或帮助;________的目的是表明观点和态度,说明事实真相。

(9) 表扬信的正文由三部分组成:① 事迹介绍;②________;③ 希望和要求。

(10) 条据在正文后,或另起一行空两格写"________"二字。

2. 以下各题每题均有一个或一个以上正确答案,把你认为正确的选项的序号写在括号内。

(1) 介绍信由如下(　　)内容组成。

A. 标题　　B. 字号　　C. 称谓　　D. 正文

(2) (　　)是证明信正文的专用结语。

A. 特此证明　　B. 仅供参考　　C. 实事求是　　D. 以上均错

(3) 表扬信的正文(　　)组成。

A. 事迹介绍　　B. 评价和赞扬　　C. 希望和要求　　D. 以上均错

(4) 申请书的格式写法(　　)。

A. 标题　　B. 称谓　　C. 正文　　D. 结尾

(5) 聘书的格式写法(　　)。

A. 标题　　B. 称谓　　C. 正文　　D. 具名和时间

(6) 投诉书的正文构成一般由(　　)组成。

A. 情况介绍　　B. 理由与观点　　C. 具体要求　　D. 祝颂语

(7) 电子邮件包括(　　)两个部分。

A. 信头和信体　B. 标题和称谓　C. 具名和时间　D. 以上均错

(8) 凭证式的条据格式写法包括(　　)。

A. 名称　B. 正文　C. 落款　D. 以上均错

(9) 凭证式条据有(　　)。

A. 借条　B. 欠条　C. 领条　D. 收条

(10) 说明式条据有(　　)。

A. 请假条　B. 留言条　C. 领条　D. 以上均错

3. 判断题(在题后的括号内,正确的打"√",错误的打"×")。

(1) 一份介绍信联系单位可写多个。(　　)

(2) 用红色墨水或铅笔写信也可以。(　　)

(3) 发请柬的时间可以不写,重要的是活动时间,必须写具体。(　　)

(4) 检讨书的格式同一般书信,也有问候语、祝颂语。(　　)

(5) 情况说明的格式不固定,但一般都有标题、正文和落款三部分。(　　)

(6) 便条一般是为一件事情而写,较短。(　　)

(7) 条据中款项、物件的数字必须要大写。(　　)

(8) 单位的启事一般要署名,而个体的启事大多不署名。(　　)

(9) 声明可使用幽默诙谐的语言。(　　)

(10) 声明的内容一般要比启事重要。(　　)

4. 根据内容和事由,为下列事情选择恰当的文种。

①寻找失物;②征婚;③招聘;④断绝关系;⑤举办舞会;⑥商店出租;⑦身份证遗失;⑧寻求代理商;⑨校庆征文;⑩新电影预告

5. 晨光电子集团公司党委拟批准该厂职工欧阳佐为中共预备党员,所以派中共党员孙子善前往欧阳佐原来工作的单位——宝鼎机床厂调查其过去情况。该厂出具了证明材料,称欧阳佐在该厂期间,思想进步,工作出色,无不良表现。试就此事为晨光电子集团公司拟一介绍信。为宝鼎机床厂拟一证明信。

6. 刘颖同学毕业前在利源润滑设备厂实习期间,通过技术攻关,使该厂生产的WGQ-M网式过滤器产品质量显著提高,一级品率由原来的91%提高到95%,仅此一项,每年就可为该厂增加近百万的效益。请代该厂为刘颖同学写一封表扬信和一份证明信。

7. 根据下面助学贷款贫困证明格式,帮助需要申请助学贷款的同学写一贷款证明(政府部门的公章由相关部门加盖)。

贫困证明

兹有我乡(镇、居委会等)×××(父母亲姓名)之子(女)×××(学生姓名),于××年××月考入你校学习。由于×××原因(每个家庭的具体原因),导致家庭经济困难,希望学校、银行能为其提供国家助学贷款,帮助其顺利完成学业。

××年××月××日

加盖×××乡(镇)人民政府公章或×××街道办事处公章

8. 高仁天在绍阳机械高等职业技术学院机电专业毕业后，筹措资金欲开办一机械加工厂。在资金到位，厂房、设备也安排妥当之后，向工商局提出了开业申请，工商局批准了他的开业申请。为了维护自己的合法权益，他聘请了金城律师事务所王明臣律师为常年法律顾问。一切准备就绪，他拟于 2014 年 5 月 1 日正式开业。请代高仁天分别拟出申请开业、聘请法律顾问、邀请亲朋及有关人士参加开业典礼的文章。具体条件如资金数额、工厂名称等，可以自拟。

9. 根据下面的材料，为淮南首创水务有限责任公司写一停水原因的情况说明。

裕安小区××2502 室住户××，自 2003 年起至 2005 年 7 月，长达两年多不交水费。由于该户水表在室内，两年多时间里，抄表收费人员月月上门催交，该户或不开门或不予理睬，拒交水费。依照《安徽省城镇供水管理办法》，淮南首创供水所决定对该户采取停水措施。7 月 25 日上午在对该户实施停水措施时，由于二楼以上用户不愿重新钻墙洞将供水支管碰通，因此造成一天多(7 月 25 日上午 10 时 20 分—7 月 26 日上午 11 时)无法及时供水的情况。住户××迫于多方压力，已于 7 月 26 日上午全额支付了拖欠的水费，淮南首创水务有限责任公司的工作人员当即对供水支管进行了修理，现已恢复正常供水。

10. 利发公司王灿到机场接与其公司有合作关系的鸿海公司的业务员小李。因为与对方不认识，对方在飞机上手机又必须处于关机状态而无法联系。为此，他给对方发一短信，提醒对方，他在二号航站楼旅客出口处举牌等候。他的车是红色丰田轿车，车号是京 B6275。并且告知对方，如果找不到请给他打电话。

11. 某校购学生用桌椅 100 套，原价格是每套 70 元。但采购员到供货单位后，发现因原材料涨价，导致该桌椅价格已涨至每套 80 元。经请示领导同意，按新价格购买，但所带钱款尚缺 1 000 元。供货单位同意先将桌椅运走，所差钱款一周内还清。供货单位先打一收条，待货款全部到位后，再开正式收据——发票，请代该采购员写一欠条、代购货单位写一收条。

12. ××学院××系学生在毕业之际，拟举办一次周末晚会。欲向学校借音响设备一套，并欢迎其他年级的同学参加。请代组织者写一借条，并设计一海报。

13. 李希哲到××局办事，工作人员态度恶劣，工作效率低。几个部门互相推诿，仅仅一个批件办了一周还没有结果。由于该局未能及时审批李希哲所报的批件，导致他在业务活动中蒙受了很大的经济损失。他决定写一投诉书投诉该工作人员，并且想同该局长面谈此事，讨个说法。但该局长当时不在，他准备第二天再来。请代李希哲写一投诉书、一留言条。

14. 日常应用文的各文体之间，除了彼此间均有区别外，相互间还有或多或少的相同或相近。整体的，如标题(在有的文体中叫名称)。一般都是处于首行居中位置，有一些文体则无标题(如留言条)或不一定居中(如海报)；称谓都顶格写起，并且后加冒号。但聘书、请柬则可将称谓写在正文中；具名和日期都署在右后方，但有些则不必署名，在报纸上刊发的也不必须标明日期；祝颂语的格式位置在各种书信中是一致的。局部的，如专用书信大多都有标题，但是投诉书没有；介绍信和证明信都有证明的作用，但它们的侧重点各有不同，一个是证明身份，一个是证明经历；启事和声明都是有事情要告诉大家，但内容、角度各异，类似的异同点有许多。试列出表格，从格式写法到内容和注意事项，将本章及各节的各种文体予以比较。

第5章　科技文书

科技文书是人们在科技活动、科技管理和学术研究过程中使用的应用文书，它包括自然科学、社会科学、经济科学、人文科学、工程技术等多个类别。本章主要学习科技论文、产品说明书等八种常用的科技文书。

5.1　科技论文

科技论文也叫科学论文。它是在科学研究、科学实验的基础上，对自然科学、专业技术领域里的某些现象、问题进行科学的分析、阐述，从而揭示这些现象和问题的本质及其规律性的一种议论形式。凡是运用概念、判断、推理、证明和反驳等逻辑思维手段来分析、阐明自然科学的原理、定律和科学技术研究中的各种问题、成果的文章，均属于科技论文的范畴。

根据写作目的和议论方式的不同，科技论文可分为学位论文和学术论文两大类。前者包括理工科院校学生的学年论文、毕业论文和学位论文。后者主要是指科技工作者、科技爱好者撰写的描述有关科学研究、发明创造成果的论文，它一般都提交给有关部门或送往专门刊物发表，或在有关学术会议交流。学位论文、毕业论文、专题研究等，在写作格式和写法要求上与其相同，撰写时可参照运用。

5.1.1　例文点评

邢嘉先生在研究了计算机数据信息泄露的问题与对策后，将其研究成果撰写成论文予以发表。

例　　文	点　　评
计算机信息泄露抑制技术分析	**标题**　由论述对象和表述特征组成。
邢　嘉	**署名**
摘要：计算机的快速普及改变了人们的传统生产、生活方式，特别是计算机技术的快速更新，推动了信息化时代社会经济的高速发展。与此同时，数据信息的	**摘要**　报道性摘要。简明扼要地指出计算机数据信息泄露的危害与严重性，介绍了本文的主要内容与观点。

泄露问题也日益突出，计算机信息的安全性逐步受到人们的重视。为了防止数据信息泄露导致人们经济损失问题的出现，有必要对信息泄露的原因进行深入分析，提出有效防止信息泄露的实用性抑制技术。本文探讨了信息数据泄露的原因，提出了确保信息安全性的关键在于解决电磁辐射的观点，重点探讨了屏蔽技术在抑制计算机信息泄露中的重要作用，通过应用屏蔽材料抑制电磁辐射，进而解决电磁辐射引发的信息泄露。

关键词：信息技术；信息泄露；屏蔽技术

关键词

计算机在人们生产和生活中的广泛应用，是信息社会的重要标志。计算机技术通过对信息的操作和处理，在社会各个领域发挥着重要作用。计算机在给人们带来便利的同时，引发的很多实际问题也不容我们忽视，其中数据泄露引发的信息安全问题已成为人们关注的重点。信息泄露是指计算机主机或附属设备在运行过程产生电磁辐射，他人可以通过对获取的电磁信号进行分析获取信息资源，从而引发的数据安全问题。虽然电磁辐射的信号很弱，但如果被他人获取，即可破译出所附带的信息数据，轻则造成整个计算机系统瘫痪、个人资料外泄；重则导致国家机密被破解的严重后果。探讨有效地抑制算机信息泄漏制技术，防止内部信息的泄露，保证计算机安全稳定的运行，对确保个人、企业、国家的安全都具有重要意义。

引言　用简洁的语言将计算机信息泄露的有关内容作初步介绍。包括计算机信息泄露的概念、危害和研究这一问题的意义等。

1. 计算机信息泄漏的原因

探讨计算机信息泄漏抑制技术，有必要首先对信息泄露的原因进行分析。一般来讲，计算机工作设备导致计算机信息泄露主要是由于电磁泄露造成的，具体包括以下两种情形。

1.1　电磁辐射产生的空间电磁波泄露

从计算机工作设备的现状分析，信息泄露很多时候是由电磁辐射引起的，电磁辐射的存在是目前困扰计算机信息安全的一个重大难题。首先，电磁辐射产生空间电磁波。实现高速传输数字信息的电子设备(即计算机)，主要应用于高速的数字逻辑信号传输和处理，而计算机高速传播性的标志性特征，为电磁辐射提供了一个充分的条件；其次，由于计算机正常工作时，电源开关、CPU 和数字电路等电气构件都是在低电压、大电流高速变换的状态下运行的，为电子辐射的产生创造了条件。同时，对计算机系统进行信息处理时，数据信号的信号恰好是方形波，本身就含有大量的谐波，很容易干扰射频产生的电磁辐射，这些都为计算机信息泄漏提供了途径；最后，由于计算机的一些器件工作频率分布比较宽，涵盖短波、中波及微波等各种波段，因而，计算机所产生的电磁辐射干扰频率也比较宽。可见，计算机工作具备了电磁辐射产生的种种条件，这些都为计算机信息的泄露创造了条件。

1.2　电磁感应产生的传导波泄露

传导波的产生是由于电磁感应引发的。由于计算机正常运行需要内部各种器件共同发挥作用，大量的存储器和驱动等用电媒体器件的共同使用，会在计算机内部产生电磁场和静电场等近场电磁感应问题，进而产生了传导波。传导波很容易通过电源装置耦合及电缆信号线产生天线效应，导致计算机信息资源泄露现象的发生。

2. 计算机信息泄漏抑制技术的意义

虽然计算机已经得到了广泛使用，但计算机信息泄露问题也一直存在。计算机系统安全问题和可靠性的不稳定，导致计算机技术使用价值受到质疑，急需可以屏蔽信息泄露的技术来保证计算机信息技术在安全环境下发挥作用。抑制数据信息泄露技术的研究意义具体体现在以下三个方面。首先，在信息社会，电子资源往往都具有重要价值，有效地抑制计算机信息泄露，保障计算机内部的信息安全，确保整个计算机网络系统资源的安全运行，可以增强人们对于计算机的信赖，对确保个人的财产安全和国家稳定与发展具有长远的意义；其次，随着计算机信息技术的快速发展，“黑客”的出现和增多，为了个人利益对计算机网络非法攻击，盗取信息资源的现象越来越多，给他人和国家造成了极大的损害。有效抑制计算机信息的泄露问题迫在眉睫；最后，由于计算机在制造时本身存在一定的缺陷，急需对计算机屏蔽技术进行深入研究，解决这一不足，保证计算机系统的安全运行，使其自身的安全性和可靠性都得到全面提高，从而推动计算机技术的发展。

本论　第一部分从两个方面对计算机信息泄漏的原因进行分析。只有研究清楚原因，才能有针对性进行抑制技术研究，否则，这个研究就是盲目的、缺少针对性的，也就难以从根本上解决问题。

第二部分，分三个方面谈计算机信息泄漏抑制技术的意义。阐明研究的意义，使读者明确研究的重要性后，就容易激发读者的兴趣，进而产生阅读、了解计算机信息泄漏抑制技术的欲望。

3. 抑制计算机信息泄漏的技术透视

本文研究的信息泄露抑制技术主要指的是屏蔽技术，就是把计算机系统，包括主机和各种元件、电路等设备的电磁辐射限制在可控制的范围之内。具体包括：通过接地导体防止静电耦合干扰；利用导体表面及导体内部对电磁波的吸收和反射原理，屏蔽高频磁场的电磁屏蔽技术。在关键电路中采用屏蔽局部重要设备的方法，如使晶振器件的外壳接地，大幅度降低电磁波的辐射量；对于发射和接受电偶极子的计算机电缆这一造成信息泄露的主要因素，可以使用通过在电缆的表面附加一层被屏蔽的导体等电位半导体绝缘材料，防止被屏蔽电缆与绝缘层之间放电的屏蔽技术；对于组成计算机系统的一些输入、输出设备，可以采用屏蔽性能强的机箱外壳设备，充分隔离、抑制电磁辐射的产生，将信息泄露的传播途径尽可能地减少，乃至切断。

第三部分，论证通过屏蔽方式抑制计算机信息泄漏的技术。包括四种主要技术：①选择高吸收功耗、高反射损耗、高反射正因子材料作为屏蔽材料，减少信息泄露。②采用电子屏蔽应用技术防止信息泄漏。③利用物理屏蔽技术增强屏蔽效果。④利用电子数据加密技术降低信息外泄的可能性。本部分是本文的重点，写得最详细。

3.1 屏蔽材料的选择解读

计算机信息屏蔽效果与材料的选取密切相关。屏蔽性能计算公式为 $Se=A+R$，其中 A 是指屏蔽材料吸收损耗，R 是屏蔽材料反射损耗。信息泄露的主要原因是电磁辐射，选择性能优越的吸收功耗材料、反射损耗材料及反射正因子材料能更有效地起到屏蔽作用。由于屏蔽材料的阻抗已由电场和磁场的比例确定，吸收材料的影响因素只能从屏蔽材料的厚度、相对电导率及相对电磁场的频导率入手。因此屏蔽材料应该优先选择如坡莫合金和铁等在金属材料中损吸收损耗较大的材料，再根据他们各自的加工性能对比进行选择，其中铁的性能要优于坡莫合金，因此铁便成了吸收电磁辐射的最佳材料。而对于反射材料的选择上，就要求具有较高损耗的金属材料，如银、金、铝、锌、锰等。考虑经济因素，一般选择价格便宜的铝、锌、锰。另外，学者余安民、赖声礼通过屏蔽效能试验得出利用金属铁的高吸收损耗和金属锡的高反射损耗特性，采用铁镀锡膜的复合屏蔽技术可以在极大降低屏蔽箱的铁皮厚度（至少减少50%）的同时，达到有效抑制计算机的电磁干扰和信息泄露的目的。由于金属锡是反射损耗材料铝、锌、锡中反射损耗最差的材料，可以推论：

如果采用厚度大于0.18mm的铁且改用镀复合铝薄膜的方法，将会取得比铁镀锡薄膜更好的屏蔽效果。

3.2　电子屏蔽应用技术的解读

比较适合于家庭个人使用的屏蔽方法是利用干扰和跳频技术，例如使用发射功率较强的白噪声干扰器来隐蔽计算机系统的运行状态，原理较为简单。即通过掩盖个人计算机幅度和频谱上的电磁信号，通过极大地降低接受信息时产生的噪音，电磁辐射信号乱数加密达到阻挠和干扰次辐射信号的效果，减少传导波产生导致的信息的外泄，使盗取信息和破译密码难度加大，对方盗取信息的目的难以达成，从而有效防止信息的泄露。这种方法由于操作简单，而且有效保护计算机的内部信息资源、降低传导波辐射，且价格也比较便宜，比较适合小范围的家庭或个人计算机屏蔽。

3.3　物理屏蔽技术解读

利用物理技术实现信息泄露抑制目的，主要包括包容法和抑源法两种。包容法顾名思义就是把计算机整个系统，包括系统各个内部部件，和整个部件所有设备都使用屏蔽措施，通过对元器件的研究和改造，提高屏蔽能力，在屏蔽室中提高计算机性能。这种方法屏蔽效果理想，但往往需要较高的计算机信息技术和大量的资金支持，主要应用于国家重要军事基地、大型计算机研究中心和大型网络监控系统等保密级别高、计算机密集的场合。抑源法是指从计算机关键电路和内部元器件着手，消除导致信息泄露的产生电磁波根源，例如选择低辐射器件、采用过滤技术、隔离技术、光纤传输技术和晶振器件外壳接地等来完成，我们前面提到的材料的选择就是抑源法的具体应用。

3.4　电子数据加密技术解读

软件加密技术是指利用对计算机硬件系统和软件系统改造，如利用数据压缩加密、TEMPEST字体、视屏现实加密等方法。数据压缩加密借助主机和终端数据的传播，通过加大接收和破译密码的难度，防止信息泄露，提高信息安全性；TEMPEST字体价格较低，实用性强，它采取以降低文字质量来换取抑制信息泄露的方式，来有效地抑制计算机信息泄露；视频加密技术通过改变视频的清晰度和显示方式来加密，这种方法把用户

正文部分，前两个部分是第三部分的基础、前提，结构严谨，逻辑关系十分紧密。

正文的语言也十分准确得体，如“传导波”“静电耦合”等科技术语的采用，“极大的”“较大的”等修饰语的使用，都使文章显示出科技论文严谨性的特点。

信息外泄的可能性降低,但不能从根源上解决计算机信息安全问题,需要在信息系统的支持下,和其他信息技术结合共同使用,才能达到保障信息安全的效果。

另外,用户要提高计算机的自我防御能力。比如,可以通过安装一些攻击软件,使计算机实时监测系统运行环境是否安全,主动去检查一些危险的信号。当出现攻击或盗取信息的行为时,计算机系统本身作出攻击、警告或禁止的功能. 来实现计算机内部信息保护的目的。

4. 结语

本文从屏蔽技术的角度分析了信息泄露的问题,探讨了如何利用科学的手段去选择优质的屏蔽材料. 加固计算机系统的安全,采用适当的屏蔽手段对计算机进行保护,达到抑制计算机信息泄露和电磁干扰的目的,以确保计算机系统的正常运行。在信息社会日益发展的今天,计算机信息技术已经得到广泛应用,人们在生产和生活中都习惯于利用计算机的信息交流方式。在享受计算机带来便利的同时,我们必须重视信息泄露的问题。在使用计算机时,要确保计算机信息数据的安全性。

结语 在前面论述的基础上,对全文进行概括总结,使研究由感性认识上升到理性认识的高度。最后着重强调,"在享受计算机带来便利的同时,我们必须重视信息泄露的问题。"

参考文献 ……(略)

参考文献

选自《电子商务》2014年第5期

5.1.2 科技论文文种指要

1. 科技论文的适用范围

通过对自然科学、专业技术领域里的某些现象、问题进行科学的观察、分析、阐述或课题研究,对这些现象和问题的本质及其规律性有自己独到的认识,需要将这些科研成果公诸于众时使用科技论文。

2. 科技论文的格式写法

科技论文一般由以下十个部分构成。

(1) 标题

一般都用大号字印出,上下方均留有一定的空白。拟定标题应注意以下三点。

① 简明概括。要少而明确,切实反映论文的内容,避免冗长烦琐。一般中文标题在20字以内为好,如例文标题只用13个字,英文标题一般以10个左右单词组成为宜。如果因内容需要导致标题较长,又不能简短,可考虑加副标题,以引申说明补充主题。这样既可达到表述要求,又起到引人注目且不冗长烦琐的效果。如《隔离测量器在火电厂分布式网络化状态监测故障诊断系统中的应用》可改为:

《火电厂故障诊断系统中的优选监测设备——隔离测量器在分布式网络化状态下的应用》

② 准确恰当。题目用词必须准确地表达该文的内容，恰如其分地反映研究的范围和达到的深度。

③ 传神得体。“传神”是指标题要尽可能概括主题，引起读者阅读兴趣。“得体”是指切合研究的内容与水平。不使用口号式（如《×××的应用大有可为、前景广阔》中“大有可为、前景广阔”即属口号式，应删除）或口头语言（如《探讨×××的发展途径》就不如改为《关于×××发展途径的探讨》），使读者一看题目就知道内容，进而产生阅读欲望。

科技论文的标题可以在文章写作之前拟出，也可在文章写成之后确定，而且往往是后者，即先有研究成果或内容，文章写完了，然后再考虑加个适当的标题。

科技论文的标题通常由三部分组成：一是所论对象的类别（名称、范围）；二是论述的内容；三是该文的表述特征。

如例文的标题中，“计算机”是论述的对象，“信息泄露抑制技术”是论述内容，“分析”是表述特征。再如：《浅谈语音电子技术在现代自动化控制装置系统中的应用》《硅压阻传感器稳定性品质的研究》《关节型机器人小臂平衡机构新探》等标题中，其下加“____”者均系科技工作的内容；加“____”者均为论述的对象；加“.”者均是该文的表述特征。有些情况下标题也可以由其中的两部分构成，如《样条有限条法解多层复合板的动力问题》。

常用的标题一般有两种类型：

第一类是有明显论文标志的。如例文标题即有“分析”作为论文标志，再如“……研究及对策”“略论……在……中的应用”“……的分析与实践（或分析与改进意见）”“关于……问题的商榷”等。

第二类是经验介绍、报告成果性的。如“……性能比……好十倍的材料”“……的改进”“……方案的选用”“……在……中的应用”“……的若干方法”等。

在拟定科研成果论述的标题时，可参照上述两类标题选用。也可参照注意事项，自拟相应的题目，灵活掌握。应把为论文起导向作用，表述论文内容、吸引读者作为拟定标题的标准。

(2) 作者及其单位

作者署名一般署在文章标题下，许多时候还要标明其所在单位及邮政编码。它一则表明作者付出了辛勤的劳动，对成果拥有优先权。二则表明作者要对论文负责，从观点、数据到社会效益等，都要负全部责任。三是便于读者与其进行沟通联系。

署名方法：个人的研究成果署个人名；如果是在集体研究成果基础上撰写的，个人只能以执笔人的身份署名；集体的研究成果，按贡献大小列名；如果参与人员较多，在标题下可将主要人员列出（一般不宜超过四名），其余可在前言或结尾处体现。

(3) 摘要

摘要也称提要，是全文的概括与浓缩。位于作者之后，前言之前。

摘要具有简短、精炼、完整和不加解释与评论的特点。简短指篇幅短，通常在200字左右（也有较长的，但是多也只能是400～500字之间）。精炼指应囊括文章的精华，高度概括全文的内容。完整指应语意连贯、结构严谨，是一篇完整的短文，可以独立存在使用。不加解释与评论，只是对内容作忠实扼要介绍，不举例证、不陈述过程、不使用图表。

摘要主要有指示性、报道性及报道—指示性三种。指示性摘要一般只简要叙述该文所阐述的研究工作的概况或成果，而不涉及具体方法与内容，主要起检索作用。一般用中文只有50字左右，甚至只有一两句话。正文内容较多，涉及面较广，即使用300字也难以概括的，或内容比较一般又不能漏掉的，适用于指示性摘要。

报道性摘要则对方法与内容作简要介绍，一般包括主要论证方法、成果和结论。凡是在内容上具有独创性和前沿性的科技论文，如新理论的探讨、新材料的研制、新设备的发明、新工艺的采用等，均适用于报道性摘要，它的行文一般都比较长。

报道—指示性摘要是前二者的综合形式。它主要是在摘要长短受限制，或因文献类型与文体的限制，有必要仅对文献主要内容作报道性介绍，而对其他次要成分只作扼要简介时采用。其行文长短介于报道性摘要与指示性摘要之间。

摘要一般采用第一人称的表达式开头，如“本文讨论了(介绍了、研究了)……”，或采用无主句，直接概括全文。摘要不重复标题的内容，标题内容属于摘要内容的组成部分。

(4) 关键词

关键词是将该文中最能说明问题的、起关键作用的、代表该文内容特征的或最有意义的词概括出来，便于情报信息检索系统存入存储器进行微机管理，以便于检索。它不考虑文法上的结构，不一定表达一个完整的意思，仅仅将几个关键性的词简单地组合在一起(词与词之间用分号隔开，或有一个字的间隔)。一般科技论文的关键词为3～8个。

(5) 前言

前言又称引言、绪论等，是论文主体的开端部分。它要就论文涉及的内容向读者作初步介绍。篇幅不宜过长。内容可包括研究背景、目的、范围、方法和研究成果的意义、概念和术语的定义等。这些内容不必求全，也不要求详加阐述，点到即可，如例文。

前言贵在言简意明，条理清晰，容易理解。忌自吹自擂，“前所未有”“世界先进水平”“首创”之类的评价，一定慎用，最好不用，由读者评价为宜。也不要写什么“才疏学浅”“请不吝赐教”等客套话。是否才疏学浅读者一看便知。文章观点或论证若有错误，读者自然不会放过，肯定会不吝指出的。

前言的写法一般有以下四种。一是点明主题法，用几句话点出主题来。多用于篇幅较长的论文，通过点题便于读者抓住议论的中心。二是引点全文法。它通过简要的叙述引出本论，切入正题迅速是它的特点。三是交代起因、缘由和过程法。通过交代事实的来龙去脉，引起读者的重视。四是交代重要意义法，论述课题的重要性、必要性，通过解释或强调使人们对所议论的问题产生兴趣，主要适合于人们比较生疏的或不注意、不重视的课题。

(6) 本论

本论又称本文、正文，它是论文的核心和主体，占全文的绝大部分篇幅。论文的重要内容全在这里。由于题材不同、学科不同、研究方法不同，使得论文的写作各异。此处重点介绍两种常见的有代表性的本论写法。

① 实践型。这种论文以实验为研究的主要手段。它一般包括四项内容。

- 理论分析或基本原理。这一部分要对所作的假定及其合理性进行理论论证；对于分析方法和计算方法加以说明;对于实验的原理也应加以介绍。

● 实验材料与设备装置。这部分中,应该说明实验原材料及其制备方法、化学成分、物理性能。实验所用设备、装置、仪器等,如果是自己特制的,需要给出示意图,要详细说明测试、计量所用仪器的精度,使读者知道实验结果的可信度和精确度。

● 实验方法和过程。这一部分说明实验所采用的是什么方法,过程如何进行,操作时应注意什么问题,要突出重点,只写关键性步骤。对于以上三项的详略,应以别人能再现文中的实验结果为标准。但应特别注意的是,涉及保密和专利的内容不要写进去。对于这些技术上的要害问题应含而不露,引而不发。

● 实验结果与分析(讨论)。实验结果就是在实验过程中所测取的数据和所观察到的现象。在写作时,需要对其进一步整理,从中选出最能反映事物本质的数据和现象。必要时可以制成图、表或照片。分析(讨论)是指从理论上对结果加以解释,阐述自己的新发现或新见解。这是全文的关键。

② 理论型。主要运用于以理论解析为主的论文,它应包括三项内容。

● 解析方法。它包括前提条件、解析的对象、适用的理论、计算的程序、提出的假设等。

● 解析结果。可用文字论述,也可用图、表、公式等来阐述。

● 分析(论证)。分析的内容有结果的可信度、误差的评价、所得结果与其他分析结果的比较。对实用对象的有效性,提出自己的见解,指出问题和以后努力的方向等。

例文研究的对象——“计算机信息泄露”的特殊性,决定了该文兼具实践型与理论型的特点,它既有理论解析,更侧重实践应用,具有综合性特点。

(7) 结论

结论是全篇的总结,是对论文的全面概括。它不是重述本文的研究结果,而是在其基础上,进一步得出科学的结论,也就是使研究由感性认识上升到理性认识的高度,是论文的精华。

结论的主要内容有:

① 论文研究结果说明的问题、找出的规律、解决的问题。

② 论文中对前人或他人有关问题做了哪些检验,哪些与本文研究结果一致,哪些不一致。作者做了哪些修改、补充、发展、证实或否定。

③ 论文研究的不足之处,或遗留未解决的问题,以及对解决这些问题的关键之处和今后进一步研究的设想等。结论的要求是用词准确、语言严谨、逻辑严密。在论述新发现、新见解时,不能含糊其辞、模棱两可,切忌夸大,对那些不能完全肯定的内容在措词上要留有充分的余地。

有时在正文中已把问题论述清楚了,结论也可以不必另外再写,但应让读者能从内容上感到确有结论。

(8) 致谢

一项科研成果的取得,必然要得到多方面的帮助,当成果以论文形式发表时,必须对他人劳动给予充分地肯定,并致以谢意。致谢的对象包括指导或协助本研究工作的实验人员,对科研过程、论文撰写提出过指导性意见、建议和帮助的人,对提供实验材料、仪器及其给予了其他方便的人,被论文采用的数据、图表、照片的提供者、资助研究工作的学会、基金会、合作单位及其他组织和个人等。致谢一般放在结论后，也有部分论文放在文章的前言之前。

（9）参考文献

写科技论文，需要引用一些别人的科研成果，这是科研工作连续性的表现。列出参考文献，一方面表明言之有据，另一方面也表现了对他人劳动的尊重。

参考文献名录放在致谢前、后均可。顺序是：①著作：作者．书名．译者．版次．出版地：出版者，出版年。②期刊：作者．文章名．期刊名，年，卷（期）：页码（或起止页）。

（10）附录及其他

附录是在文章末尾作为正文主体的补充项目。包括较长的研究资料、重要的数据图表、同正文有关的资料及修订说明、译名对照表等。

有的较长的论文还有目录，作为论文提纲。尤其是用于学术交流的论文，为方便读者阅读，许多论文都加了目录。目录一般位于作者之后，正文之前。如果使用代表性的符号较多，还要在文前列出符号说明，写清楚各种符号及其所代表的意义。

第（8）（9）（10）三部分，在论文中不是必需的，可视具体情况决定取舍。如例文即只有“参考文献”部分，而无“致谢”与“附录”。

3. 科技论文写作的注意事项

（1）目的明确，论点正确。题目要能传神，贴切地反映论文内容；在理论或实际生产上有一定的价值。

（2）在课题范围内，系统地查阅国内外文献、了解有关科技发展情况。对前人或他人有关的主要研究成果了解全面，理解正确，分析评论和运用资料恰当。有自己的观点与见解，指出所解决的问题和解决问题的途径。

（3）对本课题的实验方案考虑充分完善，采用的方案正确合理、科学严密、系统完整。所取得的数据充分、真实、可验证，数据处理合理。理论推导正确，计算无误。

（4）摘要形式选择正确，重要信息精炼而无遗漏，篇幅适宜。采用通用术语和符号。

（5）结论正确、有说服力，有一定的理论高度，体现作者的见解。突出重点，推理严密可信。对研究成果的评价要恰如其分，不言过其实。既要为摘要服务，又不能与其雷同，各有侧重。

（6）在理论或实践上具有一定的新见解，在测试技术、实验装备、工艺方法或研究角度、方式上有所改进。

（7）论文结构清楚，文字通顺简练，论述正确、清晰、得体，图表设计规范、精确，逻辑性强。

5.1.3 写作训练

（1）20世纪70年代末期我国引入会计电算化理念，逐渐把电子计算机技术和现代数据处理技术应用于会计工作，实现由电子计算机进行记账、算账、报账及部分代替人脑完成对会计信息的分析、预测、决策。这种电算化的过程不仅改变了传统的手工会计工作内容，也对会计凭证、账簿等会计档案的保管、保护工作产生了巨大的影响。

随着会计档案存储载体的变化，会计档案的存储类型开始多样化，会计档案的寿命也随之发生了变化，如何提高会计档案保护的技术含量等问题也随之而来。请就此进行调研，写一篇关于"会计档案存储载体的应用"的论文。

（2）收集两篇科技论文，试比较一下它们之间及它们与例文之间在结构上的异同。

5.2 科技综述

科技综述，是对某一特定时域内的某一学科或专题的研究成果、技术成就，进行系统的、较全面的分析研究，进而进行归纳、整理和综合叙述所形成的科技性文章。它一般是不加评论地综合介绍已有的科研成果，包括各种学术观点和见解；是针对某一学科或专题在特定时域发表的大量文献进行归纳整理的结果，属于三次文献。[①]

5.2.1 科技综述例文点评

兰州理工大学电气工程与信息工程学院的毛海杰、李炜、冯小林等人对近5年非线性系统主动容错控制的研究进展情况进行了归纳和总结后，运用综述将其研究成果介绍给读者。

例文	点评
非线性系统主动容错控制综述	标题　由论述对象和内容组成。
毛海杰，李炜，冯小林 （兰州理工大学电气工程与信息工程学院，甘肃兰州 730050）	署名　包括姓名、单位、地址和邮政编码。
摘要：以故障发生部位为分类视角，分别从传感器故障、执行器故障及其他部件故障三个方面，较为详细地对近5年非线性系统主动容错控制的研究进展情况进行了归纳和总结，重点讨论了执行器故障的容错控制问题，并对所存在的问题与未来的发展趋势进行了探讨。	摘要
关键词：主动容错控制；非线性系统；故障诊断	关键词
近30年发展起来的容错控制技术，为提高复杂系	

① 一次文献是指新技术、新知识、新发明等新的科研成果的记载和报导。主要包括专著、论文、期刊、科技报告、专刊文献、技术标准、教研书等。在此基础上，经过加工、浓缩后产生的资料，作为查找一次文献的一般检索工具，称为二次文献，包括文摘、索引等。利用一次文献和二次文献归纳、整理并对其研究所形成的资料，称为三次文献，如综述、述评。

统可靠性提供了一条有效途径[1-3]，其基本思想是利用系统的冗余资源来实现故障的容错，即在某些部件发生故障的情况下，通过对故障的鲁棒设计①或系统重构、控制策略的调整等，仍能保证系统按原定性能指标继续运行，或以牺牲性能损失为代价，保证系统在规定时间内安全地完成其预定控制任务。

近年来，容错控制无论在理论研究还是实际应用方面都取得了较大的进展[4-6]。在分类方法方面，目前比较公认的分类思想是将容错控制分为主动容错控制(AFTC)和被动容错控制(PFTC)[1]。被动容错控制在构造思路上借鉴鲁棒控制的思想，通过设计一种有效的控制器，使得其对参数变化、外界干扰，甚至故障不敏感，从而达到容错的目的。其特点是对所有可能发生的故障类型事先均需已知，控制器的设计较保守，控制性能难以达到最优。主动容错控制包含一个故障检测与诊断(fault detection and diagnosis，FDD)子系统，能在线检测和分离出系统发生的故障，并根据不同故障模式通过对已有控制律进行重组或重构，进而使故障发生后的系统在新的容错控制器的支配下获得较为满意的控制效果。相比于被动容错控制，主动容错控制在性能上总体更优，在设计方法上更有弹性，也更有应用价值，因此，学术界也给予了更多的关注。本文重点讨论主动容错控制方法。

现存的主动容错控制方法中，针对线性系统的研究已趋于成熟，而对非线性系统的研究正处于发展之中，成果相对有限，其困难主要在于非线性系统本身的复杂性，使原有的对线性系统适用的建模、控制等方法均受到限制。同时主动容错控制中的FDD与控制器调节机制对于非线性系统的故障检测和分离具有特殊的复杂性。然而，实际对象大多是非线性的，加上线性系统发生故障后，工作点也很容易进入非线性区域，因此，研究非线性系统的容错控制方法具有重要的理论与实际应用价值。

引言 介绍本综述研究的对象——容错控制技术的重要作用、基本思想和分类。明确指出，“相比于被动容错控制，主动容错控制在性能上总体更优，在设计方法上更有弹性，也更有应用价值”。因此，“本文重点讨论主动容错控制方法”。而在主动容错控制方法中，“研究非线性系统的容错控制方法具有重要的理论与实际应用价值”。在此基础上，给出本文的主要内容、重点及相关内容，思路清晰地介绍了本文的主要内容，逐层递进，逻辑性极强。

① 鲁棒设计：鲁棒设计又称健壮设计，是指三次设计理论中的参数设计。随着模糊数学的发展与应用，已经由传统鲁棒设计发展为模糊鲁棒设计。模糊鲁棒设计是综合考虑产品设计、制造、使用过程中客观存在的各种随机因素，研究这些因素引起质量不确定性的规律，从而使产品设计达到优质低价的现代设计方法。

本文以故障发生部位为分类视角，分别从传感器故障的容错、执行器故障的容错及其他部件故障的容错三方面对非线性系统的主动容错控制方法进行归纳和总结，重点讨论了执行器故障的容错控制问题，并探讨存在的问题与未来的发展趋势。

1. 主动容错控制的基本思想

主动容错控制是指在故障发生时，通过FDD系统检测出故障后，利用故障信息，通过调整控制器的参数或结构，主动实现对故障的处理，最终使系统按期望的性能或性能略有降低，安全地完成控制任务。主要包括三方面：FDD、可重构的控制器（reconfigurable controller）及控制器重组机制（controller reconfiguration mechanism）。系统结构如图1所示。

正文　首先简要介绍主动容错控制概念。结合图示，使读者对主动容错控制有一个基本的了解，这是理解全文的基础。

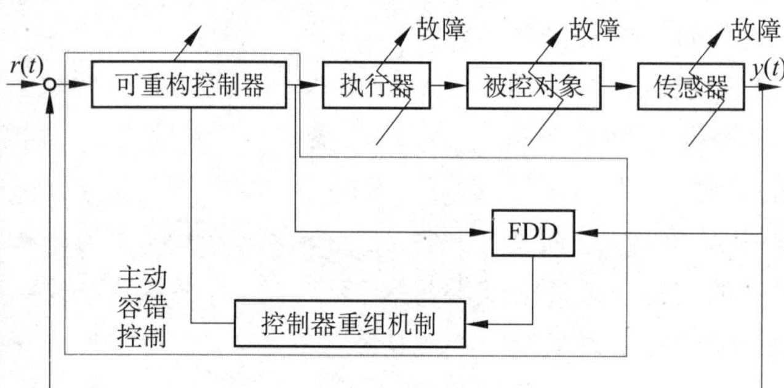

图1　主动容错控制结构图

2. 针对传感器故障的主动容错控制方法

对传感器故障实现容错的思路可分为两大类：一类是对故障传感器本身进行重构，另一类是对控制器进行重组或重构，具体分析如下。

第二部分结合具体案例，从对故障传感器本身进行重构和对控制器进行重组或重构两个方面，对实现传感器故障容错的思路进行介绍。限于篇幅，引文时对引用的参考文献从略。

（1）对故障传感器进行重构

此类方法是基于系统中各个传感器之间的冗余性，利用状态估计方法或软测量等技术来实现对故障传感器本身的估计或重构。文献【7】针对导弹姿态仰俯控制系统中传感器故障问题，通过构造数值积分器和微分器实现了对故障传感器的重构，并采用输出反馈控制策略达到对故障的主动容错。文献【8】应用自适应滤波器FIR输出替代故障传感器信号，实现传感器故障情形下水下机器人的容错控制。上述文献都是针对单传感器故障情形。文献【9】针对一类多变量不确定系统的多传感器故障问题，利用加权移动平均残差技术检测多重传感器故障，基于神经网络建模技术在线重构故障传感器信号，并将重构的传感器信号切换到 PID 控制器的反馈回路，以实现对多故障传感器的容错。文献【10】采用广义系统方法对传感器故障进行重构和补偿，实现了在控制器不变情况下，故障后系统的稳定。

(2) 对控制器进行重构

该方法的基本思想是在 FDD 发生后，采用状态反馈、参数估计等方法实现对控制器进行重组或重构，这是针对传感器故障主动容错控制中研究最为广泛的一种方法。文献【11】采用控制律重构法，针对传感器突变故障，以故障发生前后闭环系统静态增益维持不变作为设计目标，使系统故障后的静态增益充分接近正常情况下的静态增益，同时保证故障后闭环极点处于某个可行区域内，以维持系统的次优动态性能。针对脱芳烃生产过程中产品质量分析器的故障，文献【12】采用基于数据驱动的偏最小二乘、神经网络、子空间辨识及 3 种方法的组合等，实现了对故障的检测，利用故障诊断得到的故障信息，通过对质量控制器的参数进行调节来实现脱芳烃过程的容错控制。文献【13】针对一类非线性 ito 型随机系统传感器故障问题，在同时存在输入和输出扰动情形下，设计的滑模观测器同时实现对系统的状态、故障向量及干扰的估计，并基于状态估计，设计了积分型滑模控制策略，保证了故障后系统的稳定性。文献【14】利用传感器融合估计方法，通过提前离线计算系统在正常状态下的状态跟踪误差数据集，当发生故障时，该计算值会偏离这一数据吸引中心，以此检测故障的发生，并在一定假设存在的条件下，通过设计状态反馈跟踪控制器保证系统在故障条件下闭环系统的稳定性。针对非线性系统的序列发生故障情况，文献【15】对各种已知故障提前设计各故障模式所对应的控制器，不同于多模型主动容错控制，该方法通过设计简单有效的控制器轮流切换策略，降低了故障发生到容错控制实现的时间间隔，保证了发生连续故障时状态和输出调节的有界性。后两种方法对传感器故障、执行器故障均适用。

3. 针对执行器故障的主动容错控制方法

第三部分结合具体案例，分别对执行器故障主动容错控制的四类方法作具体介绍。

执行器作为控制系统的驱动设备，直接作用于被控对象或过程，因长期频繁地执行控制任务，是极易发生故障的部件。执行器发生故障后，不仅原来的控制律得不到执行，而且任何微小的故障都将直接快速地影响被控对象的输出，从而影响整个控制系统的性能。

相比于传感器故障，执行器故障处理起来更加棘手。在研究方法方面，针对执行器故障的容错控制，可归结为基于自适应重构方法、基于故障调节方法、基于多模型方法及基于智能控制方法四大类，具体分析如下。

(1) 基于自适应重构方法

该方法的总体思想是利用自适应算法重构或跟踪系统的不确定性，采用鲁棒控制、线性矩阵不等式、自适应逆最优控制等相应的控制策略，保证了故障系统在 Lyapunov 意义下的稳定性，从而达到容错控制的目的。由于其灵活性和多样性，适用范围广，几乎涵盖各种类型的故障，因此，它是研究较为广泛的一类方法。文献【17】基于自适应逆最优控制原理，针对卫星在轨飞行中执行机构故障情况，将系统的不确定性参数作为估计的自适应参数，通过求解自适应控制 Lyapunov 函数，设计了能够保证原系统稳定的自适应逆最优控制器，并从理论上证明了控制器的稳定性。文献【18】采用轨迹线性化方法，针对无人机的四旋翼飞行器推进器微小故障和严重故障，分别采用了自适应时变带宽技术和增益再分配等方法。文献【20,21】分别针对 MISO 和 MIMO 一类具有执行器卡死、执行器部分失效及组合故障的非线性最小相位系统，提出一种自适应容错跟踪控制方案。采用自适应算法估计系统的不确定性，利用神经网络逼近执行器未知故障函数，完成了执行器组合故障状态下的跟踪控制。文献【22】针对具有无穷分布时延的离散非线性系统，通过对执行器故障特征分析，提出了新的满足故障区间概率分布的执行器故障模型，并根据 Lyapunov 稳定性理论和线性矩阵不等式方法，给出了故障分布依赖的均方稳定的容错控制器解的存在条件。

(2) 基于故障调节方法

故障调节是在故障发生后，首先对系统进行故障检测、隔离、估计等，利用故障诊断得到的故障信息，通过附加控制律等方法，以补偿故障对系统造成的影响，从而达到容错控制的目的。在此过程中，故障检测的快速性和故障估计的准确性问题、附加控制律的设计问题是研究的重点和难点。为此，人们相继提出了许多方法，如基于学习的方法、基于观测器的方法等。基于观测器方法因故障估计的准确性和对未知参数的鲁棒性较好而受到更多的关注。姜斌等人在此方面做了较多的卓有成效的工作。文献【23】针对近空间超音飞行器(NSHV)执行器故障，基于模糊控制和滑模观测器技术，用T-S模糊模型描述NSHV非线性特征，并对其设计了一组滑模观测器，利用在线得到的故障估计信息，通过设计一种故障调节策略，补偿了故障的影响，最后基于线性矩阵不等式技术给出了保证故障系统稳定的充分条件。文献【24】针对执行器故障的不确定系统，用神经网络估计了模型的不确定性，并采用故障估计算法，在故障发生后，研究了综合且满足 H_2 性能要求的容错控制器，并用滑模控制抑制神经网络估计的误差，同时给出了具有指定稳定度的 H_2 控制律的充分条件。

(3) 基于多模型方法

根据被控对象的不确定范围，用多个模型来逼近对象的全局动态特性，进而基于多个模型建立相应的控制器，通过模型(控制器)调度策略来达到快速响应外界需求的目的。多模型是种基于分解一合成策略的控制方法，把难以用一个模型表达的复杂系统，采用多个简单模型逼近，因此是非常适合非线性系统分析的一种方法。李炜等人基于多模型切换技术，结合动态模型库，采用基于RBF神经网络和最小二乘支持向量机(LS-SVM)等方法建立各种已知故障模型或逆模型，控制策略分别采用预测控制、内模控制及逆系统等，以一种隐性的FDD策略和决策机制实现对系统的故障诊断和控制律的切换调整。但上述方法仅实现了对已知故障的容错。针对执行器未知故障情况，文献【28】基于数据驱动思想，分别将无模型自适应控制引入未知故障建模期间的控制，以过渡容错策略保证了系统在线建模期间的安全。文献【29】通过设计自适应观测器，采用恰当的切换策略，保证了闭环信号的有界和输出的渐近跟踪。文献【30】采用减法聚类和模式分类算法建立多模型集，基于累计误差最小的模型切换策略在线选择最优控制模型，并采用预测控制方法，确保了高速动车组在动态未知故障或干扰下的安全稳定运行。上述三个文献初步试探性地解决了未知故障的容错问题。

（4）基于智能控制方法

该方法是研究非线性系统较为常用的一类方法，其基本思想是利用智能控制的相关理论，如神经网络、模糊控制等来对故障系统进行建模、故障识别、分类及容错控制器的设计等。

神经网络由于具有逼近任意非线性函数的特点，显示了它在解决高度非线性和严重不确定性系统的控制方面具有很大潜力。又因为在结构上具有功能冗余性的特点，因此被人们引入到容错控制器的设计上。当然，神经网络也有许多不完善的地方，如鲁棒性差、结果不确定等。因此，将神经网络与其他方法如自适应、粗糙集等技术相结合是切实可行的方法。文献【34】针对高速列车牵引与制动系统中速度与位置控制，考虑牵引和制动的非线性及执行器故障问题，采用自适应神经网络技术，在不需要已知系统确定的数学模型情况下，利用已知的输入/输出数据训练神经网络，设计了基于数据驱动的故障容错控制器。

模糊控制采用 IF-THEN 语句，适合描述一大类模型不确定系统，所建立的模型具有融合语言描述和专家知识的优点。文献【35】采用了 T-S 模型对非线性进行建模，利用并行分布补偿方法设计了基于观测器的模糊容错控制器。针对状态不可测的多执行器同时发生时变故障情况，文献【36】采用 T-S 模型对含有未知故障类型的执行器进行建模，采用滑模观测器对故障进行检测与分离，利用 Lyapunov 稳定性理论，分别针对状态可测与不可测两种情况给出了容错控制策略。

4. 针对其他部件故障的主动容错控制方法

这里的其他部件故障是指除了传感器和执行器之外的控制系统的其他部分所产生的故障，如被控对象、

正文部分，引用了大量的近年来有代表性的文献，翔实而具体。并对这些文献进行归纳、分类、整理，广泛而系统地叙述了传感器故障的容错、执行器故障的容错及其他部件故障的容错三方面对非线性系统的主动容错控制方法。使文章极具说服力，体现了综述全面完整地体现相关研究的特点。

控制器、参考元件等出现故障,因回路设置不当而产生的故障等。相比于前两类故障,其他部件故障研究成果相对较少。在研究方法上,总体思路与上述介绍的传感器和执行器故障情形类似。文献【37】针对被控对象突变及初期故障,基于支持向量机的模型预测控制,利用在线支持向量机回归技术实时训练故障模型,在FDD检测出故障时,采用模型预测控制,实现对在线更新的故障模型的主动容错。

5. 结束语

(1) 如何充分利用系统大量的在线和离线数据,研究基于数据驱动的容错控制方法,对于非线性系统而言尤为重要,也将是未来的研究重点。

(2) 文献【38,39】针对执行器故障,分别采用不同的方法,最终实现了补偿执行器故障的同时优化了系统的性能,但两文献仅限于线性系统。在此基础上,如何采取相应的非线性分析方法,研究适合非线性系统的复合容错控制是值得探索的一个方向。

(3) 大多数主动容错控制文献,更多的是关注故障诊断能否诊断出故障,容错控制能否实现容错的问题,对二者之间的时间间隔却很少涉及。因此,研究不同诊断方法的耗时问题,以及过渡容错的时间问题,减少故障诊断与容错控制之间的时延,避免由此给控制系统所带来的高风险,对工程实践将具有重要的指导意义。

(4) 生产过程的控制包括底层回路控制、过程控制、计划调度等多个层次,各层次自身和层次之间均有出现故障的可能,目前的方法仅局限于底层和过程控制层。因此,对各个层次和层次间进行故障的容错性设计,或将容错控制的思想向上层扩展研究,也是具有实际意义的一个方向。

结束语 在前文的基础上,客观地指出已有科研成果的局限,进而指明本综述课题科研发展的重点与方向。

参考文献(略)

参考文献

(《传感器与微系统》2014年第4期)

5.2.2 科技综述文种指要

1. 科技综述的适用范围

对某一特定时域内的某一学科或专题的研究成果、技术成就，进行系统的、较全面的分析研究，进而进行归纳、整理和综合叙述，以供读者参考时使用科技综述。

2. 科技综述的格式写法

各种综述的目的和服务对象不同，编写时的格式写法也不尽相同。一般说来，科技综述与科研成果论述格式写法大体相同，分述如下。

(1) 标题、作者署名与科技论文格式相同。由于涉及面广，内容多，摘要多采用指示性摘要形式。

(2) 前言一般包括写作目的、编写原则、供哪些对象参考，以及与本课题有关的背景情况(如资料来源、参考单位等)，有的还扼要点明正文的基本内容。这些项目不一定求全。如例文的前言就是在介绍本综述研究对象的重要作用、基本思想和分类的基础上，给出本文的主要内容、重点及相关内容。

(3) 正文是科技综述的主体。它深入浅出、广泛而系统地叙述本课题所涉及的各个方面。综述归纳研究的相关信息，可以包括：

① 历史回顾。这是纵向的叙述既往状况的内容，如历史的、各阶段的发展状况及特点；本课题原有的基础、水平、条件；有关的理论、概念等。

② 介绍现状。这是横向的归纳当前状况的内容。广泛系统地叙述各方面的既得成果，如理论科研建立的新概念、新理论、新假说；工程技术科研产生的新工艺、新技术、新产品，获得这些内容的途径、方法、条件及它们的效应、效果等。此外，还要尽量客观地摆出悬而未决的问题，反映不同的学派观点和争论的意见。

③ 发展趋势。介绍目前正在进行的工作，初步的结论或与本课题有关的科研新动向，以及其他能够指示发展趋势的资料信息，但这并不是编者对今后发展方向的设想和推理。

(4) 结语是对全文总结，一般是简明地陈述编者在该综述研究中所得到的结论，客观地指明科研发展的趋势。有关本研究的意义、存在的分歧意见和问题等，正文没有叙述过的，也可以写在这部分中。

(5) 附录主要标出重要的参考文献，以及根据需要收入的图表、数据、报告等资料。

3. 科技综述写作的注意事项

(1) 叙述为主、兼顾全面

科技综述的主要特点一是“综”，二是“述”。“综”是指它能比较全面、系统地反映国内、外某一专业或某一学科在某一特定时域内的发展历史、当前状况及其发展趋势。通过原始文献中的大量数据、资料和主要观点进行归纳整理，使读者可以了解某一专业或学科的概况。“述”是指科技综述只着重于客观叙述，极少或不加作者见解，不提具体建议，也不进行评论。当然，有助于读者理解的评论不在此列，如例文结束语的简短精当的点评。

(2) 广泛占有、审慎选择材料

科技综述是以原始文献的资料信息为依据的，需要有大量的、全面的、系统的材料。一旦选题确定后，就要通过各种途径，尽可能广泛地占有材料，并在这个基础上，有目的地将收集到的材料进行筛选、鉴别、分类、归纳，以使资料信息单元化、系列化，这样才有可能恰到好处地选择、使用材料，反映本课题的本质及其内在的规律性。

(3) 态度客观、公正

写科技综述，对于原始文献提供的各种资料信息，应客观、公正地加以对待，切不可只选择符合个人意愿的、自己感兴趣的，自己不感兴趣、不符合个人意愿的就不选，否则，必然会损害科技综述的科学价值和实用价值。写作时，利用作者本人的工作成果，处理要恰当，即使是确实典型的材料，也应严格、恰当地加以选用。如果所占篇幅过多，就失去了综述的意义，而成为个人科研成果的具体报道了。

(4) 行文简洁严密、条理清晰

写科技综述的目的，是为一定范围的读者提供某一学科、专业或技术、产品的科研成果的综合材料，以节省他们查阅文献的时间，提高工作效率。因此，科技综述一定要简洁明白，言之有序，条理清晰，言之有物，全面无疏漏，易于读者接受和记忆。

5.2.3 写作训练

(1) 众所周知，现代规模的地面战争，总少不了坦克与反坦克武器之间的较量。反坦克武器以击破坦克的防护装甲进而摧毁坦克为主要手段。但在20世纪80年代后期，爆炸式反应装甲车、贫轴装甲和模块装甲在坦克上的广泛应用，使破甲弹的威力降低了50%～90%，使坦克的防护能力发生了突破性的进展，特别是20世纪90年代以来，整体式、外挂式反应装甲的出现，使坦克的防护能力遥遥领先于反坦克武器的杀伤威力。在这种情况下，反坦克武器并没有坐以待毙，而是采用了“避实击虚”的手法，软杀伤反坦克弹脱颖而出。软杀伤反坦克弹的战斗部结构既没有能形成高速、高压、高温金属射流和预制弹丸的聚能装药，又没有依靠动能穿甲的硬质弹芯，更没有能使装甲产生崩落效应的大量高级炸药。由于其弹体结构和攻击对象与常规反坦克武器不同，所以其作用原理和最终效应也完全不同。

试根据下面提供的资料，写一篇关于软杀伤反坦克弹的科技综述。

① 黏胶剂反坦克弹，是以黏胶剂为主要装物的软杀伤反坦克弹。它用便携式火箭、导弹发射或运载。当在坦克周围或坦克的上方爆炸后，产生粘接性能极强的，而且不透光的黏胶剂云雾团。胶雾随空气进入坦克发动机，在高温条件下瞬时固化，使汽缸活塞动作受阻，导致发动机熄火停车，从而失去机动性能。另外，当黏胶剂到达坦克的各个观察窗口时，直接干扰坦克乘员的视线，使驾驶员看不清道路，无法攻击、沿攻击方向前进；车长看不清战场的情况变化，无法正常指挥；射手无法准确搜索、跟踪和瞄准目标，难以进行有效的战斗射击，从而使整个坦克丧失了战斗力。

② 乙炔是由CaC_2与水接触后产生的一种可燃气体，它能与空气组成爆炸性混合物，接触火花即可爆炸，其爆轰压力与环境温度有关，温度越高爆炸就越猛烈。乙炔反坦克弹就是根据这一性质设计的。该弹体内有两个单元，一个单元装水，另一个单元装二碳化钙，爆炸时产生大量乙炔与空气混合，形成混合气体。当坦克发动机汽缸吸入混合气体时，在气缸内的高温下产生大规模爆炸、可彻底摧毁坦克的发动机。实验证明，使用一枚

0.5千克左右的乙炔榴弹，足以阻止一辆坦克的行动。

③ 众所周知，阻燃剂是随着减少火灾损失的研究而发展的。然而，近一两年来，国外研制开发的一大批新型阻燃剂，为阻燃剂反坦克的研制提供了基础。装填以阻燃剂为主的反坦克弹，爆炸后可在坦克周围形成阻燃剂可把空气中的氧气"吃掉"，使进入坦克发动机内的空气脱氧，造成发动机窒息停止工作。目前美国正全力以赴地研制阻燃剂反坦克弹，并且认为该弹是对付集群坦克效果最佳的软杀伤反坦克武器。

④ 泡沫反坦克弹被称为"反坦克障碍物"，其弹体内装填的主要是漂浮性好的泡沫，如聚苯乙烯、聚乙烯、聚氯乙烯聚氨酯等硬质闭孔泡沫塑料。爆炸后很容易在空气中形成悬浮云团，并能持续一定时间。将其发射到敌方集群坦克的必经之路上，可形成一道泡沫体云墙，以很高的速度被坦克发动机吸入，堵塞发动机进气活门，迫使坦克熄火，造成集群坦克受阻，而处于被动挨打的境地。该弹用于狭隘路口，与伏击战术配合使用，可彻底消灭敌人。

⑤ 金属纤维是一种可做成细如牛毛的良导体金属材料，用这种良导体为主要装填物的反坦克弹叫作金属纤维弹。该弹不仅便携式反坦克武器可以发射，而且各种火炮、坦克炮均可发射。发射后在弹丸爆炸的瞬间，金属纤维在爆轰力的作用下，变成好多的纤维或金属粉，构成金属灰尘烟云，使坦克的绝缘器材短路而失效，电台不能正常工作，发电机不发电，射击电路失控，火控系统失灵等。

⑥ 微波通信干扰弹除了有一般炮弹的弹体、炸药和引信外，还有一个波纹管，弹体直径较大，一般由能发射超口弹的装置或导弹运载。当在集群坦克中爆炸后，爆炸物沿波纹管纵向传播，在波纹管不断的破碎过程中，不断加大波纹脉部的强度，形成高功率的微波束照射坦克，造成一种特殊的破坏效应。如破坏或干扰坦克与坦克间的通信联络，引爆车内弹药室，使车体内乘员的器官受到不同程度的损伤。据报道，美国特种部队目前正在试装便携式微波通信干扰弹，英国、俄罗斯等正在加紧研制该弹。

⑦ 近期，美国陆军军械研究、开发与工程中心投入大量人力、物力和财力研制激光榴弹，现已定型散射辐射和定向辐射两种激光榴弹。该弹是通过高爆振荡加热惰性气体而发出高效激光，使坦克的光学瞄准镜、激光测距机、自动武器的目标探测系统和电磁系统不能正常工作，又能使坦克乘员晕头转向、眼花缭乱、瞬时失明或变成瞎子。

2. 收集两篇综述，试比较一下它们与例文在结构、表述上的异同。

5.3 科技报告

科技报告是科学技术报告的简称，又称研究报告、报告文献。它是对科学、技术研究结果或研究进展情况的记录。是科技工作者围绕某一科学技术专题进行实验、观察、调查、研究后形成的正式科研成果报告，或者是对某项课题研究进展情况的实际记录。

科技报告具有以下四个主要特点。

(1) 告知性。其含义主要有两点：

① 向上级或有关部门报告科技工作情况，在报告中说明工作的性质、进展情况、取得

的成果或科研经费的使用情况，使其了解工作情况。

② 与同行或合作者互通消息，促进学术交流。

(2) 技术性。科技报告侧重于报告事实，技术性强，公开发表的科技报告多刊登在技术性刊物上。

(3) 保密性。许多科技报告与政府的研究活动或者高新技术有关，使用范围控制较严。大多不公开发表，保密性强，读者范围窄。公开发表的，对关键技术也予以保密。

(4) 快捷性。对取得的成果，无须花费过多时间分析、解释，写作时间少，完稿快，也无须请本行权威在学术上进行审查。只要符合保密要求，有一定的创造性因素就可以发表，但多数不在期刊上发表。

科技报告与科技论文的的区别很大，具体体现在以下四个方面。

(1) 在内容上，科技报告是科技工作过程的如实记录，侧重于事实和情况的叙述，较全面、完整，但不要求一定有创新，科技论文则要求必须有创新。

(2) 在表达方式上，科技报告以说明或叙述为主。科技论文以分析论证为主。

(3) 在写作目的上，科技报告目的是报告科技工作的经过与事实。科技论文不仅仅是报告事实，而且通过对事实的分析，揭示其内在的本质和发展变化规律。

(4) 在保密性上，科技报告大多都具有很强的保密性，科技论文一般无此要求。

科技报告的内容几乎涉及整个科学、技术领域和社会科学、行为科学以及部分人文科学领域。包括可行性研究报告、研究成果报告、生产情况报告、技术经济分析报告、考察报告、实验报告等多个文种。是科技工作中使用较为广泛的一种文体。本节主要学习考察报告、实验报告、技术报告三种。

5.3.1 考察报告

科技考察报告是通过亲临其境的考察，取得大量的资料或信息并对其进行研究、整理，运用通俗易懂、明白入理的文字直接描述、记录其所见到的科学技术事实，并分析其结果，为科技工作者传达科技方面的最新发展动态，进而为科研提供情报线索的科技文体。

科技考察报告根据考察内容可分为五类：技术考察报告、科技项目考察报告、科技情况考察报告、科技会议考察报告和学科研究考察报告。常用的是技术考察报告和科技项目考察报告。技术考察报告是为了解决实验技术或生产技术上的某一难题，通过参观、考察、学习后写出来的，下面的例文即为技术考察报告。科技项目考察报告，是以了解和获取技术信息与资料为目的，就专题专项所进行实地现场考察之后，写出的书面报告，例文从略。

1. 考察报告例文点评

为了解决本厂由于技术原因而导致能源浪费、污染环境的实际问题，新立电厂考察团对华能珞璜电厂气力除灰控制系统进行了全面的考察。考察后，写出一份考察报告供领导参考。

例文	点评
华能珞璜电厂气力除灰控制系统考察报告	**标题** 由考察项目和文种构成。
新立电厂考察团	**署名** 以考察团名义署名。
我厂自建厂以来，除灰系统一直采用水力除灰方式。这种方式在20世纪90年代，尚称先进。但随着时间的推移，其弊端日渐明显起来，尤其是在我市水资源十分短缺的今天，水力除尘浪费能源、污染环境的问题，已成为制约我厂进一步发展的首要因素。为解决这一技术问题，2012年10月20日，我们考察团一行五人，在总工程师汪××的带领下，对华能珞璜电厂气力除灰控制系统进行了为期一周的考察，收获很大。该厂的气力除灰系统对我厂的技术改造具有很大的借鉴意义。	**前言** 首先交代考察原因、目的、对象、时间、考察团组成人员等内容，语言通俗易懂。
在考察中，我们采取听取介绍、实地参观和研究该厂提供的技术资料相结合的办法，侧重对除灰系统的工艺流程和控制设备两个方面进行了考察，结果如下。	其次交代考察方法和重点。
1. 系统概述	
华能珞璜电厂一期工程总装机容量为两台360MW燃煤机组，从法国阿尔斯通公司全套引进技术和设备，其原有除灰系统为水力除灰。由于水力除灰消耗大量能源，又污染环境，更不利于综合利用，所以为了综合利用粉煤灰，为三峡工程提供优质粉煤灰，珞璜电厂对除灰系统进行了较大规模的改造。新的除灰系统采用气力式除灰。具体方案为：利用负压系统将灰斗的飞灰收集到中转库，输送距离约100m；利用正压仓泵系统将中转灰库的干灰输送到厂外的灰库，装车运走，输送距离约800m，即除灰系统由两部分组成：负压收集，正压排送。用了E型排灰阀切换门。	**考察细目** 首先介绍华能珞璜电厂除灰系统的基本情况，包括原有的除灰系统为水力除灰，新采用气力式除灰系统的目的、具体方案。这些都与本源电厂的情况相同或相似，为结尾的结论奠定基础。
新方案的优点是：厂区内为负压除灰系统，消除漏灰、飞灰现象，利于保证环境卫生；厂区外为正压输灰系统，保证输送距离和出力，而且利用旋风分离技术，将粗灰与细灰分离，生产出优质粉煤灰。	介绍新方案的优点。
1＃机除灰系统工艺流程如图1所示，2＃机同样。每台锅炉的电除尘器设有三个电场，共12个灰斗	

分A、B两侧。每个灰斗下设一个E型排灰阀，灰由E型阀进入灰支管，经支管隔离阀进入总管，经管线切换门进入中转仓上部A线和B线旋风分离器，使粗灰分离进粗灰中转仓，细灰通过布袋除尘器进细灰中转仓，空气由真空泵排入大气。灰进中转仓之前要经过两级锁气阀隔离，其目的是不破坏真空系统。为了保持电除尘器灰斗和中转仓内的流动性，分别设有电除尘器灰斗和中转仓气化风系统。

结合图示，以1#机为例，具体说明华能珞璜电厂气力式除灰系统的工艺流程。以“2#机同样”一句话，就将2#机的情况一笔带过，语言十分简洁（主体部分开始就说明“华能珞璜电厂一期工程总装机容量为两台360MW燃煤机组”）。

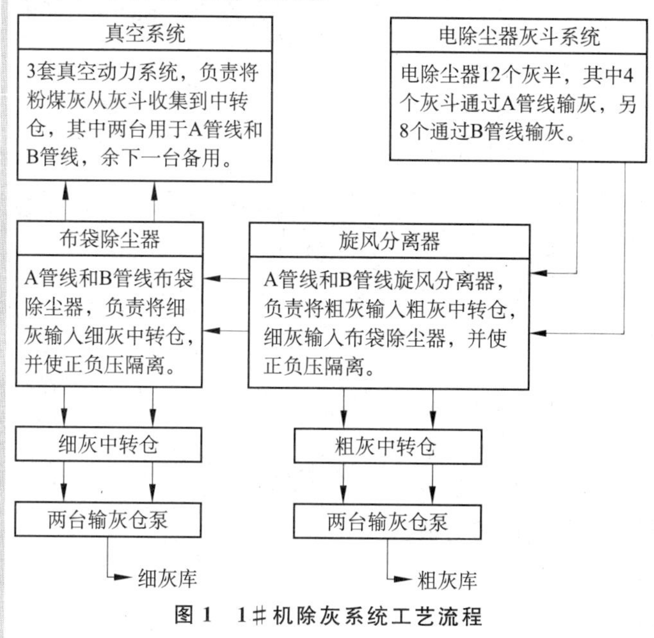

图1 1#机除灰系统工艺流程

2. 控制设备

除灰系统的核心为日本OMRON公司的C200H系列可编程控制(PLC)，用于对现场设备的检测和控制。采用上位机对整个工艺系统进行监控和管理。

除灰控制系统的构成如图2所示。

介绍气力式除灰系统的控制设备情况，同样结合图示，说明控制技术的核心、构成和监控管理方式，各控制设备的作用、工作原理与监控管理过程。

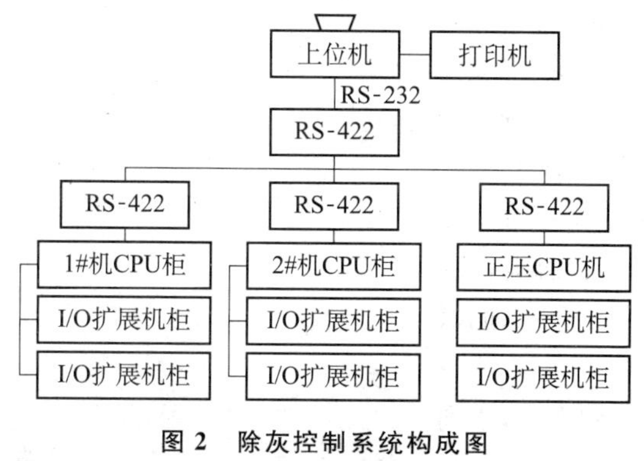

图2 除灰控制系统构成图

各控制设备的作用说明如下：

Intel 工控机：P133、32MB 内存、2.1GB 硬盘、20 英寸显示器、Windows 95. INTOUCH5.6B 监控软件、LSS 控制软件。

工控机作为上位机在此主要负责控制系统的管理，监控工艺流程，显示被控对象状态，显示测量参数趋势图、实时图，越限报警，打印故障信息、运行报表等，还能够通过键盘或鼠标操作来控制工艺设备运行，也能够编制 PLC 的梯形图控制软件，替代编程。

LC 可编程控制器：采用 C200H 系列可编程控制器负责系统的在线实时控制。三台 PLC 分别控制 1＃机负压、2＃机负压和正压输送系统。并与上位机通讯，构成分散型控制系统。

LC 的配置：PLC1：DI＝160 点、DO＝192 点、A/D8 路：PLC2：DI＝160 点、DO＝192 点、A/D8 路：PLC3：DI＝160 点、DO＝192 点、A/D8 路：共 1 180 点。

（1）负压收集

本系统利用真空泵将灰斗的灰收集进中转仓，控制系统控制灰斗自动按顺序一个一个的排灰。当一个灰斗排空时，自动切换到下一个灰斗排灰。在除灰过程中，真空泵入口负压是很重要的参数，根据该压力值进行相应的排灰动作。

① 启动后，当负压上升到 35kPa 时，延时 2s，灰斗排灰阀打开，进行排灰。在排灰过程中，压力不断波动，但应保持在 30kPa 至 70kPa。

② 压力下降到 30kPa 以下时，表示灰斗的灰已经排空，延时 2s，自动跳到下一个灰斗，当压力再上升到 35kPa 时，下一个灰斗开始排灰。循环进行①、②步，直到所有需排灰的灰斗全部排空，系统停止。

在负压收集系统中，旋风分离器和布袋除尘器是关键设备，阀门动作十分频繁，该部分用一个单独的子程序控制。系统启动，三通平衡阀使收尘器 A 室与中间室 B 相通，让 A、B 两室压力平衡；延时 3s，收尘器上阀打开，灰进入中间室 B；延时 28s，收尘器上阀关闭；延时 1s，三通平衡阀使中间室 B 与中转仓相通，使两者压力平衡，同时打开收尘器下阀，中间室 B 中灰落入中转仓；延时 23s，收尘器下阀关闭；延时 1s，三通

上述两个部分是全文的重点，专业性极强。两个部分均采用分列小标题、按照工作顺序说明，并且辅以图示，清楚明白；大量使用专业术语，如“E 型排灰阀”“料流”“负压”等；语句简明扼要，详而不繁。

平衡阀又使收尘器A室与中间室B相通，第二个循环开始。这个子程序就这样循环运行，直到系统停运。

（2）正压排送

正压系统由6台正压仓泵和3台专用空压机组成，其作用是利用正压仓泵将中转仓的灰输送到800m外的灰库，每个中转仓设两个仓泵，一套SLC500TM可编程控制，A、B仓泵交替工作，A仓进灰，B仓输送，其工作流程如图3所示。

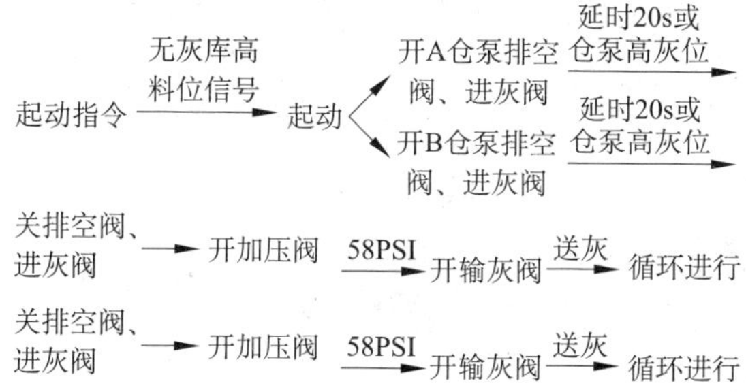

图3 正压排送系统工作流程图

为保证系统的可靠运行，设置了一些热工报警信号。

① 布袋除尘器内设布袋差压变送器，检测布袋堵塞或破裂故障。当布袋除尘器差压高时，主控盘报警，若报警10s内未消失，禁止灰斗继续排灰，真空破坏阀动作。如果10min内故障三次，系统停运。

② 真空泵入口管线料流高，也说明布袋破裂，控制盘报警，真空泵停止，系统停运。

3. 技术特点

（1）控制系统运行可靠，检修维护量小

该系统采用分散型控制，每个PLC只控制一部分相对独立的系统，减小故障的影响面；PLC输出控制电磁阀的模块采用继电器隔离输出模块，避免电气干扰；电源采用UPS供电，提高电源系统的可靠性；输灰管道的压力变送器选用远传隔膜式，防止飞灰堵塞取样管，提高信号的准确性。

从两个方面介绍该系统的技术特点，也是说明其技术上的优点。

（2）人机接口配置合理，操作方便

该系统既有常规控制仪表盘，又有上位机系统。两者均可单独完成系统的控制任务，互相备用，相互连锁。常规仪表控制盘上设置有马赛克等，可以形象、直观的显示系统的运行状态。上位机上设有监视画面、操作画面、报警画面、历史趋势画面，便于故障分析。

控制系统在设备附近设有就地操作箱，当设备检修时，便于操作。

总体来说，路璜电厂除灰控制系统运行可靠，控制手段先进，为电厂除灰系统高效安全运行提供了保障。

通过对考察结果的分析，我们认为，华能珞璜电厂有关设备情况与我厂相近，我厂可以借鉴其先进技术与经验，对我厂的除灰系统进行改造，达到减少能源消耗、降低污染、综合利用粉煤灰一举三得的目的。

附录：……　　（从略　编者）

（本文是对《华能珞璜电厂气力除灰控制系统》一文的改写，原文作者曾梁栋。）

结论　控制系统运行可靠，控制手段先进，技术与经验可以借鉴。

附录　附上考察所获取的有关资料。限于篇幅，选入本书时省略。

2. 考察报告文种指要

(1) 考察报告的适用范围

① 对外单位的先进技术、新的科技项目、科技发展情况考察后，将考察取得的大量的材料进行研究、整理，向上级进行报告时使用考察报告。

② 对某一国家某一学科，或几个国家某一相同学科进行考察后，将其向同行或公众进行报告时使用考察报告。

③ 科技研究人员为了某一科研项目，通过实地考察，将得到的研究成果向同行或公众进行报告时使用考察报告。

④ 在考察各种科技会议后，为完整地反映科技会议所取得的成果而写综合材料时，使用考察报告。

(2) 考察报告的格式写法

技术考察报告和科技项目考察报告的目的性很强，其写作格式包括题目、作者署名、前言、概述、考察细目和附录。

① 题目。大多由考察的技术加上“考察报告”构成，一般在20字以内，如例文。

② 作者署名。位置在题目下面。如果是团体考察且人员较多，可只署考察团名称，组成人员介绍放在前言中，例文便是只署考察团名称，且在前言中只写带队人之名。

③ 前言。简单交代考察原因、目的、地点、单位、时间、技术等。也可简单介绍考察团的名称和组成人员。若单位过多，可只写代表性单位名称和单位总数。

④ 概述。可以与前言结合在一起写，也可以单独写。主要交代考察的总体情况，对考察的内容收获进行综合介绍。对出国考察项目，还应结合国内的现状进行对比分析。这一部分是上级主管部门和管理人员比较关心的问题，要尽量写得通俗些，少用专业性很强的术语。国内外情况比较、本次考察对解决技术难题的实际意义都应写清楚，给读者一个有关本次考察的整体印象。

⑤ 考察细目。它是报告的主体。一般由以下两部分组成：

- 考察方法与内容，详细介绍考察了哪些具体内容，采取了哪些考察方法。
- 考察结果与分析，就是对所考察的内容得出了什么结论，对不同单位、不同方法比较分析，各自具备的优缺点和可供借鉴之处，并提出自己的见解和明确的意见。如不能马上得出结论，也不应勉强，可留待以后进一步考察后再作结论。

这部分是同行专业学者和科技人员所关心的，应该使用专业术语，语句尽量简明扼要，内容不论深浅，尽考察所得，尽量写全，可以把考察内容分成若干条，逐条详细介绍。关键地方还要辅以图表、照片、公式。

⑥ 附录部分。附上考察所获取的有关资料，如工艺、技术、数据、设计图纸或有关草图，以及参考文献。

(3) 考察报告写作的注意事项

① 必须通过亲自考察，运用各种方法得到丰富的第一手资料。参考文献只能用作考察研究的辅助，切不可将参考文献作为报告资料的主要来源。

② 考察进行之前要广泛阅读有关文献，查阅有关资料，了解前人和他人在这方面都做过哪些工作。只有掌握了尽可能多的信息，才能把考察工作做好。

③ 考察目的要明确、具体。考察进行之前就要清楚此次考察的对象、范围、重点，乃至目标，以减少考察的盲目性和考察中的被动性。

④ 阐述要有条理，可以采取分条列项的方式，尽量使层次分明，语言简练。而且不能单纯地罗列资料，在阐述事实的同时，要进行科学的分析，以期得到科学的结论。

⑤ 表达手段要丰富灵活。为使阐述的事实清楚、明确，不生歧义，给人完整准确的印象，在需要之处，要恰当地运用图表、照片、公式等，使科学性与艺术性相统一。

5.3.2 实验报告

实验报告是科技实验报告的简称，是描述、记录某一研究课题的实验过程和结果的科技报告，是科研人员向社会公布自己的实验结果的一种科技文书。

1. 实验报告例文点评

为降低冶金电炉的石墨消耗，本溪冶金专科学校的朱新宁等人进行了认真的实验研究，找到了一种新的解决方法。他们写出实验报告，在学术刊物上报告了其实验方法与结果。

例　文	点　评
防止石墨电极高温氧化的实验研究	**标题**　以实验内容作标题，明确、醒目、简洁。
朱新宁　吴国玺　林君 （本溪冶专　高职专　辽宁本溪　117022）	**署名**　由作者姓名、单位、地址、邮政编码组成。
摘要：通过对石墨碳极高温氧化失重实验，对石墨电极高温防氧化机理进行了初步研究。采取向电极表	**摘要**　报道性摘要，简要说明实验内容、方法和结论。

面直接喷防氧化溶液的方法迅速降低石墨电极表面温度,并在电极表面生成连续、均匀的防氧化膜,显著提高石墨电极高温抗氧化能力,达到降低石墨电极消耗的目的。

关键词:失重实验;石墨电极;高温氧化

关键词

1. 前言

石墨电极主要用于电弧冶金,作为导电的消耗材料,其消耗费用占电炉炼钢冶炼成本的10%~15%。

近年来,为提高电炉生产率和降低电耗,电炉均采用高负荷作业,电极表面氧化消耗趋向越来越大,从而进一步增加了电极消耗和冶炼成本。在电炉炼钢过程中,造成石墨电极消耗的因素很多,其中高温条件下,电极侧面表面氧化消耗约占总消耗的50%~70%。因此,采取适当办法控制电极侧面氧化消耗,进一步降低电极消耗,仍是广大冶金工作者努力探索的课题。

前言 说明本实验的研究背景和目的。在电炉炼钢中,作为消耗材料的石墨电极,其表面氧化消耗趋向越来越大,导致冶炼成本增加,因此要采取适当办法降低电极消耗,从而降低炼钢成本

2. 石墨电极防氧化的机理

石墨电极侧面氧化主要是由于在炼钢过程中,石墨电极表面受热,使炉内氧化性气体与石墨电极作用发生氧化反应(见表1)。在不同条件下,石墨电极的氧化方式也有所不同。表1中(1)和(2)两个反映为主要反映,氧化所生成的CO和CO_2混合气体在分别与氧及石墨作用,产生(3)和(4)两个副反应。在较低温度下,混合气体中的CO与炉气中的O_2反应,生成CO_2。在较高温度下,混合气体中的CO_2及由燃烧生成的CO_2,可以直接与石墨电极反应,生成CO再向炉中扩散,同时被炉气中的O_2燃烧。可见,石墨电极不仅被炉中的O_2所氧化,高温情况下也被CO_2所氧化。若提高石墨电极表面温度,增加炉内氧化性气体含量(或气体流量),则有利于石墨电极氧化。另外,石墨电极属于多孔固体,它在制造过程中会产生25%~30%的孔隙度,这些孔隙使氧化反应界面积增加,同时成为氧化性气体向石墨电极内部扩散的通道,这将会加速石墨电极氧化。随着氧化不断向石墨电极内部发展,电极不断被消耗,其结果造成电极外部尺寸不断缩小,总体积不断收缩,电极变成"纱锭状",这种

正文 阐明实验机理。介绍本实验所依据的科学原理。说明石墨电极侧面氧化的主要原因及其氧化方式,采用文字说明与列表格相结合的方式,指出炉内的温度越高、气体含量越大,越有利于石墨电极的氧化,石墨电极中的孔隙也是增强石墨电极氧化的重要因素,由此提出了降低电极表面温度来达到降低电极消耗目的的实验设想。

变形有使电极表面电流增大的倾向，从而进一步增强了石墨电极的氧化。采取直流供电形式，可以减轻这种倾向。

表1 石墨电极氧化反应方程式、标准自由焓和反应条件

序号	反应方程式	标准自由焓 ΔG^{θ}(J/mol)	反应条件
(1)	$C_{石}+O_2=CO_2$	$-394\,762-0.84T$	供氧充足
(2)	$2C_{石}+O_2=2_{C}O$	$-225\,754-173.04T$	供氧充足
(3)	$2CO+O_2=2CO_2$	$-563\,770+171.35T$	低温、足氧
(4)	$C_{石}+O_2=2CO$	$172\,130-177.46T$	高温、缺氧

根据石墨电极的氧化特性，可以采取降低电极表面温度，防止氧化性气体侵入石墨电极表面和延缓电极氧化反应进行的时间等方法，达到降低电极氧化消耗的目的。

3. 实验工作条件及方法

(1) 实验工作条件

全部实验均在高温氧化失重测试仪上进行（参见图1）。主要设备及技术参数见表2所示。采用 ϕ25mm×300mm 石墨电极试样。实验前，全部试样在干燥箱内吹氩恒温进行干燥处理，充分去除试样内的水分。

给出实验工作条件及方法。

实验工作条件，由于实验设备是自己设计制造的，所以用图示详细介绍，对于主要设备，因其属于常见设备，所以只用表格给出其名称与技术参数。

表2 主要设备及技术参数

序号	设备名称及型号	主要技术参数	备注
1	高温防氧化失重仪	ϕ70mm×400mm	
2	直读式精密电子天平(MD100—1型)	感量1mg 线性误差±0.001 5g	
3	温度控制流量计(DRZ—2型)	温度范围－1 300℃	
4	转子流量计(LZB4型)	可调范围 0～0.16m^3/h	
5	气体过滤装置	可去除 CO_2、H_2O	
6	电热鼓风干燥箱(DFH—4型)	恒温控制范围(60～300℃)	

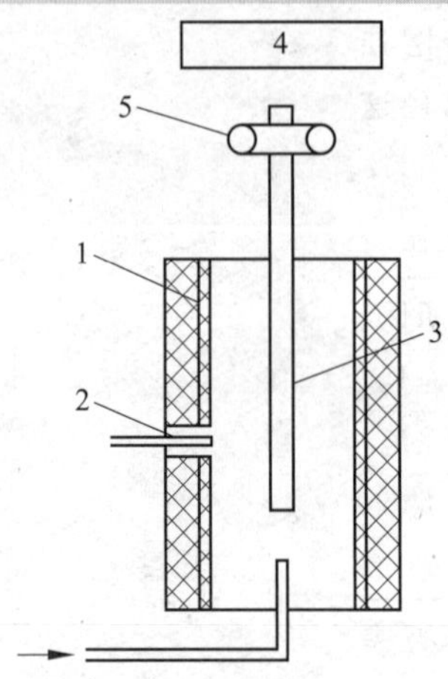

图1　高温防氧化失重测试仪

一刚玉管；2—热电偶；3—试样；4—精密天平；5—喷淋环

（2）实验方法

按照石墨电极在冶炼过程中的工作状态，热态模拟石墨电极在炉内氧化过程，采取直接向电极表面喷淋防氧化溶液的方法。迅速降低电极表面温度，使高温抗氧化物质充填在电极表面的孔隙中，减少氧化反应界面积。在电极表面形成连续均匀的防氧化膜，阻止炉内氧化性气体侵入电极表面，延缓电极氧化反应时间，提高电极的抗高温氧化能力。采用正交试验方法优化选择防氧化溶液，确定最佳配比，寻求简便易行的最佳工艺制度及参数。实验过程中防氧化溶液由炉子上部喷淋环中以向下成45°角向电极外表面连续进行喷淋。不断观察石墨电极外部防氧化层形态。

（3）实验结果分析

实验炉温为1 000℃，空气流量为0.08m^3/h，实验结果如图2所示。

由图2可见，没有采用喷淋防氧化溶液处理的3＃石墨电极，经高温氧化后，试样外表疏松，氧化层易脱落，其氧化消耗速率(V)与喷淋防氧化溶液处理的2＃和1＃石墨电极相比，分别高2～5倍和5～6倍。

直接向石墨电极外表面喷淋防氧化溶液可使炉子上方电极红热部位在几分钟内被冷却至黑色，即能迅速、有效地降低电极表面温度。喷淋采用的防氧化溶液熔点低，高温下不易挥发，它与石墨电极具有良好的

实验结果分析，结合图示分析采用喷淋防氧化溶液处理的石墨电极与没有采用喷淋防氧化溶液处理的石墨电极，经高温氧化后的不同结果，说明喷淋采用的防氧化溶液的作用。正文中始终没有说出防氧化溶液的成分配比，体现了技术报告保密性的特点。

实验方法，具体说明实验过程及其所采用的方法。

润湿性，能均匀地铺展在电极表面的孔隙内沉淀，形成一层表面光滑连续的防氧化膜，显著提高了石墨电极抗氧化能力，从而极大地减少了电极表面氧化消耗。

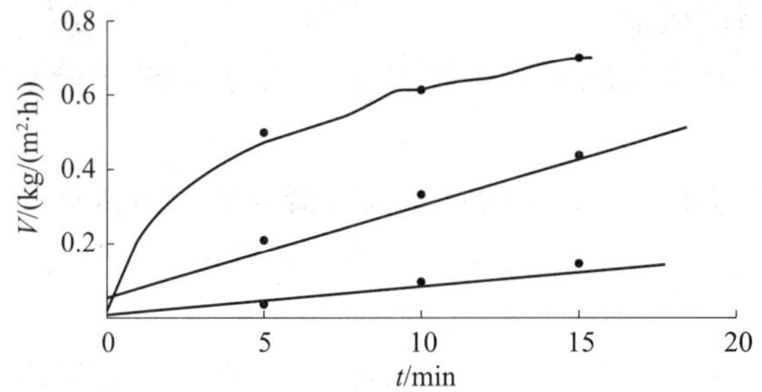

图 2　石墨电极氧化速率(V)与时间(t)的关系

4. 结束语

在造成石墨电极消耗的诸多因素中，石墨电极表面高温氧化消耗是重要因素之一。实验结果证明，直接向石墨电极外表面喷淋防氧化溶液，可以迅速降低电极表面温度，并在其表表面形成连续、均匀的防氧化膜，显著提高石墨电极高温抗氧化能力。它是降低石墨电极消耗的一种简便易行的有效途径。

结束语　根据实验结果作出最后判断，直接向石墨电极外表面喷淋防氧化溶液，是降低石墨电极消耗的一种简便易行的有效途径。

参考文献(略)

参考文献

2. 实验报告文种指要

(1) 实验报告的适用范围

① 为了进行创造发明、解决实际问题，从事一项新的科学研究，设计出一个新的实验；或者是对前人的实验作了改正或改进，得出更高精度的测量；或是用新的实验方法验证了已有的结果，把这些过程和结果写成报告公诸于众。

② 为了检验某种科学理论或假设，重复前人已经做过的实验，来验证某一科学原理、定律或结论的实验，将这些过程和结果写成报告。

(2) 实验报告的格式写法

① 创新型实验报告的格式写法。创新型实验是指从事一项新的科学研究，设计出一个从过程到结果都是全新的实验；或者是对前人的实验作了改正或改进，得出更高精度的测量；或是用新的实验方法验证了已有的结果等。由此而作的实验报告，就是创新型实验报告，如例文即属于创新型实验报告。

创新型实验报告的一般格式与科技论文大体相同，分述如下：

- 标题。即实验报告名称。它的确定要力求明确、醒目、简洁，集中反映实验内容。大多数都表述为“……的实验研究”“……的实验”“……实验报告”的形式。
- 作者及其单位。与科技论文要求相同。

● 摘要。主要包括本报告中最突出的几条结论,而且不加任何说明。可以简单说明主要设备。

● 前言。说明研究的对象、实验的意义和作用、在此之前该项工作的开展概况及存在的问题、本实验要达到的目标。语言要高度概括。

● 正文。相当于科技论文的本论,包括实验原理和设备、实验方法与步骤、实验结果和讨论等。

a. 实验原理和设备。原理部分主要包括实验涉及的重要概念简介和实验依据的重要定律、公式及据此推算的重要结果的简介。对于比较复杂和比较新颖的实验,可以简略介绍原理。

实验设备中,对于较重要的、较特殊的或者是自己制造的,要详细介绍,而且还应绘出有关的图进行说明。对于常见的设备则只提名称即可。设备介绍包括所用主要设备的原理、主要结构、性能及型号,自己设计制造的设备要附上必要的图和表格,如例文。

b. 实验方法与步骤。叙述实验时的条件及对实验的具体要求,具体介绍实验方法与步骤,重点介绍特殊方法,简单叙述实验过程,除文字叙述外,要附上实验原理图、电路图、流程图等。对于一般熟知的实验方法,可以省略不作介绍。

c. 实验结果。测量性实验结果包括结果 A 的测量值 $\overline{A}$(一般为几次测量的平均值)、绝对误差 ΔA 和相对误差 E_r,综合起来可写为

$$A = (\overline{A} \pm \Delta A)\ 单位$$

$$E_r = \frac{\Delta A}{\overline{A}} \times 100\%$$

对于非测量性实验,其结果部分主要是描述和分析实验中发生的现象。

d. 讨论。讨论是从理论上对实验所得结果进行分析和解释,阐明自己的新发现和新见解。对实验结果作出定性的或定量的分析,说明其必然性。还可包括对异常现象或数据的解释,对改进实验方法及装置提出的建议。

● 结论。逐条列出实验结果,并根据实验结果作出最后判断。有的还可进一步指出通过实验证实了某一理论或结果。如果有致谢,一般放在文末。

● 参考文献。与科技论文要求相同。

另外,如果不是发表的实验报告,也可略写“署名”部分;有些需要保密的内容,也不宜写出,如例文中关于防氧化溶液的配比的内容,即属保密范围。

② 检验型实验报告的格式写法。重复前人已经做过的实验,来验证某一科学原理、定律或结论的实验,如大、中专学校学生所做电工学、机械学、物理学等实验写成的实验报告,就是检验型实验报告。它不具备情报交流作用和资料保存作用。

检验型实验报告的格式写法较固定,一般包括如下几方面内容:

● 标题。即实验名称。它的要求与创新型实验报告相同。

● 实验目的。简明扼要地说明为什么要做这个实验,本实验要解决的问题。

● 实验原理。简要说明实验所依据的基本原理、实验方案、实验装置的设计原理等。有的还要给出原理图、计算公式等。

● 实验设备或材料。实验所用仪器设备或材料应给出名称、规格、型号、数量。对于化学实验中的试剂,还应给出形态、浓度、化学成分等。

● 实验步骤。一般是按操作的时间先后划分成几步,并在前面加上序数词1,2,3…使条理更为清晰。对于操作过程的说明,要简单明了。可附实验装置的安装过程和实验线路的连接过程示意图。

● 数据记录。实验数据是实验过程中从测量仪表所读取的数值。要根据仪表的最小刻度单位或精密度决定实验数据的有效数字位数。实验数据常常用表格来表示。

● 计算或作图。考虑到测量仪器、读数的误差,实验数据通常测得几组,将实验数据代入计算公式,并求出计算结果的平均值。有时为了更直观地表达变量间的相互关系,还采用作图法,即用相对应的各组数据确定出若干坐标点,再以点画出相应曲线。

● 误差分析。在实验中,测量值和真值之间总是要存在一定的误差。在计算实验结果时分析误差可从三个方面考虑:一是要确定实验结果的误差范围;二是要找出影响实验结果的主要因素,并采取有效措施尽量减少误差;三是当误差过大时,应分析其原因,并作出合理的解释。

实验结果、结论和讨论同创新型实验报告格式要求。无致谢和参考书目内容。

(3)实验报告写作的注意事项

① 以说明为主要表达方式。实验报告重在说明实验的器材、装置、步骤、结果及结论等,不必展开细致的描写、联想甚至抒情。说明实验器材,只需按照类别列出名称和数量。不用叙述筹备情况,按照操作顺序说明步骤、过程即可。

② 经常采用图表作为辅助表达方式。科学实验中常常有复杂的装置、大量的数据,如果只用文字来表述,有时候就难以做到清楚明白,而且报告也会显得冗长。借助表格、示意图及其相应的文字简注,就可以进行直观、清晰地说明,利于读者了解。

③ 真实可靠,重在记录。凡是实验报告中所写有关实验的内容,都应是真实确切的客观事实,要确凿可靠,绝对不许有半点虚假与想象,更不可捏造。

④ 要合乎实验报告的特定格式。实验报告有特定的格式,应按照其格式要求撰写,或按表格如实填写,或按其构成项目依次填写。而且要按一定的顺序说明,如实验装置宜按空间顺序说明,实验步骤则按时间顺序安排。

⑤ 要采用专业术语。要尽量采用科学规范的专业术语,使内容合乎实验实际,语言简洁明白。

⑥ 报告中的文字、符号、公式一定要书写正确清楚。

(4)实验报告与科技论文的区别

作为研究实验工作的如实记载,实验报告包括整个工程的重要过程、方法、观点、结果等细节,论述比较详细具体。它既可以重复前人工作的记述,也可以不限于描述创新的内容,还可以不要求明确的结论。不论实验的结果是否达到预期的目的,不论实验成功还是失败,都可以写成实验报告,都对科学研究有参考借鉴价值。这一点是实验报告同科技论文的重要区别。科技论文主要是创造性成果的科学记录与研究分析,重在阐述作者的见解,一般只反映成功的实验结果。

5.3.3 技术报告

技术报告,是科技工作者围绕某一专题从事研究、试制工作所撰写的阶段报告或总结报告。它是科技人员交流研究工作成果的重要手段之一,包括研究成果报告、设备和材料说明报告、操作指示报告、生产报告等。技术报告一般不公开发表,仅供内部交流。

技术报告是报告和交流成果的手段。经常被用来向有关部门或领导报告成果,或与同行进行成果和信息的交流。由于技术报告是对某项研究课题或技术项目在研究实验中的报告和实际记录。因此,它既是研究者向提供经费的部门、项目下达单位或主管部门汇报研究工作经过和最终成果的正式文件,又可以作为成果鉴定时,正式提供的技术文件。它还是考核技术工作的手段。科技人员每年进行的业绩考核要求写技术报告,晋升技术职称需要提交技术报告。它是考核科技人员业务能力水平的依据之一。

1. 技术报告例文点评

为降低煤耗,提高企业竞争力,江西万年青水泥股份有限公司的技术人员对该公司的一条生产线进行了技术改造,收效很大。他们将这一科研成果写成一篇技术报告进行交流。

例　文	点　评
2 500t/d生产线降低煤耗的技改措施	**标题**　以研究内容作标题,无表述特征词。
周　真 (江西万年青水泥股份有限公司　江西　万年 335506)	**署名**　作者、单位和邮政编码。
摘要:本文对我公司4号2 500t/d生产线进行技术改造的相关措施进行了介绍。经过本次技术改造,该生产线的经济效益和社会效益都得到了显著提高。	**摘要**　报道性摘要。
关键词:生产线;技术改造;措施	**关键词**
我公司4号2 500t/d生产线采用MFC离线分解炉、五级预热器及TC—1164第三代充气梁篦冷机,回转窑的规格为ϕ4m×56m,斜度4%。该线自2008年投产以来,熟料标准煤耗一直居高不下,平均在120kg/t左右。为降低煤耗,提高企业竞争力,我们在2014年大修期间对该线进行了技术改造。	**前言**　写研究的背景、目的缘由,对研究对象进行简要介绍。
1. 存在的问题 1.1　分解炉 技改前,入炉生料80%以上进入MFC炉底部,与煤粉喷入炉内的位置过近,大量生料粉在此处与煤粉	**正文**　第一部分开门见山,分别指出分解炉、回转窑、篦冷机三个方面在本次技改中需要解决的问题。每个方面的问题都有准确的数据,十分具体。

混合，直接降低了炉底温度。生料从 830～860℃时就开始迅速分解吸收热量，也进一步制约了炉底温度上升，炉温很难超过 860℃。导致煤粉在分解炉内燃烧速度不够快，燃烬率受到限制，炉内燃烧状况很差，C_1 出口 CO 浓度始终徘徊在 $500\times10^{-6}\sim2000\times10^{-6}$ ppm。

1.2 回转窑

回转窑出料端有 3.4m 长的缩口，直径为 3.6m。由于窑的转速最高仅能达到 3.23r/min，此缩口的存在使窑内烧成带区域的料层厚度比常规直筒窑厚 200mm，物料在窑内的停留时间长。物料在窑内翻滚过程中，处于料层中下部的物料受到高温火焰辐射传热的机会少，温度低，反应速度慢。为保证熟料品质，就必须提供更多热量，从而增加了热耗。

1.3 篦冷机

篦冷机有效冷却面积为 61.2m^2，总风量为 225 500m^3/h。正常生产中，高温段风压风量明显不足，出窑熟料得不到及时冷却而黏结成大块，同时造成冷却风局部短路，导致熟料冷却效果差。熟料拉链机料斗里经常出现红料块，熟料温度有时高达 170℃，入窑头电除尘器气体温度经常超过 250℃，并且细料侧有“红河”现象①，热回收效率低。

2. 技改措施

2.1 分解炉

我们在原 C_4 生料入炉的下料管中间增加了一个可调节的电动分料装置，分走 50%左右的生料粉至 MFC 炉的中部（原有缩口上方，离原下料位置约 14m），提高炉底区的局部温度，促进煤粉的迅速点燃燃烧。这样，待煤粉燃烧起来后，炉温达到 880～900℃时，生料粉再来吸热，就不会破坏煤粉初始点燃时的脆弱环境，炉内燃烧状况就会得到改善，煤粉燃烬率就会得到提高。

第二部分与第一部分提出的问题紧密相对，针对具体问题分三个方面具体介绍了采取的相应措施与办法。语言简练，针对性强。

① “红河”现象：在新型干法窑水泥生产中，熟料的冷却方式基本采用篦式冷却机冷却。在实际生产中，常常会遇到篦板不能及时将热熟料推走，使其堆积越来越高，在篦床上熟料层的细料侧，从进料处至出料处呈现出一条高温灼红的熟料带，俗称“红河”。

2.2　回转窑

我们将缩口筒体更换为 ϕ4m 筒体，将窑改造为直筒窑，降低了烧成带物料的填充率，减轻了窑内负荷，同时也增加了窑口有效通风面积，使二次风入窑更为通畅。同时，窑口冷风套和窑口护板也一并进行了更换，窑头罩壳体也作了相应改动。

为了降低成本，我们没有通过更换减速机增大速比来提高窑速，而是保持大齿圈齿数218不变，更换小齿轮，将齿数由19改为21，窑转速提高到4.2r/min，这样就满足了薄料快烧的要求，提高了窑内热交换效率。

2.3　篦冷机

为改善熟料冷却状况，我们把一段二室和三室的固定篦板改为充气篦板，并在一段增加一台高压风机。同时把一段细料侧部分盲板改为充气盲板，在盲板上加工出10个倾角为45°、宽4mm的槽，用以通风，并为其加装相应风管，以强化对细熟料的冷却。

3. 技改效果

改造后，降低了出篦冷机熟料温度，将其控制在65℃＋环境温度以内，消除了“红河”现象，提高了热回收效率。正常操作下，二次风温达到1150℃；三次风温也能在900℃左右，熟料标准煤耗稳定在110kg/t以下，本次技改取得了显著的经济效益和社会效益。

结束语　阐述实施结果。依据具体数据，得出“本次技改取得了显著的经济效益和社会效益”的结论。

选自《水泥》2014年第10期

2. 技术报告文种指要

（1）技术报告的适用范围

科技工作者围绕某一专题从事研究、试制、改进工作，工作结束或进行一阶段后，对其研究工作写出总结或报告。

（2）技术报告的格式写法

技术报告的种类很多，写法也各不相同。一般常规的格式与科技论文相近，具体如下：

① 标题。构成、要求与科技论文相同，不同的是表述特征词一般用“应用”“介绍”“说明”“情况分析”等，或省去特征词，如例文。

② 作者及单位、关键词的构成，要求与科技论文相同。

③ 摘要。摘要的写法、要求与科技论文不同的是表述内容的动词，科技论文的摘要一

般是“本文论述了……”,而技术报告的摘要则是“本文主要介绍了(说明了、阐述了)……”,或者是“对……进行了介绍”。

④ 前言。前言的内容主要包括背景、目的及缘由或与报告内容有关的概况。语气和句式的运用上,注意技术报告是说明和报告情况。

⑤ 正文。正文一般包括四个部分:原理介绍、物理性能或化学成分等;工艺参数、技术指标与要求、设备配置及型号;采用的方法及实施过程、操作条件等;实施结果、应用情况、性能指标或达到的技术经济指标、特点概括、优缺点分析等。

正文部分是技术报告的主体,既要全面客观,又要注意避免冗长繁杂,要删除不必要的说明与介绍。上述内容并不是要求每篇文章全部包括,要根据具体需要而定。如例文就将“实施结果”的内容与结论一起放在结尾处,省略了原理介绍、物理性能或化学成分的相关内容。

⑥ 结束语。主要是对全篇内容进行评价,并指出其适用范围,也可以用几句话概括全文,指出其不足。如果正文已经表述清楚,此部分也可以省略。有的技术报告将参考文献列在此部分中。

5.3.4 写作训练

(1) 在学校所做的实验及据此而写的实验报告,都属于检验型的,试比较它同创新型实验报告有哪些格式要求上的不同。假设你所做的某个检验型实验是创新型的,这个实验报告该如何写?请把它写出来。

(2) 如果5.3.3小节技术报告例文中的2 500t/d生产线降低煤耗的技改措施引起××水泥集团公司的重视,该公司派考察团对此进行了考察,请代考察团写一篇考察报告。

(3) 根据下文提供的材料,写一技术报告。要求格式规范、正确,数据不足之处,具体内容可以省略。

花卉和树叶的电镀

电镀技术的发明,几乎与电解原理的发现并行不悖。1834年英国伟大的物理学家、化学家迈克尔·法拉第通过大量实验发现了电解定律,从而开创了电解工业发展的基础,电镀便是电解原理在生产上的具体应用。

电镀一般大多是指金属制品的电镀,非金属制品的电镀则是近年来随着非金属材料(尤其是塑料)的广泛应用而发展起来的新工艺。竹、木、花卉、塑料等非金属,都是电和热的不良导体,因此,在电镀之前必须预先在工件(非金属物体)的表面上形成一层良导体——金属覆盖膜,作为底层金属,方可置入电镀液中进行电镀。

电镀植物叶子(如白果树等的树叶)制作装饰物的方法,提出了一项电镀非金属材料的新工艺。首先把工件(准备电镀的植物叶子)用水清洗之后,浸入温水中使工件的气孔开扩,再除去积存在气孔内的污物,即完成预处理。随后,将经过预处理的工件浸入到含氯化亚锡10g/L的溶液中加以浸渍进行化学镀锡,浸渍后用水清洗,这样便可在工件上形成一薄层镀锡膜,并有一部分沉积锡浸入工件的孔隙内部。

经化学镀锡后，将工件浸入到含有氯化钯0.2g/L、盐酸2.5ml/L的水溶液中，进行表面活化处理。

然后，再把活化的工件置于含硫酸镍30g/L、柠檬酸钠30g/L、氯化铵50g/L，并且用氨水将PH值调整到10.5的化学镀镍溶液中，进行化学镀镍，将工件加以金属化处理。这样处理之后，在工件表面便可形成牢固附着的金属覆盖层，工件即具备了良好的导电性的表面层。

经过上述各步工序处理之后的工件（植物叶子），最后采用电镀法进行电镀镍或电镀铑等贵金属，即可制得优雅的装饰品。

按照本工艺，工件预先用温水浸洗，可使植物叶子的气孔开放，从而将气孔内的污物清除干净，在随后进行化学镀金属化处理时，化学沉积的金属便会充填入工件的气孔之内。

按本方法用温水洗涤工件，不会损坏工件的表面组织，可使工件保持完好无损。用温水洗涤不同于用冷水洗涤，温水洗涤能够有效地清除工件表面和气孔内部的油泥等污物。如此将金属镀覆于工件的表面，能够在镀膜上细致地浮现出工件原有的细微纹理（如植物叶子的脉络），显得特别雅致。

电镀的植物叶子，因为表面被耐腐蚀的金属镀层所覆盖，所以用此法制成的电镀物品，不仅能完美地保留原物的外形细节，而且耐腐蚀，色泽也很优雅，并且经久不变。此法可用来生产高级的装饰品，如西服领带别针、项饰、胸饰、发饰，以及其他高级饰物等。

利用上述的植物叶子电镀的原理，还可以对鲜花、昆虫、果实等非金属物品进行电镀，这样所制得的电镀物品，能够很精确地保持原物体的形状特征，并且坚固，耐腐蚀不生锈，纹理清晰，故可以用来制作珍贵的标本以便长久保存。

5.4 技术鉴定证书

在科技成果（包括理论成果、技术成果及重要的阶段成果）完成后，主管部门委托检测机构、聘请有关专家，邀请研究、设计、试制及使用单位，根据国家颁布的标准和规定进行检测、鉴定，对所取得的科技成果的实际应用意义和学术水平作出实事求是的评价。为使用、推广该科技成果提供权威性、结论性的意见。鉴定会对科技成果进行评定后所写的技术文件，称为技术鉴定证书。

5.4.1 例文点评

受××省科技厅委托，××市科技局组织有关专家对××省××高新材料有限公司完成的“纳米白碳黑改性有机硅橡胶防水涂料”项目进行了成果鉴定。鉴定委员会听取了课题组的汇报，审查了相关技术资料，经质疑和讨论，形成鉴定意见如下。

例　文　　　　点　评

科学技术成果鉴定证

编号(2014)×经鉴字第10号

成果名称:纳米白碳黑改性有机硅橡胶防水涂料
成果完成单位:××省××高新材料有限公司
参加单位:××公司、××公司
鉴定形式:专家评议
组织鉴定单位:××省科技厅
鉴定日期:2014年4月29日
批准日期:2014年4月29日

一、成果简要说明及主要技术指标

纳米白碳黑改性有机硅橡胶防水涂料,是以硅橡胶为基料,纳米白碳黑为增强剂,通过加入偶联剂、固化剂等助剂,经改性、分散、混合等工艺,开发出的有机硅橡胶防水涂料。该产品中极具活性的纳米粒子能迅速渗透进待涂刷基层内部,交联成网络机构,使产品具有优良的触变性和稳定性。在不同形状的需要防水部位形成致密、连续、整体永久性的防水层。该涂料兼具涂膜防水和防渗防水材料两者的优良性能,具有优异的防水性能和耐候性能,可在－80～200℃温度范围内使用。

二、推广应用前景及效益预测

××科丽奥高新材料有限公司研制生产的纳米白碳黑改性有机硅橡胶防水涂料,成本低,质量好,性能稳定,使用安全可靠,性能达到国内同类产品领先水平,完全可以满足省内企业生产需求。经济效益显著,年效益可达100万元以上。

若在国内扩大推广使用,年效益可达2 000万元以上。

三、鉴定意见

1. 经鉴定委员会审查,该产品成果资料齐全,技术图纸完整,符合鉴定要求。

2. 产品经××省建科院工程检测有限公司检验,主要技术指标符合Q/HKL 001—2011企业标准要求。

标题

编号

成果名称也叫项目名称。

成果完成单位。因该成果在××公司等单位使用,他们提供了使用记录,故这些单位以参加单位身份参与鉴定。鉴定形式是近年来证书封面的必备项目之一。组织鉴定单位和鉴定日期。

以上为封面的内容。

正文　成果简要说明主要技术指标,介绍该成果的优异性能及概况。

推广应用前景及效益预测也属于成果说明的内容,为强调而单列为一部分。

鉴定意见,肯定成果符合鉴定要求,对提供的技术文件予以认可,对技术成果的水平予以肯定,并明确提出改进意见。

3. 经××公司、××公司等用户使用表明：项目材料性能优良、施工方便，兼有涂膜和防渗防水材料两者的性能，经济效益和社会效益均十分显著。

综上所述，该项目技术先进、产品综合性能达到国内同类产品领先水平。

建议：

(1) 进一步改善工艺和设备，在稳定生产中不断提高产品质量、降低成本。

(2) 加强推广应用力度。

鉴定技术负责人： 朱×× 2014年4月28日

四、主持鉴定单位意见

同意鉴定意见

××市科技局(章) 2014年4月29日

主持鉴定单位意见。

五、组织鉴定单位意见

同意鉴定意见

××省科技厅(章) 2014年4月29日

组织鉴定单位意见。

六、主要技术文件目录及提供单位 （略）

主要技术文件及提供单位。

七、主要研究人员名单 （略）

主要研究人员名单。

八、鉴定委员名单 （略）

鉴定委员会名单。

以上内容，须按顺序一一列出。限于篇幅，引文从略。

5.4.2 综合分析

1. 技术鉴定证书的适用范围

科技研究完成且成果已经有成效，经成果完成单位申请，主管部门邀请研究、设计、试制及使用单位、同行专家，根据国家颁布的标准和规定进行鉴定，对其实际应用意义和学术水平作出实事求是的评价后撰写评价性文件时使用技术鉴定证书。

2. 技术鉴定证书的格式写法

技术鉴定证书格式如下：

(1) 封面

① 标题。科学技术成果鉴定证书。

② 编号。由组织鉴定的单位拟定。

③ 成果名称。名称要确切，力求做到醒目、切题、简明。

④ 成果完成单位。

⑤ 组织鉴定单位。

⑥ 鉴定形式。

⑦ 鉴定日期。

⑧ 鉴定批准日期。

(2) 正文

① 成果的技术及主要技术性能指标简要说明。介绍该项目提出的原因及概况、成果的特征、质量和水平、主要的技术性能指标,特别是经济效果。有时为了强调将经济效果也可单列一项(如例文)。

② 推广应用前景与措施。说明该技术成果的推广应用前景(包括经济效益与效益前景)与保证其推广应用顺利进行的措施。

③ 主要技术文件目录及来源。详细列出提供给鉴定用的技术文件名称,并注明提供单位。

④ 鉴定委员会专家测试报告。大多由三部分组成,即肯定性意见、改进性意见和对提供的技术文件的审查情况。在肯定性的意见中,要用具体的数据把该项成果的使用情况和产生的效果充分地体现出来,切忌使用笼统的措词。在改进性的意见中,应如实地把主要问题或缺陷反映出来。这是技术鉴定证书的核心部分。测试组长与成员均须在报告的后面签字。

⑤ 鉴定委员会鉴定意见。可以提出原则性的肯定或改进意见,也可以直接写"同意测试报告意见",表明态度。鉴定委员会主任、副主任要签字。

⑥ 主持鉴定单位意见。这是前两项内容的简要总结,是对被鉴定成果的结论性意见。要阐明被鉴定成果是否有推广价值,在什么范围内使用等,提出对被鉴定成果的处理意见。但大多直接写"同意鉴定意见"。主管领导(主持鉴定的主要负责人)要签字,并加盖主持鉴定单位公章。

⑦ 组织鉴定单位意见。即主管部、委、总局的意见。主管领导要签字并加盖单位公章。

如果组织和主持鉴定的单位就是主管部、委、总监,则不须另署意见(如例文)。

⑧ 科技成果完成单位情况。

⑨ 主要研制人员名单。

⑩ 鉴定委员会成员名单。鉴定委员会成员名单要按表格逐项填写,不要漏项。一般由代表亲自签名,不得由他人代签。

3. 技术鉴定证书写作的注意事项

(1) 客观真实

技术鉴定证书是对科研成果的权威性评价,代表鉴定单位态度。既要肯定其取得的成就,如果存在不足也不能视而不见,必须实事求是。必须对被鉴定单位负责、对使用该成果的单位负责,也有利于成果的进一步完善与改进。

(2) 格式规范

目前,各部委办局、各省市自治区相关部门,大多都印有格式固定的技术鉴定证书,编写时必须按照相关要求逐项填写。

(3) 符合程序

技术鉴定证书从申请到批准,均有相关的具体要求,无论是申请单位还是鉴定单位,都必须严格按照相关程序进行。

4. 申请技术鉴定的相关知识

（1）基本程序

文件准备好之后，由该科技成果的负责单位与主要协作单位协商，意见一致后，经基层单位的技术部门审查并签署审查意见，再向下达任务的上级部门提出申请，填写鉴定申请表并附上全套技术资料。接受鉴定申请的部门审查后，如果认为符合鉴定条件，就安排鉴定计划；如果认为尚不具备或不完全具备鉴定条件，就说明原因，将资料退回。

（2）鉴定形式

组织鉴定单位和主持鉴定单位可以根据科技成果的特点选择下列鉴定形式。

① 检测鉴定：由专业技术检测机构通过检验、测试性能指标等方式，对科技成果进行评价。

② 会议鉴定：由同行专家采用会议形式对科技成果作出评价。需要进行现场考察、测试，并经过讨论答辩才能作出评价的科技成果，可以采用会议鉴定形式。

③ 函审鉴定：同行专家通过书面审查有关技术资料，对科技成果作出评价。不需要进行现场考察、测试和答辩即可作出评价的科技成果，可以采用函审鉴定形式。

（3）申请鉴定需要提供的技术资料和有关文件

① 计划任务书或者合同书。

② 技术研究报告（包括技术方案论证、技术特征、总体性能指标与国内外同类先进技术的比较、技术成熟程度、对社会经济发展和科技进步的意义、推广应用的条件和前景、存在的问题等基本内容）。

③ 测试分析报告及主要实验、测试记录报告（包括原始记录）。

④ 设计与工艺图表。

⑤ 质量标准（企业标准、行业标准、国家标准、国际标准）。

⑥ 国内外同类技术的背景材料和对比分析报告，以及国家科委、国务院有关部门和省（自治区、直辖市）科委认定的，有资格开展检索任务的科技信息机构出具的检索材料和查新结论报告。

⑦ 用户使用情况报告。

⑧ 经济效益（一次性直接效益）、社会效益分析报告及证明材料。

⑨ 涉及污染环境和劳动安全等问题的科技成果，需有关主管机构出具的报告或证明。

⑩ 准确的完成单位（不包括一般试制加工单位及一般协作单位）和主要完成人员名单（按解决该项成果技术问题所作贡献大小排序）。

⑪ 行业主管部门要求具备的其他文件。

上述技术资料和有关文件的内容必须真实可靠，引用文献资料和他人技术必须说明来源，材料文件必须打印、装订整齐，符合档案部门要求。

5.4.3 写作训练

根据下面材料，写一技术鉴定证书，鉴定组织单位是广东省经济和信息化委员会，鉴定方式为会议鉴定，编号、鉴定日期、主要技术文件目录及提供单位等内容自拟。

（1）复合改性偏高岭土基混凝土掺和料作为基于偏高岭土的一种粉状复合材料，对混凝土坍落度影响较小，可保持混凝土性能的持续增长，抑制收缩，并降低电通量50%以上，强化了混凝土性能的可设计性，是一种理想的新型混凝土矿物掺和料。该产品可显著提高混凝土早期强度、体积稳定性、抗氯离子渗透能力，显著改善混凝土耐久性，适用于高强度混凝土管桩、海洋工程等重点工程。对高岭土进行改性，并采用复合技术，赋予掺和料良好的化学活性和产品性能。技术达到国内领先水平，具有明显的经济效益和社会效益。

(2) 该产品的研发公司拥有齐全的生产和检测设备，已通过 ISO9001:2000 质量管理体系认证，具备该产品的批量生产能力。经广东建科建筑工程质量检测中心检测，产品质量符合 QB/MK 01—2011《混凝土用复合改性偏高岭土掺和料》标准要求。

(3) 本次取得新产品技术鉴定证书，表明该公司在高岭土的研发应用方面迈出了积极的一步，丰富了高岭土的产品种类，优化了产品结构，未来可以根据市场的需求进行批量生产，对高岭土未来发展有积极影响。

5.5 产品说明书

产品说明书是生产者向用户介绍产品的用途、性能、构造、使用和保护方法等内容的文字说明材料。它随着产品赠送给顾客或直接送给可能的用户，并不承担指导顾客使用该产品的任务，是为了推销产品而写的。其特点是准确、简明。它包括产品说明书、使用说明书、产品目录等几种形式。

使用说明书，侧重介绍产品的安装、调试、使用、保养、维修、配套等。通常它只讲使用方法，并不涉及产品的原理和技术参数等，是专为用户提供的。民用产品多用此种形式。

产品目录是把本单位生产的同类产品的产品说明书汇集在一起，并增加生产单位简介而编印成的册子。

现在许多产品说明书中加有使用方法的文字，形成兼具产品介绍与使用方法并存的特点。此种方法常在工业产品说明书中出现，这里所说的“产品说明书”即指的该种说明书。

5.5.1 例文点评

为介绍本厂的产品、指导用户使用其产品，本溪建筑机械总厂撰写了关于本厂生产的产品之一——搅拌机的产品说明书。

例　文	点　评
JZC350 混凝土搅拌机说明书	**标题**　由产品名称加文种构成。
目录　　……	由于内容较多，安排了目录，便于用户查找自己需要的内容。限于篇幅，引文从略。
一、用途与特点 本机属于双锥型反转出料自落式混凝土搅拌机。可搅拌塑性和低流动混凝土，拌筒正转进行搅拌，	**正文**　第一部分，属于概述，简要介绍产品的使用对象、范围、特点与优点。

反转出料，每罐可搅拌 0.35m^3 混凝土（指捣实后的体积）。最大生产率可达 13m^3/h，适用于一般的建筑工地、道路、桥梁工程和中小型混凝土构件厂。

二、技术性能

1. 型号： JZC350
2. 出料容量： 350L
3. 进料容量： 560L
4. 生产率： 11～13m^3/h
5. 配套动力：

搅拌机提升电机：

型号：Y132S-4

功率：5.5kW

转数：1 440r/min

水泵电机（三相微型电动泵，型号 40WB8—12B）

功率：0.55kW

转数：2 880r/min

振动电机：

型号：JZ-2

功率：0.37kW

激振力：121kg

6. 拌筒转数： 17r/min
7. 最大骨料粒径： 60mm
8. 搅拌时间： 40～50s
9. 轮胎型号： 6.50-16
10. 轮距： 190mm
11. 最大拖行速度： 20km/h
12. 外型尺寸：长×宽×高 2 900mm×2 100mm×2 800mm
13. 整机重量： 1 900kg

第二部分，用具体数字介绍产品性能。

三、结构简介

本机由搅拌结构、上料结构、供水系统、底盘和电器控制部分等组成。现分别说明如下：

1. 搅拌机构

搅拌机构由拌筒、托轮和传动系统组成。

拌筒如图 1 所示。（图略　　编者）

拌筒是搅拌机工作部件，本机拌筒为双锥型，正转搅拌反转出料。筒体内焊有两对高低叶片，分别与

第三部分，运用文字加图示的方法，分项具体介绍产品各个组成结构，并将各机构的使用方法也一并予以说明，不再另加说明。

拌筒轴线成45°夹角。搅拌时拌筒旋转，叶片在使物料提升下落运动的同时还使物料做轴向往复窜动，所以搅拌运动比较强烈，达到较好的搅拌效果。

在拌筒的出料锥体上，焊有一对出料叶片，当混凝土搅拌好后，改变转筒旋转方向，混凝土即经低叶片和出料叶片排出。如果在搅拌当中，因为停电或其他事故导致拌筒无法出料，可以卸去拌筒的两片出料小叶片，进筒人工卸出混凝土。拌筒由四个托轮支撑，如图2所示(图略　　编者)。

减速箱用二级圆柱齿轮减速，电机与减速箱由三角皮带(B1651)相连，拌筒的正反转由电机换向来实现。

2. 进料机构

图3为进料机构简图(图略　　编者)。

料斗提升由钢丝绳牵引，减速箱输出动力，带有离合器的钢丝绳卷筒直接装在减速箱输出轴上。提升时，将操纵手柄拨至Ⅰ位，离合器合上，料斗则提升(拌筒正转搅拌情况下)。行至上死点，料斗限位杆自动将手柄拨至Ⅱ位。此时，离合器松开，料斗停止提升。由于外刹车带靠弹簧拉力将卷筒刹住，料斗保持静止不动。调节弹簧拉杆，使弹簧拉力适宜，料斗可在任意位置停留。当操纵手柄至Ⅲ位时，拨头将弹簧拉杆拔起，外刹车带松开，料斗靠自重下降。

3. 供水系统

图4为供水系统机构示意图，由电机、水泵、管路等组成。(图略　　编者)

电机通电后，水泵即可将水直接注入拌筒，通过时间继电器直接控制水泵电机的运转时间来完成定量供水。使用时，根据每罐所需水量，将电器控制箱上的时间继电器表盘数字调到对应的时间刻度数字上，按下水泵启动电钮，则开始供水。调节时间到时，供水电路自动断路，供水停止。另外，水泵电机在电器箱上，另有一个停止按钮可以随时停止供水。

4. 底盘

底盘由12#槽钢焊成，装有6.50-16型轮胎两只，前面装有牵引杆供拖行用。在底盘的四角装有支腿将搅拌机调至水平位置，并用插销定位，同时支轮抬高插好销轴。

5. 电器部分

本机的电器控制原理如图 5 所示(图略　编者)。

通过六个按钮来实现拌筒的搅拌、停止、出料和水泵的运转及停止动作,以及启闭振动电机。

四、新机使用前的检查和试运转

第四部分,是新机器使用前的检查和试运转方法的说明,是新机器使用前的准备工作。按照工作顺序逐条列出。本部分的结尾提醒用户,体现出对用户负责的精神。

用户对新机应作详细的检查和试运转,熟悉操作方法,方可投入使用。检查和试运转的要点如下:

1. 机器的安装(略)。
2. 试运转前检查与准备工作(略)。
3. 空载试运转(略)。
4. 供水系统试运转(略)。
5. 重载试运转(略)。

在上述各项试验运转中,如发现不正常情况,应立即停机检查,排除故障。检查与排除故障的方法,详见维护修理。

五、操作与使用

第五部分,是使用方法的具体说明。特别把"操作注意事项"作为单独一个部分提出来,表现出对它的重视。

1. 每次使用前的检查(略)。
2. 操作注意事项(略)。
3. 使用后的保养(略)。

六、维护与修理

第六部分,是维修说明,原文用列表格排出。最后附上有关电器元件表格,便于用户对电器部分的使用与维护。

搅拌机电器元件表(略)。

注:原文有五个示意图和一个由产品名称、生产单位构成的封面,以及一些具体内容(后面标有"略"字),限于篇幅,引文时予以删节。

生产单位:本溪市建筑机械总厂
电　　话:024-××××××××

联系方式　在封底提供购买办法,引起注意。

本文采取用顺序号加小标题的形式,清楚、准确,行文简洁、得体,便于用户利用有关资料。

5.5.2　文种指要

1. 产品说明书的适用范围

在用户购买自己生产的产品前,生产者需要准备向用户提供介绍产品的用途、性能、原理、构造、使用和保护方法等内容文字材料时,使用产品说明书。

2. 产品说明书的格式写法

由于产品及使用对象的多样性,产品说明书的格式、写法也具有不固定性。短的只有几行字、几句话,长的则可以形成一本书,甚至是十几本书。有的一台大型设备或运输工具的说明书的重量就可达几十千克以上。

以篇幅长短为标准,产品说明书可以分为简约型和完整型两种类型。

简约型产品说明书特点是篇幅短,结构不完整。只简要介绍产品的性能、特点、使用方法、注意事项等,多用于民用商品、医药产品等。

完整型产品说明书多用于运输工具、机床、仪器仪表等大型工业产品上,一般由封面、正文、附录三部分组成。其格式写法如下。

(1) 封面

及制包括产品名称、产品照片或外观图、商标和生产单位名称。

(2) 正文

① 概述。也称引言,一般比较简短,主要讲明产品的适用对象。包括产品的名称、设计目的、用途、适用范围、使用对象与条件等,如例文的第一部分。

② 主要技术指标。包括产品的技术性能、规格、工作条件、电源要求、产品体积、重量等。有数值范围的要明确标出,要使用标准的符号和量纲,如例文的第二部分。

③ 工作原理。简略叙述产品设计原理,往往利用图示对产品结构进行说明,以便于用户操作、维护和修理。一般来说,复杂的仪器、设备的工作原理介绍都比较详细;而结构简单或标准型的仪器、设备的工作原理介绍则都比较简略。例文此部分就较略。

④ 使用方法。一般是按操作的顺序逐条列出,并力求准确详尽。同时应指出必须注意的事项,对于易损易坏的部件,更要加以特别强调说明。

⑤ 维护修理。说明产品使用或保存过程中保养、维护、简单故障排除等方法。其中故障排除部分一般包括故障现象、原因分析、检查程序、排除方法四部分,采取表格排列方式表达。

⑥ 购买办法。提供生产单位的地址、邮政编码、电话、电报挂号、开户银行及账号和联系办法等。

⑦ 生产单位简介。主要介绍生产单位的历史、规模、技术水平与力量、产品质量等,以提高用户的兴趣和信任。写作时要简短而全面,突出重点。

应该指出的是,由于产品类别极多,产品说明书不能千篇一律的按上述格式套用。由于各种产品大都有其特殊之处,而且大多数篇幅都较短,因此要抓住其特殊点,采取分条列项、加小标题的方法,对产品的性能、特点、使用方法、注意事项等方面逐一予以说明。化工产品就应注明成分及比例,电子类产品则应标注清楚其电压及适用范围。

3. 产品说明书写作的注意事项

(1) 真实性

真实性也称科学性。产品说明书必须真实地介绍产品的性能,不能故意夸大其作用。内容符合产品的实际状况,必须客观地介绍产品的有关原理、知识和使用要领,经得起实践的检验。

(2) 条理性

应按产品的相互关联的顺序，或用户认知产品的递进程序进行说明，以便使用者了解产品，按说明进行操作。

(3) 形象性

许多产品说明书都可以采用图示、照片，这样即可以对文字表达难以说明的内容作形象的说明，又可以装饰、美化产品说明书。

(4) 通俗性

产品说明书的读者对象是用户，他们的文化程度高低不同。为了使所有用户都能读得懂、做得对，语言必须通俗易懂，让人一看就明白“该怎样”“不该怎样”。

4. 产品说明书与说明文的区别

(1) 目的不同

产品说明书是为了达到介绍产品、推销产品、指导用户使用产品等目的，回答的是“该怎样”“不该怎样”的问题；说明文的目的是介绍、推广科学知识，回答的是“是什么”“有何特点”的问题。

(2) 内容不同

产品说明书的内容主要是介绍产品的用途、性能、原理、构造、使用和保护方法等，一般不对其科学原理加以介绍。说明文的内容则广泛得多，既可以是具体的科技产品、客观事物，也可以是抽象的科学原理。上至天文、下至地理，大到宇宙星球、小到微生物电子，都可以是说明文的写作内容。

(3) 作者不同

产品说明书的作者一般都是产品的生产企业；说明文的作者则是对该知识研究、了解得较深、较全面的人。既可以是专业作家，也可以是普通的科技工作者、爱好者。

(4) 读者不同

产品说明书一般都面向特定的读者，即产品的用户或可能的用户。说明文面向的读者则并不固定，只要对相关知识感兴趣，都可以是作品的读者。

(5) 特点不同

说明书属于应用文，使用的是事务语体，侧重于实用性；说明文是一般文章，使用的是说明语体，具有知识性的特点。

5.5.3 写作训练

(1) 阅读下面的说明文，体会说明文与说明书的异同，并将文中资料作适当的增删，写一篇××牌饮水机的说明书。

在我家的电器中，又增添了一员，它便是我家新买的××牌饮水机。这台饮水机分上下两部分，上面一部分是接水的，下面一部分是消毒柜。机体是乳白色的，机身呈长方形，它的上面背着一个净水器，呈椭圆形。这台饮水机的作用可大了，最主要的是帮我们烧开水，还可以把接水的容器消毒干净。净水器可以把水滤成干净的水，既干净、又卫生。听妈妈说，它的使用方法很简单：先把净水器的上盖拿掉，在里面放进自来水，它就会通过过滤器排出干净的水。然后再按机身后面的一个标着“烧水”字样的红色按钮，饮水机就开始工作了。大约3分钟，水就烧开了。这时，上半部的机身上有一个小点，它的颜色会由红转为黄，证明水烧开了。然后拿着杯子，用手把开关往下拉，水就出来了。这时，你就可以喝水了。如果家里的水具、餐具用久了需要消毒，只要拉开消毒柜的柜门，将水具或餐具放进去，把门关好后，按下机身后面的那个标着“消毒”字样的红色按钮，就可以开始消毒了。消毒完成后，消毒柜的柜门上的那个黄灯就会闪烁，表示消毒工作完成了。我家的饮水机虽然比不上全自动饮水机，但它的功劳我们一家人永远也不会忘记。

(2) 下面是一个民用产品说明书，试比较它与例文的异同。

××牌水果削皮器使用说明书

(一) 使用方法

向右摇动手柄，使刀架转至转轴下面，将水果插入转轴，轻轻摇动手柄即可快速削皮。削毕，推动顶杆水果即可落入果盘，用毕洗净、揩干净。刀片磨损后可用剃须刀片替换。

(二) 注意事项

(1) 转轴针尖锐，刀片锋利，不可触碰，使用时注意安全。

(2) 不使用时请套好转轴针保护套和刀片保护套，不可让儿童接触把玩。

5.6 专利申请文件

“专利”一词在我国有三种不同的含义：一是指专利权，是专利机关代表国家依法授予发明人、设计人或其所属单位对某项发明创造在法律规定的期限内享有的专有权。二是指受国家专利法保护的发明创造。三是指记载获得专利权的发明创造内容的发明说明书、专利证书等专利文件。

专利申请文件是指发明人为了获得发明的专利权，在申请专利时必须提交给专利机构的对该发明作详细说明的书面材料，以供专利机构审查、印刷、公布并征询意见。它一般包括专利请求书、专利说明书、权利要求书、说明书附图、说明书摘要及其他必须附加的文件(如代理人委托书、不丧失新颖性证明文件等)。

在专利申请文件中，专利说明书是专利文献的主要组成部分，通常所说的专利文献，多指专利说明书。权利要求书是专利申请文件中最核心的部分。因此，本节主要学习专利说明书和权利要求书的写作。

5.6.1 例文点评

辽宁的李新国为了获得多功能儿童床的发明权利，委托辽宁利泰专利事务所的李枢撰写了一份实用新型专利说明书及权利要求书申请专利。

例　文　　　　点　评

说　明　书

专利局统一印发的“说明书”首页。

多功能儿童床

实用新型名称　位于“说明书”下横线与正文之间，居中打印，上下各空一行。

本实用新型是属于日常生活用品。

正文　首先说明该实用新型所属领域。

目前的儿童床通常是由床体及护栏所组成，主要是用于儿童睡眠、休息；其不足是功能单一，尚满足不了儿童的更多要求。

接着陈述目前儿童床的不足。

本实用新型的目的就是针对上述问题，提供一种还可做摇车等用的多功能儿童床。本实用新型的目的是这样实现的：利用床架实现设计目的。其结构要点是床架的底部设置有行走轮；床架上部的摆轴通过摇杆、连杆传动机构同电机相连，连杆的轴固定于床体的底部。

提出本实用新型的目的和实现方式，这是有别于以往同类产品的独特之处，也是申请专利的理由。

本实用新型的主要优点如下。

本实用新型的主要优点。结合附图，对本实用新型的内容作更详细具体的说明。文中阿拉伯数字为附图中该数字所代表的构件，如“床架 10”即指附图中“10”所标构件是床架。说明清楚、准确、完整。

1. 多功能

本实用新型床架的底部设置有行走轮，可使床体随意移动，为使用提供了方便；床体设置在连杆的轴上，可使床体在电机控制上随摇杆似摇车摆动，既减轻人们的劳动，又能满足儿童的兴趣需要。

2. 结构简单

图 1 是本实用新型的结构示意图。

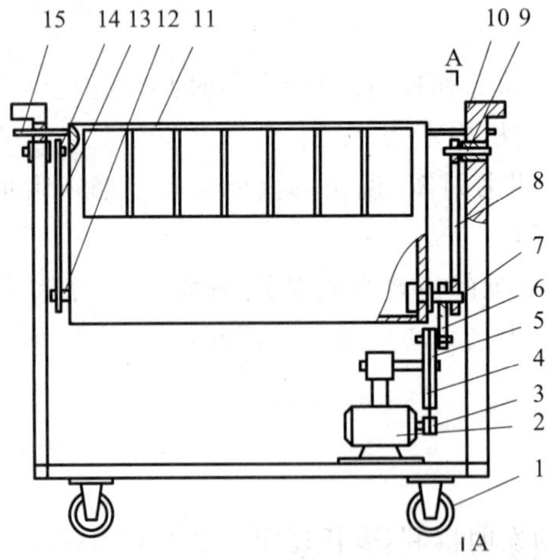

图 1　结构示意图

本实用新型的主要构件是床架、床体、传动机构、摇动机构，其构件少、形体简单、易于制作，易于推广普及。

图 2 是儿童床的剖视图。

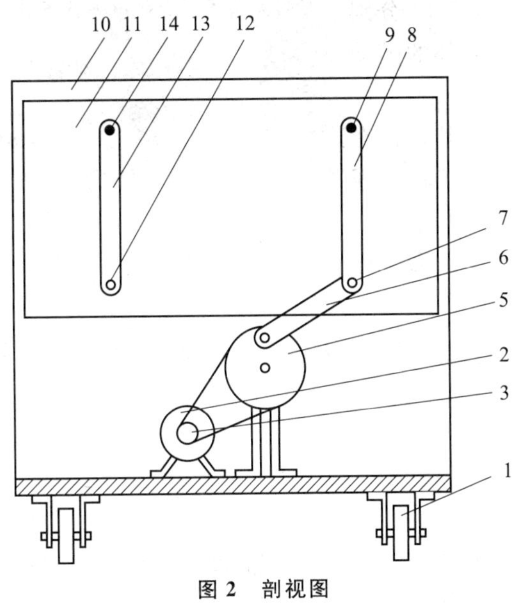

图 2　剖视图

下面结合附图对本实用新型的具体结构作进一步说明：

本实用新型包括床架 10，床架 10 的底部设置有行走轮 1；床架 10 的上部的摆轴 9 通过摇杆 8、连杆 6、传动机构 4 同电机 2 相连，连杆 6 的轴 7 固定于床体 11 的底部。

为保持床体 11 摇动中的相对稳定性，可在床体 11 上设置有随动摆杆 13，随动摆杆 13 分别同床架 10 上部的随动摆轴 14、床体 11 底部的随动轴 12 相连。

传动机构 4 包括电机 2，电机 2 轴上的皮带轮 3 通过曲柄轮 5 同连杆 6 相连。还可在床架 10 与床体 11 之间设置有定位销 15，在本装置不作摇动时、使床体 11 处于稳定状态，而不随意摆动。

权利要求书

1. 多功能儿童床包括床架 10，其特征在于床架 10 的底部设置有行走轮 1；床架 10 上部的摆轴 9 通过摇杆 8、连杆 6、传动机构 4 同电机 2 相连，连杆 6 的轴 7 固定于床体 11 的底部。

权利要求“1”是独立权利要求，简明说明该实用新型的特征。

2. 根据权利要求1所述的多功能儿童床,其特征在于床体11上设置有随动摆杆13,随动摆杆13分别同床架10上部的随动摆轴14、床体11的底部的随动轴12相连。

3. 据权利要求1所述的多功能儿童床,其特征在于传动机构4包括电机2,电机2轴上的皮带轮3通过曲柄轮5同连杆6相连。

注:说明书的附图有专用页,且每图一页。限于篇幅,本书将其编排于此。

权利要求"2""3"都是从属权利要求,写明本实用新型的附加技术特征。

5.6.2 专利说明书文种指要

1. 专利申请文件的适用范围

发明人为了申请专利,为满足专利机构审查、印刷、公布并征询意见的需要,准备对该发明作详细说明的书面材料时,使用专利申请文件。

2. 专利说明书和权利要求书的格式写法

(1) 专利说明书

① 专利说明书中披露的技术内容和以此为依据的权利要求书的内容是专利局进行实质审查的对象。专利的公开是通过公布说明书来实现的。因此,我国专利法要求说明书以所属技术领域的技术人员能够实现为准,对发明及实用新型作出清楚、完整的说明。在专利说明书中,应叙述发明创造的目的、实质内容、图解、化学式、与现有技术的关系,并指出现有技术的缺点(但不得诋毁他人)和本发明的长处。发明创造如果是产品,须说明其制造方法或所需设备和器具;如果是机器,须说明其构造和应用原理;如果是工艺方法,须说明其特点和实现这种方法所需的装置。申请专利的说明书,必要时应有附图,特别是实用新型说明书,必须有附图。

② 我国专利法中规定,除了发明或实用新型的性质需要用其他方式和顺序说明以外,专利说明书应当包括以下8个内容,并按下列顺序撰写。

- 发明或实用新型的名称。该名称与请求书中的名称要一致。名称的位置,在专利局统一印发的"说明书"首页,"说明书"三字下面横线与正文之间,居中打印,上下各空一行。
- 发明或实用新型所属技术领域。这是正文开头部分的内容,对发明所涉及的技术领域的陈述要言简意赅。这里的"技术领域"不是笼统广泛的技术范围(如"电气工程"),而是具体的领域(如"半导体制造工艺"),并有惯用的开头语,如"该发明涉及……","本发明属于……","本发是关于……"等。
- 发明的背景技术或实用新型。所说的"背景技术"就是"现有技术水平"或"先有技术"。就申请人所知,写清楚对发明或对实用新型的理解、检索、审查有参考作用的现有技术,并且引证反映该项技术的文件(大多为专利文献)。

● 发明或实用新型的目的。一般开头为:“本发明的目的是……”。如果发明目的不止一项或用一段话难以完整表达时,可以分段来写,如“本发明的另一个目的……”这样,可以突出申请专利的技术与现有技术的差异,说明新技术的效果。

● 发明或实用新型的内容。清楚、完整地写明发明或者实用新型的内容,以所属技术领域的普通技术人员能够实现为准。

● 发明或实用新型的效果。与现有技术相比,发明或者实用新型所具有的优点或者积极效果,指出其所克服的技术问题或难点。应注意的是,对现有技术评价要实事求是,不能贬低、隐瞒重要的现有技术或夸大其缺点。

● 附图图面说明。此项有的说明书中可以没有。在需要用图说明才能讲清问题时使用。不能将图画在说明书正文中,要画在说明书的“附图专用页”中。

● 发明或实用新型的实施实例。结合实施实例对发明或实用新型进行更具体、更详细的说明。必要时说明书中可用比较或对照的数据表格列出,以减少文字说明。

实质性技术内容是否完全披露,是关系到申请能否批准成为专利的重要问题。当然,申请人不可能将掌握的全部细节、数据完全公布。关键性的实施技术秘密是可以并且应该保留的。

上述各条,写作中若遇到化学式或数学式时,都可使用。国家有统一规定的科技术语,必须采用。

专利说明书不能采用手写,而应打印。首页采用专利局统一印制的说明书首页,续页要自备,要求纸质相当,纵向使用,只用一面。

(2) 权利要求书

权利要求书又叫权项,主要是表达申请人要求专利法保护的范围,它是由若干技术特征形成的集合,是专利申请文件中的核心部分,写作时要字斟句酌、十分慎重。权利要求的范围应适中。范围过宽,超过权限,将使申请通不过而驳回,以至贻误时机,被别人抢先申请专利;范围过窄,又会蒙受不必要的损失。

权利要求又分为独立权利要求和从属权利要求。在权利要求书中,要先写独立权利要求,后写从属权利要求。除了发明或者实用新型的性质需要用其他方式表达以外,这两部分的写作,“专利法实施细则”都做了具体的规定。简单转述如下。

① 独立权利要求的写作格式。独立权利要求应当从整体上反映发明或者实用新型的主要技术内容,记载构成发明或者实用新型必要的技术特征。可分两部分撰写:

● 前序部分。说明发明或者实用新型所属技术领域及现有技术中与发明或者实用新型主题密切相关的技术特征。

● 特征部分。使用“本发明的特征是……”或“本实用新型的特征是……”等简明语言,说明发明或者实用新型的技术特征。如果在背景技术中已将现有技术的特点说清了,前序部分可以省略,如例文。

上述两部分的说明一起构成要求保护的技术特征。

必须注意,一项发明或者实用新型只能有一个独立权利要求,写在权利要求书的第一项。

② 从属权利要求的写作格式。从属权利要求指的是引用其他权利要求的权利要求。

但只能引用本权利要求之前的权利要求，而且不得互相引用。从属权利的撰写，也分两部分：

- 引用部分。写被引用的权利要求的编号，一般是把编号写在句首。
- 特征部分。写发明、实用新型的附加技术特征，对引用部分的技术特征作进一步限定。

由于从属权利要求可以不止一项，所以权利要求书一般都有好几项，这时则应按顺序使用阿拉伯数字编号。上述从属权利格式要求的“引用部分”的“编号”即指此。

权利要求书中使用的科技术语应当与“说明书”中使用的一致，可以使用化学式或数学式，但不得有插图。除有绝对必要之外，不得使用诸如“如说明书……部分所述”“如图……所示”等用语。

权利要求书的书写要求和文面要求与专利说明书要求相同。

3. 撰写专利申请文件的注意事项

（1）在撰写专利申请文件之前，应调查申请内容所属的技术领域中已有专利的情况，一是可以据此判断是否有必要申请专利；二是可以明确自己申请专利请求保护的范围。

（2）专利申请文件必须按专利局统一印制的规格，申请文件一式两份（正副本各一份），允许使用复印件，但申请人或代理人的签字、盖章不得使用复印。

（3）说明书、权利要求书、说明书摘要必须打印，其他表格可以用笔填写。打字或铅印的文件字迹清晰，版心应严格按左侧和上部各留25毫米空白、右侧和底部各留15毫米空白的要求安排。手写部分，必须使用不褪色的黑色墨水，最好用仿宋体或楷书书写，字迹清晰，不得涂改。

（4）一份专利申请只限申报一项发明，密切结合的属于一个总的构思的两项以上的发明可做一件申请提出。

若干发明构成的总的发明，若不具备重复性时，可分作若干申请提出。

若申请中既包括一项产品，又包括制造这一产品的方法时，可将权利要求书各项分开，提出方法申请。方法申请可看作原申请文件的副本。

（5）了解与专利有关的知识。专利申请文件是技术、经济、法律等有机结合的具体法律效力的文件。起草这种文件必须具备专业技术知识、专利知识及其他有关知识，尤其是各国专利文件的写作要求不尽相同，所以在写作前一定要对有关知识有所了解，或请专利代理人代拟。

4. 授予专利的条件

中华人民共和国《专利法》（以下简称专利法）（2008年12月第三次修正）第二十二条规定：“授予专利权的发明和实用新型，应当具备新颖性、创造性和实用性。”这“三性”必须同时具备，才能授予专利权。

（1）新颖性

我国《专利法》第二十二条规定：“新颖性，是指该发明或者实用新型不属于现有技术；也没有任何单位或者个人就同样的发明或者实用新型在申请日以前向国务院专利行政部门提出过申请，并记载在申请日以后公布的专利申请文件或者公告的专利文件中。”

有没有相同的发明或实用新型,以发明或实用新型是否"公知公用"为标准。对"公知公用",各国专利法规定不尽相同,一般来说,"公知"是以见于印刷出版物为准。所以,一项发明或实用新型要申请并获得专利,在提出专利申请前,是不能在报刊、杂志等出版物上公开发表,也不能让公众所知、所用。否则,就丧失了新颖性,不能申请并获得专利权。

《专利法》第二十四条中还规定:"有下列情形之一的,不丧失新颖性。(一)在中国政府主办或者承认的国际展览会上首次展出的;(二)在规定的学术会议或者技术会议上首次发表的;(三)他人未经申请人同意而泄露其内容的。"

(2) 创造性

创造性又叫先进性,我国《专利法》第二十二条规定:"创造性,是指与现有技术相比,该发明具有突出的实质性特点和显著的进步,该实用新型具有实质性特点和进步。"

(3) 实用性

我国《专利法》第二十二条规定:"实用性,是指该发明或者实用新型能够制造或者使用,并且能够产生积极效果。本法所称现有技术,是指申请日以前在国内外为公众所知的技术。"

发明的产品能够重复制造或再现,发明的方法或工艺能重复使用,是专利申请得到批准的必备条件之一。同时,发明必须是有益于社会的。如南京长江大桥具有有益性,但不能重复制造,因此不能申请专利。但在设计和施工中的一些先进工艺能重复使用,就可作为专利进行申请。又如将废旧机械零部件进行技术装饰后冒充新零部件的"工艺"能够重复使用,但违反国家法律、社会公德,不能获得专利。

我国《专利法》第二十五条还规定了六类不能授予专利权的发明创造。分别是:(一)科学发现;(二)智力活动的规则和方法;(三)疾病的诊断和治疗方法;(四)动物和植物品种(但制造这些产品的生产方法,可以依照专利法规定授予专利权);(五)用原子核变换方法获得的物质;(六)对平面印刷品的图案、色彩或者二者的结合作出的主要起标识作用的设计。

我国《专利法》对授予外观设计也作了明确的规定:"授予专利权的外观设计,应当同申请日以在国内外出版物上公开发表过或者国内公开使用过的外观设计不相同或不相近似。"

5.6.3 写作训练

到当地专利事务所查询一份专利申请文件并分析其内容与结构。

5.7 综合练习

1. 填空题。

(1) 科技论文拟定标题要注意______、______、______。

(2) 摘要具有______、______、______和______的特点。

(3) 文中最能说明问题的、起关键作用的、代表该文内容特征的或最有意义的词,我们称为______。

(4) 根据实验的性质,实验报告可以分为______实验报告和______实验报告两种。

(5) 科技综述的主体可以包括______、______、______、______、______。

(6) 科技综述的主要特点一是“______”,二是“______”。

(7) 考察报告的主体部分一般由______、______两部分组成。

(8) 描述、记录某一研究课题的实验过程和结果的科技报告称为______。

(9) 科技成果鉴定中,组织鉴定单位和主持鉴定单位可以根据科技成果的特点,可以在______、______、______中选择一种鉴定形式。

(10) 在内容上,科技报告是科技工作过程的如实记录,侧重于______的叙述,较全面、完整,但不要求一定有创新,科技论文则要求必须有__________。

2. 选择题(将正确答案的序号填在括号内)。

(1) 一篇科技论文成功与否、质量高低、价值大小,很大程度上取决于文章是否有(　　)。

A. 条理　　B. 层次　　C. 新意　　D. 语言

(2) 科技论文的选题一定要避免(　　)性。选题的方向、大小、难易都应与自己的知识积累,分析问题和解决问题的能力及写作经验相适应。

A. 盲目性　　B. 可行性　　C. 科学性　　D. 指导性

(3) 摘要也称提要,是全文的概括与浓缩。通常在(　　)字左右。

A. 100　　B. 200　　C. 600　　D. 900

(4) 下列哪一项不是科技论文必需的部分(　　)。

A. 标题　　B. 摘要　　C. 正文　　D. 参考文献

(5) 写科技综述的目的是(　　)。

A. 展示科研成果　　B. 探讨某领域内问题

C. 为读者提供综合材料　　D. 论述新技术的可行性

(6) 常用的考察报告是(　　)和(　　)。

A. 学科研究考察报告　　B. 科技情况考察报告

C. 技术考察报告　　D. 科技会议考察报告

E. 科技项目考察报告

(7) 下列哪些不是检验型实验报告的内容(　　)。

A. 标题　　B. 摘要

C. 实验设备或材料　　D. 实验步骤

E. 数据记录　　F. 参考文献

(8) 保密性最强的是(　　)。

A. 科技论文　　B. 科技综述　　C. 考察报告　　D. 科技技术报告

(9) 在表达方式上,科技报告以(　　)为主,科技论文以(　　)为主。

A. 说明或叙述　　B. 议论或抒情　　C. 分析论证　　D. 因果论证

(10) 产品说明书的主要功能和目的是(　　)。

A. 推销产品　　B. 介绍产品　　C. 宣传产品　　D. 完善产品

3. 判断题(在括号内,正确的打"√",错误打"×")。

(1) 科技论文的标题通常由单位、内容、文种三部分组成。( )

(2) 用口号或口头语作为科技论文的标题,可以使读者一看题目就知内容,就有阅读欲望。( )

(3) 引言是论文主体的开端部分。它要就论文涉及的内容向读者作初步介绍。篇幅不宜过长。( )

(4) 科技综述只着重于客观叙述,极少或不加作者见解,不提具体建议,但可以有简单的、有助于读者理解的评论。( )

(5) 写科技综述时,对于原始文献提供的各种资料信息,要选符合个人意愿的、自己感兴趣的,自己不感兴趣、不符合个人意愿的就不选。( )

(6) 考察报告的资料主要来源于亲自考察和参考文献。( )

(7) 实验报告中所写有关实验的内容,是真实确切的客观事实,确凿可靠,当然也可适当虚构与想象,但不可捏造。( )

(8) 技术报告大多数不公开发表,保密性强,读者范围窄。公开发表的,对关键技术也予以保密。( )

(9) 产品说明书可以适当地使用一些广告用语。( )

(10) 产品说明书的主要作用是帮助和指导消费者正确地认识商品。使用或保养商品。( )

4. 简述题。

(1) 科技论文和科技综述在内容和格式上有很多相似之处,试比较其异同并分析产生异同的原因。

(2) 比较技术报告和考察报告在内容、格式、目的(或作用)上的异同,并分析其原因。

5. 按照要求,完成下列各项写作。

(1) "城市照明工程"为城市带来了美丽的夜景,我国也有越来越多城市的夜晚被绚丽多彩的灯光点亮。然而,夜景灯在使城市变美的同时也给城市人的生活带来了不利的影响。城市上空不见了星辰,刺眼的灯光让人紧张,人工白昼使人难以入睡。城市在亮起来的同时伴随着光污染,"只追求亮,越亮越好"的做法更是会带来难以预计的危害。光污染问题日益受到人们的重视。光污染是一种新的环境污染,它包括白亮污染、人工白昼污染和彩光污染。光污染具有极大的危害性,包括危害人体健康、生态破坏、增加交通事故、妨碍天文观测、给人们的生活带来麻烦。必须采取相应的措施积极预防,包括建立相应的法律法规、加强建设规划和管理手段。搜集资料,写一篇关于光污染的论文。

(2)《防止石墨电极高温氧化的实验研究》(详见5.3.2例文)是一篇创新型实验报告,经重复实验,生产实践证明,该实验的结论是正确的。假设你为验证这一实验的结论而重新做了该实验,结果证明该实验结论正确,请为此而写一实验报告。

(3) 请根据以下材料,用项目式结构写出一份简明的商品说明书。

广东省东莞市常平下墟电子装配厂生产的袖珍式收音机,分有KP—8090中波/电视伴音+超短波;KP—8068(中波/超短波);KP—8038(中波/超短波/电子钟)三种型号。频率范围有中波535～1 605kHz;超短波88～108μHz;电视伴音+超短波64～108μHz;电视伴音2～5频道。最大输出功率为≤150μW。电源使用直流电3V(5号电池两节)。外形尺寸为75mm×140mm×31mm。重量为195g(不包括电池)。耳塞座为ϕ3.5mm。扬声器为ϕ57mm。使用时请注意不要将此机放置在潮湿、有腐蚀性气体和高温、暴晒的环境使用,以免损坏该机。不要用"辛那水"或其他有侵蚀性的液体来清洁机身,应用浸有温和肥皂水的布轻抹。使用本机时先打开机后的电池盒门,依照电池盒内图样及先后次序所指示,对好电池正负极性顺序插入电池后盖上电池门。将音量旋钮向上推动便可开启收音机的电源,再向上推动音量旋钮至您合适的大小音量,并旋动调谐钮选择您喜爱收听的电台。将收音机变换不同的方向,选择一个接收信号最强的位置来摆放,使接收效果达至最佳(如接听短波或超短波电台,应将机顶的拉焊天线全部拉出来并调校不同角度使之有最佳的接收效果)。若收音机长期不使用,应将电池取出,避免电池漏出化学液体而损坏此机。

6. 在你的专业范围内,选择某种产品作为对象,写出该产品的说明书。

7. 假设你在实习中生产的产品或使用的机器属于创新型的,练习为其写一专利申请书。

附录1　党政机关公文处理工作条例

党政机关公文处理工作条例

（中共中央办公厅　国务院办公厅　2012年4月16日）

第一章　总　　则

第一条　为了适应中国共产党机关和国家行政机关（以下简称党政机关）工作需要，推进党政机关公文处理工作科学化、制度化、规范化，制订本条例。

第二条　本条例适用于各级党政机关公文处理工作。

第三条　党政机关公文是党政机关实施领导、履行职能、处理公务的具有特定效力和规范体式的文书，是传达贯彻党和国家方针政策，公布法规和规章，指导、布置和商洽工作，请示和答复问题，报告、通报和交流情况等的重要工具。

第四条　公文处理工作是指公文拟制、办理、管理等一系列相互关联、衔接有序的工作。

第五条　公文处理工作应当坚持实事求是、准确规范、精简高效、安全保密的原则。

第六条　各级党政机关应当高度重视公文处理工作，加强组织领导，强化队伍建设，设立文秘部门或者由专人负责公文处理工作。

第七条　各级党政机关办公厅（室）主管本机关的公文处理工作，并对下级机关的公文处理工作进行业务指导和督促检查。

第二章　公文种类

第八条　公文种类主要有：

（一）决议。适用于会议讨论通过的重大决策事项。

（二）决定。适用于对重要事项作出决策和部署、奖惩有关单位和人员、变更或者撤销下级机关不适当的决定事项。

（三）命令（令）。适用于公布行政法规和规章、宣布施行重大强制性措施、批准授予和晋升衔级、嘉奖有关单位和人员。

（四）公报。适用于公布重要决定或者重大事项。

（五）公告。适用于向国内外宣布重要事项或者法定事项。

（六）通告。适用于在一定范围内公布应当遵守或者周知的事项。

（七）意见。适用于对重要问题提出见解和处理办法。

（八）通知。适用于发布、传达要求下级机关执行和有关单位周知或者执行的事项，批转、转发公文。

（九）通报。适用于表彰先进、批评错误、传达重要精神和告知重要情况。

（十）报告。适用于向上级机关汇报工作、反映情况，回复上级机关的询问。

（十一）请示。适用于向上级机关请求指示、批准。

（十二）批复。适用于答复下级机关请示事项。

（十三）议案。适用于各级人民政府按照法律程序向同级人民代表大会或者人民代表大会常务委员会提请审议事项。

（十四）函。适用于不相隶属机关之间商洽工作、询问和答复问题、请求批准和答复审批事项。

（十五）纪要。适用于记载会议主要情况和议定事项。

第三章　公文格式

第九条　公文一般由份号、密级和保密期限、紧急程度、发文机关标志、发文字号、签发人、标题、主送机关、正文、附件说明、发文机关署名、成文日期、印章、附注、附件、抄送机关、印发机关和印发日期、页码等组成。

（一）份号。公文印制份数的顺序号。涉密公文应当标注份号。

（二）密级和保密期限。公文的秘密等级和保密的期限。涉密公文应当根据涉密程度分别标注“绝密”“机密”“秘密”和保密期限。

（三）紧急程度。公文送达和办理的时限要求。根据紧急程度，紧急公文应当分别标注“特急”“加急”，电报应当分别标注“特提”“特急”“加急”“平急”。

（四）发文机关标志。由发文机关全称或者规范化简称加“文件”二字组成，也可以使用发文机关全称或者规范化简称。联合行文时，发文机关标志可以并用联合发文机关名称，也可以单独用主办机关名称。

（五）发文字号。由发文机关代字、年份、发文顺序号组成。联合行文时，使用主办机关的发文字号。

（六）签发人。上行文应当标注签发人姓名。

（七）标题。由发文机关名称、事由和文种组成。

（八）主送机关。公文的主要受理机关，应当使用机关全称、规范化简称或者同类型机关统称。

（九）正文。公文的主体，用来表述公文的内容。

（十）附件说明。公文附件的顺序号和名称。

（十一）发文机关署名。署发文机关全称或者规范化简称。

（十二）成文日期。署会议通过或者发文机关负责人签发的日期。联合行文时，署最后签发机关负责人签发的日期。

（十三）印章。公文中有发文机关署名的，应当加盖发文机关印章，并与署名机关相符。有特定发文机关标志的普发性公文和电报可以不加盖印章。

（十四）附注。公文印发传达范围等需要说明的事项。

（十五）附件。公文正文的说明、补充或者参考资料。

（十六）抄送机关。除主送机关外需要执行或者知晓公文内容的其他机关，应当使用机关全称、规范化简称或者同类型机关统称。

（十七）印发机关和印发日期。公文的送印机关和送印日期。

（十八）页码。公文页数顺序号。

第十条　公文的版式按照《党政机关公文格式》国家标准执行。

第十一条　公文使用的汉字、数字、外文字符、计量单位和标点符号等，按照有关国家标准和规定执行。民族自治地方的公文，可以并用汉字和当地通用的少数民族文字。

第十二条　公文用纸幅面采用国际标准 A4 型。特殊形式的公文用纸幅面，根据实际需要确定。

第四章　行文规则

第十三条　行文应当确有必要，讲求实效，注重针对性和可操作性。

第十四条　行文关系根据隶属关系和职权范围确定。一般不得越级行文，特殊情况需要越级行文的，应当同时抄送被越过的机关。

第十五条　向上级机关行文，应当遵循以下规则：

（一）原则上主送一个上级机关，根据需要同时抄送相关上级机关和同级机关，不抄送下级机关。

（二）党委、政府的部门向上级主管部门请示、报告重大事项，应当经本级党委、政府同意或者授权；属于部门职权范围内的事项应当直接报送上级主管部门。

（三）下级机关的请示事项，如需以本机关名义向上级机关请示，应当提出倾向性意见后上报，不得原文转报上级机关。

（四）请示应当一文一事。不得在报告等非请示性公文中夹带请示事项。

（五）除上级机关负责人直接交办事项外，不得以本机关名义向上级机关负责人报送公文，不得以本机关负责人名义向上级机关报送公文。

（六）受双重领导的机关向一个上级机关行文，必要时抄送另一个上级机关。

第十六条　向下级机关行文，应当遵循以下规则：

（一）主送受理机关，根据需要抄送相关机关。重要行文应当同时抄送发文机关的直接上级机关。

（二）党委、政府的办公厅（室）根据本级党委、政府授权，可以向下级党委、政府行文，其他部门和单位不得向下级党委、政府发布指令性公文或者在公文中向下级党委、政府提出指令性要求。需经政府审批的具体事项，经政府同意后可以由政府职能部门行文，文中须注明已经政府同意。

（三）党委、政府的部门在各自职权范围内可以向下级党委、政府的相关部门行文。

（四）涉及多个部门职权范围内的事务，部门之间未协商一致的，不得向下行文；擅自行文的，上级机关应当责令其纠正或者撤销。

（五）上级机关向受双重领导的下级机关行文，必要时抄送该下级机关的另一个上级机关。

第十七条　同级党政机关、党政机关与其他同级机关必要时可以联合行文。属于党委、政府各自职权范围内的工作，不得联合行文。

党委、政府的部门依据职权可以相互行文。部门内设机构除办公厅（室）外不得对外正式行文。

第五章　公文拟制

第十八条　公文拟制包括公文的起草、审核、签发等程序。

第十九条　公文起草应当做到：

（一）符合国家法律法规和党的路线方针政策，完整准确体现发文机关意图，并同现行有关公文相衔接。

（二）一切从实际出发，分析问题实事求是，所提政策措施和办法切实可行。

（三）内容简洁，主题突出，观点鲜明，结构严谨，表述准确，文字精练。

（四）文种正确，格式规范。

（五）深入调查研究，充分进行论证，广泛听取意见。

（六）公文涉及其他地区或者部门职权范围内的事项，起草单位必须征求相关地区或者部门意见，力求达成一致。

（七）机关负责人应当主持、指导重要公文起草工作。

第二十条　公文文稿签发前，应当由发文机关办公厅（室）进行审核。审核的重点是：

（一）行文理由是否充分，行文依据是否准确。

（二）内容是否符合国家法律法规和党的路线方针政策；是否完整准确体现发文机关意图；是否同现行有关公文相衔接；所提政策措施和办法是否切实可行。

（三）涉及有关地区或者部门职权范围内的事项是否经过充分协商并达成一致意见。

（四）文种是否正确，格式是否规范；人名、地名、时间、数字、段落顺序、引文等是否准确；文字、数字、计量单位和标点符号等用法是否规范。

（五）其他内容是否符合公文起草的有关要求。

需要发文机关审议的重要公文文稿，审议前由发文机关办公厅（室）进行初核。

第二十一条　经审核不宜发文的公文文稿，应当退回起草单位并说明理由；符合发文条件但内容需作进一步研究和修改的，由起草单位修改后重新报送。

第二十二条　公文应当经本机关负责人审批签发。重要公文和上行文由机关主要负责人签发。党委、政府的办公厅（室）根据党委、政府授权制发的公文，由受权机关主要负责人签发或者按照有关规定签发。签发人签发公文，应当签署意见、姓名和完整日期；圈阅或者签名的，视为同意。联合发文由所有联署机关的负责人会签。

第六章　公文办理

第二十三条　公文办理包括收文办理、发文办理和整理归档。

第二十四条　收文办理主要程序是：

（一）签收。对收到的公文应当逐件清点，核对无误后签字或者盖章，并注明签收时间。

（二）登记。对公文的主要信息和办理情况应当详细记载。

（三）初审。对收到的公文应当进行初审。初审的重点是：是否应当由本机关办理，是否符合行文规则，文种、格式是否符合要求，涉及其他地区或者部门职权范围内的事项是否已经协商、会签，是否符合公文起草的其他要求。经初审不符合规定的公文，应当及时退回来文单位并说明理由。

（四）承办。阅知性公文应当根据公文内容、要求和工作需要确定范围后分送。批办性公文应当提出拟办意见报本机关负责人批示或者转有关部门办理；需要两个以上部门办理的，应当明确主办部门。紧急公文应当明确办理时限。承办部门对交办的公文应当及时办理，有明确办理时限要求的应当在规定时限内办理完毕。

（五）传阅。根据领导批示和工作需要将公文及时送传阅对象阅知或者批示。办理公文传阅应当随时掌握公文去向，不得漏传、误传、延误。

（六）催办。及时了解掌握公文的办理进展情况，督促承办部门按期办结。紧急公文或者重要公文应当由专人负责催办。

（七）答复。公文的办理结果应当及时答复来文单位，并根据需要告知相关单位。

第二十五条　发文办理主要程序是：

（一）复核。已经发文机关负责人签批的公文，印发前应当对公文的审批手续、内容、文种、格式等进行复核；需作实质性修改的，应当报原签批人复审。

（二）登记。对复核后的公文，应当确定发文字号、分送范围和印制份数并详细记载。

（三）印制。公文印制必须确保质量和时效。涉密公文应当在符合保密要求的场所印制。

（四）核发。公文印制完毕，应当对公文的文字、格式和印刷质量进行检查后分发。

第二十六条　涉密公文应当通过机要交通、邮政机要通信、城市机要文件交换站或者收发件机关机要收发人员进行传递，通过密码电报或者符合国家保密规定的计算机信息系统进行传输。

第二十七条　需要归档的公文及有关材料，应当根据有关档案法律法规及机关档案管理规定，及时收集齐全、整理归档。两个以上机关联合办理的公文，原件由主办机关归档，相关机关保存复制件。机关负责人兼任其他机关职务的，在履行所兼职务过程中形成的公文，由其兼职机关归档。

第七章　公文管理

第二十八条　各级党政机关应当建立健全本机关公文管理制度，确保管理严格规范，充分发挥公文效用。

第二十九条　党政机关公文由文秘部门或者专人统一管理。设立党委（党组）的县级以上单位应当建立机要保密室和机要阅文室，并按照有关保密规定配备工作人员和必要的安全保密设施设备。

第三十条　公文确定密级前，应当按照拟定的密级先行采取保密措施。确定密级后，应当按照所定密级严格管理。绝密级公文应当由专人管理。

公文的密级需要变更或者解除的，由原确定密级的机关或者其上级机关决定。

第三十一条　公文的印发传达范围应当按照发文机关的要求执行；需要变更的，应当经发文机关批准。

涉密公文公开发布前应当履行解密程序。公开发布的时间、形式和渠道，由发文机关确定。

经批准公开发布的公文，同发文机关正式印发的公文具有同等效力。

第三十二条　复制、汇编机密级、秘密级公文，应当符合有关规定并经本机关负责人批准。绝密级公文一般不得复制、汇编，确有工作需要的，应当经发文机关或者其上级机关批准。

复制、汇编的公文视同原件管理。复制件应当加盖复制机关戳记。翻印件应当注明翻印的机关名称、日期。汇编本的密级按照编入公文的最高密级标注。

第三十三条　公文的撤销和废止，由发文机关、上级机关或者权力机关根据职权范围和有关法律法规决定。公文被撤销的，视为自始无效；公文被废止的，视为自废止之日起失效。

第三十四条　涉密公文应当按照发文机关的要求和有关规定进行清退或者销毁。

第三十五条　不具备归档和保存价值的公文，经批准后可以销毁。销毁涉密公文必须严格按照有关规定履行审批登记手续，确保不丢失、不漏销。个人不得私自销毁、留存涉密公文。

第三十六条　机关合并时，全部公文应当随之合并管理；机关撤销时，需要归档的公文经整理后按照有关规定移交档案管理部门。

工作人员离岗离职时，所在机关应当督促其将暂存、借用的公文按照有关规定移交、清退。

第三十七条　新设立的机关应当向本级党委、政府的办公厅（室）提出发文立户申请。经审查符合条件的，列为发文单位，机关合并或者撤销时，相应进行调整。

第八章　附　　则

第三十八条　党政机关公文含电子公文。电子公文处理工作的具体办法另行制订。

第三十九条　法规、规章方面的公文，依照有关规定处理。外事方面的公文，依照外事主管部门的有关规定处理。

第四十条　其他机关和单位的公文处理工作，可以参照本条例执行。

第四十一条　本条例由中共中央办公厅、国务院办公厅负责解释。

第四十二条　本条例自2012年7月1日起施行。1996年5月3日中共中央办公厅发布的《中国共产党机关公文处理条例》和2000年8月24日国务院发布的《国家行政机关公文处理办法》停止执行。

附录 2　党政机关公文格式

中 华 人 民 共 和 国 国 家 标 准

GB/T　9704—2012
代替 GB/T 9704—1999

党政机关公文格式

2012-06-29 发布　　　　2012-07-01 实施

中华人民共和国国家质量监督检验检疫总局
中国国家标准化管理委员会　发布

目　次

前 言

本标准按照 GB/T 1．1—2009 给出的规则起草。

本标准根据中共中央办公厅、国务院办公厅印发的《党政机关公文处理工作条例》的有关规定对 GB/T 9704—1999《国家行政机关公文格式》进行修订。本标准相对 GB/T 9704—1999 主要作如下修订：

(1) 标准名称改为《党政机关公文格式》，标准英文名称也作相应修改；

(2) 适用范围扩展到各级党政机关制发的公文；

(3) 对标准结构进行适当调整；

(4) 对公文装订要求进行适当调整；

(5) 增加发文机关署名和页码两个公文格式要素，删除主题词格式要素，并对公文格式各要素的编排进行较大调整；

(6) 进一步细化特定格式公文的编排要求；

(7) 新增联合行文公文首页版式、信函格式首页、命令(令)格式首页版式等式样。

本标准中公文用语与《党政机关公文处理工作条例》中的用语一致。

本标准为第二次修订。

本标准由中共中央办公厅和国务院办公厅提出。

本标准由中国标准化研究院归口。

本标准起草单位：中国标准化研究院、中共中央办公厅秘书局、国务院办公厅秘书局、中国标准出版社。

本标准主要起草人：房庆、杨雯、郭道锋、孙维、马慧、张书杰、徐成华、范一乔、李玲。

本标准代替了 GB/T 9704—1999。

GB/T 9704—1999 的历次版本发布情况为：

——GB/T 9704—1988。

党政机关公文格式

1 范围

本标准规定了党政机关公文通用的纸张要求、排版和印制装订要求、公文格式各要素的编排规则，并给出了公文的式样。

本标准适用于各级党政机关制发的公文。其他机关和单位的公文可以参照执行。

使用少数民族文字印制的公文，其用纸、幅面尺寸及版面、印制等要求按照本标准执行，其余可以参照本标准并按照有关规定执行。

2 规范性引用文件

下列文件对于本标准的应用是必不可少的。凡是注日期的引用文件，仅所注日期的版本适用于本标准。凡是不注日期的引用文件，其最新版本(包括所有的修改单)适用于本标准。

GB/T 148 印刷、书写和绘图纸幅面尺寸

GB 3100 国际单位制及其应用

GB 3101　有关量、单位和符号的一般原则

GB 3102(所有部分)　量和单位

GB/T 15834　标点符号用法

GB/T 15835　出版物上数字用法

3　术语和定义

下列术语和定义适用于本标准。

3.1

字(word)

标示公文中横向距离的长度单位。在本标准中，一字指一个汉字宽度的距离。

3.2

行(line)

标示公 文中纵向距离的长度单位。在本标准中，一行指一个汉字的高度加 3 号汉字高度的 7/8 的距离。

4　公文用纸主要技术指标

公文用纸一般使用纸张定量为 $60g/m^2$～$80g/m^2$ 的胶版印刷纸或复印纸。纸张白度 80%～90%，横向耐折度≥15 次，不透明度≥85%，pH 值为 7.5～9.5。

5　公文用纸幅面尺寸及版面要求

5.1　幅面尺寸

公文用纸采用 GB/T 148 中规定的 A4 型纸，其成品幅面尺寸为:210mm×297mm。

5.2　版面

5.2.1　页边与版心尺寸

公文用纸天头(上白边)为 37mm±1mm，公文用纸订口(左白边)为 28mm±1mm，版心尺寸为 156mm×225mm。

5.2.2　字体和字号

如无特殊说明，公文格式各要素一般用 3 号仿宋体字。特定情况可以作适当调整。

5.2.3　行数和字数

一般每面排 22 行，每行排 28 个字，并撑满版心。特定情况可以作适当调整。

5.2.4　文字的颜色

如无特殊说明，公文中文字的颜色均为黑色。

6　印制装订要求

6.1　制版要求

版面干净无底灰，字迹清楚无断划，尺寸标准，版心不斜，误差不超过 1mm。

6.2　印刷要求

双面印刷；页码套正，两面误差不超过 2mm。黑色油墨应当达到色谱所标 BL100%，红色油墨应当达到色谱所标 Y80%、M80%。印品着墨实、均匀；字面不花、不白、无断划。

6.3　装订要求

公文应当左侧装订，不掉页，两页页码之间误差不超过 4mm，裁切后的成品尺寸允许误差±2mm，四角成 90°，无毛茬或缺损。

骑马订或平订的公文应当：

(1) 订位为两钉外订眼距版面上下边缘各70mm处，允许误差±4mm；

(2) 无坏钉、漏钉、重钉，钉脚平伏牢固；

(3) 骑马订钉锯均订在折缝线上，平订钉锯与书脊间的距离为3～5mm。

包本装订公文的封皮(封面、书脊、封底)与书芯应吻合、包紧、包平、不脱落。

7 公文格式各要素编排规则

7.1 公文格式各要素的划分

本标准将版心内的公文格式各要素划分为版头、主体、版记三部分。公文首页红色分隔线以上的部分称为版头；公文首页红色分隔线(不含)以下、公文末页首条分隔线(不含)以上的部分称为主体；公文末页首条分隔线以下、末条分隔线以上的部分称为版记。

页码位于版心外。

7.2 版头

7.2.1 份号

如需标注份号，一般用6位3号阿拉伯数字，顶格编排在版心左上角第一行。

7.2.2 密级和保密期限

如需标注密级和保密期限，一般用3号黑体字，顶格编排在版心左上角第二行；保密期限中的数字用阿拉伯数字标注。

7.2.3 紧急程度

如需标注紧急程度，一般用3号黑体字，顶格编排在版心左上角；如需同时标注份号、密级和保密期限、紧急程度，按照份号、密级和保密期限、紧急程度的顺序自上而下分行排列。

7.2.4 发文机关标志

由发文机关全称或者规范化简称加“文件”二字组成，也可以使用发文机关全称或者规范化简称。

发文机关标志居中排布，上边缘至版心上边缘为35mm，推荐使用小标宋体字，颜色为红色，以醒目、美观、庄重为原则。

联合行文时，如需同时标注联署发文机关名称，一般应当将主办机关名称排列在前；如有“文件”二字，应当置于发文机关名称右侧，以联署发文机关名称为准上下居中排布。

7.2.5 发文字号

编排在发文机关标志下空两行位置，居中排布。年份、发文顺序号用阿拉伯数字标注；年份应标全称，用六角括号“〔〕”括入；发文顺序号不加“第”字，不编虚位(即1不编为01)，在阿拉伯数字后加“号”字。

上行文的发文字号居左空一字编排，与最后一个签发人姓名处在同一行。

7.2.6 签发人

由“签发人”三字加全角冒号和签发人姓名组成，居右空一字，编排在发文机关标志下空两行位置。“签发人”三字用3号仿宋体字，签发人姓名用3号楷体字。

如有多个签发人，签发人姓名按照发文机关的排列顺序从左到右、自上而下依次均匀编排，一般每行排两个姓名，回行时与上一行第一个签发人姓名对齐。

7.2.7　版头中的分隔线

发文字号之下4mm处居中印一条与版心等宽的红色分隔线。

7.3　主体

7.3.1　标题

一般用2号小标宋体字，编排于红色分隔线下空两行位置，分一行或多行居中排布；回行时，要做到词意完整，排列对称，长短适宜，间距恰当，标题排列应当使用梯形或菱形。

7.3.2　主送机关

编排于标题下空一行位置，居左顶格，回行时仍顶格，最后一个机关名称后标全角冒号。如主送机关名称过多导致公文首页不能显示正文时，应当将主送机关名称移至版记，标注方法见7.4.2。

7.3.3　正文

公文首页必须显示正文。一般用3号仿宋体字，编排于主送机关名称下一行，每个自然段左空两字，回行顶格。文中结构层次序数依次可以用“一”“(一)”“1.”“(1)”标注；一般第一层用黑体字、第二层用楷体字、第三层和第四层用仿宋体字标注。

7.3.4　附件说明

如有附件，在正文下空一行左空两字编排“附件”二字，后标全角冒号和附件名称。如有多个附件，使用阿拉伯数字标注附件顺序号(如“附件：1. ×××××”)；附件名称后不加标点符号。附件名称较长需回行时，应当与上一行附件名称的首字对齐。

7.3.5　发文机关署名、成文日期和印章

1. 加盖印章的公文

成文日期一般右空四字编排，印章用红色，不得出现空白印章。

单一机关行文时，一般在成文日期之上、以成文日期为准居中编排发文机关署名，印章端正、居中下压发文机关署名和成文日期，使发文机关署名和成文日期居印章中心偏下位置，印章顶端应当上距正文(或附件说明)一行之内。

联合行文时，一般将各发文机关署名按照发文机关顺序整齐排列在相应位置，并将印章一一对应、端正、居中下压发文机关署名，最后一个印章端正、居中下压发文机关署名和成文日期，印章之间排列整齐、互不相交或相切，每排印章两端不得超出版心，首排印章顶端应当上距正文(或附件说明)一行之内。

2. 不加盖印章的公文

单一机关行文时，在正文(或附件说明)下空一行右空二字编排发文机关署名，在发文机关署名下一行编排成文日期，首字比发文机关署名首字右移两字，如成文日期长于发文机关署名，应当使成文日期右空两字编排，并相应增加发文机关署名右空字数。

联合行文时，应当先编排主办机关署名，其余发文机关署名依次向下编排。

3. 加盖签发人签名章的公文

单一机关制发的公文加盖签发人签名章时，在正文(或附件说明)下空两行右空四字加盖签发人签名章，签名章左空两字标注签发人职务，以签名章为准上下居中排布。在签发人签名章下空一行右空四字编排成文日期。

联合行文时，应当先编排主办机关签发人职务、签名章，其余机关签发人职务、签名章

依次向下编排，与主办机关签发人职务、签名章上下对齐；每行只编排一个机关的签发人职务、签名章；签发人职务应当标注全称。

签名章一般用红色。

4. 成文日期中的数字

用阿拉伯数字将年、月、日标全，年份应标全称，月、日不编虚位（即 1 不编为 01）。

5. 特殊情况说明

当公文排版后所剩空白处不能容下印章或签发人签名章、成文日期时，可以采取调整行距、字距的措施解决。

7.3.6 附注

如有附注，居左空两字加圆括号编排在成文日期下一行。

7.3.7 附件

附件应当另面编排，并在版记之前，与公文正文一起装订。"附件"二字及附件顺序号用 3 号黑体字顶格编排在版心左上角第一行。附件标题居中编排在版心第三行。附件顺序号和附件标题应当与附件说明的表述一致。附件格式要求同正文。

如附件与正文不能一起装订，应当在附件左上角第一行顶格编排公文的发文字号并在其后标注"附件"二字及附件顺序号。

7.4 版记

7.4.1 版记中的分隔线

版记中的分隔线与版心等宽，首条分隔线和末条分隔线用粗线（推荐高度为 0.35 mm），中间的分隔线用细线（推荐高度为 0.25mm）。首条分隔线位于版记中第一个要素之上，末条分隔线与公文最后一面的版心下边缘重合。

7.4.2 抄送机关

如有抄送机关，一般用 4 号仿宋体字，在印发机关和印发日期之上一行、左右各空一字编排。"抄送"二字后加全角冒号和抄送机关名称，回行时与冒号后的首字对齐，最后一个抄送机关名称后标句号。

如需把主送机关移至版记，除将"抄送"二字改为"主送"外，编排方法同抄送机关。既有主送机关又有抄送机关时，应当将主送机关置于抄送机关之上一行，之间不加分隔线。

7.4.3 印发机关和印发日期

印发机关和印发日期一般用 4 号仿宋体字，编排在末条分隔线之上，印发机关左空一字，印发日期右空一字，用阿拉伯数字将年、月、日标全，年份应标全称，月、日不编虚位（即 1 不编为 01），后加"印发"二字。

版记中如有其他要素，应当将其与印发机关和印发日期用一条细分隔线隔开。

7.5 页码

一般用 4 号半角宋体阿拉伯数字，编排在公文版心下边缘之下，数字左右各放一条一字线；一字线上距版心下边缘 7mm。单页码居右空一字，双页码居左空一字。公文的版记页前有空白页的，空白页和版记页均不编排页码。公文的附件与正文一起装订时，页码应当连续编排。

8 公文中的横排表格

A4 纸型的表格横排时，页码位置与公文其他页码保持一致，单页码表头在订口一边，双页码表头在切口一边。

9　公文中计量单位、标点符号和数字的用法

公文中计量单位的用法应当符合 GB 3100、GB 3101 和 GB 3102(所有部分)，标点符号的用法应当符合 GB/T 15834，数字用法应当符合 GB/T 15835。

10　公文的特定格式

10.1　信函格式

发文机关标志使用发文机关全称或者规范化简称，居中排布，上边缘至上页边为30mm，推荐使用红色小标宋体字。联合行文时，使用主办机关标志。

发文机关标志下 4mm 处印一条红色双线(上粗下细)，距下页边 20mm 处印一条红色双线(上细下粗)，线长均为 170mm，居中排布。

如需标注份号、密级和保密期限、紧急程度，应当顶格居版心左边缘编排在第一条红色双线下，按照份号、密级和保密期限、紧急程度的顺序自上而下分行排列，第一个要素与该线的距离为 3 号汉字高度的 7/8。

发文字号顶格居版心右边缘编排在第一条红色双线下，与该线的距离为 3 号汉字高度的 7/8。

标题居中编排，与其上最后一个要素相距两行。

第二条红色双线上一行如有文字，与该线的距离为 3 号汉字高度的 7/8。

首页不显示页码。

版记不加印发机关和印发日期、分隔线，位于公文最后一面版心内最下方。

10.2　命令(令)格式

发文机关标志由发文机关全称加“命令”或“令”字组成，居中排布，上边缘至版心上边缘为 20mm，推荐使用红色小标宋体字。

发文机关标志下空两行居中编排令号，令号下空两行编排正文。

签发人职务、签名章和成文日期的编排见 7.3.5 节第 3 条内容。

10.3　纪要格式

纪要标志由“×××××纪要”组成，居中排布，上边缘至版心上边缘为 35mm，推荐使用红色小标宋体字。

标注出席人员名单，一般用 3 号黑体字，在正文或附件说明下空一行左空二字编排“出席”二字，后标全角冒号，冒号后用 3 号仿宋体字标注出席人单位、姓名，回行时与冒号后的首字对齐。

标注请假和列席人员名单，除依次另起一行并将“出席”二字改为“请假”或“列席”外，编排方法同出席人员名单。

纪要格式可以根据实际制订。

11　式样

A4 型公文用纸页边及版心尺寸见图 1；公文首页版式见图 2；联合行文公文首页版式 1 见图 3；联合行文公文首页版式 2 见图 4；公文末页版式 1 见图 5；公文末页版式 2 见图 6；联合行文公文末页版式 1 见图 7；联合行文公文末页版式 2 见图 8；附件说明页版式见图 9；带附件公文末页版式见图 10；信函格式首页版式见图 11；命令(令)格式首页版式见图 12。

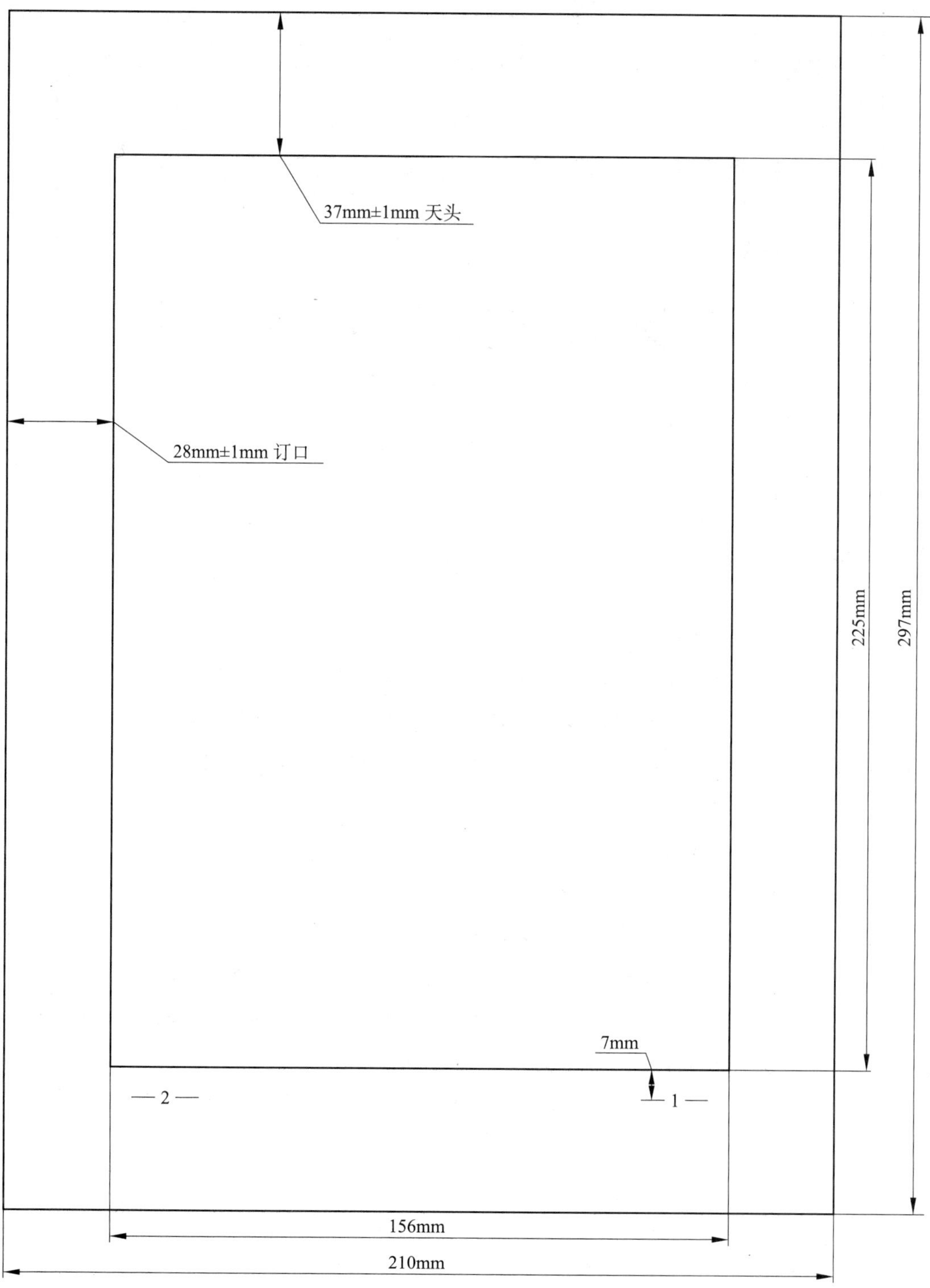

图 1 A4 型公文用纸页边及版心尺寸

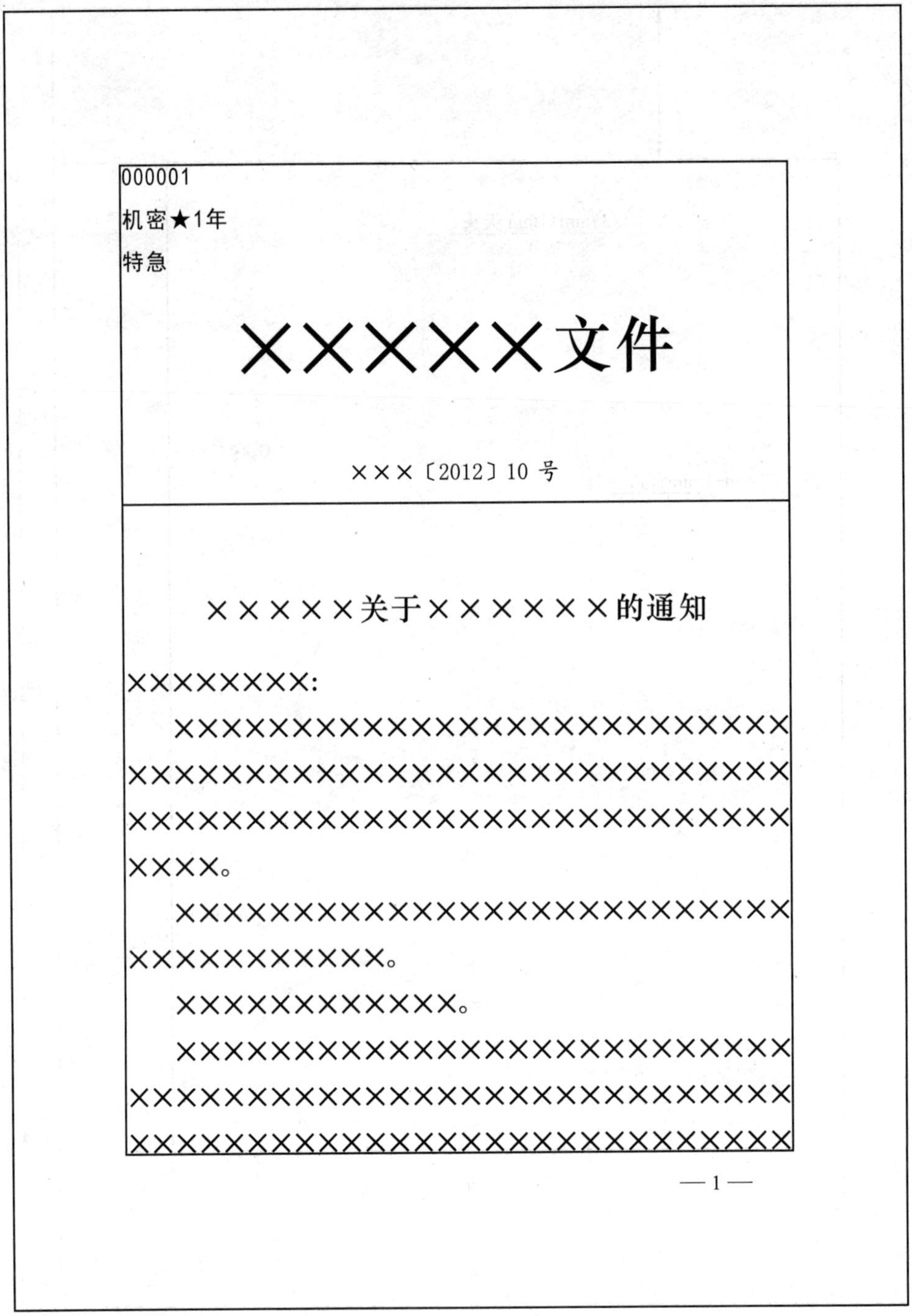

000001

机密★1年

特急

×××〔2012〕10 号

××××× 关于 ×××××× 的通知

×××××××××：

××。

××××××××××××××××××××××××××××××××××××××。

×××××××××××××。

××

— 1 —

图 2　公文首页版式

注：版心实线框仅为示意，在印刷公文时并不印出。

000001

机密★1年

特急

×××〔2012〕10 号

××××××关于××××××××的通知

×××××××××:

××××××××××××××××××××××××××

××××××××××××××××××××××××××××
××××××××××××××××××××××××××××
××××××××××××××××××××××××××××
××××。

××××××××××××××××××××××××××

—1—

图 3 联合行文公文首页版式 1

注:版心实线框仅为示意,在印制公文时并不印出。

000001
机　密
特　急

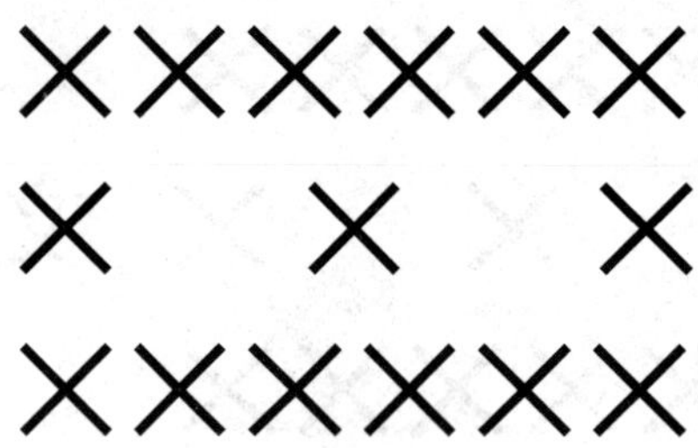

签发人：×××　×××
×××〔2012〕10号　　　　　　　　×××

××××××关于××××××××的请示

××××××××：
××××××××××××××××××××××××××××
××××××××××××××××××××××××××××
××××××××××××××××××××××××××××
××××××××××××××××××××××××××××
××××××××××××××××××××××××××××

—1—

图4　联合行文公文首页版式2

注：版心实线框仅为示意，在印制公文时并不印出。

××××××××××××××。

××。

中华人民共和国××××部

2012年7月1日

（×××××）

抄送：××××××××，××××××，×××××，×××××，×××××。

×××××××××　　2012年7月1日　印发

— 2 —

图5　公文末页版式1

注：版心实线框仅为示意，在印制公文时并不印出。

××××××××××××××。

××。

×××××××××××
2012 年7月1日

(×××××)

抄送:××××××××,××××××,×××××,×××××,×××××。

×××××××××　　2012年7月1日 印发

—2—

图6　公文末页版式2

注:版心实线框仅为示意,在印制公文时并不印出。

××××××××××××××。

××。

中共中央××××部　　中华人民共和国××××部

2012年7月1日

(×××××)

抄送:××××××××,××××××,×××××,×××××,×××××。

×××××××××　2012年7月1日 印发

—2—

图7　联合行文公文末页版式1

注:版心实线框仅为示意,在印制公文时并不印出。

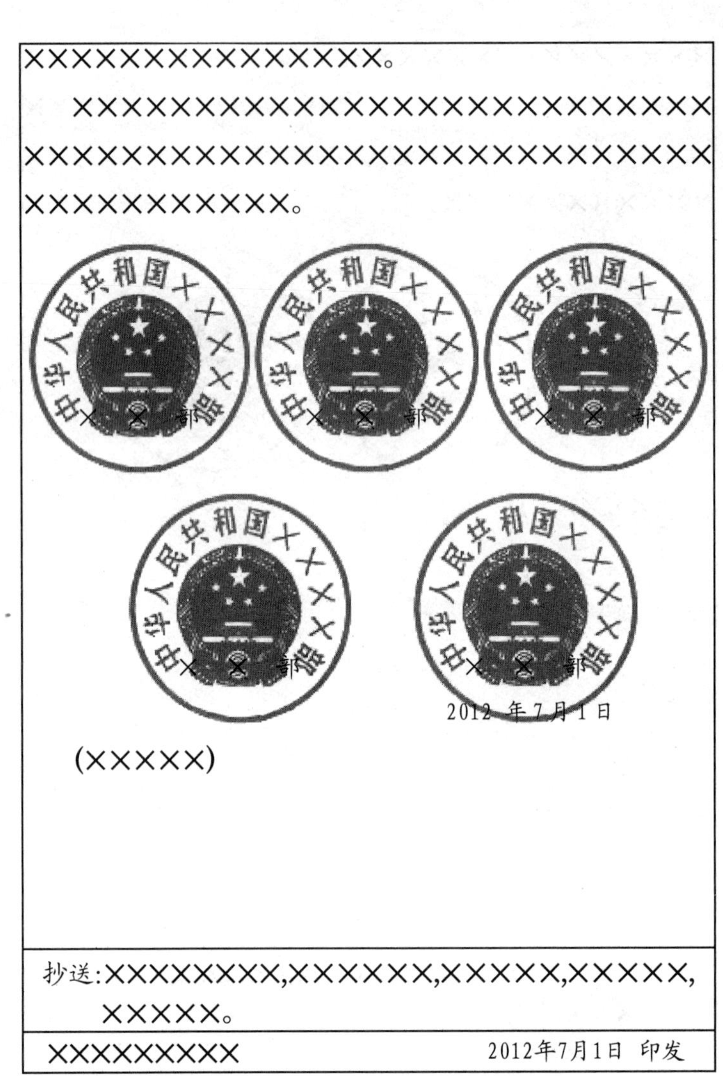
×××××××××××××××。

××。

2012年7月1日

（×××××）

抄送：××××××××，××××××，×××××，×××××，×××××。

×××××××××　2012年7月1日 印发

—2—

图8　联合行文公文末页版式2

注：版心实线框仅为示意，在印制公文时并不印出。

××××××××××××××。

××。

附件：1. ××××××××××××××××××××××××××××

2. ×××××××××××××

×××××××
× × × ×
2012 年7月1日

（×××××）

— 2 —

图 9　附件说明页版式

注：版心实线框仅为示意，在印制公文时并不印出。

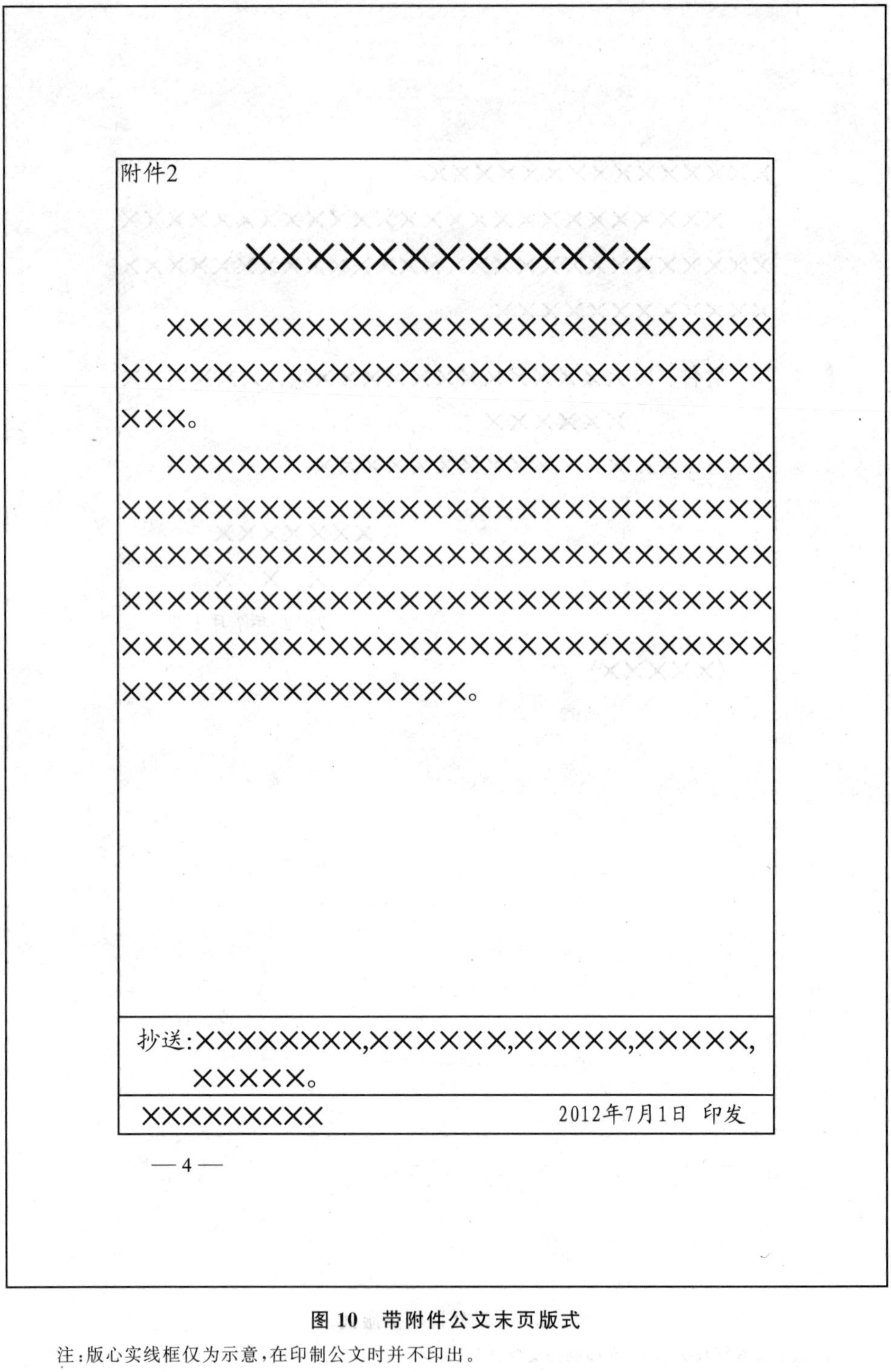

附件2

XXXXXXXXXXXXXX

XXXXXXXXXXXXXXXXXXXXXXXXXXXXXXXXXXXXXXXXXXXXXXXXXXXXXXXXXXXX。

XXXXXXXXXXXXXXXXXXXXXXXXXXXXXXXXXXXXXXXXXXXXXXXXXXXXXXXXXXXXXXXXXXXXXXXXXXXXXXXXXXXXXXXXXXXXXXXXXXXXXXXXXXXXXXXXXXXXXXXXXXXXXXXXXXXXXXXXXXXXXXXXXXXXXXX。

抄送：XXXXXXXX，XXXXXX，XXXXX，XXXXX，XXXXX。

XXXXXXXXX　　2012年7月1日 印发

— 4 —

图10　带附件公文末页版式

注：版心实线框仅为示意，在印制公文时并不印出。

中华人民共和国×××××部

000001　　　　　　　　　　　　　　×××〔2012〕10 号
机　密
特　急

××××× 关于××××××× 的通知

×××××××××:

××××××××××××××××××××××××××
××××××××××××××××××××××××××××
××××××××××××××××××××××××××××
××××××××××××××××××××××××××××
××××××××××××××××××××××××××××
××××××××××××××××××××××××××××
××××××××××××××××××××××××××××
××××××××××××××××××××××××。

××××××××××××××××××××××××××
××××××××××××××××××××××××××××
××××××××××××××××××××××××××××
××××××××××××××××××××××××××××
××××××××××××××××××××××××××××
××××××××××××××××××××××××××××
×××××××××××××××××××××××××。

图 11　信函格式首页版式

注:版心实线框仅为示意,在印制公文时并不印出。

第×××号

××××××关于×××××××的通知

××。

部　长　×××

2012年7月1日

—1—

图12　命令（令）格式首页版式

注：版心实线框仅为示意，在印制公文时并不印出。

参考文献

[1] 荣乐娟．现代文秘写作[M]. 西安:西安出版社,2002.
[2] 陈纪宁,等．现代应用文写作大全[M]. 北京:中华工商联合出版社,2003.
[3] 陈佩玲,许国英．应用文写作[M]. 北京:化学工业出版社,2005.
[4] 林宗源．应用文写作[M]. 北京:中国轻工业出版社,2006.
[5] 罗爽．实用建筑语文[M]. 机械工业出版社,2008.
[6] 施云燕．应用文写作基础[M]. 北京:原子能出版社,2009.
[7] 刘中黎,吴波．应用文写作案例剖析精讲[M]. 长沙:湖南人民出版社,2009.
[8] 王佳,顾洪波．应用文写作基础[M]. 天津:南开大学出版社,2009.
[9] 张建．应用写作(第2版)[M]. 北京:高等教育出版社,2010.
[10] 李振辉．新编应用写作[M]. 北京:清华大学出版社,2012.